Frank Eckardt

Die komplexe Stadt

Frank Eckardt

Die komplexe Stadt

Orientierungen im urbanen Labyrinth

VS VERLAG FÜR SOZIALWISSENSCHAFTEN

Bibliografische Information der Deutschen Nationalbibliothek
Die Deutsche Nationalbibliothek verzeichnet diese Publikation in der
Deutschen Nationalbibliografie; detaillierte bibliografische Daten sind im Internet über
<http://dnb.d-nb.de> abrufbar.

Dieses Buch wurde als Habilitation von der Fakultät Architektur der Bauhaus-Universität Weimar
angenommen.

1. Auflage 2009

Alle Rechte vorbehalten
© VS Verlag für Sozialwissenschaften | GWV Fachverlage GmbH, Wiesbaden 2009

Lektorat: Katrin Emmerich / Marianne Schultheis

VS Verlag für Sozialwissenschaften ist Teil der Fachverlagsgruppe Springer Science+Business Media.
www.vs-verlag.de

Umschlaggestaltung: KünkelLopka Medienentwicklung, Heidelberg
Druck und buchbinderische Verarbeitung: Krips b.v., Meppel
Gedruckt auf säurefreiem und chlorfrei gebleichtem Papier
Printed in the Netherlands

ISBN 978-3-531-16507-3

Inhalt

Einleitung: Wege im urbanen Labyrinth

„Destillen, Restaurationen, Obst- und Gemüsehandel, Kolonialwaren und Feinkost, Fuhrgeschäft, Dekorationsmalerei, Anfertigung von Damenkonfektion, Mehl und Mühlenfabrikate, Autogarage, Feuersozietät: Vorzug der Kleinmotorspritze ist einfache Konstruktion, leichte Bedienung, geringes Gesicht, geringer Umfang. – Deutsche Volksgenossen, nie ist ein Volk schmählicher, ungerechter betrogen als das deutsche Volk! (...) Kanalisationsartikel, Fensterreinigungsgesellschaft, Schlaf ist Medizin, Steuers Paradiesbett.- Buchhandlung, die Bibliothek des modernen Menschen."

A. Döblin, Berlin Alexanderplatz[1]

Dieser Auszug aus Alfred Döblins Roman „Berlin Alexanderplatz" spiegelt das Wirrwarr von Werbetexten, politischen Losungen und anderer Wahrnehmungen der gebauten Umwelt Berlins in den zwanziger Jahren wider. Der Roman erzählt die Geschichte des Franz Biberkopf, der nach der Entlassung aus dem Gefängnis in seinem angestammten Viertel im Berliner Osten den Alexanderplatz als riesige Baustelle erlebt, an der ein Weltstadtplatz entstehen soll. „Berlin Alexanderplatz" handelt von der Rückkehr eines ehemaligen Häftlings in seine ehemalige Nachbarschaft, der Roman stellt zugleich eine Verknüpfung von verschiedenen Lebensgeschichten dar. Dem Schriftsteller Döblin erachtete für seine literarische Verarbeitung dieser bunten Lebenswelt um den Alexanderplatz zu Beginn des 19. Jahrhunderts die Form der Collage als die beste; in einer hochgradig urbanen Gesellschaft bietet sie sich für die Wiedergabe und Reflexion einer bruchstückhaften Sichtweise der eigenen und fremden Lebenswelten in der Stadt an: „Den roten Faden der Biberkopf-Geschichte knüpft Döblin in ein dichtes Gewebe an zeitgeschichtlichen Diskursen und intertextuellen Bezügen, wobei die degressiven Montageelemente (u.a.literarische Zitate und Parodien, Zeitungsmeldungen, Wetterberichte, Lied-, Schlager- und Reklametextcollagen) über weite Strecken die Haupthandlung in den Hintergrund drängen und deren Chronologie zugunsten simultaner Polyphonie aufheben."[2] Für Döblin ist die Stadt zur allumfassenden, vielschichtigen, gleichzeitigen Welt geworden.[3] Für die Literaturwissenschaftlerin Sabina Becker ist die Collage gleichbedeutend mit der von den Schriftstellern erfahrene „Unerzählbarkeit" der modernen Großstadt, stellt sie eine Rückwirkung der urbanen Mentalität auf die Erfahrung und Wahrnehmung in den ästhetischen Ausdrucksformen von Kunst und Literatur dar.[4]

Nicht nur die Literatur reflektiert, wie Döblin, die durch die Industrialisierung im 19. Jahrhundert einsetzende, wachsende Unübersichtlichkeit städtischen Lebens. Für viele Zeitgenossen heute wie damals enthält sicherlich die Beobachtung Georg Simmels viel Wahrheit, dass die Welt umherum nur durch das Ausblenden seiner Widersprüche, seinem Chaos und seiner Vielseitigkeit überhaupt noch zu bewältigen ist. Das urbane Labyrinth speist sich für Simmel aus den Prozessen der modernen Großstadt mit all seinen Routinen, der Entfremdung und Verdinglichung der subjektiven Erfahrung, die der Einzelne nur durch ein nervöses Wegschauen – einer „Blasiertheit" – noch mental zu meistern weiß.[5]

1 Döblin, A. (2005) [1929] Berlin Alexanderplatz. München, 123.
2 Sander, G. (2001) Alfred Döblin, Stuttgart, 25.
3 Vgl. Perels, C. (1983) Vom Rand der Stadt ins Dickicht der Städte. Wege der deutschen Großstadtliteratur zwischen Liliencron und Brecht. In: Meckseper, C./Schraut, E. (Hg.) Die Stadt in der Literatur, 57-80.
4 Becker, S. (1992) Urbanität und Moderne: Studien zur Großstadtwahrnehmung in der deutschen Literatur 1900-1930, St. Ingbert.
5 Simmel, G. (1995) Die Großstädte und das Geistesleben. In: Georg Simmel Gesamtausgabe. Hg. von O. Rammstedt. Bd 7. Frankfurt, 116-131.

Anhand von Beobachtungsanalysen, etwa der Stilisierung der Wohnungseinrichtung oder der Massenproduktion von Mode-Kleidung, erläutert Simmel: „Je nervöser eine Zeitalter ist, desto rascher werden seine Moden wechseln, weil das Bedürfnis nach Unterschiedsreizen, einer der wesentlichen Träger aller Mode, mit der Erschlaffung der Nervenenergien Hand in Hand geht."[6] Die moderne Stadt, so scheint es, ist der Ort dieser Moden und Moden repräsentieren den mentalen Mechanismus der inneren Urbanisierung des Menschen. Psychologisch sind Beziehungen zwischen Sinneseindrücken und Handlungsweisen des Einzelnen nicht nur auf das Individuum bezogen, sondern werden von Simmel als Realität des objektiven Geistes verstanden, der vermittelt in den Formen (etwa der Mode) physisch wie psychisch auftritt. Die Persönlichkeit und die Geselligkeit bieten nach Simmel Refugien für die Aufrechterhaltung der Wahrnehmungspotentiale in einer auf Zirkularität und Monetarisierung beruhenden Wirtschaftsmoderne.[7] Der Einzelne kann dabei nicht mehr in der Form des authentischen Menschen bestehen, er trägt vielmehr die Vielschichtigkeit seiner urbanen Umwelt in sich: „Wir alle sind Fragmente, nicht nur des allgemeinen Menschen, sondern auch unser selbst."[8] Direktheit und unmittelbares Erkennen machen das soziale Leben in den Großstädten sinnlich erfahrbar. Dabei vollzieht sich das geistige Erkennen über die sinnliche Erfahrung zum sozialen Erleben: Erleben wird durch das Erkennen und Erfahren gebildet.[9] Das Erleben stellt dabei die direkte Form des Erkennen dar und ist der Inhalt des Erkennens, dass die Erfahrung in seiner Weise entweder alltagsbezogen oder intellektuell verarbeitet. Im Erleben liegt somit eine geringere Reflexionsintensität und Distanziertheit zum Leben: „Es ist der Ausdruck für unser ganz primäres Weltverhältnis, mit ihm fängt also, absolut genommen, auch die Erkenntnis an."[10] Jegliches Erleben ist in diesem Sinne in eine Erfassung durch Interpretationen eingebettet. Simmel thematisiert mit seinem Erlebnis-Begriff auf diese Weise auch jene in der verstandesgeleiteten Erkenntnis unterdrückte Gefühlsseite der Wahrnehmung.[11] Aus den Wechselwirkungen mit der urbanen Umwelt, so ließe sich schlussfolgern, entwickeln sich unsere „soziale Gefühle", die unser Erleben organisieren.[12]

Simmels Betonung des Fragmentarischen als Charakteristikum urbanen Lebens war vielleicht der erste Versuch, um – im Berlin des ausgehenden 19. Jahrhundert – eine Blaupause für die Analyse des urbanen Chaos und der modernen Gesellschaft insgesamt zu suchen.[13] Das Beziehungsgeflecht zwischen multipler Raumaneignung und Wahrnehmung stand dabei für Simmel im Vordergrund, um die Wechselwirkungen zwischen den Individuen zu verstehen. Der Zusammenhang zwischen Moderne und Individualisierung war dementsprechend, wie man Simmels Interpretationen und literarischen Verarbeitungen Döblins entnehmen kann, schon vor der so genannten Individualisierungsdebatte der acht-

6 Ders. (1999) Zur Psychologie der Mode. In: Georg Simmel Gesamtausgabe. Hg. von O. Rammstedt. Bd 5. Frankfurt, 39.

7 Vgl. Jung, W. (1990) Georg Simmel zur Einführung. Hamburg, 79-96.

8 Simmel, G. (1992) Soziologische Ästhetik. In: Georg Simmel Gesamtausgabe. Hg. von O. Rammstedt. Bd 5. Frankfurt, 197.

9 A.a.O. (Simmel 1999: XIII, 149).

10 A.a.O., 150.

11 Vgl. Schumann, R. (1987). Fühlen, Gefühle und die lebendige Erfahrung von Wirklichkeit bei Georg Simmel. In: Dies./Stimmer, F. (Hg.) Soziologie der Gefühle. Zur Rationalität und Emotionalität sozialen Handels. München, 27-63.

12 Simmel, G. (1995) Fragment über die Liebe. In: Georg Simmel Gesamtausgabe. Hg. von O. Rammstedt. Bd 7. Frankfurt, 30.

13 Vgl. Frisby, D. (1989) Fragmente der Moderne. Georg Simmel, Siegfried Kracauer, Walter Benjamin, Rheda-Wiedenbrück.

ziger Jahre des 20. Jahrhunderts in den Sozialwissenschaften offenkundig.[14] Im Gegensatz zu der späteren Debatte war man sich aber zuzeiten der Berliner Umbrüche sehr wohl bewusst, dass diese Prozesse der Vereinzelung und der neuen Gesellschaftsformationen nur in dem Zusammenhang städtischer Entwicklungen zu sehen und zu verstehen sind. Dementsprechend entwickelte sich auch eine in Deutschland zaghafte, früh wieder aufgegebene und heute nahezu vergessene Stadtforschung,[15] während mit dem Gedankengut Simmels sich jenseits des atlantischen Ozeans eine geltungsmächtige „Chicago School" aufbaute, die noch immer als einflussreich in den „Urban Studies" weltweit gilt.[16]

Für den Weg durch das urbane Labyrinth liefert Simmel ein erstes „soziologisches Röntgenbild der inneren Urbanisierung"[17], mit dem der Gang durch die vielfältigen und verschlungenen Wege der Theoretisierung und Erforschung der Stadt begonnen werden kann. Doch seit den Tagen der Berliner Großstadtwerdung ist viel geschehen, weltgeschichtlich wie wissenschaftlich. Döblin musste noch den Aufstieg des Dritten Reichs erleben und vor dem Terror fliehen. Sein Alexanderplatz wurde vollkommen zerstört und durch eine Architektur mit sozialistischem Anspruch neu gestaltet. Angesichts dieser dramatischen Ereignisse und Geschehnisse reicht eine Theorie, die sich auf die Mikro-Ebene der urbanen Welt bezieht und von dort aus Erklärungsversuche für den urbanen Alltag startet, offensichtlich nicht aus. Mehr noch, die „kleine Welt" der Begegnungen im städtischen Dickicht scheinen in Zeiten der „großen Politik" wenig bedeutsam und nicht erklärungsstark für das Verstehen des realen Geschehens, und dies nicht nur im terrorisierten, verbombten und geteilten Berlin.

Die Stadt als Gegenstand der Forschung hat auch im angelsächsischen Bereich nicht ihr eigenes Metier gefunden. Zwar haben in den USA und in Großbritannien durch die Professionalisierung der Stadtforschung, die schon zu Beginn des 20. Jahrhunderts in der schon erwähnten Chicago School bereits einsetzte, sich „Urban Studies" in verschiedener Form institutionalisiert, die sich in einer Reihe von Fachzeitschriften mit der Verwendung des „Urban" im Titel und auch durch die teilweise in Lehrplänen und Studienabschlüssen aufgegriffene städtische Ausrichtung ablesen lässt, dennoch kann von einer Etablierung als einer Disziplin keine Rede sein.[18] Das hat gute und vielleicht auch unberechtigte Gründe. Nach wie vor ist es kaum vorstellbar, dass die Stadtforschung einen ähnlichen Rang wie altehrwürdige Disziplinen etwa den der Politischen Wissenschaften, der Geschichte oder Philosophie beanspruchen könnte. Weder die bisherigen Leistungen auf diesem Gebiet, noch die theoretisch angelegte Reichweite stadtforscherischer Arbeiten scheinen denen der etablierten Disziplinen gleichwertig zu sein. Es erscheint auf dem ersten Blick nahezu absurd, um auch nur eine Diskussion darüber zu führen, ob diese Position durch eine zukünftige Stadtforschung vielleicht einmal in Frage gestellt werden könnte. Paradoxerweise hat dies nichts mit der Relevanz des Forschungsgegenstandes zu tun, sondern die allumfassende und weiterhin akzelerierende Urbanisierung lässt die „städtische" Dimension aller sozial-, geistes-, kultur- und auch naturwissenschaftlicher Forschung als so selbstverständlich erscheinen, dass eine wissenschaftliche Diskursivität und Erkenntnisfortschritte in den

14 Vgl. Ebers, N. (1995) Individualisierung. Georg Simmel - Norbert Elias - Ulrich Beck, Würzburg.
15 Vgl. Lindner, R. (2004) Walks on the Wild Side: eine Geschichte der Stadtforschung, Frankfurt.
16 S. vor allem Plummer, K. (ed) (1997) The Chicago School. Critical Assessments, London/New York und Tomasi, L. (ed) (1998) The tradition of the Chicago school of sociology, Brookfield.
17 Müller, L. (1988) Die Großstadt als Ort der Moderne. Über Georg Simmel. In: Scherpe, K. R. (Hg.) Die Unwirklichkeit der Städte, Reinbeck, 32.
18 Disziplin im Sinne von Guntau, M./Laitko, H. (1987) Entstehung und Wesen wissenschaftlicher Disziplinen. Der Ursprung der modernen Wissenschaften. In: Dies. (Hg.) Studien zur Entstehung wissenschaftlicher Disziplinen, Berlin.

einzelnen Disziplinen nur noch auf dem Hintergrund städtischer Entwicklung vorstellbar erscheinen. Wenn die Prognosen der Vereinten Nationen stimmen, dann werden bis zum Jahr 2030 mehr als fünf Milliarden Menschen, d.h. Zweidrittel aller Erdbewohner, in Städten leben.[19] Schon heute ist der Urbanisierungsgrad für viele Länder so hoch, dass die Evidenz von Forschung nur noch in urbanisierten Kontexten zu finden sein wird.

Es gibt nur wenige Hinweise, dass es zu einer allgemeinen Stadtforschung kommen wird, die die besondere Bedeutung von Urbanisierungsprozessen als Ausgangspunkt der Forschung nehmen könnte. Wenn Moderne und Urbanität Synonyme sind, dann ist dies auch hinsichtlich der entsprechenden Wissenschaftsorganisation in und über die moderne Stadt nicht anders. Moderne Forschung stellt ein hochgradig ausdifferenziertes System der Erkenntnisgewinnung dar, in dem zwar diskursive Zusammenhänge existieren, in dem aber kein allgemeiner offener Austausch organisierbar zu sein scheint.[20] Vielmehr generieren die einzelnen Wissenschaftsdiskurse ihre Erkenntnisse im Rahmen operativer Schließungen. Wenn also Politologen, Soziologen, Regional- und Stadtplanungswissenschaftler, Historiker, Architekten, Kunst-, Literatur- und Kulturwissenschaftler ihre Forschungsstrategien anwenden, um in und über Teile der städtischen Wirklichkeit Untersuchungen durchzuführen, dann entstehen Beiträge zu den jeweiligen Fachdiskursen, die sich inhaltlich und methodisch auch nach den dort herrschenden Regeln ausrichten. Teilweise bergen diese auch für die anderen stadtbezogenen Forschungen interessante Ergebnisse, öfter scheint es aber, dass diese nicht aufgegriffen werden können, weil sie ob des anderen Fachjargons unverständlich, weil sie wegen einer nicht in den anderen Disziplinen akzeptierten Methode nicht anerkannt werden können und vor allem wohl, weil es keine wissenschaftliche Organisation, Strategie und Zielrichtung des Austausches gibt. Die Ergebnisse der anderen „Stadtforscher" bleiben somit unverstanden, unbekannt und unakzeptabel.

Wer an dieser Situation etwas ändern möchte, wird mit vielen Problemen konfrontiert, die vielleicht auch gar nicht lösbar sind. Ein Stolperstein hierfür soll mit diesem Buch ausgeräumt werden, aber es wird wohl auch weitere aufwerfen. Andere sind nur durch eine Praxis und Organisation der Wissenschaft von der Stadt zu leisten, die sich durch Rückkoppelungen an die Prozesse der Urbanisierung und der allgemeinen Gesellschaftsentwicklung zu behaupten hätte. Dies ist die ketzerische Frage nach dem Gebrauchswert der Stadtforschung. Benötigen wir tatsächlich eine inter-, intra- oder multidisziplinäre Forschung unter der Ägide einer zu konstituierenden Wissenschaft des Urbanen oder lassen sich nicht vielmehr die (Erkenntnis-) Probleme durch die bereits etablierte Ausdifferenzierung des gewachsenen Wissenschaftsbetrieb besser in Angriff nehmen?

Ausgangspunkt der folgenden Kapitel ist die Annahme, dass die Stadtforschung als eine solche aus dem Grunde sich bisher nicht institutionalisiert hat, weil sie sich vormodern versteht und sich über den Gegenstand „Stadt" zu legitimieren versucht, während die disziplinär aufgeteilte Wissenschaftslandschaft die Stadt „nur" als eine Ebene ihres eigenen Erkenntnisstrebens anerkennt. Die allgemeine Stadtforschung, so wie sie das Deutsche Institut für Urbanistik und ähnliche Einrichtungen im In- und Ausland betreibt, hat sich diesem Dilemma dadurch zu entziehen versucht, indem der Ausdifferenzierungsprozess der Wissenschaften durch eine thematischen Aufteilung mit Projekten zu, meist anwendungsorientierten, zeitlich stark begrenzten und als Auftragsarbeit konzipierten Forschungspraxis in die Stadtforschung noch einmal verlagert wird, wodurch der Ausdifferenzierungsprozess

---

19 Deutsche Stiftung Weltbevölkerung (Hg.) (2005) Wie viele Menschen werden auf der Erde leben? In: DSW-Info, 3.

20 Vgl. Stenger, I. (1997) Die Erfindung der modernen Wissenschaften, Frankfurt.

quasi verdoppelt wird.[21] Das Problem hierbei ist, das ein gewisser, nie endender Nachholprozess in der Theorie- und Methodikdiskussion entsteht. Diese Form der institutionalisierten Stadtforschung muss immerzu darauf bedacht sein, den Anschluss an die Erkenntnisfortschritte der „eigentlichen" Wissenschaften herzustellen, um auch mit den eigenen Forschungsergebnissen ernst genommen zu werden. Dies ist umso mehr der Fall, als durch die geringe Autonomie in der Stadttheoretisierung keine Ausstrahlung auf die etablierten Disziplinen auszugehen scheint. Der hundertste Sammelband mit Einzelstudien zu Teilfragen der Stadt mag den Spezialisten in der entsprechenden Fachdisziplin eine Fußnote wert sein, er entwickelt aber keine innovative Kraft für den Gesamtdiskurs der Wissenschaften und der betreffenden Disziplinen.

Und damit ist die Schlüsselidee benannt worden, um die es hier gehen soll. Weder Simmel noch viele ihm nachfolgende Autoren haben sich tatsächlich als „Stadtforscher" verstanden. Stadtforschung hat sich vielmehr oftmals nur ihrer bedient, um die Beschäftigung mit dem Gegenstand Stadt zu rechtfertigen. Doch Simmel soll hier als Beispiel dienen, worum es bei der Frage nach der Etablierung einer Stadtforschung in einer globalen und komplexen Welt heute gehen müsste: um das urbane Chaos. Wie zu Zeiten Simmels und später der Chicago School ist die Stadt, und wird sie es zunehmend immer mehr, ein Ort für einen Paradigmenwechsel in den Wissenschaften, der in den Sozialwissenschaften noch nicht angekommen ist und für den die Stadtforschung innovative Konzeptionen und ein schier unendliches empirisches Forschungslabor bereit hält. War für die Chicago School die Großstadt der Moderne das Experimentierfeld für neue Untersuchungsmethoden wie der „participant observation"[22] und der Reflexion der naturwissenschaftlich ausgearbeiteten Vorstellung der menschlichen Ökologie, demnach Prozesse in der Stadt nach bestimmten, der Pflanzenzüchtung ähnelnden Prozessen der „Invasion" und „Sukzession" verlaufen,[23] so wäre heute anhand städtischer Gesellschaften ein Weltverständnis zu überprüfen, dass sich in einer allgemeinen Komplexitäts- und Chaostheorie formuliert, die sozialwissenschaftlich vor allem in den Arbeiten von Luhmann und Morin bisher ihren Widerhall gefunden haben, die aber in den allgemeinen Wissenschaften bereits zum etablierten Grundkonzept der Theoretisierung wichtiger Sachverhalte und Denkkategorien gehört.

Dieses Buch hat deswegen zwei Ziele. Zunächst möchte es einen gewissen Nachholbedarf decken, den die Stadtforschung gegenüber den sozial- oder gesellschaftswissenschaftlichen Disziplinen – wenn man sie nach den berühmten „cultural turns" immer noch so nennen möchte – noch immer hat.[24] Ein Großteil der Kapitel rekapituliert dort abrufbares Wissen, das hinsichtlich der Forschungsstrategien und prinzipieller Überlegungen der Gestaltung und Organisation von Stadtforschung wichtig sein wird. In der Praxis vieler Stadtforscher lassen sich Anwendungen allgemeiner sozialwissenschaftlicher Methodik und Theoretisierung auffinden, wenn auch Bezüge und Reflexionen darüber zumeist nicht expressis verbis nachzulesen sind. Die Teile des Buches, in denen diese Aufgabe in Angriff genommen wird, verstehen sich deshalb auch eher als eine erste Bestandsaufnahme des vorhandenen Wissens aus den empirisch orientierten Sozialwissenschaften zu einzelnen Fragestellungen einer zukünftigen Stadtforschung.

21 Vgl. Stichweh, R. (1979) Differenzierung der Wissenschaft. In: Zeitschrift für Soziologie, 8, 82-101.
22 Vgl. Chapoulie, J.-M. (1998) Seventy years of fieldwork in sociology. In: Tomasi, L. (ed) The tradition of the Chicago school of sociology, Aldershot/Brookfield, 105-128.
23 Vgl. Kurtz, L. R. (1984) Evaluating Chicago Sociology, Chicago.
24 Vgl. Bachmann-Medick, D. (2006) Cultural turns: Neuorientierungen in den Kulturwissenschaften, Reinbek.

Die weitaus größere und gefahrvolle Zielsetzung der „komplexen Stadt" besteht allerdings darin, dass hier Stadtforschung als Ort der theoretischen Innovation des gesellschaftswissenschaftlichen Diskurses insgesamt verstanden werden soll. Die „Gefahr" ist weniger darin zu sehen, dass sich hier ein noch verhältnismäßig junger Autor verhebt, sondern ist in der generellen Schwierigkeit der Übertragbar- und Vergleichbarkeit „natur"- und „sozial"-wissenschaftlichen Denkens zu sehen. Es hilft aber nichts, um weiterhin auf die Besonderheit des „Sozialen" und den eigenen Effekten der „Gesellschaft" zu pochen, während die Ergebnisse des Linguistic Turns in den Sozialwissenschaften uns vor Augen halten, dass die sprachliche Repräsentation und Verarbeitung von Wissen und Erkenntnissen die Möglichkeiten der Erkenntnisgewinnung maßgeblich beeinflussen. Dies heißt mit Bezug auf die sozialwissenschaftliche Theorie, dass man Bourdieus Konzept der Felder etwa im Sinne Foucaults auf seinen diskursiven Zusammenhang, also über einen den Autor übersteigenden Bedeutungs- und Herrschaftskontext hin zu untersuchen hätte. Ohne eine solche Studie an dieser Stelle vorlegen zu können, ist davon auszugehen, dass Vorstellungen von Feldern, Systemen, Schichten, Klassen, Ebenen, Netzen, Korrelationen und Kausalitäten einem jeweils spezifischen Weltverständnis entsprechen, das zumeist und in erster Linie in einer Forschung reflektiert wird, die nicht mehr den romantisierenden Präfix „Natur" verdient. Stattdessen hebt der urbane Fokus diese Differenzierung des Wissenschaftsbetriebes partiell auf, die Stadtforschung benötigt eine Öffnung gegenüber Diskursen, die insbesondere Komplexität und Chaos als Kernelement einer Strukturierung der Stadtforschung im 21. Jahrhundert ermöglichen.

Mit der Perspektive auf die „komplexe Stadt" wird sozusagen wieder mit der von Döblin und Simmel ins Bild gesetzten Frage nach der durch den Urbanisierungsprozess gesteigerten Komplexität des menschlichen Lebens ernst gemacht. Die Stadt stellt nicht nur hinsichtlich des sozialwissenschaftlichen Erkenntnisprozesses eine theoretische Herausforderung dar, sondern sie ruft gravierende Zweifel an der Möglichkeit der Erforschung der Welt hervor. Dimensionen von Zeit und Raum werden kritisch, wenn durch die Realtime-Globalisierung, zumindest mental gleichzeitige Anwesenheit an verschiedenen Orten möglich und für manche Menschen alltäglich wird. „Time-Space-Compression" durch neue Informations- und Kommunikationsmedien stellen althergebrachte Vorstellungen vom physischen wie emotionalem Ankommen und Verlassen einer Stadt, von der auf Entfernungen abgestellten Konzeption von Geografie und sozialpsychologischer Kategorisierungen von menschlichen Beziehungen nach Nähe und Ferne in Zweifel.

Doch das Chaos der Stadt hat nichts mit dem zu tun, was wir umgangssprachlich darunter verstehen. Ein zweiter Blick auf das urbane Chaos weist doch auf eine bestimmte Ordnung hin, weswegen es nach wie vor durchaus bei der Erkundung der „komplexen Stadt", dem Impetus klassischer Sozialwissenschaft entsprechend, um die Analyse einer unsichtbaren Gesellschaftsordnung, um die „unsichtbaren Fäden" Durkheims, die die Beziehungen zwischen den Menschen ordnen, geht. Gelernt haben wir von den Fehlern vorheriger Ausflüge in die im Englischen zutreffender als „Life Science" bezeichneten Diskurse, dass es niemals eine simple Adaption von Erkenntnisstrukturen und theoretischen Konzeptionen geben kann, die aus der empirischen Arbeit an nicht-menschlichen Ordnungen gewonnen werden. Die Beutetour durch die Komplexitätstheorien kann deshalb nur dann erfolgen, wenn die Sensibilität im bisherigen sozialwissenschaftlichen Diskurs über das Besondere des Gesellschaftlichen nicht aufgegeben wird. Das hier vorgestellte Problem der „komplexen Stadt" ist demzufolge als ein Balanceakt zwischen beiden Wissenschaftswelten zu verstehen, einer auf die Gesellschaft ausdifferenzierten Sozialwissenschaft und einer sich als Welterkenntnisstrategie verstehenden, überkuppelnden Theorie von Komplexität.

Da der Anspruch der Komplexitätstheorie ein weitergehender ist, ergibt sich für die Ordnung dieses Buches, das auf eine Linearität nicht zuletzt wegen seiner Form als Text angewiesen ist, dass diese als ein Ausgangspunkt für die Narration einer Stadtforschung unter dem Stern der komplexen, geordneten und chaotischen Stadt akzeptiert werden soll, der sich dann die folgenden Kapitel zu Einzelfragen der theoretischen wie methodischen Stadtforschung anschließen sollen. Somit stellt das vorgeliegende Buch eine Untersuchung darüber dar, in welcher Weise es möglich ist, einerseits mit der übergeordneten Anbindung an eine Welttheorie des Komplexen den Stand sozialwissenschaftlicher Theoriedebatten zu einigen wesentlichen Fragestellungen der Gesellschaftswissenschaften (im weitesten Sinne) durch eine Bezugnahme auf die „Stadt" – nicht als Gegenstand, sondern in ihrer Komplexität – weiterzuentwickeln.

Dieses Buch basiert auf einer Selektion von Diskursen und Beschreibungen von Komplexität, wie das die nur begrenzt komplexitätsabbildende Kulturtechnik des Schreibens immerzu erforderlich macht. Es verfolgt nicht den Anspruch, die Stadt und urbane Entwicklungen in Gänze zu erfassen. Durch seinen Aufbau ist es als ein induktives Vorgehen konzipiert worden, das sich bewusst mit den als gesellschaftlich relevant erachteten Problemlagen der Stadt beschäftigt. Die notwendige Reflexion über die normative Verortung des Wissenschaftlers mag an dieser Stelle bereits ansetzen. Stadtforschung ist in dieser Weise als eine kritische Wissenschaft zu verstehen, die sich mit den Herausforderungen der Zeit auseinandersetzt, womit noch keine substantielle Aussage über eine bestimmte ethische Position getroffen werden soll. Anhand der Analyse wichtiger Problemlagen heutiger Städte soll einerseits eine Überprüfung bestehender Theorieangebote stattfinden und andererseits eine allgemeine Identifikation urbaner Komplexität erfolgen, mit der im zweiten und dritten Teil des Buches weitergearbeitet werden kann. Die Auswahl der Orte ist teilweise beliebig (und zum Teil durch den persönlichen Zugang des Autors entstanden), teilweise durch die vorhandene Forschung zu jenen Städten gerechtfertigt. Letzteres weist auf deren gesellschaftliche und wissenschaftliche Relevanz hin. Zweifelsohne werden Aspekte urbaner Entwicklung ausgespart, die ihrerseits hinsichtlich ihrer Komplexitätscharakteristik zu untersuchen wären. Auffällig an der Auswahl der Städte ist, dass es sich vorzugsweise um Großstädte, bzw. um so genannte Megastädte handelt. Dies kann kritisch betrachtet werden, vor allem auch, weil damit die Anwendbarkeit für deutsche und europäische Städte als beeinträchtigt gelten mag. Es wäre zweifellos möglich, sich ein induktives Vornehmen auch für Bad Langensalza oder Hannoversch-Münden vorzustellen. Anklang an die allgemeine Wissenschaft wird man aber erst dann finden, wenn man sich mit jenen Fällen auseinandersetzt, in denen die größte Evidenz einer Problematik vorliegt. Dies ist eher nicht für deutsche Städte (und nur teilweise für europäische) zu diagnostizieren. Stadtforschung ist per se international und sie wird ihre Forschungen den Weltgegenden zuwenden müssen, in denen sich die deutlichsten, evidentesten und gravierensten Forschungsfragen stellen, d.h. in der Regel außerhalb Deutschlands und Europas.

Auf der Grundlage der herausgearbeiteten Charakteristika der urbanen Komplexität im ersten soll im zweiten Teil dieses Buches eine Untersuchung bestehender Theorieangebote aus der Stadtforschung hinsichtlich ihrer Bearbeitung von „Komplexität" vorgenommen werden. Hierzu werden aus verschiedenen Disziplinen, Kontexten und Textproduktionen Angebote reflektiert, die geeignet zu sein scheinen, einen Beitrag für die Erarbeitung einer allgemeinen Theorie der urbanen Komplexität zu leisten. Auch hierbei ist wiederum eine Selektivität zwangsläufig und wird eine Begründung dafür notwendig, da angesichts des mangelnden Kanons der „urban studies" die betriebene Auswahl nicht schon vorgeleistet wurde. Ausgangspunkt ist zunächst eine historisch argumentierende Stadtforschung, die von einer wie auch immer gekennzeichneten „Entwicklung" von Urbanität ausgeht. Diese Sichtweise wurde wissenschaftshistorisch vor allem am Beginn der Auseinandersetzung mit der „Stadt" in den modernen Sozialwissenschaften betrieben und wird somit in den ersten beiden Kapiteln sozusagen noch chronologisch nachvollzogen. Übergeordnet debattiert wird Stadtentwicklung im Rahmen eines breiteren Verständnis von Moderne bzw. Postmoderne, das es hier ebenfalls nach seinem Komplexitätsbegriff zu lesen gilt. Besonders aufgegriffen soll hier die Gender-Forschung werden, die eine erhebliche Theorie-Innovation in den Sozialwissenschaften darstellt, wie ebenfalls die Debatte um Komplexität in der Architektur rezipiert werden soll, die für eine anwendungsorientierte Stadtforschung relevant sein wird. Auch die Theoretisierung der Fundamentalkategorie „Raum", mit der auf die eine oder andere Weise im ersten Teil des Buches gearbeitet wurde, soll komplexitätstheoretisch aufgegriffen und dies vor allem hinsichtlich ihrer allgemeinwissenschaftlichen Konzeption diskutiert werden.

Damit ist auch der Übergang zur ersten Komponente des dritten Teils des Buches angelegt. Dort soll ein Vorschlag erarbeitet werden, um mithilfe der induktiv erarbeiteten Kriterien der Urbanitätskomplexität im ersten und der Theoriereflektionen im zweiten Teil Umrisse für eine allgemeine Theorie der komplexen Stadt zu zeichnen. Ausgangspunkte hierfür sind die Anschlussfähigkeit an die Allgemeinen Wissenschaften und die allgemeine Komplexitätsforschung. Das Angebot, um Stadtforschung durch Komplexitätstheoretisierung zu begründen, ist letztlich in Konkurrenz zu denkbaren, aber de facto nicht vorliegenden anderen theoretischen Fundierungen einer allgemeinen Stadtforschung zu sehen. Sie kann sich nur rechtfertigen, wenn sie einerseits neue Perspektiven der Forschung aufzeigt und andererseits auch eine entsprechende methodologische Debatte führt. Beides kann hier nur angedeutet werden und obliegt letztlich einer Weiterentwicklung durch die praxeologische Theoretisierung, die im Rahmen eines Buches nicht angemessen geleistet werden kann. Von der Theoriewarte her sind aber drei Aspekte zu signalisieren, die eine komplexitätssensible Stadtforschung zu berücksichtigen hätte: Es ist dies zunächst die Rolle des Forschers als solche, die im Brechtschen „Dickicht der Städte" neu gedacht und auch trainiert werden muss. Zum zweiten ist die Anwendbarkeit von Forschungsergebnissen aus der Theorie der komplexen Stadt zu diskutieren. Dies soll hier exemplarisch, aber nur allgemein anhand der Organisation von Stadtforschung als transdisziplinäre Programmatik geschehen. Dabei werden nicht nur neue Möglichkeiten der vorgeschlagenen Forschungsperspektive sichtbar, es deuten sich auch die Grenzen des Komplexitätsanspruchs an. Die Komplexität der Sichtweise auf urbanes Leben, unser eigenes Handeln, Denken und Fühlen in der Stadt zu steigern, verbleibt darüber hinaus aber das eigentliche Ziel dieser Arbeit.

Erster Teil: Perspektiven im urbanen Kaleidoskop

Die Stadt wird als Kaleidoskop verstanden. Kaleidoskop bezeichnet im Griechischen „Schönbildseher" und stellt ein optisches Gerät dar; metaphorisch wird der Begriff für bunte und vielschichtige Zusammenhänge benutzt, die sich nicht auf einen Nenner bringen lassen. Die Stadt als Objekt der Forschung ist zweifelsohne ein solcher schillernder und widersprüchlicher Gegenstand, der sich einer schnellen und eindeutigen Beschreibung entzieht. Doch das urbane Kaleidoskop wird hier nicht nur als Metapher, die durch seine Bekanntheit aus dem Kinderspielzeug vergangener Tage in angenehmer Erinnerung ist, benutzt. Das Kaleidoskop ist von dem schottische Physiker David Brewster erfunden wurden, um die doppelte Strahlenbrechung (Brechung von Licht an Prismen) und die Polarisation von Licht (Brewsterwinkel) zu untersuchen. Licht und Stadt stellen gleichermaßen erhebliche Herausforderungen dar, um sie als Gegenstände zu beschreiben und abzugrenzen. Obwohl alltäglich und omnipräsent, ist Licht für Physiker eine theoretische Herausforderung und ein Thema unendlicher Beschäftigung.[25] Obwohl wir ständig von Licht umgeben sind, hat die Wissenschaft lange Mühe gehabt, die rätselhafte Natur dieses Phänomens zu erfassen: seine aus Welle und Teilchen, den Photonen, gebildete Doppelnatur.[26] Newton hatte noch im 17. Jahrhundert die geometrische Optik unter der Prämisse entwickelt, das Licht aus Teilchen bestehe. Zweihundert Jahre später bewiesen Young und Fresnel, dass sich das Licht überlagern lässt, womit dessen Wellencharakter erkennbar wurde. In der Quantenmechanik geht man davon aus, dass jedes Licht-Teilchen durch eine Wellenfunktion beschrieben wird. Im mikroskopischen Bereich ist der Welle-Teilchen-Dualismus die Ursache für einige physikalische Phänomene, während die Aufenthaltswahrscheinlichkeit des Teilchens gedeutet und im Experiment bestimmt werden kann. Die zeitliche Entwicklung der Wellenfunktion des Teilchens und somit die Veränderung seiner Aufenthaltswahrscheinlichkeit wird durch die Schrödingergleichung beschrieben. Diese wurde mathematisch ermöglicht, indem die Wellenfunktion eines Teilchens durch so genannte komplexe Zahlen berechnet wird. Schon Descartes hatte reelle und imaginäre Zahlen unterschieden. Heute bezeichnet man nur noch den Ausdruck, der durch die Wurzel aus einer negativen Zahl gebildet wird, als imaginäre Zahl und die von beiden Arten von Zahlen gebildete Menge von Zahlen als komplexe Zahlen.[27] Zunächst in ihrer Relevanz nicht anerkannt und als pure Theorie bezeichnet, lieferte das Arbeiten mit komplexen Zahlen schon bald Ergebnisse, die nicht anders zu erreichen waren. Die Aura des Geheimnisvollen blieb aber lange an ihnen haften. Allgemeine Beachtung fanden sie erst durch die Arbeiten von Carl Friedrich Gauß. Heute sind komplexe Zahlen in der Mathematik etabliert und gelten nicht mehr als „imaginär". Sie spielen nicht nur in der Quantentheorie eine wichtige Rolle, sondern sind als wesentlicher Teil aufgenommen in die Relativitätstheorie und in deren Verständnis von Raum und Zeit. Komplexe Zahlen sind aber nicht nur in der theoretischen Physik von

---

25 Perkowitz, S. (1998) Eine Kurze Geschichte des Lichts. Die Erforschung eines Mysteriums, München.
26 Roychoudhuri, C./Roy, R. (eds) (2003) The Nature of Light, What is a Photon? Supplement to Optics & Photonics News, 3/1.
27 Pieper, H. (1985) Die komplexen Zahlen: Theorie – Praxis – Geschichte, Thun.

erheblicher Bedeutung, von größerer Relevanz als „reelle Zahlen", sondern auch in der Anwendung in der Technik und in den Natur- und Ingenieurswissenschaften.[28]

Der Blick durch das Kaleidoskop ermöglicht nicht nur die Einsicht in die Doppelnatur des Lichtes, sondern verweist auf eine logische Dimension von Weltsicht, die angemessener und verständlicher durch eine komplexere Form von Zahl erschlossen werden kann. Damit geht von der Analyse des Lichts ein wissenschaftstheoretischer Impetus aus, den es für die Stadtforschung zu nutzen gilt. Das urbane Kaleidoskop ist deshalb keine Metapher, die es zu „übersetzen", „anzupassen" und schon gar nicht zu „modulieren" gilt. Vielmehr verweist die Vielschichtigkeit des Lichts, die neben der visuellen eine eigene Ästhetik entwickelt, auf eine wissenschaftliche Herausforderung, die mit den Begrenztheiten unserer Sprache einhergeht. Die (reelle) Zahl konnte entweder Teilchen oder Bewegung repräsentieren, die komplexe Zahl hat keinen Bezug mehr zum realen Zählen. Das Licht benötigt seine eigene Sprache, wenn man die Erkenntnisstruktur und –genese als solche metaphorisieren will, mit denen Informationen und Interferenzen über die Komplexität des Lichts zum Ausdruck gebracht werden sollen.

Das Forschungsvohaben der „komplexen Stadt" geht deshalb nicht nur davon aus, dass sich urbanes Leben komplizierter verhält als wir alltagsweltlich denken, sie begibt sich vielmehr auf die Suche nach einer neuen Sprache und neuen Mustern, um den bis dato bestehenden Denkansätzen eine an Komplexität orientierte, weitere Erklärungsdimension hinzuzufügen, weil mit diesen ansonsten der Charakter des Städtischen nicht hinreichend beschrieben und erklärt werden kann. Wie weit sie sich tatsächlich an die Logik des Lichts, der Quantenphysik und der komplexen Zahl anlehnen kann, wird als offene Frage über dieses Buchprojekt hinaus zu diskutieren sein. Intendiert ist im folgenden, ersten Teil dieser Arbeit zunächst die Problematisierung der bestehenden Stadtforschung und ihrer zumeist reduktionistischen (im Sinne einer Vereinfachung von urbaner Komplexität ausgehender) Ansätze. Aufgegriffen wird hiermit nicht nur ein weiteres Thema, eine spezielle Fragestellung oder eine Fallanalyse im bereits vielseitigen Feld der allgemeinen Stadtforschung. Stattdessen soll an dieser Stelle kontrastiert werden: eine wissenschaftliche Beschäftigung mit der Stadt, die sich durch Erkenntnisgewinn mittels Reduktion von einbezogenen Faktoren, (wenn auch legitimierte) Selektion von möglichen Erklärungsfaktoren und wissenssoziologisch ausdifferenzierte Thematik auszeichnet, einerseits; eine durch die bewusste Blindheit gegenüber Fachdisziplinen transdisziplinär und auf Komplexitätssteigerung intendierte Stadtforschung, deren Erkenntnisgewinn nicht als eine quantitative Addition von bereits bestehendem Wissen sondern als Suche nach komplexen Mustern der urbanen Grammatik besteht, andererseits.

Komplexität wird von einigen Komplexitätstheoretikern für nicht beschreibbar oder definierbar gehalten; kommunikative Akte wie das Lesen eines Buches benötigen hingegen einen gemeinsamen Sprachfundus, wenn die ohnehin so fehleranfällige Kommunikation halbwegs gelingen will. Was urbane Komplexität sein könnte, könnte sich in dem eher als induktiv zu bezeichnendem Vorgehen im ersten Teil, dem Blick durch das Kaleidoskop des Urbanen, herausstellen. Eine Arbeitsdefinition und der Einblick in die subjektive Vorinformiertheit des Autors sind aber sowohl von der Narrationslogik des Schreibens und Lesens als auch aus wissenschaftstheoretischen Gründen notwendig. Diese Vorinformiertheit ist jener Wissensschatz, der sich aus der Kenntnis empirischer Forschung und hermeneutischer Interpretationen ergibt und den es im Folgenden darzustellen und hinsichtlich seiner

---

28 Genannt sei nur z.B. die algebraische Geometrie, die komplexe Wechselstromrechnung, die Fluiddynamik, die Funktionentheorie und der analytischen Zahlen.

Lektionen über das Komplexe der Stadt zu befragen gilt. Die Anschlussfähigkeit der „komplexen Stadt" an die allgemeine Wissenschaft(stheorie) und die Komplexitätstheorie kann nicht bereits vorab hergestellt werden, wodurch sich ein deduktives Verfahren ausschließt, sie steht vielmehr zur Debatte (im dritten Teil).

Deswegen soll hervorgehoben werden, wie die Differenz in der komplexen Stadtforschung zur bestehenden Diskurslage in den folgenden Kapiteln markiert werden kann. Ausgangspunkte für die Komplexitätserhöhung sind Forschungsstrategien, die sich aus der analogen Motivation in der sich entwickelnden Komplexitätsforschung ergeben. Sie stellen keine Forschungsfragen im eigentlichen Sinne dar, vielmehr problematisieren sie Subkomplexität und Komplexitätsunsensibilität. Die „komplexe Stadt" soll anhand von Fragestrategien und Thematiken beobachtet und nicht im eigentlichen Sinne (deduktiv) analysiert werden. Es wird an dieser Stelle deutlich, dass urbane Komplexitätsforschung auch komplexitätssensible Forschungsstrategien erst noch entwickeln muss. Dieser Teil des Buches ist dementsprechend auch ein offener, noch zwangsläufig hilfloser Feldversuch auf der Suche nach einer Methodik oder zumindest deren allgemeiner Regeln für eine weiter zu konzeptualisierende komplexe Stadtforschung.

Die theoretische Inspiration der Komplexitätsforschung wird also als Impetus aufgenommen und für eine Lesart der bestehenden Stadtforschung genutzt, die sich um Innovationsstrategien in Sicht- und Forschungsweise über das Urbane bemüht, wobei unterschiedliche Strategien denkbar sind, um in das urbane Chaos Licht zu bringen. Zu benennen sind folgende Forschungsstrategien, die kreuz und quer, aber akzelerierend um die Struktur der urbanen Komplexität angewandt werden sollen:

Die vielleicht grundlegendste Innovierung der Urbanitätsforschung ergibt sich aus der fundamentalen Verunsicherung von kausalen und korrelaten Beziehungsannahmen durch die Fokussierung auf Wirkungszusammenhänge jenseits linearer Verhältnisanalysen.

Top-Down- oder Bottom-Up-Perspektiven werden durch eine Analyse der verschiedenen Ebenen abgelöst, bei der die Entstehung von unvorhersehbaren Phänomenen im „Großen und Ganzen" durch eigenständige Logiken auf der Mikro- und Mesoebene untersucht werden.

Eng verbunden mit der Emergenz von Strukturen der Stadtentwicklung ergibt sich eine neue Komplexität durch deren Verräumlichung: Gefragt wird nach Begrenzungen von lokalen Prozessen und deren globalen Auswirkungen, wie vice versa.

Eine Komplexitätserhöhung ergibt sich durch Strategien, die angenommene Entitätskonstruktionen für eine weitere Umweltintegration öffnen. Die Strategie der Öffnung verhindert eine statische oder dynamische Gleichgewichtsperspektive, die auf der Dualität von Innen-Außen beruht.

Elemente (in) der Stadt werden hinsichtlich ihrer Möglichkeit der Informationsverarbeitung und Verstetigung (auch Eigenregulation) betrachtet, wobei deren Kontextunabhängigkeit interessiert.

Urbane Elemente changieren mit den Kontexten und werden nicht prinzipiell als kontextautonom betrachtet, sondern sie sind graduell von multiplen Faktorenfeldern abhängig. Die Historisierung betreibt in dieser Weise die Kontextualisierung der urbanen Vergangenheiten und der städtischen Zukünfte.

Urbane Prozesse werden dahingehend untersucht, in welcher Weise sie eher eigendynamisch oder beeinflusst ein bestimmtes Programm realisieren, in dem organisatorisches oder chaotisches Verhalten erkennbar wird. Das urbane Chaos wird durch diese Strategie innerhalb einer Meta-Strukturierung aufgegriffen.

Das übergeordnete Ziel ist es, diese Strategien, über deren präzise Beschreibung und schon gar Benennung zu streiten wäre, in der Weise anzuwenden, dass sich eine übergeordnete Sprache, eine generelle Struktur oder eine allgemeine Logik erkennen ließe. Diese Zielsetzung kann nicht durch eine vorläufige Forschungsmethodik erst unter Vorbehalt angestrebt werden, sie kann auch durch die Unbekanntheit des Forschungsobjekts in ihrem Vorgehen nur eingeschränkt anvisiert werden. Wie die Doppelnatur des Lichtes als Welle und Teilchen nicht von vornherein bekannt war, so ist das Wesen der Stadt nun noch nicht definitiv abzugrenzen. Operiert werden kann von hieraus deshalb nur mit einigen grundsätzlichen Annahmenkomplexen, auf die die o.g. theoretischen Innovationsbestrebungen und deren Forschungsstrategien angewendet werden sollen.

Stadt und Menschenmasse soll als erster Problemkomplex angeführt werden (Kap. 1). Die Vorstellung von „Stadt" als eine menschliche Lebensweise, die auf dem Zusammenleben einer zu beschreibenden Anzahl x beruht, ist hinsichtlich ihrer Komplexität ein wichtiges Feld der Stadtforschung. Demographie und das Verhältnis Masse-Individuum sind zwei Kernkomplexe, die sich aus der Stadtforschung in der Komplexitätsanalyse der Bedeutung von Einwohnerzahlen ergeben. Damit verbunden ergibt sich der zweite Analysekomplex, die Bedeutung des Faktors Dichte (Kap. 2). Mit der Dichte wird mathematisch die Einwohnerzahl im Verhältnis zum Raum thematisiert. Willkürlicher Austausch und Begegnung, Öffnung und Öffentlichkeit sind hierbei die zentralen Urbanitätsthemen, denen komplexitätsorientiert nachgegangen werden soll. Die Anerkennung des Faktors „Mobilität" stellt die einfache Beschreibung einer Stadt als Ort einer Menschenmenge in Zweifel. Aus diesem Grunde wird die Stadt hier in ihrer Paradoxie ernst genommen, indem sie nicht auf das geographisch Fixierbare reduziert wird, sondern ob ihrer besonderen Formationslogik des bewegten Raums als eben durch diese Komplexität bestimmt wird (Kap. 3). Urbane Mobilitätsforschung reflektiert allerdings eine weitere Komplexitätsstufe mit, bei der die Einzelbewegungen in einer Form des organisierten Chaos vollzogen werden. Bewegungen sind allerdings nicht lokalisierbar und insbesondere der Globalisierungsdiskurs wirft einen anderen Blick auf die mobilisierten Räume und die urbanisierten Bewegungen (Kap. 4). Die besonderen Beziehungen zwischen dem „Globalen" und „Lokalen" bergen in sich eine komplexitätsreduzierende Dualistik von „außen" und „innen", die diskursiv permanent wiederholt wird und die Frage nach den Strukturen dieser global-lokalen, Außen-Innen Beziehungen generiert. Diese Fragestellung wird zugunsten einer Suche nach Strukturierungen verworfen, in denen intermediäre Institutionen in den Blick geraten und Urbanität als ein vorzugsweise hybrider Prozess verstanden wird (Kap. 5). Die Generation des Urbanen beruht, so die These, auf Energien in unterschiedlichster Form, die vor allem sozial und gesellschaftlich als Mobilität nachvollziehbar und in dieser Weise in ihrer Direktion zu untersuchen sind. Ausgegangen wird von einer Urbanitätsdefinition, die Kollisionen als zwangsläufige Folge dieser Mobilisierungen betrachtet und die als Gegenpol zu hybriden Interaktionen zwischen verschiedenen Strukturierungen dieser Energien Konflikte zu bewerkstelligen hat (Kap. 6). Das Ausbleiben von Strukturbildung in dieser Weise erzeugt ungebremste, unvermittelte und gewaltproduzierende Anomie (Kap. 7). Urbanität bezieht explizit die politische Dimension des Städtischen ein, in dem diese Prozesse hinsichtlich ihrer intentionalen Beeinflussung durch bestimmte Akteure und von Machtkonstellationen aufgegriffen werden. Komplexe Stadtforschung hat sich der Frage nach dem Politischen zu widmen, um dem Spezifikum der ontologischen Besonderheit des Menschen in seinem Wahl- und Freiheitswillen gerecht zu werden. Die Stadt ist nicht einfacher Ausdruck menschlicher Willensentscheidung und eines politischen Projekts, sie wird aber hier auch nicht als bloßes, von selbst ablaufendes Programm untersucht. Stattdessen ist die Frage nach der

Steuerungsfähigkeit urbaner Gesellschaften zu stellen. Hierzu ergibt sich zunächst die Frage nach einer möglichen Prädominanz einer steuernden Institution (Kap. 8). Anschließend wird die Betrachtung erweitert, in dem die Steuerungsfähigkeit ob seiner Generation aus einem komplexen und komplexitätsberücksichtigen Kontext nachzuvollziehen ist (Kap. 9). Die Analyse der gouvernierenden Stadt führt zwangsläufig zu der Frage nach der allgemeinen Prozesshaftigkeit urbaner Entwicklung, die jedes intentionale Vorgehen als gegeben voraussetzt. Synchronizität von urbanen Prozessen und Linearität von Zeit werden an dieser Stelle als notwendig erachtet, obwohl die Ungleichzeitigkeit urbaner Prozesse offensichtlich ist und davon ausgegangen werden kann, dass intentionales Handeln, politische Steuerung, nur durch eine Produktion von Gleichzeitigkeit gedacht werden kann (Kap. 10). Urbane Zeiten sind dementsprechend nur in einer Perspektive erforschbar, die eine Universalisierung der Stadtforschung erforderlich macht, die sich mit dem schwierigen Begriff der „Natur" auseinandersetzt, der in der „komplexen Stadt" nicht mehr kontrastiv zum Sozialen bestehen kann (Kap.11).

1. Tokio: Die Vielen und die Stadt

„Schockwellen, Chaos, Verformungen (...) Hier versagen die bekannten Denkmodelle des urbanen und architektonischen Raumes inklusive seiner Subkonzepte: Orientierung, Wahrnehmung, der Begriff des Gebäudes, Zuordnungen wie innen und außen, die Unterscheidung in real und irreal, etc. Theoretische Anarchie als Funktionsgrundlage."

W. Koelbl[29]

Tokio scheint wie keine andere Stadt der Welt unser Verständnis über urbanes Leben in Zweifel zu ziehen. Die japanische Hauptstadt wirkt faszinierend und verunsichert zugleich. Als Phänomen betrachtet, wie dies Wolfgang Koelbl in seinem Tokio-Buch betreibt, konfrontiert es den Stadtforscher mit einer Unlesbarkeit, die sich aus vielen Quellen speist. Zweifelsohne geht davon ein gewisses Flair aus, das sich auch aus dem Exotischen einer durch und durch modernisierten Stadt ergibt, wenn sie sich über eine andere Sprache und Zeichensysteme verständigt. Wäre Tokio noch so „chaotisch", wenn man die vielen Verkehrsschilder und Billbords in Englisch oder gar Deutsch lesen könnte? Nüchternheit hinsichtlich der Anarchie in dieser Stadt dürfte spätestens dann einkehren, wenn man sieht, wie reibungslos und nahezu perfekt alles funktioniert. Tokio liegt in Japan, dem wirtschaftlich nach wie vor drittstärksten Land der Welt. Eine Anarchie im Sinne von Strukturlosigkeit und Funktionsuntüchtigkeit kann es nicht geben. Tokio mag anders organisiert sein als der westliche Betrachter dies vermutet, aber von einer Ordnungslosigkeit auszugehen ist unbegründet.[30] Koelbls Annahme, hier versagen die urbanen Denkmuster, klingt wie die Begründung für eine Vorgehensweise, die sich nicht weiter um die Ergebnisse anderer Forscher zur japanischen Urbanität kümmern möchte. Die Absage an eine weitere Theoretisierung der Stadtforschung begründet das phänomenologische Vorgehen, erhält den Exotismus aufrecht und führt zu einem nur noch subjektiv nachzuempfindenden Erkenntnisgewinn. Dementsprechend Koelbls Fazit: „Architekten kastriert, Visionäre entmündigt, eingeklemmt in einem ultimativen Pragmatismus und von den banalen Wünschen der Masse ge-

---

29 Koebl, W. (hg. von Bärnthaler, C.) (2000) Tokyo Superdichte, Klagenfurth, 54.
30 Ein Blick in die auch auf Deutsch vorhandene Literatur zur Frage der administrativen Ordnung, der historischen Entstehung und gesellschaftlichen Einbettung Tokios in die Moderne Japans dürfte heilsam sein: Hohn, U. (2000) Stadtplanung in Japan: Geschichte – Recht – Praxis – Theorie, Dortmund.

hetzt, eröffnet sich als Fluchtkoordinate immer nur die weitere Steigerung. Nur der Exzess erschließt neue Bewegungsfreiheit. Dauerflucht durch hemmungslose Beschleunigung."[31]

An dieser Stelle rächt es sich, dass der einsame Phänomenologe, bewaffnet mit seinem Fotoapparat, sich nicht mit der Sichtweise der Bewohner von Tokio auseinandersetzt. Die Kommunikationsunfähigkeit des (westlichen) Betrachters, seine fehlende Empathie mit den Menschen und seine Präferenz für die bebaute Umwelt haben letztlich dazu geführt, dass wir als Leser nicht mehr wissen über die Art und Weise, wie Tokio tatsächlich von seinen Bewohnern wahrgenommen wird, wie sich das Leben in der größten oder zumindest einwohnerreichsten Stadt der Welt organisiert. Schlusspunkt dieser Phänomenisierung Tokios ist der Umkehrpunkt, an dem das Exotische zum Banalen wird. Die Enttäuschung darüber, dass Tokio von normalen Menschen bewohnt wird, wird nicht dem eigenen Unverständnis über diese Stadt zugeschrieben, sondern der großen Masse von Menschen, die dort lebt.

Um diese „banalen Wünsche der Masse" soll es aber gehen. Lernen können wir von den Exotisierungen Tokios, dass die Fragestellung von Masse und Subjekt eine wesentliche für das Verständnis von Urbanität ist. Die Denkfalle, die Masse sind die anderen, man selber sei distinkt, ist als ein Thema aufrecht zu erhalten. Welchen Zusammenhang gibt es zwischen der „Stadt" und der „Menschenmasse"? Über den Exotismus hinaus scheint es prinzipiell eher eine negative Vorannahme über die Auswirkungen von Menschenmassen in Städten zu geben. Diese allgemein negative Haltung gegenüber der Größe (Einwohnerzahl) und der Stadt spiegelt sich in vielen Denkfiguren und politischen Diskussionen über die Stadt. Die intrinsische Befürchtung solcher Perspektiven ist die Anarchie-Vermutung. Wenn sie außerhalb der OECD-Staaten anzutreffen ist, fehlt hierbei der so eben angezeigte Charme wie im Falle Tokios. Landläufige Meinungen zum Image von Städten wie Mexico-City, São Paulo, Kairo, Kalkutta und ähnlichen so genannten Mega-Cities dürften von einer unterschwelligen Angst vor dort anzunehmender Ordnungslosigkeit geprägt sein.

Als ein einflussreicher Ausdruck dieser Problematisierung von (zu großer) Menschenmenge und Stadt sind auch die Berichte der Vereinten Nationen zu betrachten. Im Bericht der Department of Economic and Social Affairs' Population Division aus dem Jahre 2004 will die UN die internationale Gemeinschaft mit aktuellen und objektiven Informationen zur Bevölkerungsentwicklung in den Städten versorgen.[32] In der Tat stellen der Bericht und die Arbeit des Departments für die Stadtforschung eine unerlässliche empirische Quelle dar. Sie unterstreichen in zweifacher Weise, durch ihre bisherigen Ergebnisse wie durch ihre mangelnden Forschungsmöglichkeiten die dringende Notwendigkeit einer intensivierten Stadtforschung. Die Arbeit des Departments beruht nur auf der Zählung von Einwohnern. Dies deutet einerseits auf die hohe Relevanz, die dem Faktor „Menschenmasse" für das Leben in der Stadt zugemessen sein wird, andererseits auf eine unreflektiert angenommene Korrelation zwischen „städtischer Lebensqualität" und „Einwohnerzahl". Doch zunächst zu den Ergebnissen: Das Wachstum der städtischen Bevölkerung ist stärker als das allgemeine Bevölkerungswachstum. 3 Milliarden Menschen (48 Prozent der Gesamtweltbevölkerung) leben in Städten, die meisten in Kleinstädten. 5 Prozent leben in Mega-Städten. Die Zunahme der städtischen Bevölkerung in den letzten 50 Jahren ist „dramatisch" (von 29,1 auf 60,8 % der Gesamtweltbevölkerung). Der Grad der Urbanisierung ist weltweit unterschiedlich. In den „entwickelten" Ländern und Lateinamerika beträgt er 73 % und mehr. Obwohl mehr Menschen in Asien in Städten wohnen, ist der Urbanisierungsgrad dort geringer. In der OECD-Welt leben die Menschen vornehmlich in

---

31 A.a.O., 238.
32 United Nations (2004) World Urbanization Prospects: The 2003 Revision, New York, iii.

Städten unterhalb von einer halben Million Einwohnern. Mega-Cities haben eher ein geringes Bevölkerungswachstum. Die Hälfte hatte eine Wachstumsrate von ca. 1,5 %.[33]
Der Bericht gibt ferner an, dass die nationalen Regierungen sich in der Regel unzufrieden und besorgt darüber äußern, dass es eine Ungleichverteilung der städtischen Einwohnerzahlen gibt. Als politisches Ziel wird die Schaffung einer nachhaltigen städtischen Umwelt deklariert.

Mit den begrenzten Mitteln, die den UN-Forschern zur Verfügung stehen, gehen methodische Probleme einher, die den Wert ihrer Arbeit begrenzen. In erster Linie betrifft dies die schwierige Datenlage. Die Informationen sind von nationalen Regierungen zusammengestellt worden, die ihrerseits zumeist Schätzungen vorgenommen haben, die sich auf den Meldungen im Einwohnerregister beziehen. Unterschiedliche Definitionen, etwa zu der Frage, wer ab welchem Zeitpunkt als Einwohner gilt und ab welcher Größe etwa eine Ansiedlung als Stadt in den jeweiligen Ländern bezeichnet wird, werden nicht abgeglichen und vereinheitlicht. Geschweige denn, dass etwa Statistiken ob ihrer potentiell politischen Manipulation kritisch gelesen werden.[34] Die offensichtlichen Schwächen der Datenlage mögen die oben aufgeführten Kernaussagen nicht in Frage stellen, sie relativieren aber den UN-eigenen Anspruch der „Objektivität", die wohl nur durch unabhängige Primäruntersuchungen herzustellen wäre.

Wenn die retroperspektive Darstellung des städtischen Bevölkerungswachstums bereits zu einigen kritischen Anmerkungen Anlass geben, so sind die im Bericht dominierenden Prognosen bereits Thema wissenschaftlicher Debatten. Die Vorhersage des weltweiten städtischen Einwohnerwachstums ist das eigentliche Ziel des UN-Berichts. Von den 19 Key-Findings beziehen sich 16 auf einen prognostizierten Zustand der urbanen Weltbevölkerung. Vorhergesagt wird eine Zunahme von 3 auf 5 Milliarden Stadtbewohner im Jahre 2030. Dieses Städtewachstum finde vor allem in den Entwicklungs- und Schwellenländern statt.

Schon vorherige Berichte der UN waren in gleicher Weise gestrickt und kamen immer zu ähnlich gelagerten Ergebnissen. Interessant ist daher das Urteil unabhängiger Forscher des „Panel on Urban Population Dynamics" des amerikanischen National Research Councils.[35] Zum Ausdruck wird dort die große Abhängigkeit der UN-Statistiken von den nationalen Angaben gebracht, die nicht kontrolliert und hinterfragt werden können, aber im Grunde die einzige weltweite Informationsquelle zum Thema städtische Weltbevölkerung darstellt. Zugleich formuliert das internationale Forscherteam massive Kritik am methodischen Vorgehen der UN-Wissenschaftler, deren Vorgehen bei den Prospektiven nicht transparent ist und, soweit überprüfbar, auf unhaltbaren Annahmen beruht. Aufgrund einer Gegenüberstellung von UN-Prognosen und tatsächlichen Entwicklungen in vielen Städten der Welt lautet das vernichtende Urteil: „(They) have often proven to be so far off the mark that consideration of alternative projection methods is now badly needed."[36] Das „Panel" macht vor allem die geringen Mittel der UN-Behörde dafür verantwortlich. Die Frage, wie sich die städtische Bevölkerung in der Welt entwickelt, liegt auf den Schultern weniger UN-Experten, die auch noch mit vielen anderen Aufgaben betreut sind. Mit anderen Worten, niemand weiß eigentlich, wie viele Menschen, mehr oder weniger, heute in den Städten

---

33 A.a.O., 3-12.

34 Zur politischen Instrumentalisierung von Demographie in Deutschland siehe Oberndörfer, D. (2005) Demographie und Demagogie. In: Blätter für deutsche und internationale Politik, 12, 1481-1491.

35 Montgomery, M. R.et al. (eds) (2003) Cities transformed. Demographic change and its implications in the developing world, London.

36 A.a.O., 153.

der Welt leben und wie sich der Verstädterungsprozess fortsetzen wird. Die Entwicklung und der Einsatz neuer Messinstrumentarien, insbesondere GIS, wird dringlich, wenn auf Grund der bis jetzt äußerst fehleranfälligen Vorhersagen der UN tatsächlich das politische Ziel nachhaltiger Stadtentwicklung realisiert werden soll.[37]

Wie schwerwiegend das Fehlen der notwendigen Informationen ist, lässt sich nur vermuten. Unzweifelhaft ist aber jede theoretische und empirisch genährte Analyse der Bedeutung des Faktors „Einwohnerzahl" von nur eingeschränktem Wert, wenn aktueller und prognostizierter Entwicklungsstand nur sehr näherungsweise bekannt sind. Die Implikationen eines Faktors zu messen, dessen Größe unbekannt ist, verweist die Stadtforschung auf deduktive Konzepte und eine schwierige Verallgemeinerung von Einzelstudien. Repräsentativität kann nicht erreicht werden, wenn Einzelbefunde nicht hinsichtlich ihrer Verallgemeinerbarkeit, wenn das zu repräsentierende Allgemeine nicht bekannt ist, fortgeschrieben werden. Erscheint das Zählen von Einwohnern als die einfachste aller denkbaren Forschungen, so ist die Stadtforschung damit konfrontiert, dass sie nicht einmal diese grundlegende Technik für ihren Forschungsgegenstand anwenden kann.[38] Das Zählen oder Schätzen der Einwohnerzahl der Städte hat vorwiegend mit dem Problem zu tun, dass dieses Vorgehen als ein annahmeloses konzipiert ist, das angeblich „objektiv" zu betreiben ist. In Wirklichkeit ist die Frage der Ursachenannahme für das städtische Bevölkerungswachstum bestimmend für die Antwort, wie viele Menschen bereits heute und erst recht in zwanzig Jahren in Städten leben. Die UN gehen nach wie vor davon aus, dass das Städtewachstum hauptsächlich von der Landflucht verursacht wird. Tatsächlich nimmt aber dieser Faktor an Bedeutung ab; je mehr ein Land urbanisiert wird, desto mehr wird die Migration zwischen den Städten vorwiegend. Der Fehler der UN liegt darin, das westliche Urbanisierungsmodell auf alle Städte der Welt zu übertragen und nicht wahrzunehmen, dass es in verschiedenen Länder unterschiedliche Urbanisierungsgeschwindigkeiten und Saturierungsgrade gibt. Neuere Modelle in der Demographie-Forschung, die dies berücksichtigen, kommen deshalb auf erheblich andere Werte.[39] In der Vorhersage für 2030 klafft zwischen den UN-Prognosen und alternativen Berechnungsmodellen eine Lücke von einer Milliarde Menschen![40] Andere Demografie-Forscher ziehen eine Parallele zum Urbanisierungsprozess des Westens in den Jahren 1900 und 1925, in denen einem rapiden Zuwachs eine Stabilisierung folgte. Wenn man die heutige Entwicklung betrachtet, könnte man auch annehmen, dass sich die meisten Städte weltweit bereits in dieser zweiten Phase befinden, denn das allgemeine Städtewachstum akzeleriert nicht mehr als in den letzten zwei Jahrzehnten davor.[41]

Dort, wo bereits avancierte technologische Hilfsmittel angewandt werden, um die Einwohnerzahl zu erforschen, ergeben sich wiederum andere Schwierigkeiten.[42] Die große Frage ist, wie sich das „Urbane" überhaupt modellieren lässt. Raster-, Zellen- und Polygon-

37 A.a.O., 154.
38 Wie wenig aufschlussreich der Vergleich aufgrund von "Größe" ist, zeigt Ng, M. N./Hills, P. (2003) World cities or great cities? A comparative study of five Asian metropolis. In: Cities, 20/3, 151-165.
39 Mit Clusteranalysen lassen sich bereits aussagekräftigere Forschungsstrategien durchführen: Chen, X. (1996) The demographic profiles of the world's largest cities: A baseline analysis and policy implications. In: Cities, 13/3, 165-174.
40 Bocquier, P. (2005) World Urbanisation Prospects: An alternative to the UN model of projection compatible with the mobility transition theory. In: Demographic Research, 12., 197-236.
41 Cohen, B. (2004) Urban growth in developing countries: a review of current trends and a caution regarding existing forecasts. In: World Development, 32, 23-51.
42 Hasse, J. E. (2004) A Geospatial Approach to Measuring New Development Tracts of Rural Sprawl. In: Landscape Journal, 23, 1-104; Yang, X. /Liu, Z. (2005) Use of satellite-derived landscape imperviousness index to characterize urban spatial growth, In: Computers, Environment and Urban Systems, 5, 524-540.

Strukturansätze sind hierfür in der GIS-Anwendung[43] und Nachtlicht-Photographie[44] entwickelt worden, die aber schließlich nicht in der Lage waren, das Spezifische der Stadt zu berücksichtigen. Familie, Haushalt, Nachbarschaft, Postleitzahlenbezirke, „census block" und ähnliche Einheiten haben sich ebenfalls nicht bewährt.[45] In der Geographie wird dieses Problem als Suche nach der „atomischen" Einheit verstanden, die einerseits in der Lage sein soll, verschiedenste Informationen zu tragen und zu vereinheitlichen und die andererseits in einem relevanten Bezug zu aktuellen städtischen Prozessen und tiefer liegenden Entwicklungsmustern steht.[46] Die urbanen Atome sind als kleinste Untersuchungseinheiten nicht natürlicherweise bereits vorhanden, sondern sie ergeben sich aus der Fragestellung der Untersuchung. Die Analogie mit der atomischen Struktur der biologischen Organik und der physischen Anorganik kann nur soweit betrieben werden, dass es möglich wird, aus einem sinnvollen Forschungskontext heraus, bei dem vorab die wichtigen städtischen Entwicklungsprozesse definiert werden, individuelle Komponenten in einem atomischen Rahmenwerk zu konzeptualisieren. Die Entwicklung von atomischen Urbanitätskonzeptionen erfordert eine Datenmenge, deren Ermittlung wahrscheinlich in vieler Hinsicht als aussichtsloses Unterfangen gelten kann. Andererseits hat sich durch die Vertiefung und Verbreiterung der Möglichkeiten der Datenerfassung bereits eine erhebliche Informationsbasis erstellen lassen.[47] Kritische Analysen halten demographische Entwicklungen prinzipiell wegen ihre Nonlinearität und anderen „chaotischen" Verhaltensweisen für nicht mit den momentan verfügbaren wissenschaftlichen Instrumentarien untersuchbar und minimieren Erwartungen an deren Vorhersagbarkeit.[48]

Auch die Soziologie hat sich von Beginn an mit der Fragestellung der Atomisierung von Gesellschaft beschäftigt.[49] Sie hat das Entstehen der modernen Gesellschaft als einen Prozess der Urbanisierung und der Entwicklung einer Massengesellschaft verstanden.[50] Mit den verschiedensten Elementen der modernen Gesellschaft sind wertvolle Untersuchungen zur Struktur und Prozesshaftigkeit ermittelt worden, wobei zumeist nur ein „Mosaik" ent-

---

43 Ewa in Kombination mit Video-Dokumentation: Zeiner, H./Kienast, G./Derler, C./Haas, W. (2005) Video documentation of urban areas. In: Computers, Environment and Urban Systems, 6, 653-668.

44 Pozzi, F./Small, C./Yetman, G. (2003) Modelling the distribution of human population with nighttime satellite imagery and gridded population of the world. In: Earth Observation Magazine, 4, 24-30.

45 Zur Debatte über Simulationsmodelle wie ILUTE s. Miller, E. J./Hunt, J. D./Abraham, J. E./Salvini, P.A. (2004) Microsimulating urban systems. In: Computers, Environment and Urban Systems, 1/2, 9-44.

46 Hasse, J. E./Lathrop, R. G. (2003) A Housing Unit Approach to Characterizing Residential Sprawl. In: Photogrammetric Engineering and Remote Sensing, 9, 1021-1029.

47 Vgl. Dobson, J.E./Bright, E.A./Coleman, P.R./Durfee, R.C./Worley, B.A.(2000) LandScan: A global population database for estimating populations at risk. In: Photogrrammetric Engineering and Remote Sensing, 7, 849-857.

48 Prskawetz, A. (1992) ChaosDemographie: Deterministic chaos versus stochastic modelling in demography. In: Zeitschrift für Bevölkerungswissenschaft., 18 /4, 495-517

49 Das Verhältnis Subjekt/Individuum-Gesellschaft ist insbesondere auf dem Hintergrund der Totalitarismus-Debatte als problematisch in der politischen Theorie behandelt worden, in der, vor allem auf Hannah Arendt zurückgreifend, die Massengesellschaft als prinzipiell von Konformismus und als Verlust von individueller Vielfalt beschrieben und der politische Schutz des Individuums eingeklagt wird (vgl. Meier, M. (2002) Phänomene der Massengesellschaft nach Hannah Arendt, Frankfurt). Soziologisch wurde die Diskussion in den fünfziger Jahren inspiriert durch „Die einsame Masse" von David Riesman und Mitarbeitern, in der – paradigmatisch für die industriellen Nachkriegsgesellschaften des Westens – der Wandel der amerikanischen Gesellschaft als eine charakterliche Veränderung des Individuums (von traditions- und innen- zu außengeleitet), wobei sowohl Anpassung an die Gruppe als auch die Nutzung der neuen Möglichkeiten des außengelenkten Menschen ins Auge gefasst werden, Riesman, D./Denney, R./Glazer, N. (1982) [1950] Die einsame Masse, Rowohlt.

50 Vgl. schon Lederer, E. (1940) The State of Mass Society, New York und Rosenberg, B. (1964) Mass Society in Crisis, New York.

steht, wenn man sie zu einem ganzen Bild zusammenfügen will. Versuche, eine solche Gesamtschau zu produzieren, sind in der Tat zumeist von dem Ausgangspunkt der sozialen Effekte der „Masse" in ihrer quantitativen Dimension unternommen worden. Hierbei haben sich die Untersuchungen vor allem in der Weise mit der Quantität auseinandergesetzt, in dem sie sich mit Sekundär-Effekten beschäftigt haben, etwa mit der Frage, wie in solchen Massengesellschaften Institutionen funktionieren. Herbert Blumer konstatierte in den sechziger Jahren, und dies dürfte bis heute richtig sein: „Seltsamerweise haben Soziologen noch nie versucht, systematisch die Veränderungen in sozialen Beziehungen und Handlungsweisen zu untersuchen, die allein vom Faktor der Vergrößerung des Ausmaßes herrühren."[51] Er legt dar, dass die Massengesellschaft als solche nicht nur als Zusammenschluss ihrer verschiedenen Teile funktioniert und dementsprechend keine organische Einheit darstellt. Sie ist auch in diesem Sinne nicht als eine örtlich begrenzte zu betrachten, die sich lediglich als eine gemischte Struktur verstehen ließe. Blumer differenziert zwischen den (gegliederten) Großgesellschaften, etwa der Antike, und der modernen Massengesellschaft, die auf einer Dynamik durch Weiterentwicklung ihrer Einzelelemente beruhe: „Das Ergebnis ist ein Bild wechselnder Komplexität, bei dem weder ein stabiles noch ein labiles Gleichgewicht vorhanden ist. Stattdessen sehen wir eine ungleichmäßige Bewegung, die sich wechselhaft in einem Teil schneller, in anderen Teilen langsamer vollzieht, wobei die Wirkung von Einzelteil auf Einzelteil merklich variiert."[52] Diese Massengesellschaft scheint auch unabhängig von ihrer räumlichen Dimension zu wirken und sich nicht auf die Großstadt als solche zu beschränken, wie bereits frühe Studien in der Stadtforschung zeigten.[53] Wenn auch in letzter Zeit die Tatsache wieder in den Vordergrund gerückt wird, dass Kleinstädte eventuell andere Prozesshaftigkeiten darstellen, so wird eine Korrelation zwischen Größe und Komplexität, wie von Blumer eingefordert, nach wie vor nicht vollzogen.[54]

Der Bezug zwischen Massengesellschaft und „Stadt" wird in neueren stadtsoziologischen Ansätzen vielmehr durch eine Abkehr vom Produktionsparadigma, das sich aus dem Durkheimschen Ansatz vollzog, die Massengesellschaft durch gesellschaftliche Arbeitsteilung zu erklären, wieder thematisiert. Hierbei ist als Kehrpunkt der Fragestellung zu bezeichnen, dass nicht mehr die Aufteilung der Gesellschaft (durch Arbeit, Produktion), sondern deren Zusammenhang (durch Konsum) in den Vordergrund der Forschung gestellt wurde. Neuere konsumsoziologische Forschungen haben dabei die stadtsoziologische Perspektive Castells[55], der sich durch dessen Beschäftigung mit den sog. „Neuen städtischen Bewegungen" ergeben hatte, für die Konsumseite der Stadt aufgegriffen und fortgesetzt.[56] „Konsum" ist wiederum eine Dimension stadtgesellschaftlicher Komplexität, die sich aus dem Zusammenspiel unterschiedlicher Prozesse ergibt und der ihrerseits nicht nur durch einen einzigen Erklärungsdiskurs zu begegnen ist.

An keiner anderen Stadt als Tokio scheint sich der Zusammenhang zwischen „Konsum", Massengesellschaft und Urbanität besser analysieren zu lassen: „A society of the complexity of Japan naturally attracts (...) a number of different and competing ap-

51 Blumer, H. (1966) Über das Konzept der Massengesellschaft. In: Silbermann, A. (Hg.) Militanter Humanismus. Von den Aufgaben der modernen Soziologie, Frankfurt, 23.
52 A.a.O., 34.
53 Vidich, A. J./Bensman, J. (1958) Small Town in mass society, Princeton.
54 Siehe vor allem: Jayne, M./Bell, D. (2006) Small cities: urban experiences beyond the metropolis, New York. C. Hannemann behauptet den Zusammenhang zwischen Marginalisierung und Kleinstadt, (2004) Marginalisierte Städte, Berlin.
55 Castells, M. (1983) The City and the Grassroots, Berkeley.
56 Vgl. u.a. Eckardt, F./Hassenpflug, D. (Hg.) (2003) Consumption and the Post-Industrial City, Frankfurt/New York.

proaches, and no single one can hope to exhaust the riches of such a large-scale and actually diverse culture."[57] Wie Clammer in seiner Analyse heutiger Stadtkultur in Japan vorführt, eignet sich die Analyse anhand der Konsumdimension aufgrund mehrerer Gründe. Zunächst lässt sich mit der Konsumanalyse eine Beziehung zwischen massenhafter Individualentscheidung mit Bezug auf Konsumverhalten und meso- und makro-dimensionale Organisation von städtischer Ökonomie herstellen. Anhand der Beobachtung alltäglicher Verhaltensweisen können Muster nachvollzogen werden, in denen allgemeine Verhaltensdispositionen, etwa mit Bezug auf Wertvorstellungen (Sparen, Teilhabe der Frauen, räumliche Geographien), und auch weitergehende soziale Organisationsformen, die zumeist in einem Zusammenhang von Konsum entstehen (Bekanntschaften, Vereinswesen, Freundschaften, Geschenke, Feiern etc.), identifiziert werden. Konsummuster integrieren darüber hinaus prinzipielle Formen von Kommunikation und Informationsaustausch, bzw. reflektieren oder generieren diese für weitere Geltungsbereiche in der Gesellschaft. Für eine konsumorientierte Analyse der städtischen Massengesellschaft Japans spricht auch die andersgelagerte Stratifikation, die sich nicht im Sinne einer Klassengesellschaft und Gender-Dualisierung in Form der klassischen (europäischen) Moderne abbildet, sondern hierarchisch durch Statuskompetivität erfassbar wird.[58] Für eine Grundlegung der Analyse von urbaner Massengesellschaft mittels Konsum spricht aber noch eine weitere wichtige Überlegung: Konsum ist Spaß, Sehnsucht, Traum, Begierde und Subjektivität.[59] Dem Individuum wird hier soziologisch quasi eine atomische Entität zugesprochen, die dessen Eigenbewegungen und Antriebskräfte ernst nimmt.

Ethnographische Arbeiten über Teenager in Tokio verweisen auf Funktionslogiken städtischer Konsumwelten. Merry White hat in ihren Untersuchungen über Jugendliche in Shibuyu aufzeigen können, dass durch Konsum Strukturen selbstorganisierter Freundschaften entstehen. In ihrer Studie wird deutlich, dass es einerseits evozierende Faktoren gibt, die den Ort für Jugendliche deklarieren (etwa durch Billbords, die speziell die Marginalisierung von Jugendlichen, deren emotionale Interessen etc. aufgreifen) und die andererseits von denselben dafür genutzt werden, sich aktiv mit ihren Beziehungen zu anderen Jugendlichen auseinanderzusetzen. Whites Forschung ist deshalb wichtig, weil sie einen Kohäsionsprozess in der atomisierten Massengesellschaft erklärt, der in der Jugend der späteren funktionstüchtigen Erwachsenen angelegt ist und der als „Sozialisation" die Orientierungen und Charaktereigenschaften herausbildet, die die spezifischen Verknüpfungsfähigkeiten des Einzelnen in der Tokioer Massengesellschaft ausmachen: ein nicht-puritanisches und klassenstratifiziertes, sondern komplementäres Amalgam von Vorstellungen über Autorität, Familienbeziehung, Sexualität, Ästhetik und materiellen Konsum.[60]

Die Urbanisierung Japans ist ohne die Entstehung einer Konsumgesellschaft nicht denkbar, sie ist eine Art von „stiller Revolution", die das Denken insgesamt über die Stadtgesellschaft Tokios in Frage stellt.[61] Diese Beobachtung gilt es, in ein analytisches Verständnis der Vorgänge in einer massengesellschaftlichen Großstadt wie Tokio einzugliedern. Omnipräsente Insignien, Infrastruktur und Penetration von Konsumtechniken und -technologien haben nicht die „churyu ishiki", die uniforme Mittelklasse, geschaffen, wie sie die Japaner selbst beschreiben. Diese Selbstbeschreibung wurde durch die Anerkennung

57 Clammer, J. (1997) Contemporary Urban Japan, Oxford/Malden, 3.
58 Vgl. Ashkenazi, M. (2000) Consumption and material culture in contemporary Japan, London.
59 Vgl. auch psychologische Konsumtheorien, Bocock, R. (1993) Consumption, London.
60 White, M. (1994) The Material Child: Coming of Age in Japan and America, Berkeley.
61 Vgl. Hernadi, A. (1990) Consumption and consumerism in Japan. In. Boscaro, A. /Gatti, F./Raveri, M. (eds) Rethinking Japan, vol. 2, Folkstone.

von Differenz, am Beispiel der „shinjinrui" (Neue Leute), spätestens in den achtziger Jahren nicht mehr haltbar. Schließlich erfolgte die Wahrnehmung kleiner Organisationseinheiten, die zunächst noch als generationsspezifisch („sedai") artikuliert wurden. Parallel übernahm die japanische Selbstbeschreibung die Ausdifferenzierung nach kulturellen Kriterien (etwa der „futenzuko"/Hippies oder der „takenokozoku"/speed kids in Harajuku).[62] In der Selbstanalyse der japanischen Massenurbanität hat sich dementsprechend die Theoretisierung der „Mikro-Massen" eingebürgert.[63] Diese Mikro-Massen sind nicht zufällig an bestimmten Orten konzentriert oder auf sie bezogen. Sie sind von den Entwicklungspfaden urbaner Gesellschaften abhängig. Mit Bezug auf Japan lässt sich dies insbesondere durch die bereits vormodernen Urbanisierungswege beschreiben, die zu einer „psychologisch" ausdifferenzierten Stadtlandschaft Tokios, Kiotos und Osakas geführt hat und in deren Rahmen sich jeweils neue Mikro-Massen generieren.[64] Die Massengesellschaft des hochindustrialisierten Japans produzieren und reproduzieren zwar bestimmte uniformierende Stadtlandschaften, sie vereinheitlichen sich aber nicht in sozialer, kultureller und psychologischer Weise. Ethnographische Studien aus der Nachkriegszeit bis heute beweisen stattdessen den Umstand, dass die Besonderheit des Ortes durch eine Individualität der Bewohner fortgesetzt wird.[65] Bis dato sind diese Untersuchungen in theoretischer Hinsicht wenig befriedigend, weil sie zwar die Kontinuität von ortspezifischen oder japanisch-genuinen Aspekten der Urbanisierung betonen, aber die Logik der Mikro-Masse und der Massengesellschaft als solche nicht hinreichend reflektieren und beispielsweise Exklusionsmechanismen im heutigen Tokio lediglich im Rahmen der japanischen Urbanitätspartikularismen, jenseits des Massenkonsums, verorten.[66] Die urbane Geographie Tokios hingegen lässt sich heute nur verstehen, wenn man sich von einem striktem Orts- oder gar Nachbarschaftsverständnis löst, weil große Teile der Stadt nur als Orte für den zeitweiligen Aufenthalt von großen Massen von Bewohnern zu Konsumzwecken funktionieren.[67] Die Generierung der Mikro-Massen in der Konsumstadt beruht dabei weniger auf der Interaktion zwischen einzelnen Elementen (Individuen) als auf Imagination und Vorstellung, wodurch eine Operationalisierung zur Erforschung dieser Untersuchungseinheiten zwangsläufig fehlgeleitet wäre, wenn sie sich nur durch eine Fokussierung auf sichtbare Interaktion (und Kommunikation) stützen würde. Eine Konstruktion eines Forschungsdesign, das imaginierte Konsumgemeinschaften als wesentliche Betrachtungsebene städtischer Entwicklungspfade als Ausgangspunkt hätte, ist hingegen schwer vorstellbar und noch schwieriger methodologisch denkbar.

Wiederum vermag der Blick auf die Strukturierung der Massengesellschaft Tokios zu erhellen. Es geht um die weitergehende Frage sozialer und materieller Gesellschaftlichkeit.[68] Materialität und Massengesellschaft sind durch individuelle Emotionalität verbunden, in der die Wünsche des Einzelnen in die Sehnsüchte des Körpers eingraviert sind. Die Grenzen zwischen den individualpsychologischen Motiven und den sozialpsychologischen Konstruktionsweisen körperlicher Begierden sind fließend, widersprüchlich, vielfältig – komplex. Die Mikro-Massen Tokios („zoku") reflektieren diese ambivalenten Verhältnisse

---

62 Greenfield, T. K. (1994) Speed Tribes: Children of the Japanese Bubble, London.
63 Fujioka, W. (1984) Sayonara taishu, Tokyo.
64 Umesao, T. (1987) Nihon santo ron, Tokyo.
65 Dore, R. P. (1967) City Life in Japan: A Study of a Tokyo Ward, Berkeley.
66 Etwa die ansonsten sehr aufschlussreiche Studie von J. Robertson (1991) Native and Newcomer: Making and Remaking a Japanese City, Berkeley.
67 Gemeint sind vor allem Stadtteile wie Kabuki-cho und andere "epitome districts", vgl. Cybriwsky, R. (1991) Tokyo. The Changing Profile of an Urban Giant, London.
68 Miller, D. (1994) Material Culture and Mass Consumption, Oxford.

zwischen den Vielen und dem Einzelnen.[69] Sozialwissenschaftlich hat sich die Erkenntnis, dass der soziale Akteur körperlich ist, ebenfalls verstärkt durchgesetzt.[70] Bereits die Arbeiten von Goffman wiesen darauf hin, dass Körper Repräsentationen des Sozialen und des Individuellen sind.[71] Ethnographische Arbeiten zu Japan haben diesen Befund unterstützt.[72] Die Interpretation großer Teile der japanischen Kultur kann als ein gesellschaftliches wie individuelles Konstitutionsverfahren angesehen werden, bei der der Körper als zentraler Ort fungiert, von dem aus Soziabilität hergestellt wird. Kaneshiro Kazuki und Yan Sogiru etwa sind populäre Schriftsteller von viel gelesenen Geschichten („zainichi"), in denen Körper und Männlichkeit die wesentlichen Elemente der Protagonisten darstellen. Sie glauben an physische Kraft und Gewalt als Formen der Selbstäußerung und als Nukleus ihrer Identität: „In Kaneshiro's works, the body becomes a means by which the protagonists can connect themselves to other people and to society at large. The body of the protagonist of Yan's work, Chi to hone (Blood and Bone), is both a means of self-protection and of intimidation. Yan argues that the repressive aspects of Japanese society can be criticized by exposing bodies that have been damaged and neglected."[73]

Körper sind sowohl sozial determiniert und konstruiert, als auch das Ergebnis biologischer Prozesse. Körper haben in diesem Sinne eine Geschichte.[74] Die Beziehung zwischen Gesellschaft (in ihrer Masse) und Individuum (in seiner (biologischen) Körperlichkeit) verläuft aber nicht durch direkte Beziehung, vielmehr durch die „Vermittlung" in den bereits erwähnten Einheiten, die wiederum unterschiedlich konstruiert sind und verschiedenen Logiken folgen können. Die Analyse insbesondere der verschiedenen Formen der sozialen Konstruktion biologischen Geschlechts unterstreicht die vielfältigen sozialen Erscheinungsformen des Körpers.[75] Die systematische Betrachtung der verschiedenen Forschungsebenen einer Stadtforschung, die Körperlichkeit als Einheit für ihre Untersuchung von Massenphänomenen in der konsumorientierten Großstadt einführt, weist auf einen fundamentalen Abschied vom Körper als Individualität, bzw. müsste auf einer strengen Trennung zwischen beiden basiert sein. Mit dem Einschluss von Körperlichkeit in urbane Forschungsstrategien ergeben sich Möglichkeiten, die hinsichtlich ihrer Repräsentativität wissenschaftstheoretisch Schwierigkeiten bereiten dürften, wenn man sie nicht in ihrem Prozess und ihrer Interaktion in den Räumen der Gesellschaft und der Stadt betrachtet. Akzeptiert man, dass Körper aber nicht als reine Ausdrücke von Individualität zu betrachten sind, dann verweisen sie auf verschiedene Themen, die Prozesse singulärer Mikro-Massen und darüber hinaus gesellschaftliche Logiken andeuten können: Körper sind Forschungseinheiten der Rationalität. Sie zeigen auf, in welcher Weise Emotionalität, Sensualität und Ratio gemeinsame gesellschaftliche Logiken repräsentieren, in denen das Verhältnis zwischen den verschiedenen menschlichen Sphären etabliert ist. Körper sind folglich Spiegel der Konsumgesellschaft im Allgemeinen. Sie stellen eine geeignete Untersuchungsebene dar, um Kom-

---

69 Negativ konnotiert in der populärpsychologischen Sichtweise der "amae", Doi, T. (1988) The Anatomy of Dependence, Tokyo.

70 Featherstone, M./Turner, B. S. (eds) (1991) The Body: Social Process and Cultural Theory, London.

71 Goffman, E. (1969) The Presentation of Self in Everyday Life, Harmondsworth.

72 Kondo, D. (1990) Crafting Selves: Power, Gender and Sources of Identity in a Japanese Workplace, Chicago.

73 Tomonari, N. (2005) Configuring bodies: Self-identity in the works of Kaneshiro Kazuki and Yan Sogiru. In: Japanese Studies, 25/3, 268.

74 Feher, M. (ed) (1991) Fragments for a History of the Human Body, New York.

75 Lunsing, W. (2001) Beyond common sense: sexuality and gender in contemporary Japan, London.

munikationsprozesse zu studieren.[76] Das Gewicht von Bildanalysen in der Stadtforschung dürfte mit einem körperbasierten Ansatz erheblich gesteigert werden, da Körper nur begrenzt durch orale Befragungsstrategien abtastbar sind. Urbane Bilder und die Visualität von Körperlichkeit erhalten eine Signifikanz, die angesichts der vorherrschenden quantitätsorientierten Methodologien und Theorieansätze nicht zu vermuten war. Mit der Bildlichkeit zieht wiederum eine weitere Dimension urbaner Komplexität in die Stadtforschung ein: Ästhetik.

2. Frankfurt: Stadt als dichter Raum

„Mit einem kurzem Zoom, einem genauen Blick in die Stadt, lässt sich nicht vermeiden, die Totale aus den Augen zu verlieren, zugleich aber die Komplexität hautnah zu begreifen."

R.E. Ernst/W. Florence [77]

Im Jahr 1333 gab Ludwig von Bayern der Stadt Frankfurt das Recht, eine Mauer um die Stadt zu bauen. Ein Jahr später begannen die Arbeiten. Zwei Jahrhunderte später wurde eine Ergänzung der Stadtmauer notwendig und eine zweite Stadtmauer mit Zwinger und Kurtinen errichtet. Mit der Einmauerung der Städte vollzog sich eine harte Abgrenzung zwischen „Innen" und „Außen", wodurch die Definition des Stadtbewohners der „Freien Reichsstadt" Frankfurt offensichtlich wurde.[78] Der Effekt der Mauern auf die Innengestaltung der Stadt wurde maßgeblich durch die Frage nach den Öffnungen (Tore, Portale) bestimmt. Die Städte wurden auf diese Weise durch die Festungsanlagen vorstrukturiert. In Frankfurt wurde etwa mit dem Bau der barocken Befestigung im Westen der Stadt eine Lindenallee mit prächtiger Aussicht und zum Promenieren gebaut.[79] Durch die militärische Nutzlosigkeit und die Industrialisierung im 19. Jahrhundert wurden die meisten Stadtmauern geschliffen, die Städte öffneten sich. Zu dieser Zeit vollzog sich für Deutschland die wichtigste und umfassendste Urbanisierungsphase, an der bis zu jeder zweite Deutsche teilnahm und die im Ergebnis eine erhebliche Bevölkerungszunahme in den Städten zur Folge hatte.[80] Dennoch hört die Bedeutung der Mauer nicht mit ihrem physischen Verschwinden und der Zunahme der Bevölkerung auf: „Die Frankfurter Umwallung hat für den Entwicklungsprozess ihrer Stadt einen mehr ideellen Beitrag geleistet. Hier diente die umgewandelte Festungsanlage als Orientierungshilfe, als prägendes Element für Ordnung, Neuordnung und Ausgestaltung der offenen Stadt."[81] Ausdruck dieser Mauerdualisierung von Innen und Außen bis heute ist die Orientierung an Zentralität; in Frankfurt kommt dies durch die Anlage der Ringstraßen durch den damaligen Planungsdezernenten Ernst May zum Ausdruck. May bewertete diese Zentralität allerdings negativ. Für ihn war das Problem der großen Menschenmassen auf engem Raum nur dadurch zu lösen, dass man „Trabanten-

---

76 Frank, A. W. (1990) Bringing bodies back in: a decade review. In: Theory, Culture, and Society, 1, 131-162.

77 Ernst, R. E./Florence, W. (2000) Chancen durch Dichte? In: Wentz, M. (Hg.) Die kompakte Stadt, Frankfurt, 190.

78 Böhmer, C. (1994) Von der geschlossenen zur offenen Stadt, Walldorf, 59ff.

79 Ruppersberg, O. (1927) Die Reichsstadt und die Frei Stadt. In: Ders. (Hg.) Frankfurt: das Buch der Stadt, Frankfurt, 19f.

80 Kantzow, W. (1980) Sozialgeschichte der deutschen Städte und ihres Boden- und Baurechts bis 1918, Frankfurt/New York.

81 A.a.O., 248.

städte" gründet, die, im Grünen angesiedelt, eine Art Ausflucht für die Massen in der modernen Großstadt bilden sollten.[82] Mit der Zerstörung der Frankfurter Innenstadt im Zweiten Weltkrieg wurde diese Zentralitätsausrichtung in der Stadtplanung und in der alltäglichen Orientierung nicht ausgelöscht. Im Gegenteil, bis heute ist die Debatte über die Art und Weise der Wiedergewinnung der Frankfurter Zentralität ein umstrittenes Thema. Ab den neunziger Jahren hat man sich dabei wieder verstärkt dem Leitbild der verdichteten/kompakten Stadt zugewandt und Projekte wie den Hochhausentwicklungsplan, „Frankfurt 21", dem Mainuferpark, das Deutschherrenufer, den Westhafen, das Südliche Ostend und die Weseler Werft mit der positiven Vision eines verdichteten Stadtzentrums betrieben.[83]

Das Leitbild der „kompakten Stadt" ist heute in Deutschland politisch geltungsmächtig in der Wahrnehmung der Stadt verankert und begründet sich durch vermeintlich positive Effekte von Dichte und Urbanität.[84] Dabei war bereits in den sechziger Jahren eine ähnlich positive Annahme in Frankfurt[85] und in Deutschland insgesamt verbreitet gewesen. Die Stadtplanung hatte sich auf ein Urbanitätsverständnis verständigt, das in erster Linie auf Verdichtung angelegt war.[86] In der damaligen Debatte lautete das Fazit des Aachener Landschaftsarchitekten Erich Kühn: „Vielleicht müssten wir uns noch darüber klar sein, dass Dichte allein noch nicht Stadt bedeutet. Es gibt dicht gebaute Bauerndörfer (...), die gar nichts mit Stadt zu tun haben. Es muss eine ganze Reihe anderer Elemente hinzukommen, um „Stadt" werden zu lassen. Wenn wir uns über Dichte unterhalten, so haben wir nur ein Element des Städtischen, das allein noch nicht ausreicht."[87]

Es verbleibt demnach zu fragen, welche Art von „Element" Dichte darstellt. Zunächst erscheint die Berücksichtigung von „Dichte" in der Stadtforschung dringlich zu sein: Wenn die „Stadt" sich mit der großen Zahl von Menschen beschäftigt, in welchem Verhältnis auch immer als „groß" gemessen, so ergibt sich damit noch nicht zwangsläufig die Untersuchungsebene „Stadt". Die große Zahl ist auch anhand von Nationen/Staaten ablesbar. Der Dualismus Nation/Staat–Stadt als anregender Stachel im Fleisch der Stadtforschung sollte nicht zu schnell ausgerissen werden: Zu schnell folgt oft der Verweis auf die Praktikabilität von Forschung auf „lokaler" Ebene, zu unreflektiert bleibt oftmals die Frage nach der Repräsentativität des Städtischen. Der Stachel bleibt stecken und damit der permanente Rechtfertigungsdruck der Stadtforschung, die sich durch die Operationalisierung auf einem substaatlichen Niveau weiterentwickelt. Die große Zahl wird geographisiert, sie wird „verräumlicht". Dies geschieht zunächst in der scheinbar einfachsten Weise, der Division. Der Raum wird als Fläche verstanden. Raumtheoretisch kann dies nicht befriedigen[88], die angewandte Stadtforschung weiss sich keinen anderen Ausweg und sie scheitert schon an dieser so scheinbar einfachen Vorgehensweise. Einwohnerzahl dividiert durch Fläche ergibt Dichte.[89]

82 Wentz, M. (2000) Die kompakte Stadt. In: Ders. (Hg.) Die kompakte Stadt, Frankfurt, 8-15.
83 Vgl. die Beiträge in Wentz, M. (2000) Die kompakte Stadt, Frankfurt. 152-169 und 200-222.
84 Etwa: „ Die Siedlungstätigkeit ist räumlich zu konzentrieren (...) Verdichtete Räume sind als Wohn-, Produktions- und Dienstleistungsschwerpunkte zu sichern." § 2 der Grundsätze zur Raumordnung.
85 Müller-Raemisch, H.-R. (1998) Frankfurt am Main. Stadtentwicklung und Planungsgeschichte seit 1945, Frankfurt, 383.
86 Vgl. Eckardt, F./Kreisl, P. (2004) Introduction. In: Dies. (eds) City Images and Urban Regeneration, Frankfurt.
87 Kühn, E. (1995) Zur Einführung. In: Boeddinghaus, G. (Hg.) Gesellschaft durch Dichte, Braunschweig/Wiesbaden, 27.
88 Siehe die Diskussion in Kapitel 12.
89 Dass Dichte allerdings realiter eher als ein Schätzwert zu ermitteln ist, als tatsächlich gemessen werden kann, dürfte aufgrund der Unsicherheit bezüglich der tatsächlichen Einwohnerzahlen erkannt werden.

Dichte gilt für viele Beobachter als ein Kennmerk von Urbanität schlechthin. Begrifflich als „kompakte Stadt" umrissen, ist hierbei das Stadtverständnis vor allem durch die historischen Städte in Europa beeinflusst worden. Damit geht manchmal eine gewisse Romantisierung einher: „They are seen as ideal places to live and experience the vitality of urban life. The danger is that it is a romantic vision, one which assumes a golden age that can be recaptured through urban form. Perhaps it is not surprising that the strongest advocate for the compact city has been the European Community."[90] Hohe Dichte von Einwohnern ist demnach nicht nur ein Charakteristikum von "Stadt", sondern zugleich ein normativ aufgeladenes städtebauliches Konzept. Die Geschichte des städtebaulichen Diskurses im 20. Jahrhundert lässt sich als Streit um die Frage verstehen, ob Städtebau dazu beizutragen soll, die Stadt „aufzulockern" und zu dezentralisieren (Owens/New Lanark, Salt/Saltaire, Cadbury/Bournville, Lever/Port Sunlight, Ebenezer Howard und Garden City-Bewegung, Frank Lloyd Wright/Broadacres City, Osborn/New Towns Movement) oder zu konzentrieren/zentralisieren und die Dichte zu erhöhen (Le Corbusier/La Ville Radiuese, Nairn, Jacobs, Sennett, de Wolfe/Civila).[91]

Die Schwierigkeiten mit dieser Vorstellung von Urbanität als Ort hoher Dichte werden durch die Rückschau auf die verwirklichten urbanistischen Konzepte der „kompakten Stadt" deutlich. In den sechziger Jahren wurden mit den New Towns in Großbritannien und international mit ähnlicher Programmatik neue Städte gebaut, die sich durch die Umsetzung der Vorstellung von urbaner Dichte kennzeichnen lassen.[92] Die Frankfurter Nordweststadt wurde damals als ein paradigmatisches Beispiel für die neuen Städte in Deutschland gesehen[93] und war zu jener Zeit „vielleicht das größte zusammenhängende Projekt mit verhältnismäßig hoher Wohndichte."[94] Für 25. 000 Einwohner geplant, wurde die Realisation der Nordweststadt nach ähnlichen Vorstellungen, wie sie schon May, der in der Jury für den architektonischen Wettbewerb mitwirkte, in den dreißiger Jahren entwickelt hatte, betrieben. Der hohe Druck auf die Stadtplanung, in der zerbombten Stadt schnell viel Wohnraum zu schaffen, ließ eine dichte Lösung als effizient erscheinen.[95] Nach sieben Jahren Bauzeit wurde die Nordweststadt in architekturbezogenen Fachzeitschriften als Ort gelobt, an dem Ereignisse möglich seien und sich ein Gefühl von Heimat einstellen werde.[96] Kernstück der Nordweststadt war ein Zentrum, das sich schon nach 15 Jahren als renovierungsbedürftig herausstellte, weil es von den Bewohnern nicht angenommen wurde. Die Intention, mit dem Nordwestzentrum an einem hochverdichteten Ort einen Raum für zufällige und sich selbst organisierende Soziabilität anzubieten, lief fehl.[97]

Selbst „Momentaufnahmen" durch Remote sensing liefern lediglich Annäherungswerte, vgl. Wu, C./Murray, A. T. (2005) A cokriging method for estimating population density in urban areas. In: Computers, Environment and Urban Systems, 5, 558-579, zu den Schwierigkeiten mit „population suface modelling" s. Harris, R./Chen. Z. (2005) Giving dimension to point locations: urban density profiling using population surface models. In: Computers, Environment and Urban Systems, 2, 115-132.

90 Jenks, M./Burton, E./Williams, K. (1996) Compact Cities and Sustainability. In: Jenks, M./Burton, E./Williams, K. (eds) The Compact City: A Sustainable Urban Form? Oxford, 5.

91 Nach Breheny, M. (1996) Centrists, Decentrists and Compromisers. In: Jenks, M./Burton, E./Williams, K. (eds) The Compact City: A Sustainable Urban Form? Oxford, 13-39.

92 Gleiniger, A. (1995) Die Frankfurter Nordweststadt. Geschichte einer Großsiedlung. Frankfurt, 128.

93 Irion, I./Sieverts, T. (1991) Neue Städte: Experimentierfelder der Moderne, Stuttgart.

94 Spengelin, F. (1995) Zum Begriff „Verdichtung". In: Boeddinghaus, G. (Hg.) Gesellschaft durch Dichte, Braunschweig/Wiesbaden, 206.

95 Kampffmeyer, H. (1968) Die Nordweststadt in Frankfurt am Main. Wege zur neuen Stadt, Frankfurt.

96 Bock, G. (1969) Frankfurts großer Tag. In: architektur und wohnform, 6, 334.

97 Eckardt, F. (2006) Neighbourhood centres in Germany: A complex issue. In: Built Environment, 32/1, 53-72.

Gescheitert sind die Nordweststadt und ähnliche „New Town"-Konzepte an einer Simplifizierung der sozialen und psychologischen Bedeutung von Dichte. Urbane Komplexität lässt sich „hautnah" erforschen, wenn Dichte als menschliche Nähe verstanden wird. Dichte in diesem Sinn impliziert keinen normativen Wert. Umweltpsychologisch ist Dichte als Stress auf den Einzelnen zu betrachten, der wiederum auch von einem Individuum auf das anderen übergeht. Stress unterscheidet sich in dieser Hinsicht in seiner Auswirkung zunächst nicht nach der jeweiligen Stressquelle, so dass im Allgemeinen davon ausgegangen werden kann, dass der Stress der hohen Dichte in einer Großstadt in seiner wesentlichen Logik für den Körper des Einzelnen nicht anders ist als etwa Stress durch Fluglärm. Stress kann als Ereignis für einen Menschen verstanden werden, als negative Gefühle und Überzeugungen, wenn dieser den Anforderungen seiner Umwelt nicht gewachsen ist. Wichtig hierbei ist, wie die jüngere Stressforschung hervorgehoben hat, dass es vor allem um die subjektive Belastung bei der Beurteilung von Stresswerten, d.h. um die Interpretation von Stressereignissen und nicht um deren Ereignisse als solche geht.[98] Stress ist als ein negativer Prozess zu verstehen, der die Umweltadaption verschlechtert und dementsprechend die Gesundheit beeinträchtigt, in dem die Krankheitsanfälligkeit erhöht wird.[99] Subjektive Stressverarbeitung ist wesentlich von der Fähigkeit abhängig, um eine Situation zu kontrollieren. Wiederum ist hierbei die wahrgenommene Kontrolle wichtiger als die objektive Kontrollmöglichkeit eines Individuums in einer Stress-Situation.[100] Je mehr Menschen das Gefühl haben, dass sie über ihre Lage Kontrolle ausüben können, desto mehr lassen sich positive Effekte (Gesundheit, Lebensdauer) nachweisen, während sich umgekehrt wahrgenommener Kontrollverlust negativ auswirkt.[101] Kontrolle spielt aber offensichtlich nicht in allen Kulturen eine wichtige Rolle und scheint in Asien nicht von so großer Bedeutung zu sein.[102] Wenn auch die Beziehung zwischen Kontrollempfinden und körperlicher Gesundheit (indirekt, multikausal und korreliert zu anderen Faktoren) nicht in dem Maße nachvollziehbar ist wie dies für Europäer der Fall ist, so gehen die Befunde nicht so weit, jeglichen Stress aufgrund anderer kultureller Disposition für Asiaten zu verneinen, so dass die Relevanz dieses Zusammenhangs bestehen bleibt. Kontrolle ist jedoch in jedem Fall ein Aspekt der subjektiven Stressbewältigung. Handlungsmöglichkeit oder Selbstwirksamkeit scheinen darüber hinaus wichtige individuelle Wahrnehmungsfelder zu sein, die den subjektiven Stressumgang bestimmen. Individuelle Bewältigungsstrategien (Coping) sind dabei durch vorgegebene Muster stark beeinflusst, insbesondere verbreitete kognitive Strukturen wie Stereotype (etwa genderbezogen) stellen dabei eine Gefahr dar, während kommunikative Strukturen wie etwa die Bildung von sozialen Netzwerken zur Unterstützung eher positive Effekte haben.[103]

Auf der Grundlage dieser allgemeinen Betrachtung von Stress ist Dichte in Städten sozialpsychologisch als Überfüllung (Crowding) thematisiert worden.[104] Damit wird wiede-

98 Lazarus, R. S./Folkman, S. (1984) Stress, appraisal, and coping, New York.
99 Lazarus, R. S. (2000) Toward better research on stress and coping. In: American Psychologist, 55, 665-673.
100 Cacioppo, J. T. (1998) Somatic responses to psychological stress: The reactivity hypothesis. In: Sabourin, M./Craik, F. (eds) Advances in psychological sciences, 2, 87-112.
101 Thompson, S. C. (1999) Illusions of control: How we overestimate our personal influence. In: Current Directions in Psychological Science, 8, 187-190.
102 Sastry, J./Ross, C. E. (1998) Asian ethnicity and the sense of personal control. In: Social Psychology Quarterly, 61, 101-120.
103 Somerfield, M. R./McCrae, R. R. (2000) Stress and coping research. In: American Psychologist, 55, 620-625. Wie mit Crowding stadtplanerisch umzugehen ist, wird selten diskutiert, s. aber Rusbult, C. E. (1979) Crowding and human behaviour: a guide for urban planners. In: Environment and planning, 7, 731-744.
104 Clauson-Kaas, J. et al. (1996) Urban health: human settlement indicators of crowding. In: Third world planning review, 3, 349-363. Weitergehende Analysen sind umstritten, aber dennoch relevant auch der Be-

rum das subjektive Unbehagen, bedingt durch die Anwesenheit anderer Menschen, zum Ausdruck gebracht.[105] Obwohl es dementsprechend erhebliche Varianzen geben mag, ab wann jemand die Anwesenheit Anderer als unangenehm empfindet und also unter Stress zu leiden beginnt, haben zahlreiche Untersuchungen zu geschlossenen Räumen gezeigt, dass es eine Korrelation zwischen erhöhter Dichte und negativen Auswirkungen für das Individuum gibt.[106] Wie allgemein der Faktor der wahrgenommenen Kontrolle entscheidend ist für die Stressbewältigung, so ist dies auch für Crowding nachgewiesen worden, wobei allerdings als wesentliche Komponente die Möglichkeit, einen überfüllten Ort verlassen zu können, angesehen wird.[107] Überfüllung hat zur Folge, dass wir Kontrollverlust erfahren und erhebliche Anstrengungen leisten müssen, um uns auf unsere eigenen Vorhaben zu konzentrieren. Überhöhte Dichte hat einen psychologischen Preis, der als (schleichende) Zerstörung der Stressbewältigungskapazitäten beziffert werden kann. Die urbanen Voraussetzungen für die Ausbalancierung dieses Schadensprozesses sind nicht überall gleich und viele Faktoren sind in Rechnung zu ziehen, wenn eine weitere Analyse über den Zusammenhang zwischen urbanem Stress und Dichte betrieben werden soll. Offensichtlich sind Varianzen erkennbar, abhängig von unterschiedlichen Umständen etwa in New York City oder Shanghai. Der Stress durch Crowding ist nicht in erster Linie durch direkte Umstände, wie Größe der Wohnung oder messbare Einwohnerdichte zu bestimmen. Vielmehr spielen kulturelle Umstände eine entscheidende Rolle.[108] Dies lässt sich anhand von Untersuchungen nachweisen, die in hochverdichteten städtischen Räumen durchgeführt wurden. Beispielsweise hat man in Mexiko-City und Tokio ähnliche Coping-Strategien mit der Überfüllung auffinden können, während in den US-Großstädten unterschiedliche Stressbewältigung bei Crowding nachgewiesen wurde. An allen untersuchten Orten ist der Versuch der Kontrolle über das direkte Umfeld als wesentliche Strategie auffindbar, dennoch wird diese unterschiedlich realisiert. Hierbei spielen allgemeine gesellschaftliche Normen scheinbar die wichtigste Rolle. Während in Mexiko-City und Tokio die Wohnräume mehr oder weniger nicht als Treffpunkt gelten und dementsprechend Stress durch Reduktion von Besuchern angestrebt wird, sind Einladungen in US-Großstädten als Norm vorfindbar, um durch selektive und geplante Anwesenheit von Anderen soziale Unterstützung zur Stressbewältigung zu organisieren.[109]

Die Entwicklung dieser Normen beruht auf der Verallgemeinerung von gesellschaftlich vorstrukturierten Attributionsmustern. Stress wirkt auf den Körper direkt in erster Linie durch Erregungen ein. Wie damit umgegangen wird, kann sehr unterschiedlich sein, ist aber nicht beliebig.[110] Die Anwesenheit von anderen wird nur dann als negativ empfunden,

zug zur Kriminalitätsentwicklung: Booth, A./Welch, S./Johnson, D. R. (1976) Crowding and urban crime rates. In: Urban Affairs Quarterly, 3, 291-322.

105 Betont werden die große Anzahl der Anwesenden, die Notwendigkeit des Einzelnen sich durch diese Menge bewegen zu müssen und das Gefühl, die Dichte wachse noch an; vgl. Mackintosh, E./West, S./Saegert, S. (1975) Two studies of crowding in urban public spaces. In: Environment and behaviour, 2, 177.

106 Etwa zu Gefängnissen s. Paulus, P. B./McCain, G./Cox, V. (1981) Prison standards: Some pertinent data on crowding. In: Federal Probation, 15, 48-54.

107 Sherrod, D. R. (1974) Crowding, perceived control, and behavioural aftereffects. In: Journal of Applied Social Psychology, 4, 171-186.

108 Brislin, R. (1993) Understanding culture's influence on behaviour, Fort Worth.

109 Pandey, J. (1994) The environment, culture, and behaviour. In: R. Brislin (ed) Applied cross-cultural psychology, Thousand Oaks, s. 254-277.

110 Zaijonc, R. B. (1965) Social faciliation. In: Science, 149, 269-274.

wenn dies als Erregungszustand diesen auch zugeschrieben wird.[111] Durch Normen ist diese Attribution dem Individuum (per Sozialisation) in seine Gefühlswelt eingeschrieben. Crowding wird weiterhin erklärbar durch sensorische Überlastung. Wahrnehmung, Aufmerksamkeit und Kognition sind durch Überfüllung erheblich eingeschränkt, wenn Menschen durch übermäßige Beanspruchung der sensuellen Reizverarbeitungsmöglichkeiten nicht mehr ihre erlernten Stressbewältigungsmechanismen (über Normen, Coping, Attribution) nutzen können.[112] Sozialpsychologisch besteht in einer Situation von Crowding die Gefahr, dass sich soziale Dilemmata entwickeln, bei denen der Einzelne nicht mehr sozialisiert handelt und nur noch eine individuelle Überlebensstrategie anwendet. Damit ergibt sich ein Konflikt zwischen kollektiver Stressbewältigung und individuellen Coping-Strategien, die nicht mehr durch Normen an die Gesellschaft angebunden sind.[113]

Welcher Zusammenhang zwischen dem Faktor „Dichte" als Beschreibungsbegriff für Urbanität und empirisch nachzuvollziehenden Prozessen besteht, ergibt sich nicht durch eindeutige Korrelationen. Wie bei der sozialpsychologischen Sichtweise auf die „dichte Urbanität", so sind auch aus der urbanen Ökonomie unterschiedliche Aspekte zu berücksichtigen, die in ihrem Gesamtbild eine Vielschichtigkeit und Komplexität entwickeln, die unzureichend durch die einfache Gleichung Urbanität = Dichte beschrieben wären.[114] Wie im Städtebau spielt die Frage nach dem Raumverhalten ökonomischer Akteure im Zentrum (dicht) oder außerhalb (dezentral) eine wichtige Rolle in der wirtschaftswissenschaftlichen Sicht auf die Stadt. Untersuchungen haben hierzu ermittelt, dass die Ansiedlungsstrategie (Clustering), entweder peripher oder zentral, in erster Linie durch die Unsicherheit der Position von Unternehmen in ihrem jeweiligen Markt bestimmt wird. Während Wettbewerbsunsicherheit und technologische Innovationen mit urbanen Dichtegraden assoziiert zu sein scheinen, sind Unsicherheiten hinsichtlich der „Skills" eher in einem Zusammenhang mit industriellen Cluster-Formationen (ohne Dichte-Bezug) zu sehen.[115] Unsicherheit ist auch für die Analyse von Cluster-Formationen mit Bezug auf die Zulieferfirmen entscheidend. Diese Unternehmen sind auf „Just-In-Time"-Produktion und -Anlieferung ausgerichtet, so dass sie auf die Minimalisierung von Unsicherheiten hinsichtlich ihrer Zeitaufwendung angewiesen sind. Empirische Untersuchungen zeigen, dass die Ansiedlung in hochgradig verdichteten Räumen durch Zulieferfirmen wahrscheinlicher ist, weil sie durch höhere Nähe zum verdichteten Raum diese Zeit-Unsicherheiten eher managen können.[116]

Dichte, als Agglomerationseffekt verstanden, beruht auf „Nähe", die in verschiedener Hinsicht (Produzenten- und Konsumentenabstände) als nach wie vor entscheidender Faktor für lokale Wirtschaftsprozesse gilt.[117] Prinzipiell gehen Ökonomen davon aus, dass die

111 Aiello. J. R./Thompson, D. E./Brodzinsky, D. M. (1983) How funny is crowding anyway? Effects of room size, group size, and the introduction of humor. In: Basic and Applied Social Psychology, 4, 193-207.

112 Sundstrom, E./Bell, P. A./Buisby, P. L./Asmus, C. (1996) Environmental psychology. In: Annual Psychological Review, 47, 485-512.

113 Komorita, S. S./Parks, D. C. (1994) Social Dilemmas, Dubuque; Liebrand, W. B. G./Messick, D. M./Wilke, H. A. M. (eds) (1992) Social Dilemmas: Theoretical Issues and Research Findings, Oxford.

114 Zentralität, Dichte und das Entstehen von "Growth cluster" gelten als korrelierte Faktoren: Caimarra, M. P. /Coniglio, A. (2006) Random walk, cluster growth, and the morphology of urban conglomerations. In: Physica A, 3/3, 551-557.

115 Strange, W./Hejazi, W./Tang, J. (2006) The uncertain city: Competitive instability, skills, innovation and the strategy of agglomeration. In: Journal of Urban Economics, 5/3, 331-351.

116 Harrigan, J./Venables, A. J. (2006) Timeliness and agglomeration. In: Journal of Urban Economics, 5/9, 300-316.

117 Rosenthal, S. S./Strange, W. C. (2001) The Determinants of Agglomeration. In: Journal of Urban Economics, 50/2, 191-229. Es kann davon ausgegangen werden, dass es einen Verdichtungsprozess bei der Unternehmensansiedlung aufgrund der erreichbaren Zeitgewinne gibt. Diesem Prozess folgt dann al-

Bevölkerungskonzentration die Urbanisierung und den demographischen Wandel vorantreibt, indem in „dichten" Orten Lohnzuwächse, eine geringere Geburtenzahl und damit ein „U-Turn" in der demographischen Entwicklung nachzuvollziehen sind.[118] Hierbei ist insbesondere der Frage nach der Auswirkung von neuen Informations- und Kommunikationstechnologien, die eine leichtere Überwindung von Distanzen ermöglichen, auf die Konzentration von ökonomischen Aktivitäten in der Innenstadt nachgegangen worden. Technologische Innovationen lassen sich nur auf dem Hintergrund einer vielfältigen Umfeldanalyse betreiben, wobei die urbane Dichte nicht als kausaler Faktor verstanden werden kann. Insoweit sie aber zu berücksichtigen ist, weisen die Befunde auf einen gewissen Zusammenhang von (zentraler) Stadt und technologischer Innovation hin.[119] Allgemein akzeptiert scheint unter den Wirtschaftswissenschaftlern der Befund zu sein, dass der Zusammenhang zwischen der „Akkumulation" von Technologien, städtischer Dichte und wirtschaftlichem Wachstum noch wenig untersucht ist. Es gilt dessen ungeachtet festzuhalten, dass Informationen, „human capital" und politisch-administrative Rahmengebungen/Institutionen wesentliche Faktoren darstellen, die es in Bezug auf das Wachstum von Städten zu untersuchen gilt.[120]

Dichte als Faktor, Komponente, Aspekt oder Untersuchungsgrundlage bleibt unwillkürlich mit der Frage nach der Größe von Territorialität verknüpft. Die Debatte über die Bedeutung von „Scale" mit Bezug auf die Erklärung lokaler Phänomene gehört zu den grundlegenden in den raumbezogenen Wissenschaften. Seit den neunziger Jahren ist der Fokus dabei auf die „Region" gerichtet, wobei eine Verbreiterung der Ebene „Stadt" inklusive suburbaner Gebiete vorgenommen worden ist. In verschiedenen Benennungen wurde von unterschiedlichen Disziplinen damit eine Beobachtung zum Ausdruck gebracht, die auf wichtige Prozesse jenseits einer administrativ bestimmten Raumeinheit „Stadt" hinweisen soll. Mit anderen Worten, die hochverdichte Fläche ist nicht mehr nur „urban" oder „zentral".[121] Wenn das Objekt der Stadtforschung sich in einem ersten Schritt über die Definition einer Fläche mit hoher bzw. signifikant höherer Dichte als das Umland oder etwa dem nationalen Durchschnitt definiert, dann stehen zwei Möglichkeiten zur Verfügung: entweder sind auch solche hochverdichteten Gebiete mit einzubeziehen, die wir als „Zwischenstadt"[122] oder regionalisierte Stadt etc. bezeichnen. Alternativ kann an der politisch-administrativ vorgegebenen Stadtdefinition festgehalten werden, wobei wissenschaftlich hierzu ein weiterer qualifizierender Faktor eingeführt werden müsste, der den Ausschluss jener Stadtregionen usw. rechtfertigt. Gegen letztere Argumentationslinie kann zunächst eingebracht werden, dass es im Grunde keine Rechtfertigung gibt, die nicht nolens volens

lerdings eine räumliche Ausdifferenzierung, für die andere Faktoren entscheidend sind, vgl. Mayer, T./Mucchielli, J.-L. (1996) Strategic Location Behaviour: Temporal and Spatial Proximity in Situation of Agglomeration Effects, Konstanz. Prinzipiell werden Agglomerationseffekte sowohl für Nordamerika als auch für Europa für signifikant gehalten, vgl. Ciccione, A. (2000) Agglomeration effects in Europe. In: European Economic Review, 46, 213-227.

118 Sato, Y./Yamamoto, K. (2005) Population concentration, urbanization, and demographic transition. In: Journal of Urban Economics, 58/1, 45-61.

119 Forman, C./Goldfarb, A./Greenstein, S. (2005) How did location affect adoption of the commercial internet? Global village vs. urban leadership. In: Journal of Urban Economics, 58/3, 389-420.

120 Romer, P. (1986) Increasing Returns and Long Run Growth. In: Journal of Political Economy, 94, 1002-1037.

121 Wiederum in erster Linie ökonomisch betrachtet, Stansel, D. (2005) Local decentralization and local economic growth: A cross-sectoral examination of US metropolitan areas. In: Journal of Urban Economics, 57/1, 55-72.

122 Sieverts, T. (1999) Zwischenstadt. Zwischen Ort und Welt, Raum und Zeit, Stadt und Land, Gütersloh.

normativ argumentiert. Dies mag man mit Sympathie betrachten, hilft sie aber auch, um wesentliche Prozesse der Stadtentwicklung zu untersuchen?

Ausgehend von wichtigen Beobachtungen in der „regionalisierten Welt" soll hier nicht über die Frage, ob man nominal von einer Stadtforschung zu einer Regionalforschung wechseln soll, diskutiert werden. Da der Begriff „Region" nicht unverfänglich ist und ebenfalls in die Irre führen könnte, ist es wichtiger, den Impetus der jüngeren Regionalforschung inhaltlich aufzunehmen.[123] Wesentlich bleibt, dass Stadtforschung ihren Forschungsgegenstand zugunsten großräumlicher Einheiten definieren muss.[124] Vorgeschlagen wird ansatzweise stattdessen von einer regionalisierten statt urbanisierten Welt zu sprechen.[125] Dabei ist die ökonomische Sichtweise bei der Analyse der Entstehungszusammenhänge von Regionen vorwiegend. Grundlage der „Ausuferung" urbaner Ökonomien in ihrem Umland ist die Flexibilisierung der räumlichen Unternehmens- und Branchengeographien, der eine Flexibilisierung von Absatz- und Arbeitsmarktgeographien folgt.[126] So lässt sich Frankfurt nicht ohne seine Verankerung in der Rhein-Main-Region verstehen und ergeben sich aus der Analyse der vielfältigen funktionalen Verknüpfungen in der Region aufschlussreichere Kartographien ökonomischer und sozialer Differenzierungen.[127]

Die Diversifikation der ökonomischen Region erfolgt in der Regel durch eine sich räumlich organisierende, vertikale Desintegration, einem Produktionsclustering und Produktions- wie Dienstleistungsauslagerungen, womit eine erhöhte Konkurrenz und Kooperation zwischen und innerhalb einzelner Branchen zu registrieren ist.[128] Oligopole Konkurrenz- und Machtstrukturen und staatliche Akteure als Kunden, Regulatoren oder Auftraggeber gelten als für die räumliche Entwicklung besonders prägende Einflussfaktoren.[129] Zu den generativen Faktoren von ökonomischen Regionen gehören auch lokale Interessen, die Qualität des sozialen Kapitals und das Angebot von Bildungseinrichtungen.[130] Die Regionalisierung urbaner Ökonomie generiert neue Raumformen, die als "new industrial districts" oder Marshallian Disctricts in die Forschung eingegangen sind.[131] Obwohl diese Silicon valleys die Phantasie beflügeln, stellen sie nur eine, eher seltene Form der weltweit auffindbaren Regionalisierungen dar.[132] Mit Bezug auf die regulationstheoretische Definition eines Übergangs von der fordistischen, Massengüter produzierenden Ökonomie zu einer postfordistischen economy of scale wurde die Regionalisierung in einer umfassende-

123 Vgl. Eckardt, F. (ed) (2006) The City and the Region, Frankfurt/New York.
124 Produktionszuwächse und Verbesserung des „human capital" behaupten Bertinelli, L./Black, D. (2004) Urbanization and growth. In: Journal of Urban Economics, 56/1, 80-96, finde nach wie vor in vorwiegend "oversized cities" statt.
125 Storper, M.(1997) The Regional World: Territorial Development In a Globalized Economy, New York.
126 Sabel, C. (1989) Flexible Specialization and the Reemergence of Regional Economies. In: Hirst, P./Zeitlin, J. (eds) Reversing Industries Decline. New York, 17-70, vgl. auch Combes, P.-P./Magnac, T./Robin, J.-M. (2004) The dynamics of local employment in France, 56/2, 217-243.
127 Vgl. Eckardt, F. (2002) Frankfurt: globalization and the strengthning of regional inequality. Paper für die Konferenz "Globalization, growth, and (in)equality", University of Warwick.
128 Duranton, G./Puga, D. (2005) From sectoral to functional urban specialisation. In: Journal of Urban Economics, 57/2, 343-370.
129 Gereffi, G./Korzeniewicz, M. (1994) Commodity Chains and Global Capitalism, Westport.
130 Markusen, A./Hall, P./Glasmeier, A (1986) High Tech America: The What, How, Where, and Why of the Sunrise Industries, Boston.
131 Marshall. A. (1987) Principles of Economy, Düsseldorf. Zum Forschungsstand hierzu: Henderson, J. V. (2003) Marshall's scale economies. In: Journal of Urban Economics, 53/1, 1-28.
132 Markusen, A./DiGiovanna, S./Lee, Y.-S. (ed) Second Tier Cities. Rapid Growth beyond the Metropolis, Mineapolis/London.

ren gesellschaftspolitischen Analyse eingebettet.[133] In ihrer Qualität erweisen sich die Flexibilisierungstendenzen und Postfordisierungen der Agglomerationsräume als weniger erklärungskräftig als die Annahme einer weiteren Verbreitung fordistischer Raumökonomien unter Einfluss einer neuen internationalen Arbeitsteilung, weshalb sich eine institutionelle, soziale, politische und kulturelle Vielfalt der urbanen Regionen konstatieren lässt.[134] Proklamiert wird, dass sich urbane/regionale Ökonomien durch eine verbesserte Ratio zwischen mobiler und infrastuktureller Raum-Wirtschaft weiterentwickeln.[135]

Schließlich wird die städtische Dichte zu einem Thema im Nachhaltigkeitsdiskurs.[136] Ungeachtet der hier vorgetragenen sozialpsychologischen und wirtschaftswissenschaftlichen Befunde, die zumindest die „Verdichtung" nicht als zwangsläufige Entwicklungen von städtischen Räumen plausibel (und wohl auch nicht unbedingt wünschenswert) erscheinen lassen, hat sich in diesem Diskurs weitgehend die Meinung etabliert, dass die kompakte/hoch verdichtete Stadt energieversorgungstechnisch und sozial wünschenswert sei.[137] Auf Einsparpotentiale und Verhinderungsmöglichkeiten von Emissionen wurde hingewiesen und viele Städte haben sich dieser neuen Sichtweise auf die „kompakte Stadt" angeschlossen.[138]

Im Kern gehen ökologisch orientierte Vorstellungen von kompakten Städten mit einer Nichtbeachtung der sozialen Konsequenzen einher: „The compact city may not represent the sort of environment in which the majority of people would wish to live if they had the choice."[139] Viele der Hypothesen über die positiven Effekte in ökologischer Sicht basieren auf einer relativ schwachen wissenschaftlichen Basis und Jenks, Burton und Williams ist auch heute noch zuzustimmen, dass viele Annahmen nicht untersucht wurden und zum Teil eher kritisch von der Forschung betrachtet werden: „What is needed is knowledge drawn from research to provide a clearer understanding of the more complex reality."[140]

3. Bangkok: Mobile Räume

„A self does not amount so much, but no self is an island: each exists in a fabric of relations that is now more complex and mobile than ever before."

J.-F. Lyotard[141]

Wörtlich übersetzt heißt Bangkok „Stadt der Engel". Dem vollen thailändischen Name hatte der Stadtgründer König Rama I. noch viele weitere Beschreibungen hinzugefügt. Bangkok sei dem Paradies ähnlich.[142] Wer sich durch das heutige Bangkok bewegen möchte, würde sich wünschen, dass sich hier Engel bewegten, die über alle Staus und Engpässe in den Städten einfach hinweg schweben könnten. Mobilität zur und in der Stadt ist ein

133 Benko, G./Lipietz, A. (1995) Form the régulation of space to the space of régulation. In: Boyer, R./Saillard, Y. (Hg.) Régulation Theory. The state of the art, London/New York.
134 Markusen, A. (1996) Sticky Places in Slippery Space: A Typology of Industrial Districts. In: Economic Geography, 3, 293-313.
135 Behrens, K. (2004) Agglomeration without trade: how non-traded goods shape the space economy. In: Journal of Urban Economics, 55/1, 68-92.
136 Breheny, M. (1997) Urban compaction: feasible and acceptable? In: Cities, 14/4, 209-217.
137 Für viele: Haugthon, G./Hunter, C. (1994) Sustainable Cities, London.
138 Nijkamp, P./Perrels, A. (1994) Sustainable Cities in Europe, London.
139 Jenks, M./Burton, E./Williams, K. (1996), a.a.O.
140 A.a.O.
141 Lyotard, J.-F. (1984) The Postmodern Condition, Manchester, 15.
142 Donner, W. (1989) Thailand, Darmstadt, 261.

wesentliches Element urbaner Entwicklung. Dichte als eine beschreibbare Häufigkeit von Menschen in einem begrenzten Raum ist das Ergebnis von vielen individuellen Bewegungen und deshalb benötigt die Erforschung der komplexen Stadt eine Analyse von Mobilitätsmustern, sie bewegt sich selbst aus dem synchronen in den diachronen Raum. Mit anderen Worten, urbane Komplexität ist grundlegend in der Dimension „Zeit" zu verorten. Mobilität ist dementsprechend zunächst als eine Überwindung von Abständen in einer linear gedachten Abfolge von Ereignissen zu denken, als Weg von A nach B. Dichte ist als Verdichtung zu verstehen, nicht jede Mobilität hat allerdings diese Qualität. Mobilität kann auch zu Dichteverlust führen. Urbane Mobilität definiert sich also dadurch, dass sie ein Mobilitätsprogramm ausführt, das ungeachtet verschiedener Mobilitätsformen prinzipiell zur weiteren Verdichtung von Räumen führt.

Nirgendwo anders als in Bangkok wird der Zusammenhang zwischen Verdichtung und Mobilität so deutlich. Die thailändische Hauptstadt hat sich zum alles dominierenden Zentrum des Landes entwickelt: „Bangkok ist seit vielen Jahrzehnten die Stadt mit dem markantesten Primatstadtcharakter der Welt. Dies bedeutet, dass der Abstand zwischen der einwohnerstärksten und der zweitgrößten Stadt eines Landes nirgends auf der Welt größer ist als in Thailand."[143] Die Entwicklung Bangkoks zur Primatstadt erfolgte ohne steuernden Einfluss, die Entwicklungsdynamik war jeder Planung voraus. Zwar hat es immer wieder von staatlicher Seite Bemühungen gegeben, dieser Konzentrationsdynamik mit einer Dezentralisierungspolitik entgegenzuwirken, aber man muss wohl nüchtern konstatieren, dass sich Bangkoks Abstand zu den anderen Städten Thailands in diesen drei Jahrzehnten der Dezentralisierungsbemühungen eher noch vergrößert hat.[144]

Anhand dieses Verdichtungsprozesses lässt sich einerseits eine historische Dimension des Zusammenhangs zwischen Mobilität und Urbanität diskutieren, andererseits ermöglicht das Beispiel „Bangkok" eine Erörterung von heutigen Mobilitätsmustern. Dabei ist die Grundannahme der folgenden Beschreibung, dass die als Widersprüche gedachten Pole „Bewegung" und „Stillstand", übersetzt hier als „Mobilität" und „Urbanität", nur operationelle Simplifizierungen im Alltagsdiskurs und für Komplexität unsensible Planungs- und Politikvorstellungen darstellen, nicht aber der vielschichtigen Interferenz zwischen Stadt und Mobilität entsprechen.[145] Stadtgründungen wie die Bangkoks begründen sich aus einem Mobilitätsbedürfnis ab origine.[146]

Zentralität wurde als Ort des Innehaltens geschaffen, aber immer im „Fluss" der Bewegungen. Das Fort „Bangkok" wurde als eine Insel mit einem Tempel angelegt, der als Aufenthaltsort Buddhas betrachtet wurde. Die Zusammenlegung des spirituellen Ortes mit dem Palast des Königs im Fadenkreuz von zwei großen Wasserwegen in Bangkoks Gründungsgeschichte versinnbildlicht geradezu paradigmatisch die Abhängigkeit der beiden Variablen Dichte und Mobilität, ihre Bezüge sind der Ausgangspunkt für vielfältige Weiterentwicklungen oder auch deren Ausbleiben. Nicht an jeder Brücke entstand eine Weltstadt, nicht jede Furche wurde zum Übergang für Handelskarawanen. Mobilität allein ist dementsprechend auch nicht der kausale Alleingrund für das Entstehen von Städten. Ob mit Mobilität, Dichte und hoher Einwohnerzahl schon genügend Beschreibungskategorien gefunden sind, um Urbanität zu definieren, ist noch zweifelhafter. Verdichtung und Mobili-

---

143 Kraas, F. (1995) Bangkok: Probleme einer Megastadt in den Tropen Südostasiens, Köln, 3.

144 Schlörke, S. (1992) Regionalentwicklung und Dezentralisierungspolitik in Thailand, Münster.

145 Der Zusammenhang zwischen Straßen und Landnutzung ist hinlänglich bekannt und verweist auf die Eigendynamik dieses Beziehungszusammenhangs, vgl. Semboloni, F. (2000) The growth of urban cluster into a dynamic self-modifying spatial pattern. In: Enivronment and Planning B, 27, 549-564.

146 Smithies, M. (1986) Old Bangkok, Singapore/Oxford.

tät sind aber die Grundlagen, die eine Potenz für Urbanität in sich tragen, ohne dass diese zwangsläufig und in einer beschreibbaren Korrelation diese hervorbringen.

Bangkok hat sich erst im neunzehnten Jahrhundert zu einer Großstadt entwickelt, die europäische Maßstäbe schnell passierte. Als Ausgangspunkt für diese Entwicklung dürfte die „Öffnung" der städtischen Gesellschaft für die nähere Umgebung und die große Welt gelten. An die Stelle der Befestigungsmauer traten Wasserstraßen, die so genannten Khlongs. Sie bildeten nicht nur Verbindungswege zum Umland und ermöglichten damit den lebenswichtigen Austausch mit Waren, sie waren zugleich auch Lebensraum für die mehr als 300.000 Einwohner. An den Ufern und auf den Wassern der Khlongs bauten sich die Bewohner Bangkoks ihre Häuser aus Bambus, Holz und Blättern. Sie nutzten den Ort als Wohn- und Arbeitsstätte zugleich.[147]

Die Kommunikation mit der weiten Welt entwickelte sich dabei zu einem immer wichtigeren Faktor städtischer Dynamik. Der Handel Thailands wurde durch den weiteren Ausbau der Khlongs ermöglicht, Bangkok fungiert seitdem als Umschlagplatz des gesamten Landes. Dies konnte aber nur dadurch funktionieren, dass Bangkok nicht nur ein Durchgangsort war, sondern auch ein Wohn- und Lebensraum. Insbesondere die Ansiedlung chinesischer Händler erfüllte diese Doppelfunktion. Die Stadtentwicklung beruhte auf der Dynamik, die sich aus dem Changieren zwischen Ab- und Anwesenheit der Bewohner und deren Rückkoppelung auf die Stadt durch die veränderten Ansprüche ergab. Die Effekte dieser Dynamik sind daher nicht nur einseitig als erhöhte Mobilitätsansprüche zu sehen, sondern auch auf der Seite der anspruchsvolleren Verräumlichung nachzuvollziehen: Erhöhte Mobilität und vertiefte Anwesenheit. Für Bangkok bedeutete dies zu Anfang des 20. Jahrhunderts, dass die Wasserwege der Straße und der Eisenbahn weichen mussten, um Güter und Menschen in Zukunft noch schneller transportieren zu können. Zugleich wurde die Innenstadt verdichtet und entstanden im eurozentrischen Stil repräsentative Straßen wie die Ratchdamnoen Road mit ihren Wohnhäusern aus Stein. Die sich ergebenden Agglomerationseffekte haben die späte Industrialisierung Thailands eingeleitet, sie ist auf Bangkok beschränkt geblieben.

Wichtig für das Verständnis der Beziehung zwischen Mobilität, Dichte und Urbanität ist die Fokussierung auf die Einheit der Mobilität. Das Beispiel Bangkok zeigt, dass sich Städte scheinbar den sich ständig verändernden Mobilitäts- und Kommunikationszusammenhängen unter „Stress" anpassen.[148] Während aber die historische Perspektive über Bangkok eine Narration, wie bis hierhin vollzogen, erlaubt, die quasi zwangsläufig abzulaufen scheint, sind die nähere Betrachtung des Faktorenfelds der Stadtentwicklung und der internationale Vergleich wichtig, weil dadurch ein Reduktionismus der urbanen Komplexität verhindert werden kann. Bangkok ist erst in den achtziger Jahren des 20. Jahrhunderts zu einer Millionenstadt geworden. Dies ist für eine Stadt, die eine deutliche Dominanz gegenüber dem Rest des Landes ausübt, erstaunlich.[149] Erklärbar wird dies, wie bereits bei der Problematisierung der urbanen Faktoren „Menge" und „Dichte" nur durch eine Befragung der Untersuchungsebene. In dieser Hinsicht mag es zunächst erstaunen, dass hierbei eine soziologische Vorgehensweise vorgeschlagen wird. Dabei ist Soziologie allerdings weniger von ihrem vermeintlichen Forschungsobjekt, im traditionellen Sinne die Gesell-

147 Askew, M. (1994) Interpreting Bangkok: The Urban Question in Thais Studies, Bangkok.

148 Vgl. Webster, D. (2004) Bangkok: evolution and adaptation under stress. In: Gugler, J. (ed) World cities beyond the West: Globalization, Development, and Inequality, Cambridge, 82-118.

149 Husa, K. (1986) Räumliche Mobilitätsprozesse in Metropolen von Entwicklungsländern: Das Beispiel Bangkok. In: Ders./Vielhaber, C./Wohlschlägel, H. (Hg.) Beiträge zur Bevölkerungsforschung, Wien, 247-288.

schaft, aus als vielmehr in ihrer Fokussierung auf Bewegung zu konzipieren.[150] Die Soziologie der Mobilität untersucht Bewegungen in ihrem historisch-dynamischen Erscheinen, wobei die (national eingerahmte) Gesellschaft nur als eine Form der Mobilitätsorganisation zu verstehen ist, deren faktorieller Wert und Wirkung aber nicht außer Acht gelassen werden soll. Wichtig ist hierbei eher, dass die Gesellschaft nicht als Ausgangspunkt von Mobilitätsforschung zu nehmen ist, die sozusagen vorab Mobilitätsmuster und -strukturen festlegt. Gesellschaft ist ein weitgehend unbekanntes Terrain,[151] weshalb innerhalb der Soziologie diese ureigene Bestimmung des Forschungsgegenstands in Frage gestellt wird.[152] Die Beschäftigung der Soziologie mit der „Gesellschaft" ist historisch als eine Arbeitsteilung innerhalb der allgemeinen Wissenschaften zu verstehen, die sie selbst für die „Gesellschaft", vor allem in der Tradition Durkheims, beschrieben und betrieben hat.[153] Diese Forschungsperspektive hält einer Analyse von Vergesellschaftungsprozessen, in denen die Logik der Formierung von Gesellschaft noch als offene Frage behandelt wird, nicht stand.[154] Stattdessen gerät die Flüssigkeit und Beweglichkeit von gesellschaftlichen Netzwerken und anderen Organisationsformen in den Vordergrund des Forschungsinteresses: „What is fundamentally wrong with the concept of society is that it reifies and therefore crystallizes social phenomena whose real significance lies not in their solidity but precisely in their fluidity and melleability."[155]

Wenn sich die Soziologie nun mit Mobilität beschäftigen will, stellt sich umso mehr die Frage nach dem Untersuchungsgegenstand, dessen Gegenständlichkeit ob seiner Beweglichkeit nicht zu fixieren ist. Aus der wissenschaftstheoretischen Betrachtung von sozialwissenschaftlicher Forschung ist dazu zweierlei anzumerken: Zunächst wird Mobilitätssoziologie mit dem Paradox konfrontiert, dass sie jede Bestimmung durch eine Festlegung vollzieht, wenn sich sozialwissenschaftliche Forschungspraxis nicht translokal verhält.[156] Doch selbst wenn Mobilitätsforschung sich bewegen würde und Bewegungen mit vollzogen würden, stellt sich ein zweites Problem ein. Wenn sich alles bewegt, verschwindet die Unterscheidbarkeit und wächst die Beliebigkeit der Betrachtung. Grundsätzlich kann eine Analyse von Bewegungen nur auf bestimmte Muster und Wiederholungen abzielen. Die Mobilitätssoziologie strebt nach Erkenntnissen über Mobilitätslogiken, die in gewisser Weise von Räumen und Zeiten abstrahieren müssen.[157] Diese Abstraktion ist eventuell der Kern sozialwissenschaftlichen Forschens schlechthin, indem eine Sprache gefunden wird, die aus dem Grunde wissenschaftlichen Charakter hat, als sie eine bestimmte Gesetzmäßigkeit zum Ausdruck bringen will. Die Crux der soziologischen Sprachfindung ist jedoch, dass sie sich einerseits bewusst ist, dass es sich um vielschichtige Prozesse handelt, die beschrieben werden sollen, andererseits aber keinen anderen Ausweg weiß, als sich der vorhandenen sprachlichen (linear-narrativen) Möglichkeiten zu bedienen:[158] Mobilität ist eine Metapher, die wir mit den unterschiedlichsten See-, Fluss-, Wellen- und Flüssigkeitsvokabeln ausstatten.[159] Ohne eine allgemeine Diskussion der Erkenntnisgrenzen durch

150 Urry, J. (2000) Sociology beyond societies: mobilities for the twenty-first century, London.
151 Giddens, A. (1994) The Constitution of Society, Cambridge, 25.
152 Mann, M. (1986) The Sources of Social Power, Vol. 1, Cambridge, 2.
153 Vgl. den weitergehenden Diskurs bei Macnaghten, P./Urry, J. (1998) Contested Natures, London.
154 Vgl. u.a. Barrett, M. (1991) The Politics of Truth, Cambridge.
155 Wallerstein, I. (1991) Unthinking Social Science, Cambridge, 71.
156 Eckardt, F. (2004) Soziologie der Stadt, Bielefeld.
157 Eingebettet in einen Moderne-Diskurs etwa, vgl. Rammler, S. (2001) Mobilität in der Moderne. Geschichte und Theorie der Verkehrssoziologie, Berlin.
158 Vgl. Lakoff, G. (2004) Leben in Metaphern: Konstruktion und Gebrauch von Sprachbildern, Heidelberg.
159 Vgl. Bachelard, G. (2003) [1958] Poetik des Raums, Frankfurt.

Sprache und vice versa, der sprachlichen Vermittelbarkeit von Erkenntnis folgen zu lassen, wäre das soziologische Forschungsprogramm zwischen dem Mitschwimmen und dem Ufer anzusiedeln, wären einzelne Mobilitätslogiken in ihrer Metaphorik hinsichtlich ihrer Vergesellschaftungsmodi zu untersuchen. [160]

Ein Beispiel für ein solches, mobilitätssoziologisches Vorgehen lässt sich in verschiedenen Studien zum „Nomaden" finden. [161] Nomaden werden als Personen beschrieben, die ohne Raumbezug leben und nicht zu ihm zurück finden können. [162] Sie stellen für einige Betrachter die erneuerte Form von historischer Ortslosigkeit dar, die sich als eine weltweite Tendenz erkennen lasse. [163] Nomadentum stellt eine wissenschaftstheoretische Herausforderung der besonderen Art dar, da sie die Akteure nicht mehr als festen Teil einer disziplinären Erforschung identifizieren lässt und sie zudem (vertraute) Zuschreibungen aufgrund der Rückkoppelung an territoriale Herkunftszusammenhänge verunmöglicht. [164] Insbesondere hinsichtlich der Gender-Konstruktion stellt der (neue) Nomadismus tradierte Erkenntniszugänge in dieser Art in Frage, da mit bisheriger Nomadenmetaphorik männlich konnotierte Assoziationen mitschwangen, die einer Erforschung von nomadischer Mobilität im Wege stehen. [165] Geographische Unabhängigkeit und weniger der vollzogene und sichtbare Ortswechsel ist das entscheidende Kriterium für den neuen Nomadentypus. [166]

Nomadentum ist eine auf Akteure beschränkte Metaphorik von Mobilität, deren zentrale Aussage in der Betonung von Entkoppelungsprozessen von territorialer Verankerung besteht. Sie reproduziert mithin die Dualität von Territorialität und Bewegung. [167] Mit ihr ist in jedem Fall der Prozess der gesellschaftlichen Organisation noch nicht inkludiert. Zygmut Bauman weist darauf hin, dass die gesteigerte Mobilität der letzten Jahrzehnte nur schlecht mit der Analogie des Nomadentums zu erklären ist, weil der Nomade im klassischen Sinne ein bestimmtes Mobilitätsmuster mit einer ausgesprochenen Regelmäßigkeit besitze. [168] Für ihn macht die Beschreibung heutiger Mobilität mehr Sinn, wenn sie sich an die Akteurstypologisierungen des „Vagabunden" und des „Touristen" anlehne. Der Vagabund sei eine Art Nomade ohne Programmatik und verfolge eher ein spirituelles Ziel, während der Tourist für seine Reisen bezahle und auf der Sinnsuche sei. [169] Beiden sei gemeinsam, dass sie

160   Vgl. Adey, P. (2006) If Mobility is Everything Then it is Nothing. In: Mobilities, 1, 75-94.
161   Bauman, Z. (1993) Postmodern Ethics, London. Ohne Differenz zur Migration: Schlögel, K. (2006) Planet der Nomaden, Berlin.
162   Deleuze, G./Guttari, F. (1986) Nomadology, New York.
163   Knaufou, R. (1998) La planète "nomade": les mobilités géographiques d'aujourd'hui, Paris.
164   Vgl. Kaplan, C. (1996) Question of Travel, Durham.
165   Braidotti, R. (1994) Nomadic Subjects, New York.
166   Makimoto, T./Manners, D. (1997) Digital Nomad, Chichester.
167   Vgl. D'Andrea, A. (2006) Neo-Nomadism: A Theory of Post-Identitarian Mobility in the Global Age. In: Mobilities, 1, 95-119.
168   Kritisch auch die maskuline Konnotation, die in der Regel auf einer Nicht-Wahrnehmung weiblicher Mobilitätsfigurationen (Prostitution, Familienzusammenführung, Babysitter etc.) beruhen. Hierzu Wolff, J. (1993) On the road again: metaphors of travel in cultural criticism. In: Cultural Studies, 7, 224-239.
169   Zur Theoretisierung des Touristen siehe vor allem Coleman, S./Crang, M.(eds) (2002) Tourism: between place and performance, New York und dort vor allem: Chrouch, D., Surrounded by place: embodied encounters, 207-218; Chaney, D., The power of metaphors in tourism theory, 193-206 und Coleman, S., Grounded tourists, travelling theory, 1-20. Die Literatur zum komplexen Feld urbaner Touristik unterstreicht die komplexe Formierung des Zusammenhangs zwischen Stadt und „Besucher"/Touristen: Selby, M. (2004) Understanding urban tourism: image, culture and experience, London; Law, C. M. (1993) Urban tourism: attracting visitors to large cities, London; Judd, D. R. (ed) (2003) The infrastructure of play: building the tourist city, Armonk; Hoffman, L. M. /Fainstein, S. S./Judd, D. R. (eds) (2003) Cities and visitors: regulating people, markets, and city space, Malden; Urry, J. (1990) The tourist gaze: leisure and travel in contemporary societies, London; Page, S. (1995) Urban tourism, London; Berg, L. v.d./ Borg, J. v. d./Meer, J. v. d. (1996) Urban tourism: performance and strategies in eight European cities, Aldershot.

geographische Grenzen überschreiten und dabei die Nähe anderer Menschen durchkreuzen und dabei moralische Nomen und Werte transportieren.[170]

Mobilität reduziert sich in den akteurszentrierten Definitionen auf persönliche Bewegungen und die Mobilität der Räume wird nicht aufgegriffen. Die Orte des Transits (Fahrzeuge, Bahnhöfe, Flughäfen, Autobahnen) sind es aber, die untrennbar von der menschlichen Bewegung bei einer Analyse der Mobilitätsräume hinzuziehen wären. Wichtige Bestandteile des privaten Lebens und des Arbeitsbereichs haben sich durch Innovationen vor allem in der Informations- und Kommunikationstechnologie „vermobilisiert" und sind zu tragbaren Gegenständen geworden, die vorher in Büros und im eigenen Zuhause stationiert waren.[171] Eine alternative Mobilitätsanalyse könnte sich auf die Mobilitätsvehikel kaprizieren. Das „Schiff" als chronotypisch bewegliche Einheit, anhand derer die Logik der Mobilitätsgesellschaft kulturell, sozial und politisch zu untersuchen wäre, ist gelegentlich in die Diskussion eingeführt worden.[172] Andere Vorschläge beziehen sich auf die Hotel-Lobby[173] oder Motels[174], die beide Örtlichkeiten repräsentieren, an denen zeitliche und räumliche Fixierungen und Mobilitäten ablesbar sind.

In theoretischer Hinsicht stellt die Analyse von Mobilitätsräumen im Rahmen der Stadtforschung in vielerlei Hinsicht eine Schwierigkeit dar. Zunächst ist offensichtlich, dass Bewegungen, bewegliche Räume und die Transformation von Orten in Bewegungsräume die Frage nach der Zuordnung von einzelnen Räumen im Sinne einer geographischen Fixierung verunmöglicht. Jede Stadtkarte ist deshalb eine Weltkarte und die Lokalisierbarkeit von Orten (geschweige denn von Menschen) ist nur als eine relative und annäherungsweise zu beantwortende Frage möglich. Mobilitätssensible Stadtforschung kann sich aus dem Paradox zwischen Bewegung und Örtlichkeit nur durch Forschungsstrategien lösen, die sich aus übergeordneten Fragestellungen motivieren lassen und die eingebettet sind in eine Theorie komplexer Urbanität, wohlwissend um die Fragilität jedes Annäherungsversuches an das Mobilität-Urbanität-Paradox.

Historisiert wird dies durch eine Fokussierung auf Mobilitätspraktiken erkennbar. Das „Gehen" in der Stadt hat sich für die Großstädte der westlichen Welt von einer Notwendigkeit der Armen zu einer freiwilligen Mobilitätsform entwickelt,[175] deren einprägsamste Gestalt der Flaneur ist.[176] De Certeau war der Meinung, dass das Gehen für die Konstitution der Stadt so fundamental wie das Sprechen für die Sprache gewesen sei. Für ihn ist das Gehen ein Sieg des Raumes über die Zeit. Orte sind die strukturierte Seite der Stadt, urbane Räume hingegen konstituieren sich durch Bewegung.[177] Die Bedeutung des Gehens, auch wenn sie sich von der durch Armut verschriebenen Notwendigkeit loskoppelt, ist für verschiedene Gruppen der Gesellschaft unterschiedlich und deshalb werden Konflikte im „Gehbereich" zwischen verschiedenen Sozialgruppen als Folge dessen angesehen.

Die Diskussion um das „Gehen" ist für andere Mobilitätsformen, ungeachtet deren jeweiligen Spezifika, aufschlussreich und die gemachten Aussagen hinsichtlich einer notwendigen forschungsgerichteten Konzeptionalisierung, in Richtung auf ihre Auswirkung auf Raumproduktion/Raum-Ort-Prozesse, verbleibt die gleiche. Damit ist für den urbanen

---

170 Bauman, Z. (1993) a.a.O., 240-243.
171 Siehe hierzu vor allem die Analyse zum Walkman: du Gay, P. et al. (1997) Doing cultural studies: the story of the Sony walkman, London.
172 Vgl. etwa Gilroy, P. (1993) The Black Atlantic: modernity and double consciousness, London.
173 Clifford, J. (1997) Routes, Cambridge.
174 Morris, M. (1988) At Henry Park's Motel. In: Cultural Studies, 2, 1-47.
175 Vgl. Wallace, A. (1993) Walking, Literature and English Culture, Oxford.
176 Zur ausführlichen Diskussion des Flaneurs s. Tester, K. (ed) (1995) The Flâneur, London.
177 De Certeau, M. (1984) The Practice of Everyday Life, California, 83.

Raum eine Voraussetzung formuliert, die für andere Formen der Mobilität potentiell nicht gilt, nämlich die relativierte Bedeutung der Geschwindigkeit: Städte sind langsam. Mobilität und Dichte verhalten sich in der Weise zueinander, dass sie zu einer „Verdickung" der Bewegungsströme führen. Gehen und alle weiteren zeitgeschichtlich folgenden Mobilitätsformen sind abhängig von energetischen Kontexten, die durch eine Eigendynamik ausgezeichnet sind, deren Kristallisationspunkt der (vermeintlich) bessere Energieeffizient einzelner Mobilitätsentitäten ist und diese spezifische gesellschaftliche Kontextualität wiederum hervorbringen bzw. weiterentwickeln. Dies wird insbesondere durch die Entwicklung der Eisenbahn im 19. Jahrhundert deutlich, die in vielfältiger Weise nicht nur für sie geignete Orte geschaffen und die städtischen Geographien neu geordnet hat, sondern eine eigene Raumproduktion durch eine innovative Form der Raumwahrnehmung produzierte.[178] Gleiches gilt für das 20. Jahrhundert und dessen Automobilisierung.[179] Das Auto ist in soziologischer Sichtweise zugleich der Ort einer massenhaft produzierten Individualisierung, in der der Einzelne Verhaltensweisen und Normen erlernt, denen gemäß er sich gesellschaftlich zu bewegen hat. Automobiles Verhalten ist nur in seiner Kontinuität des Gehens und der Nicht-Bewegung zu verstehen. Autofahren ist nur im Zusammenhang mit der Ermöglichung von Fixierung zu sehen, und dies bedeutet in erster Linie: die Begegnung mit anderen.[180] Die Automobilisierung ist als ein Prozess zu betrachten, der ein spezifisches Mobilitätsmuster von Raum-Zeitstruktur reproduziert, im Rahmen dessen sich die Vergesellschaftungsoptionen vervielfältigen. Aus einer einfach dimensionierten Entfernungsgeographie und -sozialisation wird eine flexible, chaotische, individualisierte Mehrfachbegegnung und -verknüpfung, die im Ergebnis multiple Sozialisationsmuster ermöglicht und teilweise auch realisiert. Inwieweit die automobilisierte Zeitraumstruktur tatsächlich Freiheitsgrade des Individuums eröffnet, ist wiederum als ein gesellschaftlicher Entwicklungsprozess zu analysieren. Das Auto als Gefängnis ist die Negativrealisation der Automobilisierung.[181] Die individuelle Mobilitätssteigerung verkompliziert sich durch deren Urbanisierung. Das schnelle Auto in der als dicht definierten Stadt produziert für Millionen Menschen tagtäglich eine der größten Schwierigkeiten, auf die die Stadtplanung im Rahmen dieses Paradoxons, das sich zwangsläufig aus der automobilisierten Raumzeitstruktur (individuelle Geschwindigkeit/Zeit – urbane Fixierung/Raum) ergibt, Schwierigkeiten hat zu reagieren.[182] Die automobilisierte Urbanität konfiguriert in diesem Komplexitätsfeld im Grunde alle gesellschaftlichen Risiko- und Opportunitätsstrukturen städtischer Gender-, Identitäts-, Segregations- und Netzwerkstrukturen.[183] Bisherige soziologische Forschungen haben hierzu die Alltäglichkeit von Mobilität als Analysegrundlage benutzt, um eine Regelmäßigkeit (statistisch/empirisch) als Forschungsstringenz zu operationalisieren.[184] Zumeist wird Mobilität mit bereits vorhandenen Ansätzen der Stadtsoziologie analysiert, etwa

---

178 Vgl. auch Thrift, N. (1996) Spatial Formations, London. Zur Geschichte der Eisenbahn Schivelbusch, W. (2000) Geschichte der Eisenbahnreise, Frankfurt.

179 Hagman, O. (2006) Morning Queues and Parking Problems. On the Broken Promises of the Automobile. In: Mobilities, 1, 63-74. Vgl. auch Möser, K. (2002) Geschichte des Autos, Frankfurt.

180 Jensen, O. B. (2006) "Facework", Flow and the City: Simmel, Goffman, and Mobility in the Contemporary City. In: Mobilities, 2.

181 Vgl. Graves-Brown, P. (1997) From highway to superhighway: the sustainability, symbolism and situated practices of car culture. In: Social Analysis, 41, 64-75.

182 Vgl. Shove, E. (1998) Consuming Automobility, Dublin.

183 Sheller, M./Urry, J. (2000) The City and the Car. In: International Journal of Urban and Regional Research, 4, 737-757.

184 Tully, J. C. /Baier, D. (2006) Mobiler Alltag: zwischen Option und Zwang – Vom Zusammenspiel biographischer Motive und sozialer Vorgaben, Wiesbaden.

mit dem Konzept der Lebensstile und Milieus.[185] Hierbei wird der urbanen Mobilität als konstitutives Element von komplexer Stadtgesellschaft kein Raum gelassen und die Dynamik der Mobilitätsentwicklung nicht berücksichtigt. Zwar ist das 20. und auch 21. Jahrhundert sicherlich das Jahrhundert des Autos und sind die Straßen als physisch-gesellschaftliche Raumzeitformation seit mehr als einem Jahrtausend die bedeutende Mobilitätskonfiguration,[186] aber erhebliche und wichtige neue Mobilitätsformationen mit den entsprechenden räumlich-zeitlichen Stadtstrukturen zeichnen sich in relevanter Weise ab und unterstreichen die forschungsstrategische Notwendigkeit, Mobilitätslogiken nicht als Objekt von theoretischer Applikation bestehender Aussagen über Urbanität vorauszusetzen, sondern im Gegenteil diese hinsichtlich der konstitutiven Bedeutung für die Stadtforschung zu wenden.[187]

In Bangkok werden jeden Tag 400 neue Autos angemeldet. Konnten im Jahr 1960 70.000 Autos die Straßen der Metropole nutzen, so schleichen, quetschen und zumeist stehen heute mehr als 2 Millionen Autos an gleicher Stelle. Bangkok verkehrt ohne Zweifel in einem Verkehrschaos und diese Situation wird in vieler Hinsicht als krisenhaft erfahren.[188] Das Paradoxon automobiler Urbanität lässt sich dabei weder durch „Demand management", noch durch eine auf Ausbreitung des Straßennetzes verbesserte Kommunikationsstruktur auflösen. Seit 1961 wird durch Ringstraßensysteme, immense Straßenbauprojekte im Allgemeinen und das Zuschütten der alten Wasserwege im Besonderen für neue Straßen Platz gemacht. Die hohe Dichte der Stadt verhindert aber, dass eine weitere Vernetzung und Mobilität erreicht werden kann. Die Straßendichte beträgt lediglich 2,47 Prozent der städtischen Gesamtfläche, während Verkehrsplaner 20 bis 25 Prozent für eine angemessene Fläche halten, damit effiziente Mobilität gewährleistet werden kann.[189] Bangkoks Verkehrschaos hat damit ein Ausmaß angenommen, dass als weltweit einzigartig gilt, das aber für die Entwicklung von Megalopolen charakteristisch ist.[190] Allgemein wird angenommen, dass es einen Zusammenhang gibt zwischen der Dichte (hoch), (niedrigen) Transportkosten und (wachsender) Produktivität städtischer Ökonomien.[191] Bangkok hingegen ist der Beweis dafür, dass die vermuteten Zusammenhänge in dieser Weise offensichtlich nicht linear miteinander verkoppelt sind. Die Störung des Gleichgewichts zwischen Mobilität, Dichte und Produktivität führt nicht zu einer entsprechenden Anpassung der verschiedenen Faktoren. Dichte wird durch Mobilität erhöht und gleichzeitig verhindert sie sich damit selbst. Zugleich entwickelt sich die ökonomische Dynamik Bangkoks nicht in einem kausalen Zusammenhang mit der Dichte-Mobilitäts-Paradoxie, wodurch keine Reduktion von Mobilität und Re-Etablierung des gestörten Gleichgewichts erreicht werden. Weder das Wunder des thailändischen Booms bis in die neunziger Jahre hinein, noch die folgende ökonomi-

185 Etwa Beckmann, K.J./Hesse, M./Holz-Rau C./Hunecke, M. (2005) StadtLeben. Integrierte Betrachtung von Lebensstilen, Wohnmilieus und Raumzeitstrukturen für die zukunftsfähige Gestaltung von Mobilität und Stadt. Schlussbericht des gleichnamigen Forschungsprojekts. Dort wird selbstkritisch die Frage nach dem Ertrag dieses Ansatzes gestellt.

186 Zirkler, E. (2003) Straßengeschichte: Mobilität durch Jahrtausende, Isernhagen.

187 Vgl. Günther, J. (2002) Die neue Mobilität der Gesellschaft, Innsbruck.

188 Yordpol, T. (1997) Bagkok's traffic crisis. Can "demand management" cool it? In: The Wheel Extended: A Toyota Quarterly Review, 8, 2-3.

189 Vgl. Daniere, A. G. (1995) Transportation, planning and implementation in cities of the Third World: the case of Bangkok. In: Environment and Planning C, 13/1, 25-45.

190 Kubota, H. (1996) Bangkok: world's worst traffic jams and their causes. In: The Wheel Extended: a Toyota Quarterly Review, 96, 5-9.

191 Krugman, P. (1996) Urban concentration: the role of increasing returns and transport costs. In: International Regional Science Review, 19/1, 5-30.

sche Krise wurden in einem direkten, unvermittelten Zusammenhang mit den Konzentrations- und Mobilitätsfaktoren gesehen.[192]

Bangkoks „Transportproblem" beruht auf einer Mobilitätskonfiguration automobiler Zeitraumkonstruktion, die sich vor allem in der personalisierten, gesellschaftlich konstruierten Typologie des „Pendlers" beschreiben lässt. Akteurszentriert stellt sich mit dem „Pendler" eine Untersuchungsebene ein, die räumlich und zeitlich Mobilität als Distanzüberwindung organisiert und die durch den „urbanen Sog" der verdichteten Stadtökonomie hervorgerufen und unterhalten wird.[193] Das Pendeln kann als Kernmuster moderner Mobilität betrachtet werden, das auf die Familie und andere gesellschaftlichen Arrangements vielfältige Auswirkungen hat.[194] Das Pendeln zwischen den verschiedenen funktionalen Räumen der Stadt, insbesondere zwischen Arbeit und Wohnung, ist eine intrinsische Komponente der automobilen Urbanität, die im Falle von Bangkok deren Unauflösbarkeit mithilfe derselben Logik („Mehr vom Selben") urbaner Mobilität, zu schier unendlichen, enormen menschlichen Belastungen führt.[195]

Mobilität hat eine eigene Entwicklungslogik, die sich nicht auf die Interferenz mit dem dichten Raum der Stadt beschränkt, sie ist tendenziell nach außen und in weiterführende Netzwerke ausgerichtet. Die Vernetzung folgt dabei historisch vorgegebenen Routen und ist nicht arbiträr und desorganisiert. So vernetzte sich Bangkok bereits über die Wasserwege und dann im Rahmen kolonialer und regionaler Handelsbeziehungen, die bis heute für die Stellung in der Geographie von Mobilitätsnetzwerken von Bangkok in Südostasien nachvollziehbar sind.[196] Bangkok ist als eine zugleich offene Stadt, die sich potentiell mit jedem Punkt in der Welt vernetzt, als auch als eine die Hierarchie von Handels-, Austausch- und Bewegungsgeographien der Region einordnende Metropole zu betrachten. Diese duale Integrationslogik in der offen-strukturierten Mobilitätslandschaft hat sich durch die technologischen Innovationen und die Etablierung anderer Mobilitätsformen potenziert. Ausdruck dessen ist eine sich steigernde Integration in den Weltmarkt, mit der sie in einem komplexen Zusammenhang steht.[197] Diese Internationalisierung wirkt rückbezüglich auf die urbane Ökonomie und damit ist sie für die städtische Entwicklung (Anziehungskraft, Migrationsbewegungen, Mobilitätsmuster) von Bedeutung.[198] Dies führt dazu, dass die Form der Stadtentwicklung nicht mehr nach einem regionalspezifischen, Südostasien bezogenen Muster verläuft, sondern sich die Stadtform als „Megalopolis" in eine Entwicklungslogik einreiht, die sich de-regionalisiert und in charakteristischer Weise mit anderen Megapolen in der Welt vergleichen lässt. Das heutige urbane Mobilitätsmuster und die damit einhergehende Entwicklungslogik Bangkoks spiegeln sich in verdichteten Räumen in ähnlicher

---

192 Z.B. Warr, P. G. (ed) (1993) The Thai Economy in Transition, Cambridge und Phongpaichit, P./Baker, C. (2000) Thailand's crisis, Singapore.

193 Ommeren, J. v./Rietveld, P. (2005) The commuting time paradox. In: Journal of Urban Economics, 58/3, 437-454.

194 Vgl. Ott, E./Gerlinger, T. (1992) Die Pendlergesellschaft. Zur Problematik der fortschreitenden Trennung von Wohn- und Arbeitsort, Köln und Schneider, N. F./Limmer, R./Ruckdeschel, K. (2002) Mobil, flexibel, gebunden. Familie und Beruf in der mobilen Gesellschaft, Frankfurt.

195 Punpuing, S./Ross, H. (2001) Commuting: The human side of Bangkok's transport problems. In: Cities, 18/1. 43-50.

196 Dick, H./Rimmer, S. (2003) Cities, Transport and Communications. The Intergration of Southeast Asia since 1850, Basingstoke.

197 Kaothien, U./Webster, D. (2000) Globalization and Urbanization: the case of Thailand. In: Yusuf, S./Wu, W./Everett, S. (eds) Local Dynamics in an Era of Globalization, Washington; Dixon, C. J. (1999) The Thai Economy: Uneven Development and Internationalization, London.

198 Falkus, M. (1993) Bangkok: From primate city to primate megalopolis. In: Sutcliffe, A. (eds) Megalopolis: The Giant City in History, London.

Weise weltweit ab.[199] Diese Entwicklungstendenz ist sozial wie politisch konfliktreich.[200] Dabei wird insbesondere die Frage nach den nicht-mobilen Räumen zum Konfliktstoff.[201] Diese Konflikte sind in einen vielfältig strukturierten städtischen Raum eingebettet, in dem Machtfragen die entscheidende Rolle spielen.[202]

Die durch die Automobilisierung hergestellte Mobilitätslogik sollte ob ihrer Paradoxalität durch politische Intervention in Bangkok als erste Stadt Südostasiens überwunden werden. Dazu ist zunächst in den siebziger Jahren eine Verkehrsverminderung als Lösungsmöglichkeit ins Auge gefasst und durch Planung versucht worden umzusetzen. In der Evolution der Verkehrspolitik Bangkoks erfolgte im Jahr 1999 die Eröffnung des Skytrains mit 23 Haltestellen, zwischen denen alle zwei Minuten ein Zug verkehrt, und zwei Linien, die heute von schätzungsweise 300.000 Menschen pro Tag genutzt werden. Die Fahrpreise liegen über dem durchschnittlichen Monatseinkommen in Thailand.[203] Der Skytrain Bangkoks ist ein Beispiel für die Akzeleration des automobilen Mobilitätsmusters der modernen Stadt, das in die gesellschaftliche Raumzeit-Logik einer non-linearen Beziehung von Dichte und Bewegung eingebettet bleibt. Der Skytrain ist eine Mobilitätsmetapher, die sich in die Geschwindigkeits- und Entfernungsüberwindungsdynamik der bisherigen urbanen Mobilität einreiht und den Anschluss an die sich entwickelnde, Flugzeug basierte und noch „radikalisiertere" Dynamik gewährleistet. Die airoplane Mobilitätslogik als Verlängerung der dargestellten Automobilisierung kommt in Bangkok durch den Bau der Stadtautobahn „Don Muang Tollway" und des „Second Stage Expressway" symbolisch und für die Nutzer praktisch zum Ausdruck. Die Steuerungsbemühungen der Politik reproduzieren und festigen diese Radikalisierung durch den Bau des zweiten internationalen Großflughafens Nong Ngo Hao.[204] Die Flughäfen und Flugzeug basierte Mobilität werfen ein neues Licht auf die Frage nach der Integration von „mobilen" Flächen in der fixierten, bebauten Stadt. Die „Airport City" wurde konzeptionell als eine neue Form der sozialen und kulturellen Organisation von Urbanität verstanden.[205] In den Publikationen zu diesem Thema, im Übrigen vor den terroristischen Anschlägen des 11. Septembers erschienen, wird weitgehend von einer Innovation der urbanen Mobilitätslogik ausgegangen, während das Verhältnis und die Übergänge zur bestehenden automobilisierten Urbanität nicht betrachtet werden. Die (soziale) Selektivität des Flugverkehrs spricht gegen die Annahme einer allgemein veränderten Zeitraum-Konstellation und eines neuen Dichte-Mobilitätsverhältnisses.[206] In dieser Sichtweise ist auch die duale Diktion der „places" und „non-places" analytisch nicht aufschlussreich.[207] Als Forschungsstrategien bieten sich stattdessen zwei Richtungen an: Die Erfor-

199 Husa, K./Wohlschlägl, H. (1997) "Booming Bangkok": Eine Megastadt in Südostasien im Spannungsfeld von Metropolisierung und Globalisierung. In: Feldbauer, P./Husa, K./Pilz, E./Stacher, I. (Hg.) Mega-Cities. Die Metropolen des Südens zwischen Globalisierung und Fragmentierung, Frankfurt, 113-150.

200 Berner, E./Korff, R. (1995) Globalization and local resistance. The creation of localities in Manila and Bangkok. In: International Journal of Urban and Regional Research, 19/2, 208-222.

201 Angel, S./Boonyahancha (2002) Land Sharing as an Alternative to eviction: The Bangkok experience. In: Pacione, M. (ed) The City: Critical Concepts in the Social Sciences, Vol. V, London/New York, 332-354.

202 Evers, H.-D./Korff, R. (2003) Southeast Asian Urbanism. The Meaning and Power of Social Space, Münster.

203 Tienwang, B. (2006) The Urban Impact of the New Infrastructure: The Case of Bangkok and Its Newly Built Bangkok Transit System, Weimar (unveröffentlicht).

204 Tangpaisalkit, C. (1990) Proposed Measures for Traffic Problems in the Bangkok Metropolitan Region and Regional Cities, Bangkok.

205 Gottdiener, M. (2001) Life in the air: surviving the new culture of air travel, Lanham; Guller, M. (2003) From Airport to Airport City, Rotterdam; Happner, J. (1994) Airport City: eine Stadt für sich, Frankfurt.

206 Pascoe, D. (2001) Airspaces, London.

207 Augé, M. (1995) Non-places, London.

schung des komplexen Zusammenhangs von Innovationen in der Stadtentwicklung und den Mobilitätslogiken in ihrer Zeitstrukturierung[208] oder aber (in ihrer Raumstrukturierung) mit einer Fokussierung auf Geographien und Netzwerke.[209]

4. London: Global, lokal

Tower Hamlets ist oft als eine multi-ethnische Nachbarschaft im Londoner Osten beschrieben worden. Einwanderer aus der ganzen Welt, vor allem aus Somalia, Osteuropa und die größte Gruppe von Bangladeshis außerhalb von Bangladesh leben hier. Seit den siebziger Jahren des 20. Jahrhunderts ist die letztgenannte Einwanderergruppe in ihrem Bemühen erfolgreich gewesen, sich als eine religiöse, politische und kulturelle Gemeinschaft mit eigenen Institutionen zu etablieren. Dies ist gegen zum Teil offenen und rassistischen Widerstand in den achtziger Jahren gelungen. [210] Nicht weit von der heute als „Banglatown" sichtbaren Manifestation der bengalischen Gemeinschaft hat wenig später der groß angelegte Umbau der ehemaligen Hafenanlagen zum neuen ökonomischen Zentrum Londons, den Docklands, stattgefunden.[211] Im Laufe dieser „Veredelung" (Gentrification) fand eine Vertreibung und ein Ausschluss dort bislang residierender Einwohner durch die neuen, zumeist besser gestellten Bewohner und durch ansiedelnde Unternehmen statt.[212] Aus dem traditionellen Arbeiterviertel wurde durch diese staatlich und privat betriebene Aufwertungsstrategie kein im Allgemeinen prosperierender Stadtteil, soziale Probleme wie Arbeitslosigkeit und Armut blieben insbesondere unter den Migranten bestehen. Aus diesem Grunde haben sich Bangladeshi-Unternehmer und säkulare Führer der Gemeinschaft zu Initiativen zusammengeschlossen, die die hohe Konzentration von Bengalen in der Brick Lane dazu nutzen wollten, um eine Konkurrenz zur bereits lange bestehenden China Town im Londoner Stadtteil Soho aufzubauen und damit Touristen anzulocken und die eigenen Unternehmen zu unterstützen. Die Einrichtung einer bengalischen Gemeinschaft in dieser Form kann nicht ohne die Einbindung Londons in einen sich zu jener Zeit neustrukturierenden Staat betrachtet werden. Durch die Reformen der Thatcher-Ära wurde nicht nur globales Kapital in den Londoner Osten geholt, um die Immobilien der Docklands international zu verkaufen und aufzuwerten, sondern auch der bis dahin fürsorglich ausgerichtete Wohlfahrtsstaat kompetetiv gestaltet. Das bedeutete, dass staatliche Unterstützung für Initiativen vergeben werden konnte, wenn diese sich gegenüber anderen durch mehr Unternehmertum auszeichneten. Dies gelang der Bangladeshi-Gemeinschaft durch eine Förderung in Millionenhöhe, um „Banglatown auf die Karte Londons" einzuzeichnen, wie es im dementsprechenden Antrag hieß. Dies wurde notwendig, um gegenüber den chinesischen Konkurrenten eine distinkte bengalische Gemeinschaft zu präsentieren und sie in der Öffentlichkeit darzustellen, wie vor allem durch das Begehen des bengalischen Neujahrfests (Baishaki Mela) geschehen. „It was activation of an essentialised identity category by one sector of the Bengali community within the terms of the enterprised-linked development opportunities available. The structures of identity marketed (quite literally) through the notion of "Banglatown"

---

208 Larsen, J./Urry, J./Axhausen, K. (2006) Mobilities, Networks, Geographies, Aldershot.
209 Peters, P.F. (2006) Time Innovation and Mobilities, London.
210 Fremeaux, I./Garbin, D. (2003) "Community", Multi-culturalism and the Diaporic Negotiation of Space and Identity in East End of London. In: Eckardt, F./Hassenpflug, D. (eds) Consumption and the Post-Industrial City, Frankfurt, 179-192.
211 Hoyle, B. S. (1988) Revitalising the waterfront: international dimensions of dockland redevelopment, London.
212 Foster, J. (1999) Docklands: cultures in conflict, worlds in collision, London.

worked to renaturalise and reconsolidate hegemonic notions of being "Bengali". They formed the cultural framework around which alliances could be made between big business and Bengali small business."[213]

Doch die Errichtung von Banglatown sollte nicht (nur) als ein kluger Schachzug von bengalischen Unternehmern verstanden werden, die die staatlichen Fördermöglichkeiten kennen. Die Beobachtung des Prozesses, der bis zur auch politisch gewollten Sichtbarkeit der Bangladeshis im East End Londons führte, geht auf die Aktivitäten der zweiten Generation von bengalischen Einwanderern zurück, die die „Banglatown" als eine Chance verstanden, um ihre „Herkunft" (Shikor) mit den dazu gehörigen Werten und Normen (Säkularität, Nationalismus, Sozialismus), wie sie sich bei der Staatswerdung Bangladeshs herauskristallisierten, innerhalb der Gemeinschaft wie nach außen zu vertreten. [214] Kulturelles Engagement wurde für diese wie andere sozialen Gruppen eine Strategie, um in der Stadt ihre Lebensentwürfe zu realisieren. Zu diesen Praktiken der Selbstverwirklichung gehört nicht unbedingt auch ein Zusammenwohnen mit Menschen gleichen Lebensstils in derselben Stadt. Netzwerke und Lebensstile werden zunehmend vielschichtig und durch sehr unterschiedliche Institutionen der verschiedenen Ebenen (global, national, lokal) aufgebaut. London gilt als Paradebeispiel einer globalisierten Stadt, der aufgrund historischer Kontinuität mit dem kolonialen British Empire eine zentrale Kontroll- und Machtposition in der Weltwirtschaft zufällt.[215] Im Rahmen der Analyse von urbaner Komplexität ergibt sich mit der Einbeziehung des Globalisierungsdiskurses[216] eine weitere Erhöhung der Forschungskomplexität und damit verbunden neue Schwierigkeiten, Fragestellungen und Themenfelder für die Stadtforschung. Die Schwierigkeiten einer urbanen Komplexitätsforschung beziehen sich vor allem auf jene Aspekte der Globalisierung, die im Kontext der bisherigen Diskussion um die Bedeutung von Größe/Einwohnerzahl, Dichte und Mobilität zirkulieren. Globalisierung ist sprichwörtlich als eine weltumfassende Bewegung, in gewisser Weise als eine „sehr intensive" Mobilität, zu verstehen. In dieser Weise wird Globalisierung als eine Radikalisierung von Mobilitätslogiken betrachtet, die sich als Fortsetzung automobilisierten Verkehrs durch die Flugzeugindustrien im vorherigen Kapitel andeutete, die aber in dieser Form nur als „Transport" organisiert ist. „In using the term „globalization" I refer to the overall process by which the entire world becomes increasingly interdependent, so as to yield a „single place"."[217]

Zu Beginn der Auseinandersetzung um die Rolle der Städte in der Globalisierung war die Rede von jenen „world cities". Mit diesem Begriff wurde die Existenz eines globalen Netzwerkes von Städten angenommen, das für die Restrukturierung der Weltwirtschaft von entscheidender Bedeutung ist.[218] Dieses Netzwerk ist nicht lose miteinander verbunden, sondern beruht auf einer deutlichen Hierarchie. Hierbei kommt die räumliche Organisation eines in besonderer Intensität sich neu gründenden, weltweiten Produktionsnetzes und von

---

213 Jacobs, J. (1996) Edge of Empire, London, 100.
214 Neveu, C. (1993) Communauté, nationalité et citoyenneté. De l'autre côté du miroir, les Bangladeshis de Londres, Paris.
215 Sassen, S. (1991) The global city: New York, London, Tokio, Princeton.
216 Eine auch nur annähernd zufrieden stellende Übersichtsreferenz über den zum Dschungel ausgewachsenen Diskurs über Globalisierung kann wohl nicht mehr geleistet werden. Einen Versuch dazu stellt die sechsbändige Ausgabe von Robertson und White dar (Robertson, R./ White, K. E. (2003) Globalization. Critical Concepts in Sociology, London). Im Folgenden soll nur auf einzelne Aspekte des Globalisierungsdiskurses eingegangen und das eigene Verständnis dargelegt werden.
217 Robertson, R. (1989) Internationalization and Globalization. In: University Center for International Studies Newletter, Spring, 8.
218 Friedmann, J. (1986) The world city hypothesis. In: Development and Change 17, 69-83.

globalen Märkten zum Ausdruck. Der externe Hierarchisierungsprozess hat, so die zweite grundlegende Hypothese der Global City-Debatte, eine prägende Wirkung auf den internen Urbanisierungsprozess. Auf der Grundlage beider Hypothesen hat sich im Laufe der letzten zwei Jahrzehnte eine unübersichtliche Literatur entwickelt, in dem verschiedenste Aspekte in den Diskurs über die „global cities" eingeflochten wurden.

Das Erkenntnisinteresse der Global City-Forschung ist darauf gerichtet, die Auswirkung der Globalisierung innerhalb der Stadt sowie die Rolle urbaner Akkumulationsregime für das Entstehen einer globalen Ökonomie zu untersuchen. Eine zentrale Bedeutung kommt jenen Orten zu, die als Knotenpunkte der verschiedenen materiellen und personellen Flüsse der globalisierten Welt(ökonomie) anzusehen sind. Die Globalisierung benutzt dabei bereits entwickelte räumliche Strukturierungen oder stellt diese selbst her. Städte oder Metropolen werden bildhaft als deren Verknotung, Motoren oder Spiegelbild beschrieben. Diese Metaphern sollen eine besondere Verbindung der sich wechselseitig evozierenden Konstrukte Globalität und Lokalität zum Ausdruck bringen. Globalisierung ist keineswegs etwas vorzugsweise (Groß-)Städtisches – obwohl New York und London (weniger Tokio) als die paradigmatischen Untersuchungsorte den Diskurs dominieren –, da auch kleinere Städte in die globalen Produktions- und Investitionsketten eingegliedert werden. Städte erhalten ein neues Gesicht, das von neuen Problemen, Aufgaben aber auch Chancen gekennzeichnet ist. Städte verräumlichen auf eine ihnen eigene Art und Weise die Globalisierung und erhalten daher für die Betrachtung der Globalisierungsprozesse eine besondere Evidenz. Globalisierte Städte verweisen auf eine neue Zentralität in der weltweiten Machtgeographie, innerhalb derer sie in ein Gitter strategischer Knotenpunkte mit der globalen Wirtschaft (über Transport- und Telekommunikationsmöglichkeiten) verbunden sind.

Mit der Global City-Theorie hat sich die Stadtforschung aus dem zu engen Rahmen nationaler Funktionalität lösen lassen und stellt sich die Frage nach urbanen Entwicklungsmustern in einer weltgesellschaftlichen Perspektive. Globalisierte Städte scheinen alles in Chaos und Unordnung zu stürzen. Traditionen werden entwertet, lokale Eigenarten transformiert, Orte werden bedeutungslos oder zum Platzhalter von Weltgeschehen. In der im globalen Netz der Datenströme situierten Stadt kommt alles zusammen: Menschen, Waren, Dienstleistungen, Informationen, Bilder, Zeichen. Doch ist der Blick nicht wertfrei, denn mit der Turbulenz scheinen Begleitumstände einer zu gehen, die in der übersichtlichen Welt nationaler Ordnungen für sich noch dahin zu schimmern scheinen, während an der nächsten Straßenecke alles schon nicht mehr stimmig ist. Gewalt, Terrorismus, Unsicherheit, Armut, kulturelle Fremdheit und neue Lebensrythmen stellen Ansprüche an den Einzelnen, um sich im urbanen Labyrinth globalen Ausmaßes neu zu orientieren. Die Komplexität dieser urbanen Lebenssituationen sucht nach Verarbeitungs- und Verringerungsstrategien.

Diese Komplexität führt zu einer Urbanität, bei der grundlegende soziologische Begriffe und damit verbundene Verständnisse von Zeit, Nähe, Ferne, Nachbarschaft, Klasse, Gemeinschaft, Milieu und Macht extensiviert, bis über den Äquator, den Ural und den Indischen Ozean ausgedehnt und zugleich ob ihrer analytischen Nutzbarkeit in Frage gestellt werden. Deutlich wird dies insbesondere anhand der Frage der sozialen Auswirkung der Globalisierung für die Städte. In jenen Städten, die in der sich herausbildenden Hierarchie der Zentren eine größere Rolle spielen, entwickelt sich eine internationale Dienstleistungselite, der viele Aspiranten und Kulturschaffende zu folgen scheinen. Sie werden angezogen von den Annehmlichkeiten und Lebensstilen, die große urbane Zentren bieten. Es entstehen dort aber vor allem auch Jobs im Niedriglohnbereich. Soziale Folge des wachsenden Dienstleistungssektors in den metropolitanen Gebieten ist das Entstehen einer

Schicht von working poor, deren Ausbeutung durch die Sweatshops bildhaft wird. Es zeichnet sich eine Tendenz zu wachsender ökonomischer Polarisierung in postindustriellen Städten ab. „Die mittleren Schichten", führt Sassen aus, „bilden zwar noch die Mehrheit, aber die Bedingungen ihrer Expansion und ihrer politisch-ökonomischen Macht – die zentrale Bedeutung von Massenproduktion und Massenkonsum für das ökonomische Wachstum und die Profitrealisierung – sind von neuen Wachstumsbereichen abgelöst worden."[219] Die Unterschiede stellen eine nicht nur zahlenmäßige, sondern auch hinsichtlich der Struktur der sozialen Repräsentation und ihrer räumlichen Organisation weitreichende Veränderung dar. Gentrifikationprozesse erzeugen eine Veredelung ehemaliger Arbeiterviertel und damit möglicherweise die anschließende Vertreibung der angestammten Bewohnerschaft durch die neue Dienstleistungsschicht. Sie sind eine Konsequenz der sich entwickelnden Schichtungsstruktur der globalisierten Stadt. Diese zeichnet sich, wenn man die Konsequenzen des Wachstums der informellen Ökonomie berücksichtigt, als eine neue Klassengrenze in den Global Cities ab: Neben der Hochlohn-Klasse nimmt die Zahl der Armen zu. Die Analyse der Global City als Produktionsstandort einer postindustriellen, globalen Ökonomie hat die entscheidende Rolle solcher globalen Städte und die Abhängigkeiten von lokalen Gesellschaften und Ökonomien von den Führungsfunktionen, die in solchen Städten angesiedelt sind, gezeigt. Dies buchstabiert sich auch in den weiter unten angesiedelten Städten in der Global City-Hierarchie durch. Die soziale Dualisierung des urbanen Raumes vollzieht sich in allen Metropolen der Welt.[220]

Kritiker der „Dual city"-Hypothese verweisen darauf, dass die städtische Mittelklasse als solche nicht verschwinde, sondern sich in die Vorstädte zurückziehe. Bimodalität sei deshalb kein adäquater Beschreibungsmodus für die räumlichen und sozialen Trennlinien.[221] Empirische Forschungen haben die Annahme der Dual City-Hypothese des Global City-Diskurses weitgehend verworfen.[222] Zumindest hinsichtlich der europäischen Fallbeispiele ist die behauptete direkte, lineare Kausalität von Globalisierung → soziale Geographie/Mittelschicht-Abnahme nicht nachweisbar. Der Befund weist auf eine subkomplexe Analysestrategie und berücksichtigt nicht, dass sich Globalisierung als ein indirekter Prozess auf städtische Gesellschaften auswirkt: Stratifizierungsprozesse werden eher vielschichtig und zunehmend komplex. Dies trifft insbesondere auf die soziologische Beschreibung der Migration in die globalen Städte zu. Städte werden durch die erhöhte Mobilität stärker in die Migrationsströme eingegliedert. Migration findet nicht mehr von bestimmten Auswanderungs- in wenige Einwanderungsländer statt. Die Migration wird globalisiert und erzeugt postindustrielle Migranten. Diese nehmen in den Großstädten der USA, Japan, den Golfstaaten und Europas die Low wage-Jobs ein, die im Rahmen der globalisierten Restrukturierung der urbanen Ökonomien entstehen.[223]

219 Sassen, S. (1993) Global City: Internationale Verflechtungen und ihre innerstädtischen Effekte. In: Häußermann, H./ Siebel, W. (Hg.) New York. Strukturen einer Metropole, Frankfurt, 83.

220 Mollenkopf, J. H./Castells, M. (eds) (1991) Dual city: restructuring New York, New York.

221 Fainstein, S. S. et al.(1992): Divided Cities, Oxford.

222 Für Paris s. Preteceille, E. (1992) La ségrégation sociale dans les grandes villes, Paris, für London s. Hamnett, C. (2003) Unequal city: London in the global arena, London, für die niederländische Städte s. Eckardt, F. (2001) Rotterdam: Konturen einer globalisierten Stadt, Münster und für Frankfurt, Hennig, E. (2004) Kohäsion und Polarisierung: Moderne Stadtdiskurse aus dem Blickwinkel der Chicagoer Stadtsoziologie, in: frankfurter statistische Berichte, 66, 73-95, aber auch für Hongkong: Chiu, S. W. (2004) Global city, dual city? Globalization and social polarization in Hong Kong since the 1990s, Hong Kong.

223 Basch, L. et al. (1997) Nations unbound. Transnational projects, postcolonial predicaments and deterritorialized nation-states, Amsterdam.

Die Push-Faktoren der globalisierten Migrationen sind in den globalisierten Ökonomien in den Heimatländern der Migranten zu sehen. Dort haben in Folge von Anpassungsmaßnahmen an einen offenen Weltmarkt die nationalen Wirtschaften für viele Menschen Einkommens- und Existenzunsicherheiten hervorgerufen. Für den Einzelnen stellt die Migration eine wichtige Strategie der wirtschaftlichen Sicherheit dar. Hinzu kommen große Gruppen von Menschen, die sich aus politischen Gründen, Bürgerkriegen, Gewalt und anderen Motiven zur Flucht entscheiden. Für die „neue Migration" sind jedoch die Mittelschichten der weltpolitischen Peripherie in die globalen Metropolen bezeichnend.[224] Dort erleiden sie zwar in der Regel einen Statusverlust, sie können aber im Vergleich zum Heimatland einen höheren Verdienst erzielen. Migranten sind deshalb nicht nur als Opfer der Globalisierung zu betrachten. Zumindest einige Gruppen können die Grenzöffnungen für eine persönliche Aufwertungsstrategie ihres ökonomischen, sozialen oder kulturellen Kapitals nutzen.

Für sie gilt insbesondere, dass sich auch die Qualität der internationalen Migration verändert hat. Das Leben vieler Migranten wird durch transnationale Netzwerke geprägt.[225] Mit diesen überschreiten sie die Begrenzungen, denen sie durch die Aufnahmeländer unterliegen. Mit der Bezeichnung „transnationale Migration" wird ein Sozialraum beschrieben, in dem Migranten sowohl in ihrem Herkunfts- als auch in ihrem Aufenthaltsort Aktivitäten entwickeln. In verschiedenster Form werden in den transnationalen Räumen soziale, politische, religiöse und ökonomische Bindungen aufgebaut, mit denen sich der Einfluss auf die Herkunftsländer fortsetzt.[226] Zugleich dienen diese transnationalen Netzwerke zur Organisation der Kettenmigration, bei der zunächst ein Familienmitglied an einen Ort zieht und dieses dann weitere nachkommen lässt. Entscheidend dabei ist die intensive Kommunikation mit der zurückgebliebenen Familie oder einem sozialen Netzwerk, in welchem der Bedarf und die Versorgungsmöglichkeit für zusätzliche Einwanderer verhandelt werden.[227]

Durch die verbesserten Reisemöglichkeiten, die Demokratisierung des Flugzeugs, ergeben sich Möglichkeiten der zirkulären Migration. Der polnische Einwanderer der Chicago School nahm von seiner bäuerlichen Heimat für immer Abschied, als er nach Amerika einschiffte.[228] Der Mittelschicht-Brasilianer in New York kehrt hingegen regelmäßig in sein Heimatland zurück, wenn die Einreiseerlaubnis abgelaufen ist oder der erhoffte wirtschaftliche Mehrgewinn transferiert wurde. Aus den Einwanderern in die modernen Metropolen sind Jo-Jo-Migranten in die postmoderne Global City geworden.[229] Die soziale Organisation dieser Migration ist durch „Irregularität" gekennzeichnet, die im historischen Vergleich wenig durch nationalstaatliche Regulation beeinflussbar zu sein scheint.[230]

Transnationale Migration ist nicht nur Ausdruck der Globalisierung, sie stellt vielmehr eine ihrer sozioökonomischen Organisationsformen dar.[231] Die transnationalen Netzwerke der Migranten können als Pendant zur internationalen Managerelite betracht werden. Beide „transnationalen Klassen" werden als komplementär betrachtet, weil die transnationale

224 Koser, K. (1998) The new migration in Europe: social constructions and social realities, Basingstoke. Für London beispielsweise: Crilley, D. (1991) New migrants in London's Docklands, London.
225 Castles, S. (2000) Ethnicity and globalization: from migrant worker to transnational citizen, London.
226 Hannerz, U. (1997) Transnational Connections: Culture, People and Places, London.
227 Brah, A. (1996) Cartographies of Diaspora: contesting identities, London.
228 Thomas, W. I. (1996) The Polish peasant in Europe and America: a classic work in immigration history, Urbana.
229 Margolis, M. L. (1994) Little Brazil: an ethnography of Brazilian immigrants in New York City, Princeton.
230 Jordan, B. (2002) Irregular migration: the dilemmas of transnational mobility, Cheltenham.
231 Ong, A. (1999) Flexible Citizenship: the cultural logics of transnationality, New York.

Elite von den urbanen Zentren in die Peripherie wandert,[232] während die Migranten sich in umgekehrter Richtung bewegen. In dieser Konzeption der neuen Migration wird ausschließlich den Eliten eine berufsgerichtete Organisation zugesprochen. Die ethnischen Minderheiten mobilisieren ihr soziales Kapital, um Handel, Dienstleistungen und Produktion transnational zu organisieren. In dieser transnationalen Organisation verweist der Blick auf deren Innenperspektive auf die ethnische Ökonomie, in der durch entsprechende Rollenverteilung soziale Ungleichheiten innerhalb der Netzwerke (re-)produziert werden. Der Unterschied zwischen den ethnischen und berufsgerichteten Netzwerken dürfte daher eher ein gradualer sein, der nach seinen Ausschluss- und Einschlussmechanismen zu untersuchen wäre.

Transnationale Migranten leben in einer komplizierten Welt, in der sie sich in unterschiedlichen Kräftefeldern aufhalten.[233] Hegemonieansprüche auf ihre Lebensgestaltung werden von den verschiedenen territorial gebundenen Ökonomien und Gesellschaften ausgeübt. Sie sind nicht aus den Regulationen und Erfordernissen der verbliebenen Nationalstaatlichkeit in die globalisierte Welt entlassen worden. Die ethnischen Konzepte der Nationalstaaten zwingen sie vielmehr zu Loyalitätsentscheidungen und pro-aktiven Haltungen gegenüber dem Aus- wie Einwanderungsland.

Die globale Migration in die Städte hat eine neue Form gesellschaftlicher Organisation hervorgebracht, die in letzter Zeit häufig mit dem Begriff „Diaspora" bezeichnet wird.[234] Damit werden Formen der Vergemeinschaftung bezeichnet, die sich deterritorialisiert und transnational in sozialen, ökonomischen und politischen Netzwerken über Nationalgrenzen hinweg organisieren. Den Terminus „Diaspora" griffen Stadtforschern auf, weil er innerhalb dieser neuen Gesellschaftsformen artikuliert wurde. Die Global Diasporas stellen als Konzept der Globalisierungsforschung zunächst ein Phänomen mit undeutlicher und vielschichtiger Bedeutung dar. Dadurch haben sich erhebliche Verständnisschwierigkeiten ergeben, weil implizit eine Parallele zu der traumatischen Erfahrung der jüdischen Diaspora gezogen wird. Im Allgemeinen wird zwischen der neuen Diaspora-Forschung und dem historischen Beispiel der Juden kein Bezug hergestellt. Stattdessen soll mit dem Diaspora-Ansatz die besondere soziale, politische und kulturelle Organisation von globalisierten Gemeinschaften zum Ausdruck gebracht werden.

In sozialer Hinsicht vollziehen Global Diasporas die Zementierung bestimmter Arten sozialer durch besondere geschichtliche wie geografische Beziehungen. Diese werden hervorgerufen durch eine freiwillige oder gezwungene Migration von einem Heimatland in mindestens zwei andere Länder.[235] Verbunden mit dem Migrationsprozess entsteht zunehmend eine sich verfestigende kollektive Identität, die oftmals durch ethnische Mythen über eine gemeinsame Herkunft, historische Erfahrungen oder einen bestimmten Ortsbezug produziert wird. Das Bewusstsein einer Diaspora-Gemeinschaft sucht nach Auseinandersetzung mit und Sichtbarkeit im öffentlichen Raum. Die transnationalen Gemeinschaften betreiben aktiv eine Politik der Anerkennung. Die Diaspora-Konzeption ist für die Analyse der transnationalen Migration entwickelt worden: Sie deutet auf einen allgemeinen Modus einer globalisierten Urbanität. Die Unterschiede zwischen Dagebliebenen, transnational Reisenden und Migranten verwischen in gewisser Weise. Zwischen den einzelnen Gruppen aber bleiben weiterhin wichtige qualitative Unterschiede bestehen. Es scheint jedoch, dass

232 Sklair, L. (2001) The transnational capitalist class, Oxford.
233 Faist, T. (2000) The Volume and Dynamics of International Migration and Transnational Social Spaces, Oxford; Pries, L. (1999) Migration and transnational social spaces, Aldershot.
234 Braziel, J. E./Mannur, A. (2003) Theorizing Diaspora, London.
235 Vgl. Vertocec, S. (1999) Migration, diasporas, and transnationalism, Cheltenham.

sich die „Community" zum Ort globaler Vernetzungsprozesse entwickelt, die in ihrer Funktionsweise der Diaspora ähnlich ist, da sie sich als nicht-ortorientierte Gemeinschaften konstruiert.[236]

Identitätsbildungen erreichen in den transnationalen Communities oftmals nicht das Niveau, auf dem sich ihren Mitgliedern das Gefühl vermittelt, sie seien noch irgendwo in dieser Welt zu Hause.[237] Hierfür wäre ein Milieu notwendig, dass einerseits eine lokale Mobilität ermöglicht, andererseits die „weite Welt" ausgrenzt und Bekannte und Fremde in der unmittelbaren Nähe bestimmen kann. Durch die medialisierte Wahrnehmung der Welt werden lokale Milieus exportiert.[238] In diesen „transnationalen Milieus" verlagern sich die Grenzen der eigenen Ansichten durch die Inkorporation von verschiedenen gesellschaftlich vorhandenen Perspektiven.

Doch selbst die Bewohner dieser Milieus benötigen einen Platz, an dem sie schlafen, sich ausruhen und erholen können. Dies lässt sich in einem generalisierten Milieu organisieren, für das sich in begrenztem Umfang Orte standardisieren. In den Städten treffen sich generalisierte und lokale Milieus und suchen ihre jeweiligen Räume. Sie befinden sich in einer ambivalenten Position gegenüber den städtischen Räumen, die Community-orientierte und nationale Angebote kulturell miteinander vereinbaren müssen.[239] Eine der wichtigsten Konsequenzen der Globalisierung ist demnach eine Verschmelzung transnationaler und generalisierter Milieus an einem Ort. Die Ortsgebundenheit der modernen Milieus wird somit aufgehoben. Das Milieu wird zu einem Erfahrungsraum mit der Möglichkeit einer fiktiven habituellen Übereinstimmung.[240]

Für den Einzelnen ergeben sich daraus erhebliche Konsequenzen. Die Erforschung der globalisierten Urbanität hat sich deshalb in den letzten Jahren verstärkt der Frage zugewandt, wie sich das Leben in den Global cities entwickelt.[241] Das Gefühl für „hier" und „dort" wird gleichzeitig vergrößert und eingeschränkt. Diese emotionalen Geographien lassen sich nicht mehr mit „nah" und „fern", „familiär" und „fremd" gleichsetzen.[242] Auf der individuellen Ebene ist die Extension des eigenen Milieus zu bewältigen. In zunehmender Weise sind verschiedene Orte und Zeiten in den Alltag zu integrieren, damit dort eine eigene biografische Bedeutung konstruiert werden kann. Es entsteht eine Urbanität, die dem Individuum Zugänge zu Räumen einerseits, Fluchtmöglichkeiten andererseits anbietet, um signifikante Raumbezüge herzustellen. Dabei wird sich nicht ein „globaler Mensch" entwickeln, sondern es sind unterschiedliche Reaktionsmuster der Individuen gegenüber den Raum-Zeit-Rekonfigurationen zu beobachten.[243]

Die Erfahrung einer globalisierten Urbanisierung hat tiefgreifende Folgen für die Persönlichkeitsentwicklung. Dies zeigt sich bei den transnationalen Migrationsjugendlichen am deutlichsten, bei denen die Sekundärsozialisation in entscheidendem Maße durch die Deterritorialisierung der Raum- und Gesellschaftsbeziehungen geprägt wird.[244] Dadurch

236 Vgl. Albrow, M. et al. (1997) The Impact of Globalization on Sociological Concepts: Community, Culture and Milieu. In: Eade, J. (ed) (1997) Living the global city, London 25.
237 Beispielsweise dargestellt in Miles, A. (2004) From Cuenca to Queens: An Anthropological Story of Transnational Migration, University of Texas Press.
238 Sun, W. (2002) Leaving China: media, migration, and transnational imagination, Lanham.
239 Cohen, A. (1986) The symbolic construction of community, London.
240 Dürrschmidt, J. (2000) Everyday lives in the global city: the delinking of locale and milieu, London.
241 Eade, J. (ed) (1997) Living the global city: globalization as a local process, London.
242 Vgl aber auch Al-Ali, N.(2002) New approaches to migration? transnational communities and the transformation of home, London.
243 Albrow, M. (1998) Abschied vom Nationalstaat: Staat und Gesellschaft im globalen Zeitalter, Frankfurt.
244 Parreenas, R. S. (2005) Children of Global Migration: Transnational Families and Gendered Woes, Stanford.

entsteht eine existentielle Unsicherheit, die nach neuen Formen der gesellschaftlichen Verarbeitung sucht. Risiko und Vertrauen werden von den bisherigen kollektiven Formen, die dem Individuum physische und psychische Sicherheit verliehen, neu verteilt und müssen durch individuelle Adaptionsstrategien verarbeitet werden. Hierbei spielen Normen eine wichtige Rolle. Die Transnationalisierung der Städte bedeutet daher auch eine Normenpluralität und sich ergänzende, zum Teil aber auch widersprechende und gar ausschließende Normangebote.[245]

Für die Bangladeshis von London bedeutet dies, dass sie in vielen Welten zugleich agieren und sich orientieren müssen. London als Stadt mit einer vielfältigen sozialen Segregation nach Reichtum/Armut hat den Ostteil der Stadt vorzugsweise als Raum für Migranten, früher vorzugsweise Iren, heute Asiaten, nicht nur physisch eingerichtet, sondern auch diskursiv konstruiert. So ist der Diskurs über die Globalisierung Londons zum Teil nur Spiegelbild der prinzipiellen Logik transnationaler Urbanität[246], während sich das Ausmaß wirklicher Transnationalisierung auf dem Hintergrund weiter bestehender nationaler Strukturen relativiert. Dies wird insbesondere am „globalen" Gehalt der Londoner Wirtschaft deutlich, der sicherlich nicht als „prägend dominant" bezeichnet werden kann.[247] Dennoch sind die Spuren der globalisierten Urbanität Londons schier omnipräsent, ist London nicht als Raum eines (englischsprachigen) Narrativs, sondern in seiner multilingualen Identität und damit verbunden einer Vielfalt an Erzählungen zu verstehen.[248] Die Brick Lane der Banglatown Londons ist zum Ort einer mehrfachen Narration über die globalisierte Urbanität geworden. Prominent reproduziert sich die doppelte Natur urbaner Komplexität, global und lokal, in dem Roman von Monica Ali mit dem paradigmatischen Titel „Brick Lane".[249] Für diesen Roman wurde die aus Bangladesch stammende und in England lebende Autorin in die Granta-Liste der zwanzig besten englischsprachigen Autoren der letzten zehn Jahre aufgenommen. Die Protagonistin Nazneen sitzt in Banglatown seit ihrem neunzehnten Lebensjahr inmitten von Beistelltischchen, gemusterten Tapeten, spießigen Schonbezügen, kitschigen Häkeldeckchen und Zertifikaten gefangen. Die Zertifikate gehören Nazneens Mann Chanu und sollen demonstrieren, was er schon alles geleistet hat: vom Führerschein bis zum Philosophiestudium. Nazneens größte Lebensleistung hingegen droht ihre Heirat nach London zu bleiben. Das Mädchen aus Bangladesch wurde ihrem wesentlich älteren Mann von den Eltern versprochen. Willenlos hat Nazneen der Verheiratung zugestimmt. Denn das Schicksal, so weiß sie von ihrer Mutter Rupban, ist stärker als persönliches Interesse. Der Roman beschreibt die Entwicklung des klugen Mädchens auf dem Weg zur Frau, die ihr Schicksal selbst in die Hände nimmt. Dabei hilft ihr die etwas raue, aber liebenswerte Freundin Razia. Und so wird die Brick Lane vom Gefängnis immer mehr zum Ort der Emanzipation. In dieser positiven Sichtweise von „Banglatown" wird der Emanzipationswunsch prototypisch und erzählerisch wiedergegeben. Die wirkliche Situation der Bangladeshis im Londoner East End löst sich nicht zu einem emanzipatorischen Happy End auf (oder wohl nur selten), sondern verkehrt in einem vielfältigen, brüchigen und nicht-entschiedenen Verhältnis zum Ort und zur globalen bengalischen Gemeinschaft. Einerseits bietet London als globale Stadt besondere Anknüpfungspunkte, von denen die

---

245 Nuijten, M. (2005) Transnational migration and the re-framing of normative values. In: Beckmann, F.v.; Benda-Beckmann, K.v; Griffiths, A. (eds) Mobile people, mobile law: expanding legal relations in a contracting world, Aldershot, 51-68.
246 Vgl. Smith, M. (2001) Transnational urbanism. Locating globalization, London.
247 Vgl. Buck, N. et al (eds) (2005) Changing cities: rethinking urban competitiveness, cohesion, and governance, New York.
248 Block, D. (2006) Multilingual identities in a global city: London stories, Basingstoke.
249 Ali, M. (2005) Brick Lane, München.

asiatischen Einwanderer profitieren und die ihnen positive Normangebote vermitteln.[250] Dabei ist die Arbeit, vor allem in der Fashion Industry im East End Londons, alles andere als ein Paradies. Und so liefern ethnographisch orientierte Schilderungen die andere Seite der Medaille des Lebens in der Global City, in der der Wunsch vorherrscht, der Enge, der dreckigen und schweren Arbeit in den Sweat Shops und Küchen der indischen Restaurants Londons schnellstmöglich zu entfliehen.[251] Die bengalische Diaspora befindet sich in einer Stadt, in der sich neue Rollenverhältnisse erst entwickeln, die mit dem Übergang vom Zentrum des ehemaligen Empires zur heutigen postkolonialen Gesellschaft Großbritanniens in einem Zusammenhang zu sehen sind.[252] Die Einwanderer und ihre Kinder beginnen dennoch nach wie vor ganz unten in den sozialen Hierarchien.

Spätestens die Anschläge auf die Londoner Busse vom Juni 2005, begangen von asiatischen Einwanderern bzw. ihren Kindern, haben verdeutlicht, dass die soziopsychologische Ambivalenz mit extremer Unsicherheit für die urbanen Gesellschaften und ihre komplexen Lebenszusammenhänge einhergeht. Die nationalen, transnationalen und lokalen Verortungsangebote stehen in Konkurrenz mit anderen, insbesondere mit den religiösen Netzwerken, Strukturen und Orientierungen. Diese obliegen gleichsam der Diaspora-Logik, wie sie oben beschrieben wurde.[253] Die Konstruktion einer islamischen Diaspora im East End ist als eine der Vergellschaftungsmöglichkeiten in der global-lokalen Urbanität anwesend, die von bestimmten Akteuren – hier: der Young Muslim Organisation – betrieben wurde, und die sich auf dem Hintergrund einer allgemeinen Community-orientierten britischen Politik des Multikulturalismus entwickeln konnte.[254]

Für die bengalischen Einwanderer(nachkommen) stellen sich die verschiedenen Organisationsformen als transnational, lokal, global, islamisch, national etc. nicht nur als beliebige Möglichkeiten der Selbstbeschreibung, sondern auch in vielfältiger Weise Netzwerke und Gelegenheitsstrukturen dar, die individuelle Identitätsprobleme, vor allem auch Arbeits-, Heirats- und Ausbildungswünsche mehr oder weniger beantworten können. Gefährlich sind diese multiplen Welten der jungen Bangladeshis in der globalen Stadt London, weil es hierbei um Machtkämpfe (innerhalb der Netzwerke/Communities/Diasporas, wie auch zwischen diesen und den vielen weiteren der Metropole und der Welt) geht. Sie führen einerseits zu einer vielschichtigen Risikobelastung und erhöhen andererseits den Stress für die muslimischen Gemeinschaften,[255] wie sie insgesamt zu einer allgemeinen Verunsicherung im Stadtleben und einer Sensibilitätssteigerung gegenüber Risiken für globalisierte Städte wie London führen.[256] Die Analyse urbaner Komplexität korrespondiert mit einer beobachtbaren Unsicherheit, die (wie bei der Beschreibung anhand des Verhältnisses von Dichte und Stress) durch multiple Ursachen- und Einflussverhältnisse gekennzeichnet ist. Minimale Größen, einzelne Individuen, können extreme Wirkungen erzeugen. Die komplexe Stadt in ihrer global-lokalen Vernetzung und deren gesellschaftlichen Organisationsformen ist durch nicht-proportionale Verhältnisse gekennzeichnet.

---

250 Bhachu, P. (2004) It's hip to be Asian: the local and global network of Asian fashion entrepreneurs in London. In: Jackson, P./Crang, P./Dwyer, C. (eds) Transnational spaces, London, 40-59.

251 Hall, T./Murray, J. (2006) Salaam Brick Lane: A Year in the New East End, London.

252 Ali, N. (2006) A postcolonial people: South Asians in Britain, London.

253 Moghissi, H. (2006) Muslim diaspora: gender, culture, and identity, New York.

254 Modood, T. (2006) British Muslims and the politics of multiculturalism. In: Modood, T./ Triandafyllidou, A./Zapata-Barrero, R. (eds) Multiculturalism, Muslims and citizenship: a European approach, London.

255 Abbas, T./Modood, T. (eds) (2005) Muslim Britain: communities under pressure, New York.

256 Coaffee, J. (2006) Recasting the "Ring of Steel": Designing Out Terrorism in the City of London? In: Graham, S. (ed) Cities, war, and terrorism: towards an urban geopolitics, Malden.

5. Istanbul: Urbane Hybridität

Brücken sind symbolträchtige Orte, und es gibt wohl keinen anderen Ort wie den am Goldenen Horn, der sich mehr mit Metaphorik auflädt, der mehr zur prinzipiellen Reflexion über Zuschreibungen von Geographie einlädt. Europa und Asien, Orient und Okzident, Abend- und Morgenland. In den Diskursen des letzten Jahrhunderts auch Moderne und Tradition: „An der Galata-Brücke kreuzen sich die Schicksale in Istanbul. Hier begegnen sich das Mysterium einer orientalischen Stadt und die Dynamik einer westlichen Metropole." [257] Die Brücken Istanbuls bezeichnen mehr als die individuell problemlos überbrückbaren kurzen Distanzen von der einen zur anderen Seite des Wassers. Brücken sind Ausgangs- und Beobachtungspunkt von Stadtentwicklung und städtischer Gesellschaft. Sie sind reale Produkte aus Stahl und Beton, Seilen und Pfeilern, und zugleich sind sie ein Produkt vielfacher Imagination. Brücken imaginieren Städte, sie reproduzieren ihre Mobilität und geben ihr zugleich eine Zielvision, begründen räumliche Zusammenhänge und Verknüpfungen. Die berühmte Galata-Brücke aus dem Jahr 1912 wurde gar zum urbanen Raum an sich, der für Einzelhändler und Passanten einen Aufenthaltsraum anbot. Licht und Gitter, breit angelegte Straßen- und Fußgängerzone machten aus der Brücke einen urbanen Mittelpunkt. Brücken erscheinen topographisch begründet, als Ergebnis einer natürlichen Assoziation von räumlichen Teilen. Istanbul vollzog seinen Wachstumsprozess entlang der Wasserscheide seiner beiden Stadthälften. Die Stadt wuchs aus ihren Mauern heraus und ergriff die Umgebung, mit den Städten Kadiköy, Galata und Üskudar in sein Rayon, bis ein Integrationsprozess der bewohnten Gegend zwischen Goldenem Horn, Marmara-Meer und Bosporus im 20. Jahrhundert abgeschlossen schien, der die „Stadt" Istanbul abzeichnet. Doch danach trat eine metropolitane Entwicklung ein, die sich nicht mehr mit einer natürlich erscheinenden Ausuferungs- und Integrationsdynamik Istanbuls erklären ließ. Innerhalb von dreißig Jahren (von 1950 bis 1980) versiebenfachte sich die Einwohnerzahl der bis dahin auf eine Million angewachsenen Stadtbevölkerung. [258] Die Entwicklung Istanbuls, wie sie nicht nur die explodierende Einwohnerzahl, sondern auch viele andere Aspekte verdeutlichen, beginnt spätestens an dieser Stelle irritierende Zweifel an der Klassifikation der Stadt zu evozieren. Die Perspektive von der Brücke ist nicht mehr hilfreich, der Blick erfasst nicht mehr die städtische Gesamtheit und ist überhaupt nicht mehr Zentrum von irgendetwas. Ihr Abriss in den neunziger Jahren ist der baulichen Morschheit geschuldet gewesen, theoretisch gesprochen war die Überladung der Brücke als Ausguckort gleichsam nicht mehr haltbar. Nicht nur die neueren Entwicklungen stellen deshalb die Brücke als Beobachtungspunkt in Frage; es ist die damit einhergehende Logik, die räumliche und gesellschaftliche Entwicklungen in eine Abbildungsbeziehung zueinander setzt und damit den komplexen Charakter urbaner Dynamik nicht einfängt. Obwohl es adäquat ist, Istanbul aufgrund seiner Jahrhunderte langen Tradition als Hafenstadt zu beschreiben, birgt die Konzeption „Hafenstadt" und damit die zuschreibbare Bedeutungskonfiguration urbaner Komplexität als Mobilitäts- und Austauschort nur zum Teil einen historisch relevanten Ausschnitt. Die Entwicklung dieses urbanen Ortes ist weniger aufgrund topologischer, morphologischer und mobilitätsformierter Raumlogiken, sondern in erster Linie aufgrund seiner Funktion innerhalb eines übergeordneten gesellschaftlichen Raums zu verstehen, für Istanbul: als imperiales Zentrum des Osmanischen Reichs. [259] In dieser fünf Jahrhunderte

---

257 Hicsasmaz, A. (1998) Die Brücke am Goldenen Horn. In: Bauwelt, 36, 2048.
258 Bilgin, I. (1998) Istanbul: Stadt am Wasser. In: Bauwelt, 36, 2043.
259 Eldem, E. (1999) Istanbul: from imperial to periperalized capital. In: Ders./Goffman, D./Masters, B. (eds) The Ottoman City between East and West, Cambridge.

währenden Periode ist die Stadt durch die Entwicklungen des osmanischen Imperiums maßgeblich beeinflusst worden, auch wenn sich nicht alle Aspekte damaligen Stadtlebens lediglich durch die Einbindung in diesen übergeordneten Raum erklären lassen. Insbesondere bei der Analyse des Verhältnisses Staat-Stadt bzw. Gesellschaft-Stadt bestehen keine linearen und selten direkte Verbindungen, die die Stadt als eine Art Spiegel erscheinen lassen, in dem Staat/Gesellschaft pars pro toto zu untersuchen wären. Dennoch verschwindet der städtische Ort in seiner Physis nicht und gibt Entwicklungsmöglichkeiten vor. Istanbul hat auch seinen sozialen Raum anhand seiner topographischen Fragmentierung organisiert, und mit den „mahalle" sind seit dem 17. Jahrhundert Nachbarschaften entstanden, die sich weitgehend an diesen geographischen Vorgaben orientiert haben. Galata als Ort vor allem nicht-muslimischen Lebens und großer Gruppen von Juden, Armenier, Griechen und Europäer stellt in Form eines vielethnischen, gemischten Stadtteils hierzu die Ausnahme dar. Ansonsten waren die „mahalles" weitgehend sozial, religiös und durch Subsistenzwirtschaft auch ökonomisch, autarke Orte in der urbanen Textur Istanbuls.[260] Über den Bedarf und den Umfang einer solchen Nachbarschaft hinausgehende Infrastruktur wurde auf der Ebene der „ihtisâb" organisiert bzw. durch die mit dieser Gebietseinheit korrespondierenden Administrationen bereitgestellt. Der osmanische Staat hatte somit einen Modus vivendi in den Raum geschrieben, der sich durch Vorgabe (Separation) und Selbstorganisation (Autonomie) auszeichnet. Das Osmanische Reich in seiner prämodernen Reichweite und Intensität der Organisation entwickelte für Istanbul diese Raumorganisation aus Unwilligkeit und Unfähigkeit angesichts der noch nicht vorhandenen modernen Bürokratie und Rationalität. Die Entwicklung Istanbuls insgesamt lässt sich als eine Art der „Verwestlichung" nachzeichnen, die mit der vermehrten Integration in den Handel mit Europa, insbesondere Frankreich, vollzogen und, ablesbar an den Architekturstilen jener Zeit, auch kulturell nachempfindbar wurde.[261] Die Beeinflussung der Stadtentwicklung durch die externen Beziehungen, die sich nach und nach internalisieren, ist von einigen Historikern als kausaler oder zumindest kategorialer Faktor benannt worden.[262] Vor allem das 19. Jahrhundert hat Istanbul zu einem Ort intensiver Westorientierung und Modernisierung werden lassen. Dennoch wäre die insbesondere sich zu jener Zeit als wirtschaftliche Krise des Osmanischen Reichs, „Kranker Mann am Bosporus", abzeichnende ökonomische Stadtentwicklung nicht durch die relativ bescheidenen Experimente mit der westlichen Marktwirtschaft zu jener Zeit zu erklären, vielmehr sind die endogenen Faktoren der Stadt wie des Reiches insgesamt von größerer Relevanz.[263]

Komplexe Urbanität ergibt sich durch die Kontextualisierung in übergeordnete Raumordnungsprozesse, zu denen staatliche und gesellschaftliche „Strukturen" gehören. Mit der Benennung dieser Dimension der komplexen Stadt geht eine Vorsicht einher, die im Besonderen durch das mögliche Missverständnis einer Hierarchisierung begründet wird. Der Strukturbegriff lässt sich als ein nicht-duales Ordnungsprinzip fassen, das über die Zeit und über den Ort hinaus wirkt. Es überschreitet damit die Dimension der Momentaufnahme

260   Vgl. Behar, C. (1997) From Vendors and Civil Servants. A Social and Demographic Portrait of a Neighbourhood Community in Intra-Mural Istanbul in 1885. In: Boğaziçi Journal. Review of Social, Economic and Administrative Studies, 1, 5-32.

261   Eldem, E. (1991) Structure et acteurs du commerce international d'Istanbul au XVIIIe siècle. In: Panzac, D. (ed) Les Villes dans l'empire ottoman: activitès et sociètès, Aix-en-Provence.

262   Beispielsweise Kuban, D. (1996) Istanbul: An Urban History. Byantion, Constantinopolis, Istanbul, Istanbul.

263   Eine eingehende Analyse der vielschichtigen Faktorenebenen (Stadt, Reich, Weltmarkt) und ihre gegenseitige Beeinflussung findet sich bei Çelik, Z. (1986) The Remaking of Istanbul: Portrait of an Ottoman City in the Nineteenth Century, Seattle.

und linearer Zeitverläufe. Die Strukturen des Urbanen bleiben notgedrungen vage, widersprüchlich und entgrenzt, sie lassen sich aber anhand von Nominationsverfahren sehr wohl analysieren und in (gebrochene, vielfältige, kontrastreiche) Beziehungen zur diachronen und anachronen Stadt in ihrer Vielfalt der Akteure und deren Mobilitätslogiken setzen. Als ein solcher Versuch, „Strukturierung" sichtbar zu machen, kann die Annahme einer Urbanitätslogik dienen, die den in Kapitel 4 herausgestellten Mechanismus von global-lokaler Mobilität in einen „Verräumlichungsprozess" jenseits der bereits beschriebenen Community-Organisation stellt. Mit anderen Worten, die Communities der Global City London sind in Istanbul nicht extern introduziert, durch Migration/Mobilität, sondern betreffen die Mobilisierung des Istanbuler Territoriums ohne Auswanderung. Arjan Appadurai beschreibt diese Strukturen anhand der von ihm aus anthropologischer Sichtweise studierten Veränderungen in Indien als „LandSchaften".[264] Mit diesem Terminus möchte er herausstellen, dass den verschiedenen scapes eine relative Autonomie einerseits und eine lokale und globale Verortbarkeit nach bestimmten dominanten Dimensionierungen andererseits ermöglicht werden. Die Imagination von Räumen stellt dabei eine wichtige Ressource dar, die solche LandSchaften produzieren kann, dadurch Macht gewinnen und so auch zu einer zentralen politischen Dimension werden. Mit der perspektivischen Zugänglichkeit wechseln ethnoscapes (Landschaften von Personen), mediaspaces (Verteilung der Möglichkeiten zur Produktion elektronischer Bilder und ihrer Ausstrahlung), finanscapes (Devisenmärkte, Börsen, Spekulationsgeschäfte), technoscapes (die grenzüberschreitenden Bewegungen der mechanischen und der informationellen Technologien), socialscapes (Konfigurationen sozialer Interaktionen) und ideoscapes (Verkettung von Bildern, oft im Zusammenhang mit Ideologien und Ideen). Insofern diese Komplexität von Struktur und Lokalität im Diskurs von Stadtforschung berücksichtigt wird, wird versucht, die schwierige Terminologisierung dieses Verhältnisses durch Neologismen zu realisieren. Eine relativ einleuchtende Wortschöpfung, die die global/lokal-Interferenz überwinden will, ist die Glokalisierung.[265] Dennoch wird mit diesem Formulierungsansatz keine Hypothese gewonnen, die anstelle des vermeintlich global-lokalen Gegensatzes zwischen „flow economies" und „territorial economies" treten könnte und über die Dynamik und Logik dieses Prozesses eine Annahme formuliert.[266]

Als eine mögliche Strukturierungslogik im Feld lokaler und globaler Urbanität wird hingegen im Rahmen der Forschungen zur Frage der kulturellen Globalisierung die „Hybridität" in den Diskurs eingebracht. Mit Bezug auf die Frage, in welcher Weise sich die weltweiten Vernetzungen auf die lokale Kultur auswirken, wie sie mit dieser interferieren und wiederum ihrerseits Kultur entwickeln, kann die komplexe Urbanitätsforschung verschiedene Theorieangebote reflektieren. Eine gängige, aber nicht mehr haltbare Auffassung beschreibt die global-urbane Hybridisierung als einen Prozess einer einseitigen Auflösung des Spannungsfeldes zugunsten einer global-modernen Form von (Stadt-) Kultur.[267] In dieser Weise wird kulturelle Globalisierung als Modernisierung und Verwestli-

264 Appadurai, A. (1996) Modernity at Large, Minneapolis.
265 Vgl. Hennig, E.(2000) "Glokalisierung" - Perspektiven und Chancen. Vortrag vor dem Kongress "Die lernende Region", Freiburg, 29. September 2000.
266 Zumeist „kippt" die Analyse und betont den „Flow"-Charackter, z. B. Swnygedouw, E. (1997) Neither Global nor Local: "Glocalization" and the Politics of Scale. In: Cox, K. (ed) Spaces of Globalization: Reasserting the Power of the Local. New York.
267 Wimmer, A. (2002) Gleichschaltung ohne Grenzen? Isomorphisierung und Heteromorphisierung in einer verflochtenen Welt. In: Hauser-Schäublin, B./Braukämper, U. (Hg.) Ethnologie der Globalisierung. Perspektiven kultureller Verflechtung, Berlin.

chung/Amerikanisierung fehlinterpretiert.[268] Diese auch fälschlicherweise als McDonaldisierung bezeichnete Auffassung von einer standardisierten Welt ist auf den zweiten Blick nicht haltbar und empirische Untersuchungen verweisen vielmehr auf gegensätzliche und interferierende Entwicklungen auf ein Neben- und Miteinander von Homogenisierungs-, Hybridisierungs- und Diversifizierungstendenzen von kulturellen Praktiken: „While standardization is an important feature of certain technical preconditions for global cultural partizipation (...) it may thereby also provide for maximum diversity in the uses to which these are put (...) The result is that the multiplication and diversification of worlds rather than homogenization or hybridization better express the dominant forms of cultural relations under globalized conditions."[269] Urbane Hybridisierung ließe sich also zunächst als ein Wandel der städtischen Strukturierung verstehen, Lokalität und übergeordnete/abstrakte Strukturen übersetzen sich in Formen und Praktiken: „Hybridization is defined as the ways in which forms become seperated from exisiting practices and recombine with new forms in new practices."[270]

Zweifelsohne ist Staatlichkeit eine der wichtigsten Formatierungen urbaner Hybridität, die sich historisch bis zum heute vorhandenen modernen Nationalstaat entwickelt hat.[271] Obwohl es viele verschiedene Wege dorthin gegeben hat und der Prozess der Nationalstaatwerdung schwierig zu verallgemeinern ist, lässt er sich (auch) als eine Strukturierung von Mobilität und Fixierung verstehen, nämlich als Monopolisierung der Urbanitäts- und Mobilitätslogiken.[272] Erfolgreiche Nationalstaatbildung von der Französischen Revolution bis zum postkolonialen „Nation state building" beruht auf Technologien der Identifikation von Personen und der Zuordnung zu Räumen.[273] Darüber hinaus beinhalten sie auch die gesellschaftlichen Aktivitäten wie in einem Container, oder negativ: wie in einem Gefängnis.[274] Diese Sichtweise greift aber zu kurz, da sie die gesellschaftliche/lokale Dynamik nicht anerkennt, die ihrerseits wiederum den Abschluss der Territorialität und Mobilität hervorgebracht oder zumindest ermöglicht hat. Staatlichkeit in dieser Weise gesehen beruht auf lokaler Konsensualität und Homogenisierung, mithin kultureller Standardisierung, und ermöglicht republikanische Projekte und Politik durch Regierung.[275] Mag sich der „Nationalismus" als eine XXL-Version von Communities, von denen im vorherigen Kapitel die Rede war, vor allem durch Imagination seine Eigendynamik entwickeln[276], beschreiben lassen, so ist die Strukturierung von urbaner Hybridität in der Form des Nationalstaates nicht nur, und wahrscheinlich auch nicht in erster Linie, hierdurch zu erklären. Stattdessen ist die Betrachtungsebene urbaner Komplexität über die bereits besprochenen Faktorenfelder hinaus druch die Analyse-Ebene der Institution zu erweitern, die als grundlegende intermediäre Systeme zwischen der allgemeineren/abstrakteren Strukturierung (Nationalstaat) und der partikularen/territorialen Lokalität (Urbanität) für das heutige Verhältnis zwischen beiden Ebenen erheblich waren.[277] Die Formierung als Nationalstaat ist dabei

---

268 Nederveen Pieterse, J. (1995) Globalization as Hybridization. In: Featherstone, M. /Lash, S./Robertson, R. (eds) Global Modernities, London.
269 Albrow, M. (1996) The Global Age, Cambridge, 146.
270 Rowe, W./Schelling,V. (1991) Memory and Modernity: popular culture in Latin America, London, 231.
271 Vgl. Greenfield, L. (1992) Nationalism: Five Roads to Modernity, Cambridge.
272 Vgl. Torpey, J. (2000) The Invention of the Passport: Surveillance, Citizenship and the State, Cambridge.
273 Noiriel, G. (1991) La tyrannie du national: Le droit d'asile en Europe, 1793-1993, Paris.
274 So Mann, M. (1993) The Rise of Classes and Nation-States, 1760-1914, New York, 60f.
275 Scott, J. C. (1998) Seeing Like a State: How Certain Schemes to Improve Human Condition Have Failed, New Haven.
276 Anderson, B. (1991) Imagined Communities: Refelctions on the Origin and Spread of Nationalism, New York.
277 Vgl. Brubacker, R. (1992) Citizenship and Nationhood in France and Germany, Cambridge.

aber nur eine der möglichen und nicht deckungsgleich mit anderen Prozessen der territorialen Aushandlung des Globalen und Lokalen. Das Spannungsfeld ergibt sich eben aus der Diskrepanz zwischen Imagination und Institution, die sich zumeist als Konflikt zwischen fixiertem Nationalstaat und mobilem Nationalismus nachvollziehen lässt.[278]

Für Istanbul lässt sich dies anhand seiner Beziehung zum türkischen Nationalstaat (als Beispiel für den institutionalisierten Fixierungsprozess) und mit Bezug auf seinen Status als „islamische Stadt" (als Beispiel für den imaginativen Mobilisierungsprozess) diskutieren. Das Osmanische Reich war mit einer Vielzahl von politischen Problemen konfrontiert, die aufgrund seiner mangelhaften Uniformität und Zentralität entstanden waren.[279] „The building of the Turkish nation state is therefore an expression of very local interests and needs to reclaim territory."[280] Mit dem „Misak-i Milli"-Pakt im Jahr 1920 wurde die türkische Nationalstaatlichkeit in einer republikanischen Ordnung territorialisiert. Die Anerkennung als politischer Bürger war dabei ein wesentlich wichtigeres Motiv als die kulturelle Imagination, die etwa von pan-türkischen oder Anatolien-Bewegungen vertreten wurde. Durch den Kemalismus wurde eine alternative Narration über den Staat Türkei und seinen Raum introduziert, die sich gegenüber diesen weitergefassten Vorstellungen als begrenzter darstellt. Dieser Staatsdiskurs wurde verbunden mit einer zivilisatorischen Botschaft, die eine zunächst abstrakt erscheinende Position in einen kaum definierten „westlichen" Raum beinhaltet.[281] Durch die Etablierung Ankaras als neue Hauptstadt schuf die neue Regierung eine bewusste Doppelstruktur des Staatsterritoriums, Ankara galt als anatolisch und prä-modern und somit als Kontrapunkt zu Istanbul, das in der kemalistischen Sichtweise zu westlich und zu sehr mit dem Osmanischen Reich verbunden war, um die Eigenständigkeit des neuen Nationalstaats ausdrücken zu können. Die gewachsenen lokalen Strukturen Istanbuls, die Hybridität der Nachbarschaften und des Weltmarkts stellten in vieler Hinsicht eine Gegenkonzeption zu dieser Art von nationalstaatlicher Territorialisierung dar, die insbesondere durch die westliche und die muslimische Bevölkerung Istanbuls – beide auf Lokalität und nicht auf nationales Territorium angewiesen – nicht vollzogen werden konnte. Die De-Lokalisierung durch die kemalistische Strukturierung war deshalb eine anti-lokale Institutionalisierung. „The local itself was also suspect because it was compromised by its adherence to Islam and, therefore, to obscurantism. In the ideal version, the local had to be fiercely irreligious, embodying all the virtues of tradition."[282] Die Türkei, zum Zeitpunkt ihrer Gründung, war vor allem eine rurale Gesellschaft, und die Betonung einer positiven Fortschrittsgläubigkeit ergab sich nicht aus dem urbanen Istanbul, sondern aus dem Landleben. Der nationalstaatlichen Enträumlichung von lokalen Dynamiken folgte dann eine Re-Territorialisierung, die sich vor allem auf die Provinz bezog und dort politische Institutionen und in kultureller Weise den neuen Staat sichtbar machen sollte.[283]

Im weiteren Verlauf der türkischen Nationalstaatsbildung hat sich diese Sturkturierungslogik nicht gegen die komplexe Urbanitätslogik durchsetzen können. Die fehlende Inkorporation dieser Komplexität wird nationalstaatlich als „Irregularität" deklariert und lässt sich am eindruckvollsten an der massenhaften Landflucht und den „illegalen" Besied-

---

278 Gellner, E. (1983) Nations and Nationalism, Oxford.

279 Salzmann, A. (1999) Citizen's in Search of a State: The limits of Political Participation in the Late Ottoman Empire. In: Hanagan, M./Tilly, C. (eds) Extending Citizenship: Econfigurating States, Oxford.

280 Baykan, A./Robertson, R. (2002) Spatializing Turkey. In: Ben-Rafael, E. (eds) Identity, Culture and Globalization, Leiden/Boston.

281 Gong, G. W. (1984) The Standard of "Civilization" in International Society, Oxford.

282 Keyder, Ç.(1999) Istanbul: Between the Global and the Local, London, 10.

283 Bozdogan, S. (1994) Architecture, Modernism and Nation-Building in the Kemalist Turkey. In: New Perspectives on Turkey, 10, 37-55.

lungen Istanbuls und Ankaras beobachten.[284] Die Urbanisierung durch die „Gecekondu"-Siedlungen ist die dominante Entwicklungsform beider Millionenstädte. Istanbul wächst durch diese Ansiedlungen pro Jahr um eine halbe Million Einwohner an. Die Stadt hat sich ihrerseits an diesen Urbanisierungsprozess adaptiert, der sich aus der politischen Artikulation der Gecekondus ergeben hat. Dies trägt zum Enstehen einer lokalen islamischen Partei (RP) bei, der es in den neunziger Jahren gelungen ist, die Interessensvermittlung ebendieser Gecekondu-Bewohner zu organisieren.[285] Die Erfolge islamisch ausgerichteter Politkangebote entwickelten sich zunächst lokal in Istanbul und danach erst national mit der AKP für die gesamte Türkei. Der türkische Nationalstaat wird dadurch wiederum seinerseits in seinem entlokalisierten Selbstverständnis und in seiner ortsblinden Institutionalisierung in Frage gestellt. Die nationalstaatliche Fixierung als solche ist außer Kraft gesetzt. Die Landflucht ist eine Mobilität, die die Kontrastierung Stadt-Land wieder zu einem Thema macht, die sich nicht im starren Nationalstaat auflösen lässt und dementsprechend sozialen Konfliktstoff produziert.[286] Die Sichtweise auf die „illegalen" Bewohner hat sich politisch wie intellektuell[287] dementsprechend verschoben und es wird einerseits Verständnis für die Zwangsläufigkeit der Informalität von Ökonomie und Wohnung eingeräumt, und andererseits werden sie politisch als Machtbasis genutzt.[288] Doch die informelle Besiedlung Istanbuls ist nicht die einzige Remobilisierung des Territoriums. Eine verstärkte Wieder-Einbindung in den Weltmarkt hat auch zu erheblichen ökonomischen Austauschprozessen und damit Bewegungen in Istanbul auf verschiedenste Weise geführt. Istanbul wurde durch die Integration in die globalen Märkte zu einem Zeitpunkt getroffen, an dem die Stadt in sozialer Hinsicht eher als eine Dritte Welt-Stadt zu betrachten war, als dass sie jene Charakteristika aufwies, die einer „Global City" entsprechen.[289] Dies hat zu einer baulichen Veredelung (Gentrification) durch erhöhtes Kapitalaufkommen in der Stadt geführt, mit zum Teil problematischen Verdrängungsprozessen der ärmeren Bevölkerung.[290] Die Globalisierung der Stadt hat neue Linien des Ausschlusses und der Integration geschaffen.[291] Bestehende (nationalstaatlich) angelegte Wohnungsprogramme verlieren dabei an Qualität und Zuspruch.[292] Die soziale Geographie Istanbuls hat sich deshalb nicht nur durch Informalität an den Rändern geändert, sondern auch in dem tradierten Bestand. Bisherige funktionale Ortsstrukturen werden durch die erhöhte Mobilität von Bewohnern und Besuchern, Investoren und Nutzern des städtischen Territoriums neu definiert.[293] Dies betrifft alte Hafenanla-

284 Karpat, K. H. (2004) The Genesis of Gecekondu: Rural Migration and Urbanization (1976). In: European Journal of Turkish Studies, 1.

285 Yalcintan, M. C./Erbas, A. E. (2003) Impacts of "Gecekondu" on the Electoral Geography of Istanbul. In: International Labour and Working-Class History, 64/1, 91-111.

286 Erman, T. (1998) Becoming "Urban" or Remaining "Rural": The Views of Turkis Rural-to-Urban Migrants on the "Integration" Question. In: International Journal of Middle East Studies, 30/4, 541-561.

287 Erman, T. (2001) The Politics of Squatter (Gecekondu) Studies in Turkey: The Changing Representations of Rural Migrants in the Academic Discourse. In: Urban Studies, 38/7, 983-1002.

288 Cinar, A. (1997) Refah Party and the City Administration of Istanbul: Liberal Islam, Localims and Hybridy. In: New Perspectives on Turkey, 16, 23-40.

289 Keyder, C./Öncü, A. (1994) Globalization of a Third-World Metropolis: Istanbul in the 1980's, London.

290 Uzun, N.C. (2003) The Impact of Urban Renewal and Gentrification on Urban Fabric: Three Cases in Turkey. In: Tijdschrift voor Economische en Sociale Geografie, 94/3, 363-375.

291 Keyder, C. (2005) Globalization and Social Exclusion in Istanbul. In: International Journal of Urban and Regional Research, 29/1, 124-134.

292 Kellekci, Ö. L./Berköz, L. (2006) Mass Housing: User Satisfaction in Houing and ist Environment in Istanbul, Turkey. In: European Journal of Housing Policy, 6/1, S, 77-99.

293 Dökmeci, V. F. (1996) Optimum location of new centers in Istanbul. In: European Spatial Research and Policy, 3/1, 79-86.

gen und auch das Zentrum.[294] Die Analyse der Stadtentwicklung von Istanbul zeigt, dass diese, und dabei insbesondere die Bedingungen des Entstehens von „spontanen Siedlungen", nur auf dem Hintergrund einer weitergehenden Einordnung in einen gesellschaftlichen Kontext zu verstehen ist, der hier als neue Strukturierung des Territoriums bezeichnet wird.[295] Diese ist in ihrer politisch-planerischen Adaption als eine Größendebatte und ein Zentralitätsproblem aufgefasst worden, womit aber nur eine erste Annäherung an die urbane Komplexität sich globalisierender Städte geleistet wird.[296] Die ungenügende Reflektion über die nicht-linearen Bezüge zwischen „global" und „lokal" und das Aussparen der historischen Strukturierungen (Nationalstaat) führen indessen zu einer subkomplexen Annäherung an die städtische Wirklichkeit Istanbuls und dementsprechenden Planungsfallen.[297] Istanbul lässt sich anhand solcher zumeist antagonistischer Wahrnehmungsmuster weder planen noch (dies ginge einer „nachhaltigen" Planung voraus) erforschen. Die Stadt stellt in ihrer Vermobilisierung die fixierte türkische Strukturierung in der Weise in Frage, dass sie nicht mehr als paradigmatisch für das Erklären der türkischen Gesellschaft gelten kann.[298] Dies betrifft vor allem auch die anthropologische Dimension urbaner Komplexität, die mit der gängigen westlichen Elite-islamische Massen-Vorstellung nicht die Logik der Hybridität der urbanen Kultur Istanbuls reflektiert.[299] Eine weiterführende Annäherung an die Refiguration urbaner Strukturierung müsste auf die soziale Einbettung der Mobilisierung des Istanbuler Raumes eingehen. Hierzu ergibt sich ein vielteiliges Puzzle, das aus den verschiedenen Mobilitätslogiken der Bewohner zusammengefügt werden müßte. Vielleicht sind die meisten Bestandteile dieses noch zu legenden Gesamtbildes gebunden an die nach wie vor präsente Erfahrung der Landflucht bzw. das Interagieren mit den anderen Provinzen der Türkei. Hierzu ist vor allem die Situation der kurdischen Frauen und ihre Eingebundenheit in die institutionalisierte Stadt aufschlussreich.[300] Doch die Analyse geht über die Integration in die bestehende Institutionenlandschaft hinaus und zielt auf Veränderungen und die Neuschaffung von gesellschaftlichen Institutionen als Aushandlungsort von urbaner und gesellschaftlicher Komplexität.[301] Zu den neuen Angeboten gehören die kulturellen Ökonomien, die sich im Sinne des theoretischen Ansatzes der „Culture industry" nachvollziehen lassen.[302] Zentraler Ausgangspunkt hierbei ist die Annahme, dass die Grenzen zwischen kultureller und ökonomischer Entwicklung der Stadt vage werden. Der gesamte Bereich menschlichen Handelns wird in ökonomischen Verwertungsprozessen durch

294 Ergun, N./Dundar, B. (2004) Functional change as an indicator of transfromation near the old city centre of Istanbul. In: European Planning Studies, 12/5, 723-738.

295 Vgl. Mahmud, S./Duyar-Kienast, U. (2001) Spontaneous Settlements in Turkey and Bangladesh: Preconditions of Emergence and Environmental Quality of Gecekondu Settlements and Bustees. In: Cities, 18/4, 271-280.

296 Zur planerischen Bearbeitung siehe Kocabas, A. (2005) The Emergence of Istanbul's Fifth Urban Planning Period: A Transition to Planning for Sustainable Regeneration? In: Journal of Urban Technology, 12/2, 27-48 und Dökmeci, V./Berköz, L. (1994) Transformation of Istanbul from a monocentric to a polycentric city. In: European Planning Studies, 2, 193-205.

297 Beispielsweise Erkip, F. (2000) Global transformations versus local dynamics in Istanbul. Planning in a fragmented metropolis. In: Cities, 17/5, 371-377.

298 Tekeli, S. (1996) Istanbul: the lost paradigm for understanding Turkish Society. In: New Perspectives on Turkey, 15, 119-126.

299 Wie wirkungsmächtig sie dennoch in der ethnographischen Forschung zu Istanbul bleibt zeigt Houston, C. (2002) Legislating Virtue, or Fear and Loathing in Istanbul? In: Critique of Anthropology, 22/4, 425-444.

300 Çelik, A. B. (2005) "I miss my village!": Forced Kurdish migrants in Istanbul and their representation in associations. In; New Perspectives on Turkey, 32, 137-163.

301 Secor, A. (2004) „There Is an Istanbul That Belongs to Me": Citzienship, Space, and Identity in the City. In: Annals of the Association of American Geographers, 94/2, 352-368.

302 Wynne, D. (1992) The Culture Industry, Swindon.

ihre Semiotisierung und Ästhetisierung einbezogen. Die städtischen Kulturindustrien funktionieren in dieser Weise als ein Intermedium zwischen einer potentiell globalen Kulturindustrie und den lokalen kulturellen Aktivitäten der Stadtbewohner. Die Kulturindustrien beruhen auf einer Verschmelzung von Konsum- und Kulturpraktiken.[303] Dieser Amalagierungsprozess beruht weitgehend auf Imaginationsmustern und lässt sich anhand der tradierten Kulturpraktiken und deren Transformation, etwa in der Musik, interpretieren.[304] Räumlich bedeutet dies oftmals, dass die westliche Tradition und deren besondere Orte aufgegriffen und als Ausgangspunkt für die Installation der globalen culture industry-Institutionen genutzt werden.[305] Konflikthaft aber ist dies dort, wo von Amerika geträumt wird und die wirkliche Interaktion/Mobilität nicht institutionalisiert wird: in den Gecekondus.[306] Konfliktreich wird diese Rekonfiguration der Istanbuler Strukturierung durch die Verknappung der Mobilität. Dies betrifft einerseits die mangelnden (sozialen) Mobilitätsressourcen, andererseits das Entgegenwirken nach wie vor vorhandener nationalstaatlicher Einbindungen (in die Türkei/in die Welt der Nationalstaaten) und auch die Peripherisierung durch die globalen Hierarchie zwischen den Nationalstaaten.[307] Letzteres stellt eine ziellose Mobilität dar, die sich nicht figurieren lässt und individuell biographisch und kognitiv-emotional unstrukturiert bleibt.[308] Wie umgekehrt die Rezeption und Einbindung flüchtiger und zugleich schier omnipräsenter Mobilität „von außen" durch die Istanbuler culture industry für viele „fixierten" Bürger nicht intrapersonell abgebildet werden kann und demzufolge auch als Repression erscheint.[309] Urbane Hybridität kennzeichnet sich hingegen nicht nur durch eine Vermischung und Interferenz einer singulären Strukturierung und einer einzelnen Lokalität ab, vielmehr handelt es sich um verschiedene Hybridisierungsprozesse, die sich wiederum überlappen, miteinander teilweise (teils auch violent und konfliktreich) konkurrieren, sich ergänzen und gegenseitig fortschreiben können. Neben der Nationalstaat-Nationalismus Strukturierung bzw. Urbanisierungshybridität ist vor allem auf eine zweite geltungsmächtige Hybridisierungslogik aufmerksam zu machen, der Islam. Mit der Thematisierung des „Islam" werden konzeptionelle Vorbemerkungen wichtig, um die Analyse dieser Begriff lichkeit hinsichtlich ihrer Erklärungsdimension urbaner Komplexität fruchtbar zu machen. Der Islam wird hier zunächst nicht in seiner inhaltlichen Dimension betrachtet, sondern vor allem, wie auch etwa der Nationalismus, als ein Inhaltsträger. Dabei wird davon ausgegangen, dass es sich nicht um einen ortsunabhängigen Islam mit einer omnipräsenten Botschaft handelt. In diesem Sinne ist es auch fehlgeleitet, von einer „islamischen Stadt" zu reden, in der es sozusagen nicht um hybride Institutionen, sondern um eine auf zuschreibbare Faktoren berufene Urbanität mit (unvermittelt/authentischer) Kongruenz zwischen lokaler und

303 Wynne, D./O'Connor, J. (2003) Consumption and the Post-Industrial City. In: Eckardt, F. /Hassenpflug, D. (Hg.) Consumption and the Post-Industrial City, Frankfurt. Mit Bezug auf Istanbul: Stokes, M. (1994) Turkish arabesk and the city: Urban popular culture as spatial practice. In: Ahmed, A.S./Donnan, H. (eds) Islam, Globalization and Postmodernity, London.

304 Sancar, F. H. (2003) City, Music and Place Attachment: Beloved Istanbul. In: Journal of Urban Design, 8/3, 269-291.

305 Dökmeci, V./Ciraci, H. (1999) From Westernizatiuon to Globalization: An Old District of Istanbul. In: Planning History, 21/3, 13-23.

306 Soykan, T. (2003) American Dream im Gecekondu. In: Esen, O./Lanz, S. (eds) Self Service City: Istanbul, Berlin.

307 Helvacioglu, H. (1996) „Allahu Ekber", We are Turks: yearning for a different homecoming at the periphery of Europe. In. Third World Quarterly, 17/3, 503-523.

308 Keyder, Ç. (1993) The Dilemma of Cultural Identity on the Margin of Europe. In: Review: A Journal of the Dernand Braudel Center for the Study of Economies, 16/1, 19-33.

309 Robins, K./Aksoy, A. (1995) Istanbul Rising. Returning the Repressed to Urban Culture. In: European urban and regional studies, 2/3, 223-235.

ideeller Identität gehe. Anthropologische und historische Studien haben die Inkongruenz dieser Denkfigur betont und nachdrücklich die Sinnhaftigkeit einer Kategorie „Islamische Stadt" zurückgewiesen:[310] „Muslim Cities are cities by virtue of social processes which are not peculiar to any given culture."[311] Für Istanbul bedeutet dies, dass die Doppelstruktur in mahalle-Nachbarschaften und bedstan-Basare und kommerzielle Zonen mitnichten diskursiv durch die islamischen Eliten befördert wurde, sich islamisch legitimierte und als solche dann auch planerisch konzeptionalisiert wurde. Damit sollte es lediglich möglich werden, ein islamisches Alltagsleben zu vollziehen. Dennoch muss betont werden, dass es sich hierbei um ein Planungsprojekt „von oben" gehandelt hat, das nur begrenzte Reichweite hatte. Entsprechend der prämodernen Steuerungsbeschränkungen wurden große Teile der Stadt deshalb dem Zufall überlassen, der Auto-Organisation seiner Bewohner.[312] Der Islam ist als eine mögliche Konfiguration der Globalisierung zu verstehen: „Let us not forget the truly global nature of Muslim society which totaly something like one billion people living in about 50 countries with signifcantly some ten to fifteen million living in the USA and Europe."[313] Die auffindbare Vielfalt dieser unter einem Hut als „Islam" subsumierten verschiedenen Hybridisierungen gilt es zunächst als eine Komplexität als solche anzuerkennen, d.h. dass die oberflächliche Betrachtung der weltweiten Ausbreitung des „Islam" in Wirklichkeit das Ergebnis der Globalisierung ist und nicht, wie in Teilen der islamistischen Rhetorik auffindbar, als Reaktion auf diese zu deuten ist.[314] Retroperspektiv ist dieses Verständnis auch in der Soziologie und in der Orientalismus-Debatte zurückzuverfolgen, in denen jeweils ontologische Annahmen die Analyse der islamischen Konfigurationen verhindert hatten.[315] Diese durchziehen bis heute wesentliche Perspektiven auf dieses Thema, die geltungsmächtig auch das Weltgeschehen beeinflussen.[316] Stattdessen lässt sich der Erfolg der islamischen Codes ohne ihre weltweiten Adaptionen an die Erfordernisse der medialen Vermittlung nicht beschreiben. Mit Giddens lässt sich die Islamisierung als Konsequenz einer sich „ausbreitenden Moderne" erklären.[317] Ohne Fanfare, aber doch aufgrund empirischer Evidenz, lässt sich die Standardisierung der islamischen Sprache und eine Säkularisierung religiöser Autorität als Voraussetzungen für die „Islamisierung" vieler Städte und Länder nachvollziehen.[318] Dieser Prozess vollzieht sich in seiner urbanen Strukturierung als öffentlicher Raum, [319] an und in dem sich die politisch-sozial-kulturelle Hyb-

---

310 Vgl. Raymond, A. (1984) The Great Arab Cities in the 16th-18th Centrury: An Introduction, New York, 274-294.

311 Lapidus, I. (1973) The Evolution of Muslim Urban Society. In: Comporative Studies in Sociology and History, 15, 48.

312 Inalcik, H. (1990) Istanbul: An Islamic City, In: Journal of Islamic Studies, 1, 1-23.

313 Ahmed, A. S./Donnan, H. (2002) Islam in the age of postmodernity. In: Dies. (eds) Islam, Globalization and Postmodernity, London, 2.

314 Featherstone, M. (2002) Islam encountering globalization: an introduction. In: Mohammadi, A. (ed) Islam Encountering Globalization, London.

315 Said, E. S. (1978) Orientalism, New York; Turner, B. S. (1974) Weber and Islam: A Critical Study, London.

316 Die sicherlich prominentesten Beispiele sind Huntington, S. (2006) Der Kampf der Kulturen: Die Neugestaltung der Weltpolitik im 21. Jahrhundert, Hamburg und Barber, B. (1995) Jihad vs. McWorld, New York. Hierzu wird die Kritik von Perry, G. E. (2006) Huntington and his critics: the West and Islam. In: Akbarzadeh,S. (ed) Islam and globalization, London, übernommen.

317 Giddens, A. (1994) Konsequenzen der Moderne, Frankfurt.

318 Eikelman, D. F. (2002) Islam and modernity. In: Ben-Rafael, E. (eds) Identity, Culture and Globalization, Leiden/Boston, 101.

319 Vgl. Ammann, L. (2005) Privatsphäre und Öffentlichkeit in der muslimischen Zivilisation. In: Göle, N./Ammann, L. (Hg.) Islam in Sicht: Der Auftritt von Muslimen im öffentlichen Raum, Bielefeld.

ridisierung von Urbanität ablesen lässt.[320] Dies bedeutet nicht zwangsläufig eine Demokratisierung und eventuell auch nicht den Aufbau einer distinkten Sphäre des Gesellschaftlichen gegenüber dem Religiösen.[321] Gemeint sind vielmehr lokale Praktiken und Aktivitäten, die sich neu vermitteln und verbreitet werden. Sie schließen als politisches Projekt an die soziale Deprivation an.[322] Dies bezieht sich aber nicht direkt und vordergründig auf die materiellen Lebensgrundlagen, sondern ist vielmehr als eine Strategie der Identifikationsangebote, die wiederum mit den Gemeinschaftslogiken aufgrund von Herkunfts- und Mobilisierungsprozessen („Ethnizität") konkurrieren, angelegt.[323] Durch eine nicht auf „Substanz" gerichtete, vielmehr Imagination nutzende Lokalisierung, ermöglicht sich dem Islam in Istanbul eine Differenzierung, die auch mit der urbanen Mittelklasse interferieren kann.[324] Aus diesem Grunde ergeben sich nebeneinander offene und geschlossene Lebensstile durch die Diversifizierung des Islam in Istanbul. Sie bieten sowohl Grenzen als auch Gelegenheiten an, wie Jenny B. White anhand von Studien über die Tesettür-Mode verdeutlicht: „The Islamist girls on the bus were drawn to symbols of power and nationalist identity rather than to romance. Other tesettürlu girls flirt, kiss and hold hands with boys on the street and in the park, dance seductively at parties, and long for lavish turbaned dresses and a wealthy husband and well-appointed home. Both „open" and „covered" lifestyles are credible paths to status and mobility."[325] Die doppelte, wenn nicht eher: vielfältige Strukturierung der Istanbuler Lokalität durch die islamischen Hybridisierungen äußert sich vor allem mit Bezug auf die Verschiebung und Neuformulierung von Gender-Konstruktionen.[326] Dies betrifft Großteile des städtischen Lebens, insbesondere die Arbeitswelt.[327] Mit dem Fokus auf die urbane Hybridität ergibt sich für die Erforschung der städtischen Komplexität die Möglichkeit, den global-lokalen Transformationsmechanismus einer Stadt anhand seiner institutionalisierten/konfigurierten Räumlichkeiten zu erforschen. Dies betrifft etwa die „Umwidmung" von Istanbuler Cafés.[328] Hierbei stellt sich eine Sichtbarkeit urbaner Hybridität ein, die ansonsten nur als global-lokale Imagination besteht und in dieser sich fortentwickelt.[329]

320 Vgl. Salvatore, A. et al. (eds) (2004) Public Islam and the common good, Leiden.
321 Konfliktbetonend: Isin, E. F. (2001) Istanbul's Conflicting Paths to Citienship: Islamization and Globalization. In: Scott, A. J. (ed) Global City-Regions, Oxford.
322 Tuğal, C. Z. (2006) The Appeal of Islamic Politics: Ritual and Dialogue in a Poor District of Turkey. In: The Sociological Quarterly, 47, 245-273.
323 Seufert, G. (1997) Between religion and ethnicity: a Kurdish-Alevi tribe in globalizing Istanbul. In: Öncu, A./Weyland P. (eds) Space, Culture and Power: New identities in globalizing cities, London.
324 Saktanber, A. (1997) Formation of a middle-class ethos and its quotidian: revitalizing Islam in urban Turkey. In: Öncu, A./Weyland P. (eds) a.a.O.
325 White, J. B. (1999) Islamic chic. In: Keyder, Ç. (ed) Istanbul: Between the Global and the Local, London, 90.
326 Secor, A. J. (2002) The Veil and Urban Space in Istanbul: women's dress, mobility and Islamic knowledge. In: Gender, Place and Culture, 9/1, 5-22.
327 Secor, A. J. (2003) Belaboring gender: the spatial practice of work and the politics of „making do" in Istanbul. In: Environment and Planning A, 35, 2209-2227.
328 Kömeçoğlu, U. (2005) Neue Formen der Geselligkeit: Islamische Cafés in Istanbul. In: Göle, N./Ammann, L. (Hg.) Islam in Sicht: Der Auftritt von Muslimen im öffentlichen Raum, Bielefeld.
329 Vgl. Göle, N. (2004) Die sichtbare Präsenz des Islam und die Grenzen der Öffentlichkeit. In: Dies./Ammann, L. (Hg.) Islam in Sicht: Der Auftritt von Muslimen im öffentlichen Raum, Bielefeld.

6. New York: Kollisionen im urbanen Raum

„The city is a landing-stage, a conduit, a place of movement (...) whose character is governed always by the successive tides of energy that flood perpetually through it. Not just fissile things, but people, ideas, philosophies – these are and always have been the prime commodities of the port of New York, and the city's raison d'être."

J. Morris[330]

Die Terroranschläge des 11. September 2001 sind in vielfältiger Weise interpretiert worden. Zweifelsohne sind sie die Schattenseite der globalen Vernetzung.[331] Mit der Globalisierung sind auch Terror und Krieg in die Städte zurückgekehrt. Die Stadt vor dem Global Flow konnte die Auseinandersetzungen mit der Außenwelt regulieren und institutionalisieren. Es gab auch vorher soziale und ethnische Konflikte innerhalb der Stadt, die sich mit Gewalt entluden. Mit der Globalisierung der Städte aber tritt eine Gewalt gegen die Städte ein, die von außen und zum Teil von sehr weit entfernten Orten des Globus kommt.

Mit der Globalisierung hat sich eine andere Territorialität der Konflikte herausgebildet, weil Lokalität nicht mehr örtlich produziert wird. Eine düstere Kartographie der globalisierten Nachbarschaften entsteht, in der „New Urban Wars" die ultimative Form der Rückgewinnung von Örtlichkeit bedeuten. Die neuen Kriege gegen die Städte haben sich zum Teil von ihrem regionalen Kontext abgelöst und lassen sich nur noch als symbolische Besetzung und Zerstörung von global konstruierten Orten verstehen.[332] Sinnfällig wird dies durch den 11. September, aber die Logik der New Urban Wars erstreckt sich auf alle Städte. Unsicherheit, Angst, Armut, Verzweiflung und Vertreibung, die die weltweiten ökonomischen Verwertungsprozesse in ihrer jetzigen, weitgehend unregulierten Form verursachen, suchen eine Form der Verräumlichung. Der Krieg stellt hierfür in seiner Eroberungs- und Angriffsbewegung nur als deren barbarische Version dar. Die permanenten Flüchtlingslager der Vereinten Nationen in Pakistan, Ghaza und an den Großen Seen Afrikas sind die Orte des vergessenen Alltags der globalisierten Terrorisierung.[333] Das Chaos der Globalisierung macht sich nicht an jedem Ort und zeitgleich bemerkbar. Es zeichnet sich aber durch eine Unbeherrschbarkeit aus, gegen die Gewalt und Krieg als Strategie der Rückgewinnung der modernen Sicherheit über Territorien entwickelt werden. Städte bieten sich hierfür als semiotische Settings an, womit Symbolorte geschaffen werden, die dem Terror erst seine vermeintliche Bedeutung geben.[334]

Zugleich sind Städte in ihrer Auto-Organisation für Terror hochgradig verletzlich und besitzen sie Regenerationspotentiale, die auch bei solchen Katastrophen aktiviert werden können. Wie Feldstudien zum Verhalten von Bewohnern des Battery Park in New York sehr eindrucksvoll zeigen, ist zwar die Angst durch die Anschläge auf das World Trade Center zu einer nachwirkenden Dimension städtischen Lebens geworden, währenddessen auch eine verstärkte soziale Interaktion und auf Solidarität gerichtetes Handeln stattgefun-

---

330 Morris, J. (1969) The Great Port: A Passage through New York, New York, Klappentext zweite Seite.
331 Vgl. Hinkson, J. (2006) On global terror: September 11 one year on, - In: Globalizing war and intervention. In: James, P. et al. (eds) Globalizing war and intervention, London; LaFeber, W. (2006). The post September 11 debate over empire, globalization, and fragmentation. In: James, P. et al. (eds) Globalizing empires – old and new, London.
332 Appadurai, A. (1995) The production of locality. In: Fardon, R. (ed) Counterworks: managing the diversity of knowledge, London.
333 Vgl. Schweitzer, Y. (2003) The globalization of terror: the challenge of Al-Quaida and the response of the international community, New Brunswick.
334 Vgl. Friedrich, J. (2006) Terror: die Stadt als Ziel, Berlin.

den hat.[335] Städte sind durch eine Eigenschaft gekennzeichnet, die eine Art Auto-Immunsystem darstellen. Externe Einwirkungen, auch in der drastischen Form terroristischer Attentate, scheinen sie langfristig nicht wesentlich zu bestimmen. Die städtische Gesellschaft und Ökonomie von New York hat relativ schnell nach den Anschlägen wieder Fuß gefasst und ist ihrem eigenen Rhythmus gefolgt.[336]

Terror ist eine Form der territorialisierten Kollision von global-lokalen Beziehungen. [337] Hierbei stellt sie einen besonderen Fall dar, da ihre Gewalt auf eine allgemeine Verunsicherung abzielt und nicht die Auseinandersetzung mit ihren Opfern und ein bestimmtes Ziel sucht.[338] Terror ist der hilflose Akt, die Komplexität der Stadt durch Zerstörung aufzulösen. Obwohl die Stadt gerade ob ihrer Komplexität nicht in dieser Weise bekämpfbar ist, ist sie von Gewalt und Unordnung bedroht. Diese unterscheiden sich aber vom Terror in der Weise, dass sie in erster Linie als Form einer Interaktion mit und zwischen Entitäten der Stadt auftreten.

Urbane Komplexität löst sich nicht immer in Wohlgefallen auf. Die Strukturierungen global-lokaler Beziehungen gestalten sich nur zu einem gewissen Teil als assoziative Gebilde, die am Beispiel von Istanbul als Hybridkonstruktionen eingeführt wurden. Ihren sinnfälligsten Ausdruck erhalten die Dissoziation und das Versagen von Hybridisierungstendenzen als „Konflikt".[339] Dieser Terminus hat viele Sichtweisen auf Gesellschaft und Stadt bestimmt, ohne dass dabei ein generisches Verständnis erarbeitet wurde.[340] Bis heute verbleibt es als eine der vornehmsten Aufgaben der Stadtforschung, das Konflikthafte des städtischen Lebens stärker konzeptionell zu erfassen und nicht als etwas dem Städtischen „natürlich" Gegebenes hinzunehmen. Letzteres geschieht in erster Linie, wenn dem Städtischen keine eigene Rolle zugebilligt und „Stadt" lediglich als Spiegelbild der Gesellschaft betrachtet wird, mithin also die besonderen Umstände, die sich aus dem komplexen Zusammenspiel der Faktoren Dichte, Masse, Mobilität, Globalisierung und Hybridisierung ergeben, außer Acht gelassen werden.[341] Mit dem Begriff „Konflikt" sollte vielmehr analytisch vorgegangen werden und dementsprechend ein Zustand ob seiner Konflikthaftigkeit untersucht werden, anstatt überall Konflikte zu sehen, wenn es sich vielleicht eher um einen Anziehungsschwerpunkt, Attraktion, handelt. Konflikte ziehen städtische Entwicklungen an und produzieren ihre eigene Dynamik, jedoch befinden sich viele Prozesse des Städtischen nicht bereits auf dieser Seite der Skalierung. Urbane Prozesse beschreiben vielmehr eine Bewegung, die zwischen den beiden Polen „Hybridität" und „Konflikt" changiert. Das Besondere des Urbanen sorgt dafür, dass Entwicklungen nicht isoliert verlaufen, sondern permanent mit anderen kollidieren. Verdichtungen und Mobilitätsentwicklungen stoßen auf diese Weise aufeinander. Soziale, politische, kulturelle und ökonomische Institutionen bewegen sich in diesem urbanen Feld und können Anstöße mit anderen Entitäten nicht vermeiden, sie suchen sie sogar auf.

Die Analyse der urbanen Komplexität wird durch den Fokus auf Kollisionen erweitert, damit die Totalkategorie „Konflikt" einerseits durch eine graduelle Einstufung abgelöst und

---

335 Low, S. M.Taplin, D. H./Lamb, M. (2005) Battery Park City: An Ethnographic Field Study of the Community Impact of 9/11. In: Urban Affairs Review, 40/5, 655-682.

336 Eisinger, P. (2004) The American City in the Age of Terror: A Preliminary Assessment of the Effects of September 11. In: Urban Affairs Review, 40/1, 115-130.

337 Gregory, D. (2006) Violent geographies: fear, terror, and political violence, New York.

338 Strathern, A. (2006) Terror and violence: imagination and the unimaginable, London.

339 Vgl. Kleniewski, N. (1997) Cities, change, and conflict: a political economy of urban life, Belmont.

340 Vgl. Bonacker, T. (2002) Sozialwissenschaftliche Konflikttheorien: Eine Einführung, Opladen.

341 Ein Beispiel hierfür ist Krämer, J. (1985) Krise und Konflikte in der Grossstadt im entwickelten Kapitalismus: Texte zu einer „new urban sociology", Basel.

andererseits ein Vorschlag gemacht werden kann, in welchem Sinne es sich hierbei um urbane Erscheinungen handelt, im Spannungsfeld von Mobilität und Dichte, die nicht an anderen Orten der Gesellschaft auftreten. Dieser Vorschlag steht in Konkurrenz zu anderen Konfliktanalysen, die sich nicht auf eine (solche) Besonderheiten des Urbanen einlassen. Behauptet wird in der Regel, dass Städte immer schon Orte des Konflikts waren. Zu argumentieren wäre, dass die Relevanz des Urbanen gegenüber „übergeordneten" Konfliktlinien geringer sei, somit die Abbildtheorie, die Stadt sei lediglich der Spiegel der Gesellschaft, im Grunde richtig wäre. Obwohl bereits durch die Diskussion über die komplexe Beziehung von global-lokalen Interaktionen und Hybridisierungen verdeutlicht wurde, dass keine derartigen linearen Beziehungen zwischen Stadt und Gesellschaft existieren, verbleiben zwei alternative Konzepte, die geltungsmächtig in der Stadtforschung kursieren, „Rasse" und „Klasse", und als Grundursache (kausal) für das Konflikthafte der Stadt stehen soll. [342]

Die Hälfte aller Einwanderer in die USA passiert New York. Längst ist es nicht mehr die Freiheitsstatue zum Eingang des Hudson River, die sie salutiert; heute ist es die Skyline, bequem sichtbar vom Flugzeugsessel aus. New York ist der zentrale Austauschpunkt der Welt, der sich aus seiner historischen Position im atlantischen Dreieckshandel zwischen Europa, Amerika und Afrika ergeben hat.[343] Bis zum Jahr 1960 besaß New York den größten Hafen der Welt, bevor die technologischen Innovationen den Flugverkehr bevorzugten.[344] New York war aber nicht aufgrund seiner geographischen Lage Magnet weltweiter Immigrationsbewegungen, sondern weil es ökonomisch, teils selbst und teils als Eintrittspforte Amerikas, erhebliche Anziehungskraft entwickelt hatte.[345] Dennoch war es erst die massive Industrialisierung der USA, die New York und Chicago zunächst, später dann auch andere Städten, zu den „Schmelztiegeln" machte, die seitdem das bis heute bestehende Bild von ethnischer Vielfalt in den US-amerikanischen Großstädten prägen.[346] New York wurde zur Hauptstadt des Kapitalismus hochsterilisiert.[347] Die soziale Wirklichkeit der Einwanderungsstadt New York führte zu erheblichen Unruhen und zu aus humanitärer Sicht unhaltbaren Zuständen.[348] Die Wahrnehmung jener Zeit wird von dem allgemeinen Eindruck von „Verwilderung" und „Regellosigkeit" geprägt.[349] In Wirklichkeit hat sich in dem Chaos der sich industrialisierenden Stadt eine vielfältige gesellschaftliche Struktur herausgebildet, die in den Werken der New Yorker Bourgeoisie bis heute vermittelt wird.[350] Der Central Park ist hierfür das Paradebeispiel[351]; aber auch dafür, wie sich die Arbeiterklasse in verschiede-

342 Etwa Berking, H. et al. (eds) (2006) Negotiating urban conflict, Bielefeld, 5: "Cities have always been arenas of social and symbolic conflict. As places of encounter between different classes, ethnic groups, and lifestyles, cities play the role of powerful integrators; yet on the other hand urban contexts are the ideal setting for marginalization and violence."

343 Wallerstein, I. (2004) Das moderne Weltsystem, Band 1-3, Wien.

344 Die Darstellung der Geschichte New Yorks folgt Abu-Lughod, J. (1999) New York, Chicago, Los Angeles: America's global cities, Minneapolis.

345 Zur Rolle der Einwanderer für die Urbanisierung der USA s. Ward, D. (1971) Cities and Immigrants: A Geography of Change in Nineteenth Century America, New York.

346 Schon frühe Kritik: Glazer, N./Moynihan, D. P. (1970) Beyond the Melting Pot: Negroes, Puerto Ricans, Jews, Italians and Irish of New York City, Massachusets.

347 Jackson, K. (1994) The Capital of Capitalism. In: Sutcliffe, A. (ed) Metropolis 1890 – 1940, London.

348 Eindrucksvoll Riis, J. A. (1890) How the other half lives: Studies among the tenements of New York, New York.

349 Warner, S. B. Jr. (1972) The Urban Wilderness: A History of the American City, New York, 84ff.

350 Becker, S. (2001) The Monied Metropolis: New York City and the Consolidation of the American Bourgeoisie, 1850-1896, Cambridge.

351 Rosenzweig, R./Blackmar, E. (1994) A History of Central Park: The Park and the People, New York.

nen Weisen organisiert hat.[352] Beiden „Klassen" war eine gewisse demokratische Verständigung inhärent, wodurch stadtplanerische und politische Institutionen der urbanen Selbststeuerung entstanden. Die Verhinderung der rapiden Zusammenstöße, zwischen den verschiedenen sozialen „Klassen", der gewaltsamen Arbeiteraufstände, ist durch die politische Selbstorganisation der Stadt geschehen.[353] Dessen ungeachtet bedeutete die Industrialisierung zugleich die Festschreibung dieser sozialen Trennlinien, vor allem durch die residuale Verteilung von Arm und Reich. Eine frühe Beschreibung der sozialen Segregation: „Beginning in the 1820s, New York's wealthy citizens moved north (…) By 1856 very few bourgeois lived south of Houston Street – a sort of social boundary between the „respectable" and working-class neighborhoods."[354]

Während die Stadt sich also sozial und politisch vorstrukturiert hatte, erreichten sie weitere Einwanderer. Im Jahr 1881 konsolidierte sich die Ökonomie der USA und in der Zeit bis zum Ersten Weltkrieg wanderten ca. 23 Millionen Europäer ein, wovon 17 Millionen New York passierten. Die Entwicklungslogik New Yorks konnte die Verarbeitung dieser sog. zweiten Migrationswelle in der gleichen Weise bewerkstelligen, wie die bisherige Einwanderung seit dem Beginn der Industrialisierung zu Beginn des 19. Jahrhunderts. Dies bedeutete eine weitere politische Institutionalisierung bei sich gleichzeitig vertiefender Segregation. Dieser doppelte Integration-Exklusionsmechanismus entsprach allerdings nicht der Wirklichkeit der inneramerikanischen Migration: Die Nordwanderung der Afroamerikaner nach New York stellte die entwickelte Logik in Frage, weil sie nicht dementsprechend in der städtischen Ökonomie vertreten waren. Die Entstehung des Harlemer Ghettos ist Ausdruck des Versagens, soziale Segregation durch politische Partizipation, die sich durch die Beteiligung an den Gewerkschaften hätte ergeben können, auszubalancieren.[355] Diese Desintegration führte zu Protesten, die als „race riots" bezeichnet wurden.[356]

Die Krise der New Yorker „Machine" wurde in den dreißiger Jahre des 20. Jahrhunderts vollends deutlich. Es war vor allem der Welfare Council of New York City, der sich um eine neue Logik der lokalen Organisation bemühte, er forderte nämlich den Nationalstaat auf, sich in einer neuen Weise der Frage der sozialen Sicherheit zu widmen. New York war das Labor und der Startpunkt des „New Deal", womit sich Ansätze einer wohlfahrtsstaatlichen Infrastruktur, etwa im Wohnungsbau, abzeichneten.[357] Trotzdem New York auch in den folgenden Jahrzehnten weiterhin eine vor allem durch die „global flows" bestimmte Stadt war, wurde sie nicht nur durch diese staatliche Einbindung stärker „national"; zugleich wurde New York ob seiner liberalen Atmosphäre und den ihr folgenden Afroamerikanern zur „black city" der USA. [358]

Die ökonomischen Grundlagen New Yorks veränderten sich spätestens ab den siebziger Jahren des 20. Jahrhunderts, wodurch wiederum auch diese Form der staatlich und national eingebundenen Stadtentwicklung in Frage gestellt wurde. Der Prozess der Deindustrialisierung und der Etablierung einer vor allem auf Dienstleistungsökonomie basierten neuen Stadtwirtschaft hat die bisherigen Trennlinien aufgebrochen und neue eingeführt. Die

---

352 Wilentz, S. (1989) Chants democratic: New York City & the rise of the American Working Class; 1788-1850, New York.
353 Bridges, A. (1984) A City in the Republic: Antebellum New York and the Origins of Machine Politics, New York.
354 Beckert, S. (a.a.O.), 60-62.
355 Osofsky, G. (1971) Harlem: The Making of a Ghetto, Negro New York, 1890-1930, New York.
356 Farley, E. L. (1993) The Underside of Reconstruction New York. The Struggle Over the Issue of Back Equality, New York.
357 Vgl. Kessner, T. (1989) Fiorello H. La Guardia and the Making of Modern New York, New York.
358 Connolly, H. X. (1977) A Ghetto grows in Brooklyn, New York.

Fragmentierung der Konfliktlinien hat zu einer Multiplikation der Kollisionen geführt, die nicht automatisch zu neuen Konfliktkonstellationen umgeformt werden. Anstelle von Klassengrenzen weisen Städte multiple Exklusions- und Integrationsfelder auf, die in ihrer Kumulation eine eigene Präkarisierungsdynamik entwickeln.[359] Hierfür wurde zeitweise die Terminologie der „urban underclass" in der Stadtsoziologie diskutiert, aber ob ihrer konzeptionellen Schwäche nicht weiterverwandt.[360] Auf der Grundlage der bisher umfangreichsten empirischen Ghetto-Studie hat Wiliam J. Wilson zur Frage der Ursächlichkeit der Ghettoisierung in den amerikanischen Großstädten einen Erklärungsansatz zum Entstehen der neuen urbanen Armut ausgearbeitet.[361] Seine zentralen Thesen entfaltet er entlang der Erörterung innerstädtischer Arbeitslosigkeit, ökonomischer Restrukturierung, sozialstruktureller Veränderungen der Nachbarschaften, eruptierter sozialer Netzwerke, Haushalte und Familienstrukturen. Mit dem Verweis u.a. auf den „Reservation wage", dem von einem Bewerber noch akzeptierten Mindestlohn, verdeutlicht Wilson, dass es keine signifikanten Unterschiede zwischen den einzelnen ethnischen Gruppierungen hinsichtlich ihrer Bereitschaft, einen Job anzunehmen, gibt. Die „Innercity Blacks" werden oft eingestellt, sind aber in weit höherem Maße von Entlassungen betroffen oder kündigen öfter als ihre mexikanischen Kollegen und Konkurrenten. Während es sich bei den Blacks um die Söhne einer in der einfachen Industrieproduktion sozialisierten städtischen Arbeiterschaft handelt, lassen sich bei der lateinamerikanischen Einwanderergeneration typische Sozialisationsmerkmale einer Dritte-Welt-Ökonomie wie größere Anpassungsbereitschaft und Dienstleistungsorientierung ausmachen. Entgegen dem amerikanischen Mythos, demnach es jeder neuen Generation besser gehen müsse als der vorherigen, haben die Afroamerikaner innerhalb eines Generationenwechsels eine strukturelle Verschlechterung von relativ abgesicherten Low wage-Jobs in der fordistischen Arbeitswelt zu flexiblen, unsicheren und in der Regel schlechter bezahlten Tätigkeiten in der Dienstleistungsgesellschaft erleben müssen. Mit der Verinnerlichung der väterlichen Vorgaben eines Verhaltenscodex für das Arbeitsleben scheitern sie an den veränderten Ansprüchen einer vor allem auf den freundlichen Kundenverkehr ausgerichteten tertiarisierten Ökonomie, wie sie für die globalisierte Stadt kennzeichnend ist. Auch hinsichtlich anderer sozialer Krisensymptome der Innercity Blacks weiß Wilson strukturelle wie habituelle Faktoren in ein differenziertes Verhältnis zueinander zu setzen.[362] Der Vergleich mit den mexikanischen Immigranten verdeutlicht wiederum

---

359 Schon in den sechziger Jahren hatten Norbert Elias und John Scotson in der englischen Stadt mit dem fiktiven Namen Winston Parva eine Unterscheidung zwischen "Etablierten" und "Außenseitern" feststellen können, die sie für die Organisation des sozialen Lebens in der Arbeiterstadt als grundlegend ansahen. (Elias, N./Scotson, J. (1999) Etablierte und Außenseiter, Frankfurt). Durch den Ansatz der Exklusionsforschung wird der Fokus auf jene soziale Gruppen gerichtet, die durch eine verhärtete und langfristig verfestigte Segregation unfreiwillig räumlich und sozial ausgeschlossen werden. Unter dem Begriff der Exklusion wird eine radikalere Form des Ausschlusses verstanden. Er bezeichnet einen sich an gesellschaftliche Ausschlüsse fortsetzenden und intensivierenden Prozess der Ausgrenzung. Darunter lässt sich etwa die Weigerung verstehen, bestimmte Räume betreten zu dürfen oder andernfalls entfernt zu werden. Mit dem Exklusionsbegriff wird eine neue Qualität und weniger eine Zu- oder Abnahme sozialer Ungleichheiten thematisiert. Inklusion und Exklusion stellen janusköpfige Gesichter einer Stadt dar (Kronauer, M. (2002) Exklusion: Die Gefährdung des Sozialen im hoch entwickelten Kapitalismus, Frankfurt). Das Problematische der Exklusion ergibt sich durch die Kumulation der Ausschlüsse in mehreren sozialen Feldern, vor allem der Arbeit, im Rechtswesen, der kulturellen Partizipation, durch Diskriminierungen und soziale Isolation (Young, J. (1999) The Exclusive Society, London).
360 Mingione, E. (1999) Urban poverty and the underclass: a reader, Oxford; Jencks, C./Peterson, P. E. (eds) (1991) The urban underclass, Washington.
361 Wilson, W. J. (1997) When Work Disappears. The World of the New Urban Poor, New York.
362 Wilson, W. J. (1987) The Truly Disadvantaged. The Inner City, the Underclass, and Public Policy, Chicago.

– sei es hinsichtlich der hohen Anzahl allein erziehender schwarzer Müttern in den Ghettos der Innenstädte oder der ineffektiven sozialen Netzwerke der Männer bei der Arbeitssuche –, dass die fordistischen Verhaltensmuster (habits) nicht mehr zu den sie einbettenden postfordistischen Rahmenbedingungen (frames) passen. Damit wird die dramatische Verschlechterung der Lebens- und Arbeitsumstände einer innerstädtischen Bevölkerung trotz jahrelanger nationaler ökonomischer Aufwärtstrends und in räumlicher Nähe zur kapitalkräftigen Ökonomie der Hochlohn-Dienstleistungsindustrie erklärbar.

Die „Global City" New York kennzeichnet sich durch eine neue Verkehrsordnung seiner urbanen Kollisionen. Erwartungsgemäße Koalitionen aufgrund ähnlicher sozialer Situationen bleiben aus, weil die Strukturierungen „Klasse" und „Rasse" nicht mehr in der gleichen Weise wirkungsmächtig sind. Das heißt wiederum nicht, dass die seit der Industrialisierung angelegten, baulich verfestigten und institutionalisierten Stratifikationen außer Kraft gesetzt worden sind. Im Gegenteil, die Analyse sozialer und ethnischer Segregation weist bis in die neunziger Jahre eine sich ständig verschärfende Polarisation auf und Afroamerikaner und die neuen Immigranten – zwischen 1980 und 1990 waren 1,5 Millionen neue Einwanderer hinzugekommen – müssen unter sich verschärfenden Bedingungen um ihre „Nische" in der Stadt kämpfen.[363]

Politisch haben sich keine Koalitionen ergeben, die insbesondere den „Blacks" Möglichkeiten der Teilhabe an der Selbstorganisation der Stadt eröffneten.[364] Immigranten sind als wichtige politische Akteure zu betrachten, obwohl es für sie erhebliche Schwierigkeiten gibt, etwa hinsichtlich der Naturalisierung, um formale Rechte wahrzunehmen. Der Prozess politischer Integration ist ein Generationenprojekt und erst die Einwandererkinder nehmen sich in erster Linie als „new Americans" wahr und agieren (bei Wahlen) dementsprechend flexibler hinsichtlich ihrer ethnischen Verbundenheit.[365] Dies wirkt sich hinsichtlich der Bevorzugung von demokratischen oder republikanischen Kandidaten aus, nicht aber mit Bezug auf interethnische Koalitionen.

Die politische Konfiguration urbanen Lebens geht einher mit einer territorialisierten Form, die sich anhand von Konzeptualisierungen als „Regionalisierung" oder „Suburbanisierung" analysieren lässt. Der „White Flight" als klassische Segregationsbewegung ist durch ein Mosaik der New Yorker Region abgelöst worden, bei der die Kartographie der verschiedenen ethnischen Gruppen und deren politisches (Wahl-) Verhalten keine einfachen Korrelate aufweist.[366] Die Analyse des Census Track 2000 zeigt eine weiterhin große Bedeutung der Faktoren Einkommen und Bildung an, die nach wie vor die wichtigsten Triebkräfte der Separation sind, auch wenn die Suburbanisierung an sich eine Abnahme der allgemeinen Segregationstendenzen bewirkt. In dieser Weise profitieren auch die reicheren und besser ausgebildeten „Blacks" von der Suburbanisierung, während die „Inner City Blacks" in den neunziger Jahre (trotz langer Jahre boomender US-Wirtschaft) weiter an Boden verloren haben und stärker von der Gesellschaft ausgegrenzt werden. Ein gleicher

---

363 Waldinger, R. (1996) Still the Promised the City? African-Americans and New Immigrants in Postindustrial New York, Cambridge.

364 Arrangements zwischen den alten Einwanderergruppen (Iren, Italiener, Juden) wirken dem nach wie vor entgegen: Green, C./Wilson, B. (1989) The Struggle for Black Empowerment in New York City: Beyond the Politics of Pigmentation, New York.

365 Mollenkopf, J./Olsen, D./Ross, T. (2001) Immigrant Political Participation in New York and Los Angeles. In: Jones-Correa, M. (ed) Governing American Cities. Interethnic Coalitions, Competition, and Conflict, New York.

366 Forschungsbedarf hierzu signalisiert Hero, R. E. (2005) Crossroads of Equality: Race/Ethnicity and Cities in American Democracy. In: Urban Affairs Review, 40/6, 695-705.

Prozess spaltet die ethnischen Minderheiten, die erst kürzlich eingewandert sind.[367] Die Ausdifferenzierung der ethnischen „Fault lines" hebt zum Teil sehr sichtbare, bislang als überwindbar gegoltene Segregationsgrenzen auf. Es entstehen multi-ethnische Nachbarschaften wie Elmhurst-Corona in Nordwest Queens.[368] Und selbst die South Bronx konnte durch eine Stärkung ihrer Auto-Organisation einen Aufwertungsprozess einleiten, an dessen Ende eine größere soziale Vielfalt stand.[369]

Diese „Mischungen" erscheinen nur als solche, wenn sie weiterhin durch die kategoriale Brille „Rasse" betrachtet werden. Wie eine Analyse der inter-ethnischen Koalitionen für New York, wo seit 1980 die Minderheiten in der Mehrheit sind, zeigt, hat die Gemeinsamkeit der Benachteiligung nach rassistischen Kriterien nie für die Erklärung von soziale Kategorisierung ausgereicht. Vielmehr scheint der Faktor „Zeit" wichtiger zu sein, und zwar in zweierlei Hinsicht: Zum einen verbinden die demographischen (generationellen) Gemeinsamkeiten mehr als die ethische Zugehörigkeit. Mit anderen Worten, die jungen Einwanderer und Afroamerikaner, wenn sie in gleichen prekären Arbeits- und Lebensumständen leben, verbindet mehr als diese jeweils mit ihren „ethnischen" älteren Generationen. Zum anderen ist ihr Verhalten gegenüber den bestehenden Institutionen, ebenfalls auf dem Hintergrund der veränderten ökonomischen Erfahrungen, anders und der Kampf der Civil Rights Movement der sechziger Jahre hat für eine neue Hinwendung zu den Gewerkschaften Platz machen müssen.[370]

Insbesondere die gescheiterten Koalitionen zwischen Afro-Americans und Afro-Caribbeans, die die größte „Latino"-Einwanderungsgruppe darstellen, verdeutlichen diese Veränderungen.[371] Die so genannte „Latinization" von New York hat die Stadt zur Heimat unzähliger kleiner Communities gemacht, ähnlich der bengalischen in London. Das Wirken aller Communities in toto hat allerdings weite Teile der städtischen Gesamtgesellschaft erfasst und ist nicht, wie im Fall der Londoner Bangladeshis, auf eine räumliche Konzentration in wenigen Straßen reduziert geblieben (Insgesamt 54 Latino-Nachbarschaften werden gezählt). Umfangreiche Studien haben die Latinisierung New Yorks in seiner ökonomischen, kulturellen und sprachlichen Geographie aufgezeigt.[372] New York dient für diese Migrantengruppen als Emanzipationspunkt von den „Master Identities" der Latinidad, da keine der größeren Latino-Gruppen wie etwa Mexikaner in Los Angeles oder Kubaner in Miami eine „Latinization from above" durch dominante Rollen- und Diskursvorgaben institutionalisieren kann. Dessen ungeachtet verbleiben diese Einwanderergruppen auch in transnationale Communities, die sich vor allem über Familienbeziehungen mit ihrem Herkunftsland verbunden fühlen und dort auch eine zum Teil erhebliche soziale, politische und ökonomische Rolle spielen, eingebettet.[373] Diese doppelte Rolle, als „New Americans"

367   Clark, W. A. V./Blue, S. A. (2004) Race, Class, and Segregation Patterns in U.S. Immigrant Gateway Cities. In: Urban Affairs Review, 6, 667-688; Poulsen, M./Forrest, J./Johnston, R. (2002) From Modern to Post-modern? Contemporary segregation in four US-metropolitan areas. In: Cities, 19/3, 161-172

368   Sanjek, R. (2000) Color-Full before Color Blind: The Emergence of Multiracial Neighbourhood Policies in Queens, New York City. In: American Anthropologist, 102/4, 762-772.

369   Rooney, J. (1995) Organizing the South Bronx, New York oder auch Grogan, P.S./Proscio, T. (2000) Comeback Cities: A Blueprint for Urban Neighbourhood Revival, Boulder.

370   Rogers, R. (2002) Race-Based Coalitions Among Minority Groups. Afro-Caribbean Immigrants and African-Americans in New York City. In: Urban Affairs Review, 39/3, 283-317.

371   Logan, J. R. (2000) Still a Global City: The Racial and Ethnic Segmentation of New York. In: Marcuse, P./Kempten, R. v. (eds) Globalizing cities. A New Spatial Order? Oxford.

372   Laó-Montes, A./Dávila, A. (2001) Mambo Montage. The Latinization of New York, New York, s. dort für den Überblick über die Forschungen vor allem die Einleitung.

373   Olg, K. F. (2001) New York as a Locality in a Global Family Network. In: Foner, N. (ed) Islands in the City. West Indian Migration to New York, Berkely.

einerseits in einem multiplen Feld operierend und andererseits mit Beziehungen zur karibischen und lateinamerikanischen Heimat, positioniert die Latinos von New York in ein hochkomplexes Interaktionsfeld, das für die erste Generation der Latino-Einwanderer durch politische und soziale Marginalisierung in der New Yorker Stadtgesellschaft gekennzeichnet ist.[374] Durch diese besondere Situation ergibt sich auch keine Gemeinsamkeit mit den Afroamerikanern, auch wenn diese wie im Falle der karibischen Einwanderer die gleiche Hautfarbe haben.[375]

Die Bedeutung der Kategorien Rasse und Klasse erweisen sich in der urbanen Kollisionslandschaft New Yorks als wenig hilfreiche Leitfiguren im städtischen Dschungel. Sie stellen ambivalente Figuren des Denkens dar, deren analytische Reichweite und empirische Relevanz zwar historisch nachvollziehbar, aber für die Beantwortung der Frage nach möglichen Koalitionen und Konflikten (als Kristallisation von Kollisionen) wenig hilfreich sind.[376] Damit wird nicht die Tatsache verleugnet, dass Rassismus und soziales Klassenbewusstsein (wie Zugehörigkeitsgefühl zu ethnischen Gemeinschaften) vorhanden und auch realitätswirksam sind. Die „race riots" der industrialisierten Form der Komplexitätsstrukturierung, die keinen Platz ließ für bestimmte soziale/ethische Gruppen sind aber nicht mehr vergleichbar mit den Aufständen, wie sie die Riots 1992 in Los Angeles darstellten. Wesentliche Faktoren der Generation solcher Konflikte sind Bildungsniveau, Dauer des Aufenthalts in der Stadt und Einkommen.[377] Ähnlich lässt sich der so genannte New Yorker Flatbush Boykott im Jahr 1990 verstehen, bei dem nationalistische Afro-Americans und Haitianer koreanische Geschäfte boykottierten.[378]

Die Analyse von vielen einzelnen Einwanderungsgruppen unterstützt die Annahme, dass vor allem Bildung und die Anwesenheitsdauer in New York ausschlaggebend sind für das Vermögen, sich in der Stadt zu orientieren.[379] Anfängliche stereotype Auffassungen über die „Anderen" verbleiben nur, wenn sich mangels Bildung und soziale Mobilität keine Gratifikationen für eine komplexere Sicht der Stadt einstellen. Wenn dies möglich wird, dann ergeben sich die buntesten urbanen Hybridisierungen.[380] Ein besonderer Blick sei in dieser Hinsicht auf die chinesischen Einwanderer geworfen, deren Abkapselung in den sprichwörtlichen Chinatowns auf den ersten Blick nicht mit dieser Analyse überein zu stimmen scheint. In der Tat bezeichnen viele Forscher die chinesische Einwanderergesellschaft zunächst als „geschlossen".[381] Wenn der Blick auf die gesamte chinesische Population New Yorks fällt, dann wird augenscheinlich, dass nur eine Minderheit der Chinesen überhaupt in Chinatown lebt, und obwohl die Segregationsindices eine stärkere Isolation

374 Jones-Correa, M. (1998) Between Two Nations. The Political Predicament of Latinos in New York City, Ithaca.
375 Rogers, R. (2001) "Black Like Who?" Afro-Caribbean Immigrants, African Americans, and the Politics of Group Identity. In: In: Foner, N. (ed) Islands in the City. West Indian Migration to New York, Berkely.
376 Vgl. auch Balibar, E./ Wallerstein, I. (2002) Race, nation, class: ambiguous identities, London; Wilson, W. J. (1978) The declining significance of race: blacks and changing American institutions, Chicago.
377 Marks, M. A./Barreto, M. A./Woods, N. A. (2004) Race and Racial Attitudes a Decade after the 1992 Los Angeles Riots. In: Urban Affairs Review, 40/1, 3-18.
378 Kim, C. J. (2000) Bitter fruit: the politics of Black-Korean conflict in New York City, New Haven.
379 Etwa zu den Brasilianern: Margolis, M. L. (1998) An Invisible Minorty: Brazilians in New York City, Needham Heights; den Koreanern: Park, K. (1997) The Korean American Dream. Immigrants and Small Business in New York City, Ithaca; den Indern: Lessinger, J. (1995) From the Ganges to the Hudson: Indian Immigrants in New York City, Needham Heights.
380 Etwa zwischen Japanern und Latinos: Takenaka, A. (2004) Asian-Latinos: Japanese-Peruvians' ethnic adaptation and social mobility in New York and Los Angeles. In: Gabaccia, D. R./Leach, C. W. (eds) Immigrant life in the U.S. Multi-disciplinary perspectives, London.
381 Kinkead, G. (1992) Chinatown: A Portrait of a Closed Society, New York.

von anderen Einwanderungsgruppen nahe legen, vollzieht sich auch bei ihnen der bereits dargestellte Suburbanisierungs- und Differenzierungsprozess nach Bildung und Einkommen, da sie sich in den gleichen ökonomischen Opportunitätsfeldern bewegen wie alle anderen Einwohner von New York.[382] Chinesen spielen hingegen eine aktive Rolle in den politischen Institutionen der Stadt, sind auf Koalitionsbildungen aus und üben Einfluss in den Gewerkschaften aus. Auch hierbei sind wiederum die Unterschiede zur „alten Generation" (hinsichtlich Anwesenheitszeit, Bildung und Lebensalter) wesentliche Faktoren, die aus der geschlossenen Chinatown eine intensiv mit seinem gesellschaftlichen Umfeld agierende Enklave werden lassen.[383]

Grenzziehungen, an denen Kollisionen zu Konflikten eskalieren, finden in New York in Zeiten globaler Kapitalströme anders statt. Die Gentrifizierung von vormaligen Arbeiterwohngegenden und ihre Auswirkungen, in der Regel Vertreibungen, hat Neil Smith anhand der Proteste gegen die Umwandlung von Tompkins Square Park beschrieben.[384] Für ihn werden dadurch erneut die erreichte Liberalität der Stadt, ihre komplizierten Aushandlungs-, Integrations- und Exklusionsmechanismen, in Frage gestellt und erscheint New York auf dem Weg zu einer revanchistischen Stadtentwicklung, in der die Beziehungen zwischen politischer Macht, Stadtgeographie und soziale Segregation durch eine neue Konstellation geprägt werden. Mit der Restrukturierung der Lower East Side von Manhattan Anfang der neunziger Jahre brach, wie Christopher Nele es beschreibt, eine Konfliktlinie auf, die für hundert Jahre als verloren oder verschüttet gegolten hat: Durch die Okkupation des East Village mittels symbolischer und kultureller Ökonomie wurde selbst der Protest gegen die Vertreibung der dortigen Bewohner durch die „neue Mittelschicht" teilweise zur Staffage (und weiteren Semiotisierung, Ästhetisierung und Commodification) und nur im eingeschränktem Maße als politische Artikulation möglich. Damit ist der Mechanismus außer Kraft gesetzt worden, der die Auto-Organisation einer sozialen Gruppe garantiert und auch in der Institutionenlandschaft zum Ausdruck bringt.[385] Diese Devaluierung der politischen Teilhabe betrifft insbesondere die ethnischen Ökonomien, die als „Little Italy" und „Chinatown" etc. in die Absorbtionsmechanismen des Tourismus, der „Urban Gentrifier" und sonstiger de-politisierenden Urbanisten lokaler, regionaler und globaler Provenienz geraten.[386] Der dadurch in Gang gesetzte Prozess der Exotisierung und des „Othering" ist eine Form der Domestizierung, die nicht mehr die Selbstbestimmung der Citizenry als Ausgangspunkt hat, sondern im Zuge einer ökonomischen Verwertungsstrategie der „economies of signs and spaces"[387] die bestehenden Räume der Communities als „Wild Wild West" betrachtet, und der seine Rationalisierungslogik gegenüber den bisherigen Territorialisierungsprozessen durchzusetzen versucht. Diese neuen Regulationsmechanismen urbaner Kollision bedeuten eine Aufkündigung der etablierten Logik institutionalisierter Konfliktvermeidung, wie sie zu Beginn der Industrialisierung, wie dargestellt, erkämpft wurde, und auch ein Zurückdrängen der staatlichen Interventionsmöglichkeiten, einst Auffangbasis für

---

382 Zhou, M. 1992) Chinatown. The Socioeconomic Potential of an Urban Enclave, Philadelphia.

383 Kwong, P. (1987) The New Chinatown, New York; ein ähnlicher Befund liegt vor für die Taiwan-Chinesen: Chen, H.-s. (1992) Chinatown No More. Taiwan Immigrants in Contemporary New York, Ithaca und generell für die Restrukturierung von Chinatowns als weltweiter Prozess: Lin, J. (1998) Reconstructing Chinatown: ethnic enclaves and global change, Minneapolis.

384 Smith, N. (1996) The New Urban Frontier. Gentrification and the revanchist city, London.

385 Mele, C. (2000) Selling the Lower East Side. Culture, Real Estate, and Resistance in New York City, Minneapolis.

386 Abu-Lughod, J. et al. (eds) (1994) From Urban Village to East Village. The Battle for New Yorks's Lower East Side, London.

387 Vgl. Lash, S./Urry, J. (1994) Economies of signs and space, London.

den Fall, dass diese Institutionen die Mechanismen sozialer Integration und politischer Partizipation nicht mehr aufrecht erhalten können; New York möchte sich hier von den Vereinigten Staaten von Amerika abspalten.[388]

7. Rio de Janeiro: Anomische Urbanität

„Já há algum tempo corre o Brasil e o mundo a notícia sobre a deterioração das condiçoes de vida no Rio de Janeiro (...) A anomia, inadequação de meios para antigir objetivos desejáveis, desorgnização social, inseguarança individual e colectiva atingem na área do Grande Rio uma intensidade só em parte explicável pela copertura e repercussão na imprensa (...) O cotidiano de praticamente toda a população presenta e demonstra vigorosament a precariedade de seu(s) modo(s) de vida."

G. Velho[389]

Gewalt ist das Problem Nummer Eins in Rio de Janeiro. Im Jahr 2004 wurden 32.628 Autodiebstähle, 22.256 bewaffnete Überfälle, 5.196 Busüberfälle und 6.438 Morde begangen.[390] Wenn man sich das Ausmaß der alltäglichen Gewalt in Rio ausmalen möchte, hilft vielleicht ein Vergleich mit der Situation in Deutschland. Dort werden bei einer fast zehnmal größeren Bevölkerung nur ungefähr ein Drittel so viele Morde begangen.[391] Die Geographie der Gewalt zeichnet zwar eine gewisse Konzentration von Kriminalität nach, demnach insbesondere in bestimmten Stadtteilen besonders häufig gemordet und andere Verbrechen verübt werden, nennenswert ist dabei vor allem Rocha Miranda, doch selbst im Stadtzentrum ist eine Kriminalitätsquote zu verzeichnen, die die oben zitierte Aussage über die Omnipräsenz der Gewalt unterstreicht.

Die Analyse der städtischen Gewalt in Rio kontextualisiert diese mit Bezug auf weitere Phänomene wie Drogenhandel, Armut, Staatsversagen und vieles mehr. Inwieweit sich dadurch Erklärungen der Gewalt und insbesondere ihrer urbanen Konzentration ergeben, sei dahingestellt. Oftmals werden schier wahllos viele weitere Aspekte im Diskurs über die Gewalt in Rio de Janeiro hinzugefügt oder es wird so getan, als ob es sich bei der Gewalt nur um einen „Ausdruck" von weitgehenderen gesellschaftlichen Problemen handelt, aber diese „Interpretationen" greifen die urbane Konstellation nicht auf, die die Gewalt erst in dieser Form konzentriert und in der sie somit eine Eigendynamik erhält. Die hochgradig konzentrierte Gewalt Rios ist ein Problem an sich und nicht nur Teil eines allgemeinen Problemkomplexes mit seinen vielseitigen Aspekten. Diese vermeintlich oft wahrgenommene Konzentration von Problemlagen ist Grundlage des Favela-Diskurses. Mit diesem

---

388 Sonnenshein, R. J./Hogen-Esch, T. (2006) Bringing the State (Government) Back In. Home Rule and the Politics of Secession in Los Angeles and New York City. In: Urban Affairs Review, 4, 467-491.

389 Velo, G. (2002) Mudança, crise e violência. Política e cultura no Brail contemporâneo, Rio de Janeiro, 21. „Seit einiger Zeit wird in Brasilien und in der ganzen Welt die Verschlechterung der Lebensverhältnisse in Rio de Janeiro konstatiert. Die Anomie, Unangemessenheit der Mittel, um wünschenswerten Zielen nachzustreben, die soziale Desorganisation, die individuelle und kollektive Unsicherheit haben im Großraum Rio eine Intensität erreicht, die sich nur teilweise durch die Medienaufmerksamkeit erklären lässt. Der Alltag fast der gesamten Bevölkerung zeigt eindringlich die Prekarität ihrer Lebensweise(n) auf." (Übersetzung F.E.)

390 Statistiken des Secretaria estadual de Segurança Pública e Cesec/Universidade Cândido Mendes, zitiert in: O Globo, 31.8. 2005.

391 Vgl. http://www.bka.de/pks/pks2004/index2.html (aufgerufen am 15. November 2006)

wird in eindringlichen Schilderungen[392] die Punktualisierung von urbaner Anomie betrieben, bei der die Favela als Chiffre für wechselnde Zuschreibungen herhalten muss. Eine Verortung von urbaner Anomie ist aber an sich schon eine Unmöglichkeit, da mit der Begrenzung auf einen Ort auch eine Kontrolle über Anomiedynamiken, die sich gerade nicht in irgendeiner Weise einbinden und begrenzen wollen, die angeknüpft sind an nationale und regionale Polizeigewalt, weltweiten Drogenhandel und städtische Korruption, impliziert ist. Die „Favela" ist sowenig als Allegorie für die urbane Wirklichkeit tragfähig wie die Samba; sie repräsentieren subkomplexe Analysevorschläge, die durch eine Konzeptionalisierung von urbaner Anomie im Rahmen komplexer Stadtforschung im Folgenden überwunden werden soll.[393] Der Diskurs über die Favela kann an dieser Stelle nur als intellektuelles, aber vergebliches Vorhaben verstanden werden, urbane Anomie diskursiv zu zähmen, weshalb seit der ersten Verwendung des Begriffes „Favela" bis heute eine enorme Textproduktion mit mehr als 600 Titeln zu verzeichnen ist, der aber trotzdem eine allgemeine analytische Unsichtbarkeit in der Stadtforschung attestiert werden muss.[394] Der Favela-Diskurs hat das Phänomen urbaner Anomie nicht konzeptionell weiterentwickeln können, weil er auf die Dreidimensionalität reduziert bleibt.

Die reine Aufzählung von Problemlagen der Stadt, wie es in vielen „Interpretationen" der Gewalt in Rio geschieht, verliert die besondere Dimension aus den Augen, die die Gewalt in eo ipso erzeugt: urbane Anomie.[395] Ungeachtet der hier betriebenen Betrachtung urbaner Violenz in ihrer Eigendynamik, ist städtische Gewalt ein vielschichtiges Problem, das sich auch aus einem multiplen Ursachenfeld heraus entwickelt oder entwickelt hat. Historisch betrachtet lassen sich verschiedene Ursachenketten beschreiben, die den „Urbancide" von Rio de Janeiro nachvollziehen lassen.[396] Es lassen sich Akteurskonstellationen identifizieren, die sich vor allem durch ihre gesellschaftliche Legitimation immunisiert haben, somit die Gewalt von anderen Prozessen abgekoppelt haben und ihre Eigendynamik installierten. Dies ist ein Entkoppelungsprozess, der sich vor allem durch die grundlegende Abschottung des Politischen vor gesellschaftlicher Beeinflussung entwickeln konnte. Die Todesschwadronen und die ROTA-Morde in Rio de Janeiro haben dementsprechend eine urbane Formule für frei rotierende, unkontrollierte Gewalt in der Stadt geschaffen, die wahllos ihren Anschluss an die verschiedensten Konflikte herstellt. Die urbane Anomie ist daher ein Kind der Diktatur, sie stellt den Versuch der eindirektionalen Steuerung der urbanen Komplexität dar, die die multiplen Kollisionen im urbanen Raum ohne Anerkennung der (begrenzenden) Konfliktlinien zu vollziehen versucht.[397]

Zumeist wird die Korrelation zwischen urbaner Armut und Gewalt für kausal erklärt und als hinreichender Erklärungshintergrund angenommen. Nähere statistische Analysen zeigen allerdings, dass sich die Dynamik und Zunahme der Gewalt in den südamerikanischen Großstädten nicht durch eine pauschale Ursachendiskussion erledigt.[398] Städtische Gewalt ist keine exzeptionelle Situation und nicht auf wenige Kontextvariablen zu reduzie-

---

392 Im deutschen Diskurs über Architektur- und Städtebaupolitik etwa Blum, E./Neitzke, P. (2004) FavelaMetropolis. Berichte und Projekte aus Rio de Janeiro und Sao Paulo, Gütersloh.

393 Barke, M./Escasany, T./O'Hare, G. (2001) Samba: A Metaphor for Rio's Favelas? In: Cities, 18/4, 259-270.

394 Valladares, L. d. P./Medeiros, L. (2003) Pensando as favelas do Rio de Janeiro, 1906-2000. Uma bibliografia analítica, Rio de Janeiro.

395 Filho, A. (2003) Paraíso armado: interpretações da violência no Rio de Janeiro, São Paulo.

396 Rose, R. S. (2005) The unpast: elite violence and social control in Brazil, 1954-2000, Athens, Ohio, 231ff.

397 Vgl.Waldmann, P. (2003) Diktatur, Demokratisierung und soziale Anomie, München.

398 Mendonça, M. J. D. de/ Loureiro, P. R. A./Sachsida, A. (2003) Criminalidade e desigualdade social no Brasil, Rio de Janeiro.

ren, sie kann vielmehr das intrinsische Ergebnis der Komplexitätsentwicklung von Städten sein. Die Situation südamerikanischer Städte lässt sich als durch diese Form urbaner Komplexitätsdynamik gekennzeichnet verstehen und muss daher bei der Entwicklung der allgemeinen Theorie von der komplexen Stadt besonders berücksichtigt werden. Nach Angaben der WHO ist in den lateinamerikanischen Metropolen der gewaltsame Tod die primäre Sterbeursache für Personen im Alter zwischen 15 und 44 Jahren.[399] „Die Anzahl der Morde nach einem normalen Wochenende in Caracas, Medellin oder São Paulo ist größer als die im Kosovo-Krieg gezählte oder im weiterhin Opfer verursachenden Konflikt im Mittleren Osten."[400] Die Gewalt in den Städten verursacht mehr Tote in Friedenszeiten als während der Bürgerkriege in den lateinamerikanischen Ländern (etwa in El Salvador). Sie stellt in dieser Hinsicht also eine „Normalität" dar, die aber durch das sich steigernde Ausmaß und die Dynamik der Gewalt wiederum eine historische Ausnahme darstellen. Nicht als Ursachenbeschreibung, aber als „Attraktor" lassen sich hierzu folgende Entwicklungen mit Bezug auf die allgemeine urbane Gewalt nachvollziehen: Es handelt sich um Gewalt der Armen gegen Arme; Opfer und Täter sind der Wahrscheinlichkeit nach arm.[401] Es ist aber nicht hinreichend, den Zustand als solchen zu beschreiben, sondern die Entfesselung der Gewalt als Prozess zu verstehen. Die Betonung liegt hierbei nicht auf Armut sondern Verarmung.[402] Diese Verarmung wird nicht primär durch das Erleben von Armut begründet, sondern bezieht sich auf das Entstehen einer Erwartungshaltung, die sich durch die Urbanisierung ergibt. Die Stadt verspricht etwas, die Verarmung ist in erster Linie die Enttäuschung der Kinder, deren Eltern mit der Flucht in die Stadt in sie die Hoffnung auf soziale Mobilität gepflanzt haben. Ein weiterer Attraktor städtischer Gewalt ist die Geschlechtsidentität und -kongruenz von Tätern und Opfern: junge Männer.[403] Gewalt ist als eigene Sprache zu verstehen, die einen symbolischen Kampf um Anerkennung produziert, in der die individuelle Identität trotz der drohenden Enttäuschung der Erwartungen an die männliche Rolle des Familienbeschützers und -ernährers vorweggenommen verarbeitet wird bzw. kompensiert werden soll. Dabei erleben die heranwachsenden Männer unwillkürlich Zusammenstöße mit anderen Jugendlichen, ohne dass diese Kollisionen im öffentlichen Raum von Konfliktlinien begrenzt werden oder dieser ihnen Verhaltensregeln und Orientierungen vorgibt. Die Straße hat für sie keine Gesetze, der öffentliche Raum vermittelt keine Normen und Werte, die bei zufälligen Treffen das Entstehen von Gewalt verhindern könnten.[404] Maskulinität wird dabei in diesen Städten mit eben dieser Normfreiheit und Konfliktbereitschaft gleichgesetzt, die als einzige öffentliche Verhaltensweise (für Männer) als urbane Konfiguration des Verhaltens bereit steht, während privates/feminines Verhalten mit Kollisions- und Konfliktvermeidung gleichgesetzt wird. Die geschlechtsspezifische Gewalt, die weit verbreiteten Vergewaltigungen, ergeben sich aus dem Spannungsfeld einer unerreichbaren maskulinen Identität, die auch den Umgang mit Frauen nur als konflikthaft produzie-

399 WHO (1999) Injury, a leading cause of the global burden of disease, Genf.
400 Briceño-Léon, R. (2002) La nueva violencia urbana de America Latina. In: Sociologias, 8, Übersetzung F.E.
401 Briceño-Léon, R./Carneiro, P. L./Cruz, J. M. O. (1998) O apoio dos cidadãos à ação extrajudicial da polícia no Brasil, em El Salvador e na Venezuela. In: Panolfi, D. C. et al. (Orgs.) Cidadania, justiçe e violência, Rio de Janeiro.
402 S. hierzu die Analyse zum Verhältnis von allgemeinem wirtschaftlichen Aufstieg und Anstieg der Kriminalität, Comisión Económica para America Latina (2000) Equidad, dearrollo y ciudadanía, Santiago de Chile.
403 Zubillaga, V./ Briceño-Léon, R. (2001) Exclusión, Masculinidad y Respeto. Algunas claves para entender la violencia entre adolescentes en barrios. In: Nueva Sociedad, 173, 34-78.
404 Marquez, P. (1999) The street is my home, Stanford.

ren kann, die Normlosigkeit durchzieht dementsprechend auch das Privatleben der Städter.[405]

Urbane Gewalt erscheint als primärer Ausdruck von Ortnungslosigkeit und der der Komplexitätstheorie nahe stehende Forschungsansatz der Chaoswissenschaften scheint für dieses Phänomen angemessen zu sein. „Chaos" in Städten lässt sich von vielen theoretischen Ansätzen her diskutieren. Die Beschäftigung in den etablierten Sozialwissenschaften hat hierfür vor allem den Begriff „Anomie" verwandt, der seinerseits eine lange Tradition hat: „Anomie means ruthlessness and hybris in Euripides, anarchy and intemperance in Plato, sin and wickedness in the Old Testament, unrighteousness or unwritten law in Paul's letters, irregularity of formal transgression in Bishop Bramhall's treaties, a positive characteristic of modern morality in Jean Marie Guyau's books, an a human condition of instability in Durkheim."[406]

Erst mit Letztgenannten und dessen Bemühungen um die Verwissenschaftlichung der gesellschaftlichen Erkenntnisse wurde der Terminus „Anomie" zu einem analytischen Konzept, das in eine weitergehende Reflektion über gesellschaftlichen Wandel eingebunden wurde. In der Soziologie des 20. Jahrhunderts hat eine intensive Auseinandersetzung mit Durkheims Anomie-Begriff stattgefunden, die hier auch nicht ansatzweise nachvollzogen werden kann.[407]

Émile Durkheim hatte in seiner Analyse der arbeitsteiligen Gesellschaft festgestellt, dass sich die Solidarität zwischen den Menschen verändert. In der modernen Gesellschaft tritt anstelle der „organischen" eine „mechanische" Solidaritätsform, die erst gesellschaftlich hergestellt werden muss. Der Wegfall des moralischen Rückhalts wird insbesondere in Zeiten großer Veränderungen schmerzhaft erfahren. Die gesellschaftlichen Normen haben keine handungsleitende Funktion mehr.[408] Anomie hat weitreichende Folgen. Mangelnde Integration und die Störung der kollektiven Ordnung machen nicht nur die Gesellschaft, sondern auch den Einzelnen krank, dies kann bis zum Selbstmord führen. Hierbei identifiziert Durkheim die Form des „anomischen Selbstmords", der sich aufgrund des erlebten Unterschiedes zwischen eigenen Bedürfnissen und realen Möglichkeiten ergibt.[409] Entscheidend sei, dass das Versagen des Individuums im Kontext der fehlenden oder fehlerhaften Regelungen und Orientierungen der Gesellschaft verursacht wird. Durkheims Konzept der „Anomie" wurde in vielen empirischen Forschungen angewandt und getestet. In der wohl bis dann umfangreichsten Studie, de Grazia's „The Political Community: A Study of Anomie", werden Durkheims Aussagen über Anomie auf die Quintessenz gebracht, dass Anomie die Zerrüttung von Glaubenskonzepten (belief systems) und „the dissappearance of order and rules" sei.[410] Berger füllt den Begriff der Ordnungslosigkeit als Kern der Anomie noch weiter aus: „Anomie is the nightmare par excellence, in which the individual is submerged in a world of disorder, senselessness and madness". Entfremdung ist für ihn der

---

405 Meryl, D. (2003) Laughter out of place: race, class, violence, and sexuality in a Rio shantytown Goldstein, Berkeley.
406 A.a.O.
407 Siehe aber vor allem Besnard, P. (1987) L'anomie: ses usages et ses fonctions dans la discipline sociologique depuis Durkheim, Paris, außerdem u.a. bei Olsen, M. E. (1965) Durkheim's Two Concepts of Anomie. In: Sociological Quaterly, 6, 37-44; Marks, S. R.(1974) Durkheim's Theory of Anomie. In: American Journal of Sociology, 80, 329-363; Lacoroix, B. (1973) Regulation et anomie selon Durkheim. In: Cahiers Internationaux de Sociologie, 55, 265-292.
408 Durkheim, É. (1999) Über soziale Arbeitsteilung, Frankfurt.
409 Ders. (2003) Der Selbstmord, Frankfurt.
410 De Graza, S. (1948) The Political Community: A Study of Anomie, Chicago, 74.

letzte Rettungsanker: „Alienation is powerful over men precisely because it shelters them from the terrors of anomy."[411]

Durkheims Anomie-Konzept wurde intensiv in den USA diskutiert und neuformuliert. Dort hat Merton vor allem den Zusammenhang zwischen Schichtzugehörigkeit und abweichendem Verhalten als Wesensmerkmal der Anomie definiert.[412] Gesellschaftliche Wert- und Moralvorstellungen können vor allem in den Unterschichten nicht realisiert werden. Insbesondere der Erfolg werde als allgemeine Orientierung der Gesellschaft dargestellt und bedeutet für jene, die diesem Anspruch nicht entsprechen können, eine individuelle Belastung. Der Einzelne kann darauf mit verschiedenen Handlungsweisen (Konformität, Innovation, Ritualismus, sozialer Rückzug, Rebellion) reagieren. Auf dem Hintergrund einer vermeintlich höheren Kriminalität der Unterschichten erklärte Merton kriminelles Verhalten in diesem Sinne als eine Reaktion auf deren Defizite hinsichtlich der allgemeinen Erfolgsnorm.[413] Im Rahmen seiner allgemeinen „theory of action" hat Parsons hervorgehoben, dass Anomie als Indikator für eine Desintegration der Gesellschaft zu sehen ist. Korruption und Gewalt gelten als dessen wichtigste Symptome, „of a kind of individualization, the dissolution of community ties (...) approaching a polar type the state Durkheim called anomie."[414] In der Psychologie wurde Anomie von MacIver eingeführt und als „breakdown of the individual's sense of attachment to society" definiert, die durch kulturelle Überforderung, Wettbewerbsökonomie und Gewalt verursacht werde.[415] Srole hingegen sah Anomie in erster Linie als eine Entfremdung des Selbst gegenüber den Anderen und distanzierte dadurch den Begriff von seiner sozialen Dimension. Anomie entstehe, wenn Community Leaders als indifferent gegenüber den Interessen des Einzelnen wahrgenommen werden. Das Individuum betrachte die soziale Ordnung als unvorhersehbar, nachgelebte Werte gelten nichts mehr, es erlebt das Gefühl individueller Bedeutungslosigkeit und schwacher sozialer Unterstützernetze.[416]

In den neunziger Jahren hat das Anomie-Konzept ein Revival erlebt und wurde zu umfangreichen und komparativen Forschungen genutzt.[417] Die weltweit zunehmenden sozialen und kulturellen Konflikte scheinen die dringende Suche nach analytischen Konzepten zu befördern, mit denen Umfang und Charakter von Konflikten erklärbar werden. Das Anomie-Konzept wird heute unter folgenden Prämissen verwandt: Nicht die gesellschaftliche Entwicklung als solche befördert anomische Zustände, sondern es ist deren unkontrollierter Prozess. Anomie wird vermieden, wenn sozialer Wandel interpretierbar ist und dafür diskursive Angebote zur Verfügung stehen. Sollten diese Sicherheiten nicht vorhanden sein, entkoppeln sich Individuen von Gemeinschaften, wodurch Wertvorstellungen und persönliche Autorität untergraben werden. „In general terms anomie can be the result of an endogenous dialectic as well as exogenous process of contact. Anomie can also be seen as intra- and inter-actor violence as the values and norms prohibiting violence are no longer

411 Berger, P. (1967) The Sacred Canopy, New York, 90.
412 Merton, R. K. (1995): Soziologische Theorie und soziale Struktur, Berlin.
413 Das Anomie-Konzeption ist in Deutschland in den letzten Jahren in vielfältigen Studien des Bielefelder Instituts für interdisziplinäre Konflikt- und Gewaltforschung, die sich mit der Frage nach der Desintegration der Gesellschaft beschäftigen, benutzt und zum Teil auf die Stadt appliziert worden, s. Heitmeyer, W./Anhut, R. (Hg.) (2002) Bedrohte Stadtgesellschaft, Weinheim.
414 Parsons, T. (1968) The Structure of Social Action, New York, 291.
415 MacIver, R. M. (1950) The Ramparts We Guard, New York, 139.
416 Srole, L. (1956) Social Integration and Certain Corollaries. In: American Sociological Review, 21, 709-716.
417 Atteslander, P./Gransow, B./Western, J. (eds) (1999) Comparative anomie research: Hidden barriers - hidden potential for social development, Aldershot.

compelling, making violence an acceptable course of action. Violence, in turn, produces more anomie (…) A little anomie makes society less rigid, too much anomie may be the beginning of the end of society."[418] Das Endergebnis eines solchen Prozesses wäre Atomisierung, die vollkommene Vereinzelung der Individuen.[419]

Obwohl viele Anomie-Studien in städtischen Zusammenhängen durchgeführt wurden und explizit urbane Themen behandelt haben, ist kaum je die Beziehung zwischen „Stadt" und Anomie konzeptionell aufgearbeitet worden.[420] Lediglich Supek hat die Entwicklung von Alkoholismus, Kriminalität und Prostitution in einen engen Zusammenhang zur beschleunigten Urbanisierung im damaligen Jugoslawien gesehen.[421] Die Frage stellt sich aber in konzeptioneller Weise, wie Anomie und Stadt miteinander verbunden sind. Hierzu ist auf die bisherige Argumentation zurückzugreifen, die das Wesen des „Städtischen" in seiner Komplexität annäherungsweise zu beschreiben versuchte. Die urbane Anomie entwickelt sich aus der Zerstörung urbaner Qualitäten: Der Einschränkung und Beendigung der Mobilität und Verdichtung, des Austausches mit der nicht-lokalen, ortsgebundenen Welt, der Entkoppelung von nationalen, regionalen und globalen Strukturierungen, der flexiblen Ausbildung von urbanen Hybriditäten und in Konfliktlinien eingebundenen Kollisionen. Anomie ist zugleich nicht als ein „lokales" Produkt als solches zu sehen, sondern im Kontext einer Anomisierung des Nationalstaates durch eine weltwirtschaftliche Peripherisierung zu analysieren.[422] Zugleich verdeutlicht der Blick auf ähnlich peripherisierte Länder, wie dies die wesentlich geringeren Gewaltindices etwa für Indien nahe legen, dass wiederum das Durchschlagen globaler Anomie-Dynamiken nicht zwangsläufig ist. Globale Anomien spielen nur auf die lokale Anomie ein, wenn die dazwischenliegenden Strukturierungen fehlen oder fehlerhaft sind, d.h. in erster Linie die Vermittlung durch die gesellschaftliche Moderne nicht gelingt. Dies ist für Brasilien mit seiner antagonistischen Tradition-Moderne-Dichotomie offensichtlich der Fall.[423]

Urbane Anomie verflüssigt sich zu einer sich ständig ausbreitenden Angst. Studien über Caracas zufolge werden bis zu einem Drittel der Einwohner erheblich durch diese Angst in ihren Alltagshandlungen gelähmt.[424] Angst ist sozusagen die sich an Gewalt anschließende Eigendynamik, die sich durch urbane Anomie ergibt. Anomische Urbanität entwickelt sich aus der Interferenz zwischen tatsächlicher Gewalt und der Angst davor. Letztere ist auto-organisiert und wildert ihrerseits durch die verbliebenen Strukturierungen und Konfliktlinien.[425] In der Stadtforschung werden Angst und Gewalt traditionellerweise

418 Atteslander, P. (1999) Social Change, Development and Anomie. In: Atteslander, P./Gransow, B./Western, J. (eds) Comparative anomie research: Hidden barriers - hidden potential for social development, Aldershot, 12.

419 Galtung, J. (1995) Anomie/atomie: On the Impact of Secularization/Modernization on Moral Cohesion and Social Tissue. In: International Journal of Sociology and Social Policy, 15/8-10, 121-147

420 Etwa Poblete, R./O'Dea, T. D. (1960) Anomie and the „quest for community": The formation of sects among the Puerto Ricans of New York. In: American Catholic Sociological Review, 21/1, 18-36; Thibault, E.A./Weiner, N.L. (1973) The anomic cop. In: Humboldt Journal of Social Relations, 1/1, 36-41; De Angelis, R. (1978) Speculazione, transformazione socio-culturale ed anomia in ambiente urbano. Il caso di Trastevere in Roma. In: Sociologia, 12/1, 67-103.

421 Supek, R. (1977) Problemi socijalne intergacije u urbanism sredinama. In: Sociologigija, 19/1, 71-98.

422 Novy, A. (2001) Brasilien - Die Unordnung der Peripherie. Von der Sklavenhaltergesellschaft zur Diktatur des Geldes, Wien; verengt: Wöhlcke, M. (2002) Brasilien. Diagnose einer Krise. München.

423 Vgl. Sandkötter, S. (1999) Modernisierungsforschung in Brasilien, Frankfurt.

424 Zubillaga, V./Cisneros, A. (1999) El temor en Caracas: relatos en barrios y urbanizaciones. In: Revista Mexicana de Sociología,1, 161-176.

425 Zu den Auswirkungen von Angst in lateinamerikanischen Städten s. Bobadilla J. L. et al. (1995) Medición de los costos de la violencia. Resultados de un taller organizado por la Organización Panamericana de la Salud (OPS) y el Banco Interamericano de Desarrollo. Caracas; Rubio M. (1997) Criminalidad urbana en

als das Versagen sozialer Kontrolle verstanden, der bisherige Diskurs von der Chicago School bis zu heutigen Debatten über die Gewalt in den Vorstädten Frankreichs zirkuliert um dieses Konzept. [426]

Die Transformation der gesellschaftlichen Bedeutung von Kontrolle bleibt ein Schlüsselelement für das Verständnis der Anomisierung urbanen Lebens. Für die lateinamerikanischen Städte kann insgesamt eine Informalisierung und Privatisierung sozialer Kontrolle beobachtet werden. [427] Der allgemeine Kontrollverlust ist im Falle von Rio de Janeiro mit der Veränderung von Staatlichkeit zu erklären, der als Prozess der Entstrukturierung von Mediation zwischen „lokal" und „global" im Sinne der bis hierhin entwickelten Annahmen über komplexe Urbanität betrachtet werden kann. [428] Mit dieser Analyse wird zugleich andere Annahmen, die zumeist monofaktorell vorgehen, eine relativierende Rolle zugeschrieben. Dies insbesondere den lediglich lokal argumentierenden Auffassungen über die Zivilgesellschaft Rio de Janeiros oder das „Sozialkapital" vor Ort. [429] Diese Analysestrategien schließen zudem eine intensivere Auseinandersetzung mit dem Entstehen von Angst aus und betrachten anomische Zustände als weitgehend auf Räume beschränkte Phänomene, womit sie eine Denktradition aus dem Strafrecht nahe stehen, in der Gewalt individualisiert wird. [430] Eine Analyse der sozialen Entwicklungsdynamik Brasiliens verweist hingegen auf die Deterritorialisierung von Gewalt und Angst. [431] Nicht zur Kenntnis genommen wird auch die Perversion der staatlichen Institutionen, die modernisierungstheoretisch in solchen Ansätzen als Produzenten sozialer Kontrolle gelten und heute im Gegenteil als aktive Verunsicherungsagenten die Erosion existierender lokaler Sozialkontrolle betreiben. [432] Dennoch kann diese Ausuferung polizeilicher Willkür nur in einer Stadtgesellschaft verfangen, in denen autonome Kontrollinstitutionalisierungen nicht entwickelt werden. Die Kontrolle von Gewalt und Angst beruht auf einem langen Prozess der Sozialisation der Individuen, in der das Agieren in verschiedenen Rollen eingeübt werden muss, die Normen und Verhaltensweisen idealtypisch vorwegnehmen, die als wahrscheinlich für zukünftige Anforderungen an die Kommunikation mit der Umwelt erachtet werden. Die Anomisierung Rios beruht dementsprechend auf einem Versagen dieses Sozialisationsmechanismus sozialer Kontrolle. [433] Der Kontrollverlust ist individuell im Sozialisationsscheitern begründet, aber er knüpft kollektiv an eine allgemeine Formlosigkeit von Emotion an, die Gefühlsprodukti-

Colombia. Presentado en el seminario El Desafío de la Criminalidad Urbana. Rio de Janeiro; Sanjuán A. M. (1997) La criminalidad en Caracas: percepciones y realidades. In: Rev. Venezolana Econ. Ciencias Soc., 3, 215–254; Guerra de Macedo, C.(1996) Sociedad, violencia y salud. Una nueva agenda para la democracia. In: Organización Panamericana de la Salud. Sociedad, violencia y salud. Memorias de la Conferencia Interamericana sobre Sociedad, Violencia y Salud. Washington, 9–16; Cruz, J. M. (1999) La victimización por violencia urbana: niveles y factores asociados en ciudades de América Latina y España. In: Rev. Panam. Salud Publica, 5, 4-5, 259-267.

426 Vgl. Body-Gendrot, S. (2000) A Social Control of Cities? Oxford.
427 Salazar, A. R. (2002) Informalización y privatización del control social: respuestas al miedo a la violencia delictiva. In: Socologias, 8.
428 Zur Transformation des brasilianischen Staates s. u.a.Kinzo, M. D'A. G. (2003) Brazil since 1985: politics, economy and society, London.
429 Encarnación, O. G. (2003) The myth of civil society: social capital and democratic consolidation in Spain and Brazil, New York.
430 Vgl. Baratta, A. (1986) Viejas y nuevas estrategies de leigitmación del Sistema Penal, Universidad del Zulia.
431 Sampaio, A. M. (2004) Brasil: síntese da evolução social, São Paulo.
432 Couttolene, B. et al. (2000) Violencia y policía en Rio de Janeiro. In: Londoño, L./Gaviria, A./Guerrero, R. (eds) Asalto al Desarrollo: Violencia en América Latina, Washington.
433 Machado/Silva, L. A. d. (2004) Sociabilidade violenta: por uma interpretação da criminalidade contemporânea no Brasil urbano. In: Sociedade e Estrado, 19/1, 53-84.

on in den Zusammenhang von Konflikt und nicht Hybridität stellt.[434] Anknüpfungspunkte für die vagabundierende Anomie sind nicht nur die maskulin-feminine Dualisierung der Emotionen, sondern auch die gesellschaftliche Emotionsordnung, bei der der Rassismus die Hierarchie der Wahrnehmung und Empfindung nach visueller Erscheinung zum Ausdruck bringt.[435]

Urbane Anomie als Konzept der komplexen Stadtforschung beschreibt ein Forschungsprogramm, das auf einer Analyse städtischer Gewalt beruht, die zunächst einmal die Gewalt nicht als Verbrechen thematisiert.[436] Sie versteht Gewalt als Teil einer demokratischen Gesellschaft. [437] Die Freisetzung von Konfliktpotential entspricht der Freiheit der Bewegungen und der Kommunikation und stellt die demokratische Verfasstheit von Staat und Stadt vor erhebliche konstitutionelle Probleme.[438] Anomietheoretisch greift dieses Verständnis von Konflikten die Auffassung von sozialer Unzufriedenheit auf, wie sie die Ausdifferenzierung der Moderne mit sich bringt.[439] Anomie ist nur als Entfremdung und Ambivalenz im urbanen Kontext nachvollziehbar.[440] Wie oben ausgeführt sind die Aspirationen, Erwartungen und Vorstellungen über das Verhalten der Anderen maßgebliche Instanzen der urbanen Anomie-Entwicklung.[441] Da diese Imaginationen weitgehend individualisiert und unstrukturiert ablaufen, schützt sich der Einzelne durch Abschottungsstrategien, die in ihrer Summe soziale Exklusionsmechanismen in verschärfter und vielfältiger Form hervorrufen, wodurch wiederum Anomie erzeugt wird.[442] Urbane Anomie wird in dieser Weise zunächst und vor allem als mangelnde Strukturierung von Konflikten betrachtet.[443] Dabei ist vor allem der Sozialisationsprozess in Rio de Janeiro und anderen lateinamerikanischen Städten scheinbar nicht in der Lage, die gesellschaftliche Konfiguration des „Akteurs" zu organisieren.[444] Dieses stadtgesellschaftliche „Chaos" stellt sich als eine Kumulation anomischer Potenziale dar, die insbesondere im Übergang vom privaten zum öffentlichen Raum, vom Jungen/Jugendlichen zum Mann, zur ausufernden Gewalt und allgemeinen Verunsicherung sichtbar wird.[445] Urbane Anomie bedeutet von daher eine „Kultur der Angst", in der Freiräume zur Einübung von Rollen, die ein handelndes Subjekt im Chaos der Stadt benötigt, nicht gegeben sind.[446] Stattdessen erfolgt die Erlernung der

434 Koury, M. G. P. (2003) Sociologia da emoção: o Brasil urbano sob a ótica do luto, Petrópolis.
435 Carone, I. (2002) Psicologia social do racismo: estudos sobre branquitude e branqueamento no Brasil, Petrópolis.
436 Vgl. auch Zimering, F.E./Hawkings, G. (1997) Crime is not the Problem. Lethal violence in America, New York.
437 Gurr, T. R. (1989) Crime trends in mondern democracies scince 1945. In: International Annals of Crimonology.
438 Adorno, S./Cardia, N. (1999) Dilemas do controle democrático da violência. In: Sanots, J. V. T. dos (Org.) Violências em tempo de globalização, São Paulo.
439 Adler, F (1995) The legacy of anomie theory, New Brunswick.
440 Thom, G. B. (1984) The human nature of social discontent: alienation, anomie, ambivalence, Totowa.
441 Ginsberg, R. B (1980) Anomie and aspirations: a reinterpretation of Durkheim's theory, New York, s. auch bereits Pizzorno, A. (1963) Lecture actuelle de Durkheim. In: Archives européenes de sociologie, 4, 26.
442 Adorno, S. (2002) Exclusão socioeconômia e violência urbana. In: Sociologias, 8.
443 Adorno, S. (1998) Conflictualidade e violência: reflexões sobre a anomia na contemporaneidade.In: Tempo Social, 10/1, 19-47.
444 Botelho, A. P. (2002) Aprendizado do Brasil: a nação em busca dos seus portadores social, Campinas.
445 Pegoraro, J. S. (2002) Notas sobre los jóvenes portadores de la violencia juvenil en el marco de las sociedades pos-industriales. In: Sociologias, 8.
446 Pastana, D. R. (2003) Cultura do medo: reflexões sobre violência criminal, controle social e cidadania no Brasil, São Paulo.

Opfer- und Täterdichotomie, die letztlich ununterscheidbare Identifikationsangebote darstellen.[447]

Wenn Demokratien auf eine gewisse Anomie angewiesen sind, um sich zu entwickeln und die individuelle Mobilität und Kommunikation zu ermöglichen, so bedeutet dies nicht, dass diese ohne Konfiguration, vor allem in der Form sozialer Kontrolle, verlaufen kann. Vielmehr sind Gewalt und Verbrechen, Anomie im weiteren Sinne, auf eine Einbindung durch diese angewiesen.[448] Das gesellschaftliche Versagen, dass soziale Kontrolle nicht mehr in den lateinamerikanischen Städten wie Rio de Janeiro hergestellt wird, bedeutet die Entgrenzung urbaner Anomie und die Selbstzerstörung urbaner Komplexität.[449]

8. Shanghai: Urbane Pilotage

„All in all, the findings from our research indicate that (...) the Chinese people seem to be in a highly anomic state of mind. Our results could well indicate great potential of instability among Chinese citizenry; and our model suggests that this potential will continue and will grow if the current political system is not willing to act and react appropriately."

H. Li et al.[450]

Die Komplexität der Stadt beruht auf einer multikorrelaten Konzeption unterschiedlichster Bewegungen, einer Destillation dieser Energien als Architektur und Städtebau, ihre Konstellation als urbane Kollisionen, die in (nationale, globale, regionale) Strukturierungen eingebunden und mit deren abstrakter Anwesenheit hybridisiert wird; ihre stadtgesellschaftliche Konfliktbearbeitung entwickelt eigene interne Dynamiken und externe Mediationen, deren Fehlen urbane Anomie produzieren. Die komplexe Stadtforschung überwindet somit top-down und bottom-up, lokal-global, rural-urban, Gemeinschaft-Gesellschaft-Dualitäten und eine Metaphorik, in der es vor simplifizierenden Zellen, Organen, Motoren, Spiegel- und Abbildern wimmelt, die die vielschichtigen Beziehungen von Gesellschaft und Stadt reduzieren.

Es verbleibt die Frage, ob es in dieser Konzeption dennoch keine „driving force" gibt, sitzt niemand im lenkenden Stuhl, gibt es einen Piloten im urbanen Beziehungsgeflecht? Die Steuerungsfähigkeit gesellschaftlicher Prozesse kann nicht per se angenommen werden, sie muss sich theoretisch als möglich erweisen und in ein umfassenderes Verständnis von Staatlichkeit und Gesellschaft eingebettet sein.[451] In der Terminologie der hier sich ab-

---

447 Cisneros, A./Zubillaga, B. (1997) La Violencia desde la Perspectiva de la Victima; La Construcción Social del Miedo. In: Espaco Abierto, 6/1.

448 Vgl. Garland, D. (2001) The culture of control: crime and social order in contemporary society, Chicago.

449 Vgl. Lemert, E. (1967) Estructura social, control social y desciación. In: Clinard, M. B. (Comp.) Anomia y conducta desviada, Buenos Aires.

450 Li, H. et al. (1999) Anomies Scales: Measuring Social Instability. In: Atteslander, P/Gransow, B./Western, J. (eds) (1999) Comparative anomie research: Hidden barriers - hidden potential for social development, Aldershot, 47f.

451 Dies ist eines der Kernthemen politologischer Forschung der letzten Jahre, s. aus der reichen Publikationslandschaft u. a.: Kooiman, J. (ed) (1993) Modern Governance. New Government – Society Interactions, London; Grote, J. R./Gbikpi, B. (eds) Participatory Governance. Political and Societal Implications, Opladen; Mayntz, R./Scharpf, F.W. (Hg.) (1995) Gesellschaftliche Selbstregelung und politische Steuerung, Frankfurt; Pierre, J. (Hg.) (2000) Debating Governance. Authority, Steering, and Democracy, Oxford; Pierre, J./Guy, B.G. (2000) Governance, Politics and the State, London; Benz, A. (Hg.) (2004) Governance – Regieren in komplexen Regelsystemen, Opladen; Scharpf, F. W. (2000) Interaktionsformen.

zeichnenden Erkundung der Urbanitätskomplexität stellt sich die Steuerungsthematik als die zu überprüfende Hypothese einer kausalen Beziehung zwischen ausdifferenzierten Institutionen dar, die als „intendiert" zu qualifizieren wäre. „Steuerung" wird dabei in der Weise verstanden, dass die Stadt in ihrer Gesamtentwicklung oder in einem Teilbereich nicht nur inzidentiell beeinflusst, sondern durch die Logik der pilotierenden Institutionen adaptiert wird.

Shanghai trotzt von Selbstbewusstsein und Aufstiegswille. Kraft und Dynamik haben das Städtebild der letzten Jahre maßgeblich transformiert. Shanghai scheint an eine Tradition der dreißiger Jahre des 20. Jahrhunderts anzuknüpfen, in der die Stadt, die einst im Rahmen der Nanking-Verträge für den Westen geöffnet wurde, sich schon einmal mit westlichem Lebensstil und weltweitem Handel durch ihre Vitalität vom Rest Chinas zu unterscheiden schien. Mit der chinesischen Revolution endete diese heute verklärte Periode und die Stadt unterlag einem staatlich-parteilichen Steuerungsbedürfnis. Das Wachstum Shanghais wurde strikt begrenzt.[452] Es hat bis zur Entscheidung im Jahr 1990, als das 350 Quadratkilometer große Entwicklungsgebiet Pudong im Osten des Huangpu-Flusses ausgewiesen wurde, gedauert, bis Shanghai wieder als eine wachsende Metropole wahrgenommen wurde. Aus dem Stiefkind wurde offiziell der "Drachenkopf" der Entwicklungspolitik Chinas.[453] Der tatsächlichen Bedeutung Shanghais für China scheint die besondere Aufmerksamkeit angemessen zu sein, wenn man bedenkt, dass die Stadt als Kreuzpunkt zwischen dem Norden und Süden des Landes, als Delta-Metrople des Yangzi-Flusses mit einem (verkehrstechnisch angeschlossenen) Einzugsgebiet für mehr als 360 Millionen Menschen und als Hafenstadt mit Verbindungslinien zu insbesondere Korea und Japan, Singapur und Hong Kong als eine Art Drehscheibe für die gesamte kontinentale Mobilität Ostasiens fungiert.[454]

Administrativ ist Shanghai eine der drei Städte Chinas, die in die politische Architektur des Staates als „Provinz" eingebettet sind. Das Flächenwachstum hat Shanghai zu einem regional-urbanen Raum werden lassen, der sich heute über zehnmal mehr Quadratkilometer als in den sechziger Jahren erstreckt. Die Innenstadt ist in zehn Distrikte unterteilt und repräsentiert die verbliebene urbane Struktur, während Baoshan, Mishang, Jiading und Pudong New Area als suburbane Gebiete wie die sechs Regionen Songjiand, Quingpu, Jinshan, Fengxian, Nanhui und Chongming hinzugekommen sind. Obwohl dieser enorme Zuwachs an Fläche und Bevölkerung augenscheinlich als dynamisch zu betrachten ist, kann über die Stadtgesellschaft Shanghais nicht unbedingt dasselbe gesagt werden. Shanghai wird sehr oft wegen seiner historischen Rolle und vor allem seinem „westlichen Stil" als eine besondere Stadt beschrieben, so dass nach wie vor die Rede ist von der Unvergleichbarkeit mit anderen chinesischen Metropolen.[455] Jedoch scheint diese Auffassung mehr als Teil des heutigen, rückwärtsgewandten Mythos über das Shanghai der dreißiger Jahre zu

Akteurszentrierter Institutionalismus in der Politikforschung, Opladen; Mayntz, R. (1996) Politische Steuerung: Aufstieg, Niedergang und Transformation einer Theorie. In: Beyme, K. v./Offe, C. (Hg.) Politische Theorien in der Ära der Transformation, Politische Vierteljahresschrift Sonderheft 27, Opladen; Burth, H.-P./Görlitz, A. (Hg.) (2001) Politische Steuerung in Theorie und Praxis, Baden-Baden;Tsebelis, G. (2002) Veto Players. How Political Institutions Work, Princeton; Mayntz, R./Scharpf, F.W. (Hg.) (1995) Steuerung und Selbstorganisation in staatsnahen Sektoren, Frankfurt; Zolo, D. (1992) Democracy and Complexity, Cambridge; Schuster, W./Murawski, K.-P. (Hg.) (2002) Die regierbare Stadt, Stuttgart.

452 Murphey, R. (1988) Shanghai. In: Doggan, M./Kasarda, J. D. (eds) The Metropolis Era: Mega-Cities, vol. 2, Newbury Park.

453 Yeung, Y.-M. (2000) Globalization and Networked Societies. Urban-Regional Change in Pacific Asia, Honolulu, 161-180.

454 A.a.O, 164.

455 Howe, C. (ed) (1981) Shanghai: Revolution and Development in an Asian Metropolis, Cambridge.

existieren, als die tatsächliche gesellschaftliche Eigendynamik der Stadt zu verkörpern.[456] Obwohl der Unternehmergeist in Shanghai vielleicht mehr Bedeutung hat als in anderen Teilen Chinas, der Vergleich mit Hong Kong und auch Guangdong relativiert diese ökonomische Autonomie und weist Shanghai zumindest zu Beginn der „Open Policy"-Periode als in wirtschaftlicher Hinsicht eher wenig selbständig aus.[457] Die Innovationen in der Shanghaier Stadtgesellschaft lassen sich deshalb nicht in erster Linie als die zwangsläufig zum Ausdruck kommenden Eigeninteressen lokaler Ökonomie verstehen, sondern sie sind eher auf die Eigendynamik der Shanghaier Politik und Stadtplanung zurückzuführen. Ergebnis dieser gegenüber der nationalen Regierung selbstbewussten Lokalpolitik war die Einführung eines Fiskalvertrages im Jahr 1988, und mit der Pudong New Area und dem Verkauf von Landrechten konnte die Stadt ihre Finanzkrise überwinden und administrative Erneuerungen initiieren.[458] Die ökonomische Transformation Shanghais zu einer Metropolis der Post-Industrialisierung und der Dienstleistungsökonomie beschleunigte sich anschließend, wenngleich dieser Prozess schon seit 1978 im Gange war. Wiederum war es eine politische Entscheidung, die die nationale Unterstützung für Shanghai gewährleistete, die auf dem Hintergrund des Massakers in Peking 1989 und der Solidaritätsbezeugungen in Hong Kong nur Shanghai als verlässliches urbanes Umfeld für die neue Politik auswiesen. Die urbane Ökonomie entwickelte mit den neu eingeführten Institutionen und in ihrer Vielzahl und horizontalen Verflechtung eine Komplexitätssteigerung, die insbesondere mit der Einführung der Special Economic Zones in einem ökonomischen Rahmen zwei konfliktreiche Funktionsstrukturen mit nahezu diametralen Entwicklungslogiken einführte.[459] Die sozialistische Politik Chinas sah vor, dass Wachstumsprozesse kontrolliert werden sollten und nicht-intendiertes Städtewachstum verhindert wird. Der Stadt-Land-Gegensatz sollte vergrößert werden, um das Leben in der Stadt attraktiver erscheinen zu lassen, während die Per-Capita-Kosten in den Städten verringert und deren Produktivität erhöhen werden sollte.[460] In Wirklichkeit erreichte die staatssozialistische Politik dieses Ziel nicht und industrielles Wachstum konnte nicht aufgrund von urbaner Effizienz- und Produktivitätssteigerung, sondern nur aufgrund von Einsparungen im konsumtiven Bereich erreicht werden und die Stadt-Land-Differenz in Einkommen reduzierte sich eher noch.[461] Dessen ungeachtet wird der Einfluss von Stadtplanung (im engeren Sinne) für wesentlich erachtet, um die Entwicklung der chinesischen Städte spätestens ab den achtziger Jahren nachvollziehen zu können, da im Grunde erst zu diesem Zeitpunkt einer rationale Stadtplanung in institutioneller Form, durch das Stadtplanungsgesetz im Jahr 1989, eingeführt wurde.[462] Dennoch hat sich die Stadtplanung bis heute weitgehend nach einer interventionistischen Art und Weise verhalten, die sich nicht um die komplexen Verhältnisse sondern um eine statistische Staatlichkeit gruppiert: „Planning still proceeds from a static concept with little attention paid to basic economic concepts such as inflation, land rent prices, the supply and demand

456   MacPherson, K. L. (1996) The Shanghai Model in Historical Perspective. In: Yeung, Y.-M./Sung, Y.-W. (eds) Shanghai: Transformation and Modernization under China's Open Policy, Hong Kong.
457   Gao, R./Yihong, Y. (1994) Shanghai's Economy: Stagnation and Re-Emergence. In: Twenty-First Century, 24/8, 148-157.
458   Wong, C. (1995) Fiscal Reform in 1994. In: China Review, 7, 201-213.
459   Jao, Y.C./Leung, K. C. (eds) (1986) China's Special Economic Zones: Policies, Problems and Prospect, Hong Kong.
460   Chan, K. W. (1989) Economic Growth Strategy and Urbanization Policies in China, 1949-1982, Research Paper No. 175, Center of Urban and Community Studies, University of Toronto.
461   Perkins, D. H. (1990) The Influence of Economic Reforms on China's Urbanization. In: Kwok, Y.-w. R. et al. (eds) Chinese Urban Reform: What Model Now? New York.
462   Han, S. S./Tuck, W. S. (1994) The Influence of Chinese Reform and Pre-Reform Policies on Urban Growth in the 1980s. In: Urban Geography, 15/6, 537-564.

of land market, labour costs, land value increase and shortage."[463] Die mangelnde Anpassung an die Logik urbaner Ökonomien spiegelt sich in der Tatsache wider, dass Shanghai wie alle anderen chinesischen Städte nicht in der Lage ist, eine spezielle Nische in der Regionalökonomie sowie partikulare und spezielle Wirtschaftsangebote zu entwickeln, wie dies in Vergleichsstädten Ostasiens beobachtbar ist.[464] Shanghai hat zweifellos einen wesentlichen Anteil an Chinas exorbitanten Wachstumsraten der neunziger Jahre und kann in seinem ökonomischen Output einen Vergleich mit den westlichen Global Cities antreten.[465] Shanghai hat in den neunziger Jahren erhebliche Fortschritte durch eine stärkere Versachlichung seiner Stadtplanung gemacht, um am globalen Markt teilnehmen zu können. Durch eine manageriale Attitüde der Stadtplanung konnte dem Ziel der Verbesserung der physischen Infrastruktur für Foreign Direct Investment, Mischnutzung von Land, Koordination von Transport- Wohnungs- und Infrastrukturplanung und ein verbessertes Arbeitskräfteangebot für Unternehmen nachgestrebt werden, die insgesamt eher eine Nachfrage- als Angebotsorientierung, und ist damit eher komplexitätssensibel, erkennen lässt.[466] Der partielle Geistesumschwung in der Stadtverwaltung erklärt aber nicht, wenn man keine kausale Beziehung zwischen Stadtplanung und ökonomischer Entwicklung unterstellen will, aufgrund welcher Strukturierungslogik Shanghais Aufstieg zur „World City"/"New York of the East" erfolgt (ist).[467] Die Liberalisierung des Weltmarkts in den Dekaden nach dem Scheitern des Bretton Woods-Abkommens in den siebziger Jahren hat den Waren-, Güter- und Dienstleistungsstrom von und nach Shanghai erheblich verbreitert. Chinas Anteil am Weltmarkt beantwortet jedoch in keiner Weise die Frage, wie dieses Wirtschaftswunder aus dem Reich der Mitte organisiert ist. Festzuhalten ist die offensichtliche Scheu der chinesischen Staatsführung, die Finanzierung der Output-Steigerung der Logik globaler Kapitalverwertung zu unterwerfen. Die Konvertierbarkeit der Staatswährung Yuan würde China, so lautet die Argumentation, der Möglichkeit berauben, die Kosten für das Wirtschaftswachstum selbst zu bestimmen.[468] In der Begrifflichkeit der komplexen Stadtforschung handelt es sich um zwei Strukturierungen (globale Finanzströme und nationale Fixierung), die in vieler Hinsicht konfliktreich zueinander stehen. Es scheint, dass der wesentliche Konfliktpunkt der verbleibende Steuerungsimpetus eines nationalen Interventionismus nur auf Kosten der Repression ökonomischer Eigendynamik, die auf die (vermittelte) Interaktion mit dem Globalen angewiesen ist, beruht. Die Planung chinesischer Urbanität intendiert die Annahme einer gesellschaftlichen Doppelrolle, als Kontrollinstanz und Teilnehmer an den wesentlichen Prozessen urbaner Dynamiken, insbesondere der Kapitalakkumulation, ökonomischer Produktivitätsentwicklung und Landentwicklung.[469] Der chinesische Staat ist in der Stadt als eine „institutionelle Amphibie" anwesend, die zugleich in das Wasser

463 Wang, Y. (1993) China: Urban Development towards the Year 2000. Occassional Paper 19, Hong Kong Instiute of Asia-Pacific Studies, The Chinese University of Hong Kong, 70.

464 Kim, W. B. (1991) The Role and Structure of Metropolises in China's Urban Economy. In: Third World Planning Review, 13/20, 155-177.

465 Diese verkürzte Sichtweise auf Globalisierung findet in vielen Shanghai-Global-City-Perspektiven, s. Wu, W./Yusuf, S. (2004) Shanghai: remaking China's future global city. In: Gugler, J. (ed) World Cities beyond the West. Globalization, Development and Inequality, Cambridge.

466 Chen, S. (1998) Leadership Change in Shanghai: Toward the Dominance of Party Technocrats. In: Asia Survey, 38/7, 671-688.

467 Lu, H. (2004) Shanghai Resing: Resurgence of China's New York City? In: Chen, A. /Liu, G. G./Zhang, K. H. (eds) Urban Transformation in China. Aldershot

468 Edwards, S. (1999) How Effective are Capital Controls? In: Journal of Economic Perspectives, 13/4, 65-84.

469 Vgl. Ma, L. J. C. (2002) Urban transformation in China, 1949-2000: a review and research agenda. In: Environment and Planning A, 34/9, 1545-1570; Logan, J. R. (2002) The New Chinese City: Globalization and Market Reform, Oxford, 3-21.

springen kann, an dessen Ufer sie kritisch äugend herumkriecht.[470] Der Widerspruch zwischen Planungszielen und Planungsergebnissen erklärt sich vorwiegend aus dieser Doppelrolle des Staates, die die urbane Gesellschaft in ihrer Auto-Organisation einschränkt.[471] Die Steuerungslogik Shanghais durch deren doppelköpfige staatliche Einbettung führt wiederum dazu, dass der Staat sich in erster Linie als Akteur versteht und sozusagen den Effekten seiner Rolle als Interventionist erliegt. Mit anderen Worten, die Steuerungslogik, die er sich aneignen muss, um als ökonomischer Akteur tätig zu sein, wird immer stärker durch seine Interaktion mit den anderen Akteuren in diesem urbanen Handlungssystem bestimmt. Stadtplanung reduziert sich daher immer mehr auf die Rolle einer ökonomischen Aktivität, der Balance-Akt zwischen allgemeinen Planungszielen (im Sinne eines dem Allgemeinwohl verpflichteten Sozialismus) und der Handlungslogik eines ökonomischen Akteurs kann nicht durchgehalten werden; die Imperative globaler Marktgesetze erzwingen eine kommunizierbare Zuschreibung von Rollen, wodurch die individuellen Staatsangehörigen sich als ökonomische Akteure sozialisieren.[472] Stadtplanung und staatliches Handeln in diesem Sinne haben die Handlungslogik globaler Verwertungslogiken übernommen, die politische Staatlichkeit Chinas und in deren Kielsog die Stadtplanung Shanghais haben den oben theoretisierten Widerspruch zwischen nationalstaatlicher und globaler Strukturierung in der Weise in ihrer Alltagspraxis aufgelöst, dass auf eine hybridisierte, intermediäre und vermittelnde Institutionalisierung anstelle einer Übernahme der Strukturierungslogik der Globalisierung (bei Beibehaltung der nationalen Machtstrukturen und sozialistischer Rhetorik) verzichtet wurde.[473]

Hybridisierung zwischen globaler Mobilisierung und lokaler Fixierung ist aufgrund der Verdichtungs- und Institutionalisierungsmöglichkeiten urbaner Gesellschaften, wie in den vorherigen Kapiteln dargestellt, ein Wesensmerkmal urbaner Dynamiken. Der staatliche Interventionismus in das komplexe Geflecht der Stadtgesellschaft Shanghais hat diese Selbstentwicklungsprozesse nicht zum Erliegen gebracht, weil Städte als solche andauernde Kollisionen hervorbringen, die ihre „Ventile" suchen. Das komplexe Shanghai hat sich nicht in einer freien, öffentlichen Weise strukturieren und selbstorganisieren können, so dass die Planung, konfrontiert mit den mächtigen Strukturierungslogiken globaler Flüsse, auf diese hätte zurückgreifen können. Das Fehlen intermediärer Hybridität hat zunächst auf die Architektur des chinesischen Staates große Effekte gehabt. War einst die Überwindung regionaler Disparitäten das Ziel staatlicher Allokationspolitik und der Gestaltung von innerstaatlichen Entscheidungsprozessen, so ist die unvermittelte globale Hierarchisierungslogik von Orten durch eine Dezentralisierungs- und Priorisierungspolitik im Vorzug für Megastädte wie Shanghai das gegenwärtige Paradigma der staatlichen Regionalpolitik.[474] Dabei darf diese Dezentralisierung wiederum nicht mit einer demokratisch intendierte Autonomisierung städtischer Gesellschaften verwechselt werden, vielmehr ist sie als Bestäti-

470 Ding, X. L. (1994) Instituional Amphibiousness and the transition from communism – the case of China. In: British Journal of Political Science, 35/12, 2303-2321.

471 Leaf, M. (1998) Urban plannng and urban reality under Chinese economic reforms. In: Journal of Planning Education and Research, 18, 145-153.

472 Walder, A. G. (1997) The state as an ensemble of economic actors: some inference from China's trajectory of change. In: Nelson, J.M./Tilly, C./Walker, L. (eds) Transforming Post-Communist Political Economy, Washingtion.

473 Wu, F. L. (2003) The (post-) socialist entrepreunnerial city as a state project: Shanghai's reglobalisation in question. In. Urban Studies, 40/9, 1673-1698.

474 Shen, J. (2005) Space, scale and the state. Reorganizing urban space in China. In: Ma, L. J. C./Wu, F. (eds) Restructuring the Chinese City. Changing society, economy and space, London; Keng, C. W. K. (2006) China's Unbalanced Economic Growth. In: Journal of Contemporary China, 15/46, 183-214.

gung und Ausbau staatlicher Kontroll- und Interventionsmöglichkeiten gedacht, die sich durch das Konkurrenzprinzip der Städte im Wettbewerb um staatliche Unterstützung noch vergrößert haben.[475] Der Staat bleibt der wichtigste Akteur in der Stadtplanung, die er in der Weise nutzt, dass er selektiv Akteure der Stadtgesellschaft für „Wachstumskoalititonen" nutzt, also seinerseits (top down) Institutionalisierungen schafft, die sich aber von der freien Flotation der urbanen Kollisionen abschotten.[476]

Informalität, Irregularität und Illegalität sind die Bezeichnungen für die Praktiken von urbanen Akteuren, die außerhalb oder jenseits dieser offiziellen Stadtplanung handeln und keinen Anschluss an diese suchen. Die Terminologie verweist auf eine Defintionsmacht der Planung über die Stadtgesellschaft. Diese funktioniert nur durch eine Kontrolle von als wichtig erachteten Kommunikationsprozessen. Zensur ist hierfür die entscheidende Kommunikationskontrolle, deren Nicht-Beachtung rigide bestraft wird.[477] Hierbei wird der Gesellschaft eine Reflexionsmöglichkeit genommen, auf die eine mit der Stadtgesellschaft kommunizierende Stadtplanung nicht verzichten könnte. Der verbotene Roman „Shanghai Babe" von Weihui aus dem Jahr 1999 thematisiert beispielsweise die sozialen Folgen der ungebremsten Integration Shanghais in den Weltmarkt, in dem er sich die Frage stellt, wie unter den veränderten, kompetetiven Umständen noch Verantwortung, Freundschaft und Liebe als Lebensinhalte bestehen können. Der Autor zeigt dabei sehr deutlich, wie die alten Ungleichheiten der Klassen, Geschlechter und Kulturen im neuen „kosmopolitischen" Shanghai, das er sich selber so sehr wünscht, wieder aufleben.[478] Die hermetische Abriegelung der politische Planung von den wilden urbanen Gesellschaften funktioniert nicht nur über Reflexionsverbote, sondern sie lässt sich nur aufrecht erhalten, wenn überhaupt keine Informationen produziert werden, die in irgendeiner Weise die Dominanz des Staatsdiskurses in Frage stellen würden. Aus diesem Grunde ist auch eine wissenschaftliche Auseinandersetzung mit den Transformationsprozessen Chinas durch die staatliche Zensur verunmöglicht. Chinesische Planung beharrt auf den informativen Blindflug, die chinesische Stadtforschung operiert ohne die notwendige Kommunikation mit der globalen Scientific Community und das Recht auf eine eigene Forschungsagenda: „Unlike their Western colleagues studying urban China, whose work is often significally shaped, if not dictated, by the accessibility of information, research in the PRC is often driven by policy concerns and the availability of government funding on particular topics at a given time. This situation, no doubt, continues to reflect the strong influence of the government on academic work in China, and the constraints faced by the researchers there (…) For various reasons, pragmatism and the neglect of theoretical and methodological explorations and innovations still prevail in social science studies. In theory and methodology, the gap between the scholarly literature in the PRC and that in the West is still quite large."[479]

---

475 Huang, Y. (1996) Inflation an Investment Controls in China: The Political Economy of Central-Local Relations during the Reform Era, Cambridge.

476 Zhang, W. (2002) Urban development and a socialist pro-growth coalition in Shanghai. In: Urban Affairs Review, 37, 475-499.

477 Article 19 (1989) The year of the lie. Censorship and disinformation in the People's Republic of China 1989, London; Wacker, G. (2002) Widerstand ist zwecklos: Internet und Zensur in China. In: Schucher, G. (Hg,) Asien und das Internet, Hamburg; Erling, J. (2003) Zwischen Zensur und Geschäft: neue Trends im Journalismus in China. In: Schüller, M. (Hg.) Strukturwandel in den deutsch-chinesischen Beziehungen: Analysen und Praxisberichte, Hamburg.

478 Knight, D. S. (2003) Shanghai cosmopolitan: class, gender and cultural citizenship in Weihui's Shanghai Babe. In: Journal of Contemporary China, 12/37, 639-653.

479 Solinger, D. J./Chan, K. W. (2002) The China Difference: City Studies Under Socialism and Beyond. In: Eade, J./Mele, C. (eds) Understanding the City, Oxford, 217, vgl. auch Gu, C. (1999) Development of urban geography in China since 1978. In: Scientia Geographica Sinica, 2/5, 16-30.

„Irregularität" bezeichnet staatlicherweise de facto nicht nur jene urbanen Prozesse, die sich außerhalb des Regulären und Geplanten bewegen; Illegalität bezeichnet nicht nur de jure solche Prozesse, die durch Juristik verboten sind. Wenn man sich von diesen Diktaten distanziert, so sind solche Labelling-Akte staatlicher Steuerungsbemühungen in zweifacher Hinsicht aufschlussreich: Zunächst zeigen sie die Steuerungsreichweite, die der zirkulärkommunikativ organisierte Planungsapparat Chinas erzielen kann. Richtigerweise muss man wohl formulieren, dass die Diskreditierungsstrategien von Informalität eher deren Grenzen und Beschränkungen zeigen. Zensurmaßnahmen und Rigidität sollen offensichtlich die Allmachtsphantasien der Diktatur unter Beweis stellen und die in Wirklichkeit beschränkten Steuerungsmöglichkeiten des staatlichen Planungsautismus kaschieren. Zum anderen verweist aber dieser Diskreditierungsprozess auf eine tatsächliche Unkenntnis der wesentlichen Bedürfnisse der Stadtbevölkerung und deren vielschichtiger Entwicklungsansprüche.[480]

Unfähigkeit der Steuerung von und Unkenntnis über die städtische Gesellschaft Shanghais wird in vieler Hinsicht deutlich. Jenseits der Hochglanz-Broschüren von der Global City und ihrer beeindruckenden Skyline und Star-Architektur erstreckt sich eine urbane Stadtlandschaft, in der extreme soziale Unterschiede auffindbar sind. Die Verarmung großer Teile der Bevölkerung schreitet mit Bezug auf allgemeine Lebensstandards und noch mehr im Vergleich mit den Aufsteigern der neuen Marktwirtschaft fort.[481] Die neue Ungleichheitsdynamik vollzieht sich vor allem in den Bereichen, die sich mit hohen Wachstumsquoten entwickeln und die man als „Dienstleistungssektor" bezeichnet. Insbesondere in den besser bezahlten Segmenten dieses Sektors ist der Zugang nur durch einen hohen Grad an (akademischer) Ausbildung möglich. Da sich vor allem in der Ausdifferenzierung des Lohnsektors eine sehr antagonistische Dualität zwischen Niedrig- und Hochlohn-Jobs abzeichnet, wäre eine institutionelle Vermittlung zur Vermeidung oder Kanalisierung dieser sich abzeichnenden Klassenunterschiede notwendig, um aus den urbanen Kollisionen an dieser Stelle keine Konfliktlinien entstehen zu lassen. Der chinesische Staat versagt in dieser Hinsicht deshalb, weil er die neue Sozialstruktur Shanghais nicht einmal kennt bzw. zur Kenntnis nehmen will. Selbst in der Analyse der staatlichen Befragungen zur Situation städtischer Arbeiter der letzten Jahre, wie beschönigt sie auch ansonsten sein mögen, zeichnet sich ab, dass Bildung ein Attraktor ist in der Generation einer neuen Trennlinie der städtischen Ökonomie.[482] Noch krasser ist die Informationsverweigerung mit Bezug auf die Arbeitslosigkeit in den Städten Chinas. Die Privatisierung vieler Unternehmen bzw. die unvermittelte Anpassung an Weltmarktpreise hat Effizienzsteigerungen erfordert, die zum größten Teil durch höhere Pro-Kopf-Produktivität erreicht wurden, womit in vielen Industriebereichen weniger Menschen Arbeit gefunden haben.[483] Der Schein der Dauerbaustelle Shanghai trügt über die Tatsache hinweg, dass dieser Arbeitsplatzverlust bei weitem nicht kompensiert werden konnte. Eine weitergehende Analyse der wirklichen Entwicklung des Arbeitsmarktes in Shanghai ist allerdings nicht möglich, da diese Information systematisch manipuliert wird. Wohldurchdachte Schätzungen unterstützen die hier angeführte Argumentation, dass der Prozess der Post-Industrialisierung, wie ähnlich be-

---

480 Vgl. Lin, G. C. S. (2002) The growth and structural change of Chinese cities: a contextual and geographic analysis. In: Cities, 19/5, 299-316.
481 Hong, Z. (2005) The Poverty of Social Rights and Dilemmas of Urban Poverty in China. In: Journal of Contemporary China, 14/45, 721-739.
482 Maurer-Fazio, M. (2006) In Books One Finds a House of Gold: education and labor market outcomes in urban China. In: Journal of Contemporary China, 15/47, 215-231.
483 Vgl. auch Yang, G. (2006) An Institutional Analysis of China's State Power Structure and its Operation. In: Journal of Contemporary China, 15/46, 54-68.

kannt aus anderen post-sozialistischen Ländern, zu einer verschärften Arbeitsknappheit führt.[484] Die Komplexität des lokalen Arbeitsmarktes wird durch die staatliche Planung allerdings noch weniger erfasst, weil sie „Ökonomie" weitgehend als einen Produktivitätsprozess versteht, der die Entwicklung der heutigen urbanen Konsumwelt, insbesondere in Shanghai, nicht berücksichtigen kann bzw. sie lediglich als nachgeordnet konzipiert.[485] Die Analyse der Konsumrevolution im urbanen China verweist darauf, dass sich in dieser Sphäre eine Eigendynamik abzeichnet, die weder in ihrer Bedeutung noch in ihrer Logik anerkannt wird. Man darf davon ausgehen, dass sie für die Entwicklung Shanghais multiple Effekte entfaltet und sich ein Territorium schafft, das sich zum Teil gegenüber staatlicher Steuerung resistent zeigt. Wie schon zu Tokio thematisiert, so lassen sich auch für Shanghai und die chinesischen Städte Gemeinschaftsbildungen und autonome Soziabilität im Zusammenhang mit jenen Bereichen der Stadt nachweisen, die von der Planung nicht intendiert und berücksichtigt werden. [486]

Lokale Ökonomien haben diese Prozesse initiiert und sind weitgehend auf diese soziale Einbettung angewiesen, wodurch die Informalisierung der Ökonomie insgesamt die Bedeutung der verfassten/geplanten Stadtentwicklung weit in den Schatten gestellt hat.[487] Die Korrelation zwischen der Nicht-Kommunikation, der globalisierungsindizierten sozialen Differenzierungsdynamik und die informalisierten Autonomisierung der Stadtgesellschaft wird in allen wesentlichen Bereichen der Stadtentwicklung deutlich, insbesondere in der Thematik des Bevölkerungswachstums.[488] Shanghai ist in den neunziger Jahren nicht mehr durch die Geburtenrate, sondern aufgrund des ungebrochenen Zustroms von Einwohnern aus anderen Teilen des Landes gewachsen.[489] Pull- und Push-Faktoren für diese Migration sind vielschichtig, ein wesentlicher Attraktor allerdings sind die Arbeitsmöglichkeiten, die sich über Kettenmigration familiär und regional vermitteln.[490] Sozial wird diese Zuwanderung durch Gemeinschaftsbildung und entsprechende (segregierte) Territorialisierung möglich. Die unterschiedlichen Interventionen des Staates und der Stadt, teils restriktiv, teils kompensatorisch[491], waren im Grunde für die Steuerungsmöglichkeit der Migration (sowohl hinsichtlich des Zuzugs als auch mit Bezug auf die Ansiedlung[492]) ein Desaster.[493] Dem informellen Zuzug folgt die informelle Arbeit und der informelle Hausbau.[494] Der politische Diskurs hingegen verklärt diese Dynamik durch eine „Shanghai Nostalgia", die

---

484 Johnston, M.F./Huimin, L. (2002) Estimating China's Urban Unemployment Rate: background, mechanics and an alternative. In: Journal of Contemporary China, 11/31, 189-207.

485 Davis, D. (ed) (2000) The Consumer Revolution in Urban China, Berkely.

486 Davis, D. S. et al. (eds) (1995) Urban Spaces in Contemporary China: The Potential for Autonomy and Community in Post-Mao China, Cambridge.

487 Vgl. Zhu, Y. (2002) "Formal" and "Informal" Urbanisation in China. In. Pacione, M. (ed) The City: Critical Concepts in the Social Sciences, Vol. V, London/New York, 332-354.

488 Feng, Y./Swanminathan, S. (2004) Political Capacity and Demographic Change: A Study of China with a Comparision to India. In: Chen, A. /Liu, G. G./Zhang, K. H. (eds) a.a.O.

489 Chen, A./Coulson, E. N. (2004) Determinants of Urban Migration. In: Chen, A. /Liu, G. G:/Zhang, K. H. (eds) a.a.O.

490 Goodkind, D./West, L. A. (2004) Floating People: Definitions, Data, and Recent Findings. In: Chen, A. /Liu, G. G:/Zhang, K. H. (eds) a.a.O.; Su, L. Y. (1997) Migration and Urbanization in China. In: Jones, G.W./Visaria, P. (eds) Urbanization in Large Development Countries, Oxford.

491 Wang, F.-L. (2004) Hukou Systems and Migration Controls. In: Chen, A. /Liu, G. G./Zhang, K. H. (eds) a.a.O.

492 Wu, W. (2004) Migrant residential distribution and metropolitan spatial development in Shanghai. A.a.O.

493 Xie, J. K./Zhang, K. H. (2004) Urban Population in the Reform Era. In: Chen, A. /Liu, G. G:/Zhang, K. H. (eds) a.a.O.

494 Smart, A./Tang, W.-S. (2005) Irregular trajectories. Illegal building in mainland China and Hong Kong. In: Ma, L. J. C./Wu, F. (eds) Restructuring the Chinese City. Changing society, economy and space, London

sich durch ethnographische Studien den Akteuren zuschreiben lässt, die die alten Segregationslinien durch die Revitalisierungspolitik und Nachbarschaftsgemeinschaft aufrechterhalten möchten.[495] Die Effekte dieser Planungsdiskursivität verstärken sich auf der Ebene der Stadtregion, aufgrund selektiver Kommunikationsprozesse von Stadtpolitik und -planung und den einzelnen „urban districts", so dass sich insgesamt eine neue regionalisierte Raumordnung mit distinkten sozial-ökonomischen Profilen abzeichnet.[496] Die sozialen Ungleichheiten, insbesondere im Wohnungssektor, nehmen zu und verfestigen sich in segregierten Wohngebieten.[497]

Die Steuerungsfähigkeit Shanghais ist angesichts der fehlenden Vermittlungsinstanzen in ihrer Stadtgesellschaft offensichtlich begrenzt, d.h. sie reduziert sich auf eine interventionistische Mechanik, die wegen der introspektivischen Politik- und Planungsinstitutionalisierung nur zur Reproduktion der Strukturierungslogik globaler Kapitalverwertungsinteressen agentieren kann. Steuerung bedeutet hier: Kolonialisierung der bunten Lebenswelt Shanghais.[498] Ausgrenzung, Gewalt, Brutalität und Ausbeutung sind daher nicht nur ein „unbearbeitbares" Thema, sie sind Konsequenz der staatlichen Intervention.[499] Die Konstitution der Person in ihrer rechtlichen Verfasstheit wird damit weitgehend aufgehoben.[500] Die Steuerungslogik der chinesischen Planung verläuft gegen die Eigendynamik ihrer Stadtgesellschaften, sie kann daher nicht Konflikte vermitteln, sie kreiert zusätzliche und verschärft bestehende.[501]

9. Amsterdam: Urban Governance

„Het gaat soms om Amsterdam, maar meestal niet."

G. Mak[502]

Bei Bauarbeiten in der heutigen Kalverstraat, mitten im Herzen von Amsterdam, haben Archäologen Rudimente aus dem 13. Jahrhundert gefunden. Durch die Rekonstruktion des damals dort gelegenen Handwerkerhauses kann man nachvollziehen, dass das Haus sukzessive um eine Etage erweitert wurde. Amsterdam war zu jener Zeit nur ein kleines Dorf von 25 Metern Durchmesser, mühsam auf dem Amsteldam angesiedelt. Es entschloss sich, sich dem jeweils steigenden Wasserspiegel in der Weise anzupassen, dass es nicht in das Hinterland, sondern in die Höhe floh.[503] Die Expansion über die Wasserhöhe hinweg konnte al-

495 Pan, T. (2005) Historical memory, community-building and place-making in neighbourhood Shanghai. A.a.O.
496 Zhang, T. (2005) Uneven development among Shanghai's three urban districts. A.a.O.
497 Logan, J./Bian, Y./Bian, F. (1999) Housing inequality in urban China in the 1990s. In: International Journal of Urban and Regional Research, 23/1, 7-25.
498 Dutton, M. (1998) Streetlife China, Cambridge, vgl. auch Tang, W. S./Parish, W. L. (2000) Chinese Urban Life under Reform, Cambridge.
499 Etwa mit Bezug auf die (aktive) Toleranz von "Business Alliances" im Bereich von Prostituion: Zheng, T. (2006) Cool Masculinity: male clients' sex consumption and business alliance in urban China's sex industry. In: Journal of Contemporary China, 15/46, 161-182.
500 Solinger, D. J. (1999) Contesting Citizenship in Urban China: Peasant Migrants, the State and the Logics of the Market, Berkeley.
501 Perry, E. J./Selden, M. (eds) (2000) Chinese Society: Change, Conflict and Resistance, London; Perry, E. J. (2002) Challenging the mandate of Heaven: social protest and state power in China, New York
502 „Es geht manchmal um Amsterdam, aber meistens nicht."(Übersetzung F.E.); Mak, G. 1986) The Amsterdam dream: korte geschiedenis van de politieke cultuur in de jaren 80, Amsterdam, Klappentext.
503 Die Darstellung der Geschichte beruht weitgehend auf verschiedenen Stellen von Brugmans, H. (1972-73) Geschiedenis van Amsterdam, 6 Bände, Utrecht.

lerdings nicht als individuelles Unterfangen, sondern nur als Gemeinschaftsakt gelingen. Ab 1380 lassen sich gezielte Kanalbauten nachweisen, von denen alle Siedler profitierten und die nur als ein systematisches Gemeinschaftsprodukt entstanden sein konnten.[504] Die weitere Entwicklung Amsterdams lässt sich als permanente Intensivierung und Anwendung dieses Prinzips der Selbstorganisation lesen: Es folgt in gleicher Weise der Damm- und Kanalbau im Jahr 1425 (Kloveniersburgwal) und in 1450 der Singel. Diese Schlacht der wenigen Tausend Einwohner gegen das Amstelwasser prägte Amsterdams morphologische Stadtstruktur, die bis heute noch erlaubt, den damaligen räumlich-gesellschaftlichen Entwicklungsmodus zu rekonstruieren.[505] Mit der verstärkt einsetzenden Landflucht im 16. Jahrhundert wurden die niederländischen Städte immer mehr mit der Frage ihrer weiteren räumlichen Ausbreitung konfrontiert. In Amsterdam ist in jener Zeit der „Grachtengordel" entstanden, Zielpunkt heutiger Besuchsreisen. Amsterdam war aber keineswegs zu diesem oder späteren Zeitpunkten eine rational durchgeplante Stadt: „It is amazing that Amsterdam in the 17th century actually never had a fully-flegded expansion plan."[506] Stattdessen wurden praktische Gründe als wichtigste Entscheidungskriterien ausschlaggebend, die sich während seiner Entwicklung und der Ausbreitung ergaben. Amsterdam war damit vielleicht die letzte mittelalterliche Stadt, die „gewachsen" war und nicht geplant wurde. Jedoch betrifft dies nur die Morphologie und nicht den gesellschaftlichen Hintergrund der Stadtentwicklung. Amsterdam erlebte im 17. Jahrhundert sein „Goldenes Zeitalter".[507] Es entwickelte sich zu jener Zeit zu einem kommerziellen Zentrum Europas, in dem mit der Ostindien-Kompanie als erstes multinationales Unternehmen, operierend mit einer bis heute rudimentär gültigen Kreditdefinition, seine weltweiten Unternehmungen begann. Amsterdam war die Vorhut kapitalistischen Unternehmertums und ein Labor der modernen Stadtgesellschaft.[508] Diese Modernisierung konnte sich in erster Linie herausbilden, weil sie eine Selbstdynamik der urbanen Gesellschaft entfaltete, die sich von der in Europa nach wie vor herrschenden Ständegesellschaft abkoppelte. Wie konnte aber die Schönheit und Ordnung der Stadt hergestellt werden, wenn es weder eine „invisible hand" eines Masterplaners gegeben hat, noch die führende Hand eines Regenten die Stadtplanung diktierte? Es erscheint nur möglich, wenn zwischen denen am Bau beteiligten Bürgern verlässliche Kommunikationslinien bestanden haben und dabei eine Vorstellung über das Idealbild der Stadt kursierte, die alle zu teilen schienen.[509] Die sprichwörtlich freie Kommunikation bestand darin, dass eine gegenseitige Toleranz ausgeübt und nachgelebt wurde, in der auch unterschiedliche Vorstellungen zum Ausdruck gebracht werden konnten. Dies war in erster Linie durch eine religiöse Toleranz möglich, die der Kalvinismus in jener Zeit zu gewährleisten schien.[510] Die gemeinsame Vorstellung über Form und Stil des Städtebaus ergab sich aus einer darin aufgehende Freiheit, die von den Bauherren als Teil der aufstrebenden städtischen Schicht geteilt und in einem republikanischen Bewusstsein auch gegen die Monarchie verteidigt wurde.[511] In den darauf folgenden Zeiten konnte diese Autonomie nicht in

504   Vgl. Baart, J. M. (1987) Een Hollandse stad in de dertiente eeuw, Muiderberg Symposium.
505   Hoevem, C. v. d./Louwe, J. (1985) Amsterdam als stebelijk bouwwerk, een morfologies analyse, Nimwegen.
506   Taverne, E. (1978) In het land van belofte. Ideaal en werekelijkeid van de stasdsuitleg in de Republiek 1580-1680, Maarsen, 147f.
507   Prak, M. P. (2005) The Dutch Republic in the seventeenth century: the Golden Age, Cambridge.
508   Price, J. L. (2000) Dutch Society 1588-1713, Essex.
509   Bakker, B. (1995) De Staduitleg van 1610 en het ideaal van de "volcomen stadt". In: Jaarboek Amstelodamum, 87, 71-96.
510   Hsia, R. P. C. (2004) Calvinism and religious toleration in the Dutch Golden Age Cambridge.
511   Israel, J. I. (2004) Monarchy, orangism, and republicanism in the later Dutch Golden Age, Amsterdam.

dieser idealtypischen Weise beibehalten werden und auch die aufklärerischen Winde des Rationalismus haben vor Amsterdam nicht halt gemacht. Die Stadtplanung wurde institutionalisiert. Amsterdam hat jedoch zum Herrscherhaus der Oranjes immer ein zwiespältiges Verhältnis behalten.[512]

Die Geschichte Amsterdams wirft für die Theorie komplexer Urbanität konzeptionelle Fragen auf, die die Debatte um Steuerungsfähigkeit städtischer Gesellschaften weiterführt. Die Politik in den Großstädten, die mit den beschriebenen sozialen, ökonomischen und räumlichen Dimensionen konfrontiert wird, lässt sich ob der Komplexität politischer Handlungs- und Strukturlandschaften von verschiedenen Ausgangspunkten aus betrachten. Hierbei hat sich in der internationalen Theoretisierung der Begriff „Governance" eingebürgert, der auch für eine Theorie komplexer Stadtpolitik für angebracht gehalten werden kann. Mit ihm verbindet sich eine Erklärungsebene, die sich mit Möglichkeiten der Steuerung komplexer Regelsysteme und Diskussionen um die Transformation des Staatsgebildes und Regierungssystem insgesamt auseinandersetzt und die Frage städtischer Regierung in einen gesamtgesellschaftlichen Erklärungszusammenhang stellt. Der Charme von „Governance" als Begriff besteht also in einem analytischen Vorgehen, das nach Innovation in der Politik forscht und ihre Einbindung in eine weitergehende gesellschaftliche Analyse betreibt. Zugleich muss eingewandt werden, dass es keine einheitliche Governance-Forschung gibt und für viele Verwendungen des Governance-Begriffes die Zuordnung in einen übergeordneten Diskurs der Politikwissenschaften nicht gegeben ist.[513]

Die Forschung zur „urbanen Governance" stellt eine vielschichtige, ebenfalls unterschiedlich konzipierte Debatte dar.[514] Üblicherweise wird im Governance-Diskurs ein Übergang von einer älteren zu einer „neueren" Form des Regierens oder der politischen Organisation in einer staatlichen Ordnung vorausgesetzt. Hierbei wird nach Kooiman eine Definition von „Governance" entwickelt, mit der vor allem die Vernetzung von unterschiedlichen Akteuren, zumeist in der Betonung der Kooperation zwischen privater und

---

512 Eindrucksvoll nachzulesen in Mak, G. (2006) Amsterdam. Biographie einer Stadt, München.
513 Zur umfangreichen Governance-Forschung s. u.a.Mayntz, R. (1998) New Challenges to Governance Theory, Florenz; Mayntz, R. (2002) Common Goods and Governance. In: Héritier, A. (Hg.) Common Goods. Reinventing European and International Government, Lanham; Rhodes, R. A.W. (1997) Understanding Governance. Policy Networks, Governance, Reflexivity and Accountability, Buckingham; Schimank, U./ Lange, S. (Hg.) (2004) Governance und gesellschaftliche Integration, Opladen; Heinelt, H. (2004) Governance auf lokaler Ebene. In: Benz, A. (Hg.) Governance – Regieren in komplexen Regelsystemen, Opladen; Benz, A. (2004) Multilevel Governance – Governance in Mehrebenensystemen. In: Ders. (Hg.) a.a.O., Opladen; Scharpf, F. W. (2000) Interaktionsformen. Akteurszentrierter Institutionalismus in der Politikforschung, Opladen; Burth, H.-P./Görlitz, A. (Hg.) (2001) Politische Steuerung in Theorie und Praxis, Baden-Baden; Zolo, D. (1992) Democracy and Complexity, Cambridge; Mayntz, R. (2004) Governance Theory als fortentwickelte Steuerungstheorie? Working Paper 4/1 des MPIfG; Schuppert, G. F. (2005) Governance-Forschung. Vergewisserung über Stand und Entwicklungslinien, Baden-Baden; Barnett, C./Low, M. (2004) Spaces of Democracy, London.
514 Vgl. u.a. Andrew, C./Goldsmith, M. (1998) From Local Govenrment to Local Governance – and Beyond? In: International Political Science Review, 19, 101-117; Blanke, B. (Hg.) (1991) Staat und Stadt. Systematische, vergleichende und problemorientierte Analysen „dezentraler" Politik, Politische Vierteljahrsschrift Sonderheft 22, Opladen, 9-32; Bogumil, J. (Hg.) (2002) Kommunale Entscheidungsprozesse im Wandel. Theoretische und empirische Analysen, Opladen; John, P. (2001) Local Government in Western Europe, London; Goss, S. (2001) Making Local Government Work, London; Denters, B./Rose, L. E. (eds) (2005) Comparing Local Governance Trends and Developments, London; Cars, G. et al. (eds) (2002) Urban Governance. Institutional Capacity and Social Milieux, Aldershot; Jouve, B./Lefèbvre, C. (eds) (2002a) Loal Power, Territory and Institutions in the European Metropolitan Regions, London; Jouve, B./Lefèbvre, C. (eds) (2002) Metropoles ingouvernables, Paris; Jouve, B./Booth, P. (eds) (2004) Démocraties métropolitaines. Presses de l'Université du Québec; Jouve, B. (2003) La gouvernance urbaine en questions, Paris

öffentlicher Sphäre, zur Schaffung von Gelegenheitsstrukturen gemeint ist.[515] Diesem Governance-Verständnis liegt eine Organisationssoziologie des Politischen zugrunde, mit der die bisherige Perspektive auf die Struktur staatlichen Handelns als eine vertikal hierarchische gedachte in Frage gestellt wird. Maßgebliche Governance-Theoretiker haben ihre Befunde auf dem beobachteten Entstehen von horizontalen Formen der Interaktion, Kooperation und der Netzwerk-Organisation von politischen Institutionen und ihrem Umfeld begründet und dabei auf die neuen (Un-)Abhängigkeiten politischer Akteure, die autonomen Entwicklungen von Regulationsformen und Austausch, die Temporalisierung von Entscheidungsprozessen und deren Begrenztheit hingewiesen.[516]

Politische Steuerungsfähigkeit von städtischen Gesellschaften ist deshalb nicht nur die Frage nach der sichtbaren oder unsichtbaren Pilotage.[517] Vielmehr werden Prozesse öffentlicher Willensbildung und Entscheidungsfindung zu zentralen Elementen der urbanen Regierbarkeit. Diskutiert werden in erster Linie Ansätze einer deliberativen Demokratie.[518] In der Regel beziehen sich diese Auffassungen von Politik auf eine kommunikative Definition von Öffentlichkeit, in der die inhaltliche Dimension des Politischen im Rahmen von politischen Diskursen erst hergestellt werden muss. In der weitergehenden Theoretisierung wird die deliberative Demokratie als ein normatives Konzept verstanden, mit dem das kommunikative Handeln im Sinne Habermas' zum Dreh- und Angelpunkt der Entscheidungsfindung wird.[519] Kernelement dieser Analysen ist der möglichst herrschaftsfreie Diskurs, der aber eher normativ eingeklagt als empirisch nachgewiesen und somit analytisch wenig brauchbar erscheint.[520]

Ein zentrales Interesse der Governance-Forschung widmet sich der Frage nach den städtischen Räumen der Politik, in der es um die Analyse der Regulationsformen und -

---

515 Kooiman, J. (1993) Findings, Speculations, and Recommandations. In: Ders. (ed) Modern Governance. New Government – Society Interactions, London, 249-262 und ders. (2002) Governance. A Social-Political Perspective. In: Grote, J. R./Gbikpi, B. (eds) Participatory Governance. Political and Societal Implications, Opladen, 71-96.

516 Vgl. Rhodes, R. (2000) Governance and Public Administration. In: Pierre, J. (ed) (2000) Debating Governance. Authority, Steering, and Democracy, Oxford.

517 Lorrrain, D. (2005) Les pilotes invisibles de l'action publique. Le désarroi du politique? In: Le Galès, P./Lascoumes, P. (eds) Gouverner par les instruments, Paris.

518 Zur umfangreichen Debatte über die Theorie deliberativer Politikanalyse siehe u.a. Peter, B. (2001) Deliberative Öffentlichkeit, Frankfurt; Elster, J. (1998) Deliberative democracy, Cambridge; Gutmann, A. (2004) Why deliberative democracy? Princeton; Hüller, T. (2005) Deliberative Demokratie: Normen, Probleme und Institutionalisierungsformen, Münster; Lösch, B. (2005) Deliberative Politik: moderne Konzeptionen von Öffentlichkeit, Demokratie und politischer Partizipation, Münster; Talisse, R. B. (2005) Democracy after liberalism: pragmatism and deliberative politics, New York; Hayer, M.A. (2004) Deliberative policy analysis : understanding governance in the network society, Cambridge; Fishkin, J. S. (2003) Debating deliberative democracy, Malden; Fischer, F. (2003) Reframing public policy: discursive politics and deliberative practices, Oxford; Dryzek, J. S. (2002) Deliberative democracy and beyond: liberals, critics, contestations, Oxford; Valadez, J. M. (2001) Deliberative democracy, political legitimacy, and self-determination in multicultural societies, Boulder; Bohman, J. (1997) Deliberative democracy: essays on reason and politics, Cambridge; Nino, C. S. (1996) The constitution of deliberative democracy, New Haven.

519 Zum Konzept Habermascher Theoretisierung von deliberativer Politik siehe u.a. Scheyli, M. (2000) Politische Öffentlichkeit und deliberative Demokratie nach Habermas: institutionelle Gestaltung durch direktdemokratische Beteiligungsformen? Baden-Baden; Cavkaytar, Ö. (1996) Deliberative Politik und das Konzept der Zivilgesellschaft in Jürgen Habermas' Faktizität und Geltung, Disseration, Universität Kiel; Palazzo, G. (2002) Die Mitte der Demokratie: über die Theorie deliberativer Demokratie von Jürgen Habermas, Baden-Baden; Eriksen, E. O. (2003) Understanding Habermas: communicative action and deliberative democracy, London.

520 Vgl. u.a. Eriksen, E.O. (2002) Critical introduction to Jürgen Habermas, London; Marsh, K. L. (2001) Unjust legality: a critique of Habermas's philosophy of law, Lanham; Kelly, M. (1994) Critique and power: recasting the Foucault/Habermas debate, Cambridge.

dynamiken geht.[521] Der Begriff der Regulation basiert auf drei Dimensionen: Der Modus koordinierender Aktivitäten oder von Beziehungen von Akteuren; die Allokation von Ressourcen in Beziehungen zu diesen Aktivitäten oder Akteuren; und die Strukturierung von Konflikten. Regulation wird als eine Form definiert, durch die ein gegebenes Setting von Aktivitäten und/oder Beziehungen zwischen Akteuren koordiniert wird, und die diesbezüglichen Beziehungen, real oder potentiell, strukturiert werden.[522] In der weiteren Diskussion um mögliche verschiedene Regulationsformen werden insbesondere die Unterschiede zwischen Staats-, Markt- und reziproker Regulationsform betont, wobei der Staat in erster Linie durch Kontrolle und Sanktionen, der Markt durch Preise und Wertvorstellungen und die reziproken Formen durch soziale und politische Austauschprozesse, Identitätspolitik, Vertrauensstrukturen (Community etc.) und gemeinsame Werte und Normen funktionieren.[523] In dieser auf „Regulation" ausgerichteten Analyse wird die politische Dimension der gesellschaftlichen Transformation aber subkomplex dargestellt.[524] Für die Konzeption einer auf Komplexität bezogenen „Governance" lässt sich hier anschließen, weil „Urban Governance" als ein Koordinationsprozess verstanden wird, bei dem Akteure, soziale Gruppen und Institutionen in der Weise organisiert sind, so dass sie in einem unsichern Umfeld ein politisches, kollektives Gut erreichen oder anstreben können. Mit der regulationsorientierten Governance-Perspektive ergibt sich die Frage, wie eine Gesellschaft und ein politisches System Stabilität, Steuerungsfähigkeit und Legitimität in allen Teilen der Gesellschaft produziert. Hierbei liegt die Betonung auf einer Spezifität des Politischen, das aus einer Totalität von möglichen Entscheidungen wählen, (auch auf Gewalt basierende) Sanktionen ausführen kann und dazu ein gewisses Ansehen bzw. Legitimität besitzt.[525]

Die Relevanz der Governance-Debatte mit Bezug auf die Analyse (städtischer) Politik wäre in folgender Hinsicht weiter zu diskutieren. Es stellt sich zunächst die Frage nach dem (verbleibenden) Staat und den bestehenden Regierungsinstitutionen („government"). Hier wird zu erläutern sein, in welcher Weise Veränderungen in der Konzeption des Staatsbegriffes und von Staatlichkeit im weiteren Sinne mit dem Begriff von „Governance" zusammenhängen, durch ihn erklärbar oder in ihrer Analyseweite limitiert werden.[526] Zudem lässt sich der politiksoziologische Ansatz, dem die Governance-Theorien anhängen, weitergehend auf die Fragestellung der Steuerung und Steuerbarkeit gesellschaftlicher Prozesse anwenden. Dies führt zu der Diskussion um das Besondere der Ebene des „Lokalen" und der „urban politics".

Urban Governance wird weiterhin im Rahmen eines Verständnisses von Politik im Allgemeinen und Staatlichkeit auf der Ebene von „Nationalstaat" analysiert werden. Mit Bezug auf die Thematisierung des Städtischen in der Politik ist es allerdings notwendig, eine Lesart politischer Theorie gelten zu lassen, bei der es legitim erscheint, lediglich solche Ansätze passieren zu lassen, die sich auch der städtischen Dimension explizit widmen. Gegen diesen Fokus ließe sich nur argumentieren, insofern die Bedeutung des Lokalen gänzlich abgelehnt wird. Dies ist sicherlich in vielen theoretischen Ansätze spürbar; da sie damit aber für eine weitere Bearbeitung der Thematik dieses Buches dann auch nicht fruch-

521 Vgl. auch Moulaert, F. /Cabaret, K. (2006) Planning, Networks and Power Relations: is Democratic Planning Under Capitalism Possible? In: Planning Theory, 5/1, 51-70.

522 Lange, P./Regini, M. (1989) State, Market and Social Regulation, Cambridge, 12ff.

523 Vgl. Hollingsworth, J. R./Boyer, R. (eds) (1997) Contemporary Capitalism: The Embeddedness of Institutions, Cambridge; Crouch, C. et al. (2001) Local Industrial Systems in Europe: Rise or Demise? Oxford.

524 Sebastiani, S. (1998) Citizen's Committees, Social Protest and Urban Democracy. Paper tothe IPSA World Conference.

525 Vgl. Lagroye, J. (1997) Sociologie politique, Paris.

526 S. auch Benz, A. (2001) Der moderne Staat. Grundlagen der politologischen Analyse, München/Wien.

tbar gemacht werden können, wird hier mit der Annahme gearbeitet, dass der Raum, die Stadt, sehr wohl eine noch zu ermittelnde Besonderheit des Politischen darstellt. Politische Theorien des Städtischen variieren in dieser Hinsicht erheblich und deklinieren das partikular Urbane mehr oder weniger im Rahmen einer übergeordneten politischen Theorie oder betrachten, so der konträre Beurteilungsstandpunkt, alles Politische durch das Sichtglas des Städtischen. Wenn man sich zwischen beiden denkbaren Einordnungen des Städtischen in der politischen Theorie eine Linie denkt, dann können sich die theoretischen Ansätze, die üblicherweise in der „urban politics"-Forschung angewandt werden, wie folgt gruppiert werden:[527]

Zunächst lassen sich als Top-Down-Ansätze solche Diskurse in urban politics anführen, für die Städte lediglich das Abbild von metastrukturellen gesellschaftlichen und politischen Entwicklungen darstellen, wonach sich etwa das Lokale von Politik auf eine political economy des Städtischen kapriziert.[528] Städtische Politik resultiert hierbei aus der Spannung zwischen Staat und Markt, die sich auf der lokalen Ebene konkretisiert. In diese Kategorie von Theorien städtischer Politik sind vor allem auch Regimetheoretische Ansätze zu betrachten. Hierbei werden insbesondere die Institutionen berücksichtigt, die eine Aushandlung der Beziehungen zwischen privaten und öffentlichen Interessen verkörpern.[529] Regulationstheoretische Stadtpolitologie stellt sich als eine Variation dieses Ansatzes dar, der das Krisenhafte und die Transformation der kapitalistischen Gesellschaftsordnung in den Mittelpunkt der Forschung stellt.[530] Der Einfluss zu erforschender neoliberaler Politik und insbesondere von managerhaftem Elitismus hat hierbei die stadtbezogene Regimetheorie geprägt.[531]

Wenn der „Staat" hierbei als zentrale Analyse der neuen Bedeutung des Städtischen herangezogen werden soll, dann ist zunächst eine historische Interpretation der Staatsbildung als Ausgangspunkt für weitere Überlegungen hilfreich.[532] Der Staat konstituiert sich als geschichtliches Konstrukt der Monopolisierung von Gewalt und Legitimität einer politischen Ordnung. Hierbei betonen viele Autoren, dass die Staatsformung in einem Zusammenhang mit gesellschaftlicher Ausdifferenzierung, d.h. dem Abkoppelungsprozess des Sozialen vom Politischen, zu sehen ist.[533] Idealiter beziehen sich dabei viele Staatskonzepte auf eine Übereinstimmung von Staat und Territorium, die sich nach dem Westfälischen Frieden eingestellt hat. Als Effekt dieser Kongruenz können staatliche Institutionen, Organisationen und Diskurse in unterschiedlicher Formierung in weiten Teilen Europas gefunden werden, die vor allem die Geltung staatlichen Handelns garantiert haben. In dieser Weise lässt sich Staatswerdung als ein gesellschaftlich konstruierter Vorgang verstehen, der in vielerlei Hinsicht, insbesondere im internationalen Vergleich und der Ausformung auf

---

527 Vgl. auch DiGatano, A./Strom, E. (2003) Comparative Urban Governance. An Integrated Approach. In: Urban Affairs Review, 38/3/ 356-395.

528 Beispielsweise Smith, M. P. (ed) (1984) Cities in transformation; Class, capital, and the state, Beverly Hills und Gottdiener, M./Feagin, J. R. (1988) The paradigm shift in urban sociology. In: Urban Affairs Quarterly, 24/2, 164-187.

529 Vgl. Kantor, P. H./Savitch, H./Haddock, S. V. (1997) The political economy and urban regime. A comparative perspective. In: Urban Affairs Review, 32/3, 348-377.

530 S. vor allem Aglietta, M. (1979) A theory of capitalist regulation, London.

531 Jessop, B. /Peck, J./Tickell, A. (1999) Retooling the machine: Economic crisis, state restructuring, and urban politics. In: Jonas, A. E. G./Wilson, D. (eds) The urban growth machine: Critical perspectives two decades later, Albany, 141-159.

532 Vgl. auch Sellers, J. M. (2005) Re-Placing the Nation. An Agenda for Comparative Urban Politics. In: Urban Affairs Review, 40/4, 419-445.

533 Badie, B./Brinbaum, P. (1994) Sociologie de l'Ètat revisitée. In: Revue Internationale de Science sociales, 140, 189-201.

der lokalen Ebene, nicht einheitlich und nicht in erster Linie als eine intendierte, mit einer integrativen Zielstellung operierenden politischen Strukturierung abläuft.[534] Durch die Industrialisierung und das Entstehen des modernen Wohlfahrtsstaates haben die Städte im Laufe der letzten zwei Jahrhunderte eine unterschiedliche Stellung in den jeweiligen Nationalstaaten eingenommen, wobei die Annahme der kommunalen Autonomie durch diese Prozesse weder per se in Zweifel gestellt wurde, noch eine besondere Aufwertung erfahren hat. Territorialität im Zusammenhang mit der eingravierten Dichotomie von zentralem Staat und dezentrale Lokalität generiert die Frage, in welcher Weise die lokale Dimension in Bezug zur Debatte um Governance, Neue Staatlichkeit und gesellschaftliche Steuerungsfähigkeit gesetzt werden kann. Ausgangspunkt für einen Versuch, die Stadt in ihrer Beziehung zu der durch diese drei Diskurse thematisierten Veränderung des Politischen zu analysieren, beruhen in der Regel auf einer Hervorhebung der spezifischen Konzeption von Staat und Nation in Beziehung zur „subnationalen" Ebene. Schlüsselwort für viele Theoretiker ist dabei die Thematisierung von Zentrum-Peripherie-Beziehungen.[535] Die Rolle des Staates wurde hingegen seit den achtziger Jahren und verstärkt auf dem Hintergrund der Globalisierung kontrovers anhand der These von verminderter Staatlichkeit und größerer Spielräume für Städte im Sinne der oben dargestellten Global-City-Debatte geführt, wobei als momentaner Forschungsstand, wie im Diskurs über neue Staatlichkeit erkenntlich wurde, lediglich eine Restrukturierung oder Transformation, nicht aber ein „Absterben" des Staates oder ähnliches angenommen werden kann.[536] Politik in Städten muss auf dem Hintergrund veränderter Staatlichkeit betrachtet werden.[537]

Amsterdam als Hauptstadt der Niederlande spiegelt die vielfältige und widersprüchliche Einbettung und Abkoppelung vom holländischen Staat anschaulich wieder. Die Stadt ist als Teil einer intensiven Konsensdemokratie und zugleich lange Zeit stabile Säulengesellschaft in eine Governancelogik inkorporiert, die vertikal und horizontal auf intensive Kommunikation angewiesen ist.[538] Die Stadt- und Regionalplanung in den Niederlanden ist im internationalen Vergleich stark institutionalisiert und effektiv. Die Planung der Niederlande kennzeichnet sich durch ein hohes Maß an kommunikativen Akten aus, die im Effekt eine hohe Verbindlichkeit und Umsetzungsgeschwindigkeit erzeugen.[539] Entscheidend für diese konsensorientierte Steuerung der holländischen Städte ist eine kollaborative Institutionalisierung des Verhältnisses zwischen Stadt und Staat.[540] Die aktive Beteiligung der lokalen Eliten an der Nationalregierung und die Delegation der nationalen Eliten in die Städte, eine vielschichtige Aufgabenaufteilung und konsensorientierte Entscheidungspro-

534 Vgl. Jessop, B. (1990) State Theory: Putting the Capitalist State in its Place, Cambridge.
535 Rokkan, S. (1973) Cities, States and Nations: A Dimensional Model for the Study of Contrasts in Development. In: Eisenstadt, S. N./Ders. (eds) Building States and Nations, London und Unwin, D./Rokkan, S. (1982) The Politics of Territorial Identities, London.
536 Vgl. Levy, J. D. (2006) The state after statism: new state activities in the age of liberalization Cambridge; Brenner, N. (2004) New state spaces: urban governance and the rescaling of statehood, Oxford.
537 Grande, E. (2003) Politische Steuerung und neue Staatlichkeit, Baden-Baden; Vogt, R. (1996) Staates neue Kleider: Entwicklungslinien moderner Staatlichkeit, Baden-Baden; Anter, A. (2003) Demokratie und Staatlichkeit: Systemwechsel zwischen Staatsreform und Staatskollaps, Opladen; Sandforth, C. (2002) Prozeduraler Steuerungsmodus und moderne Staatlichkeit, Baden-Baden.
538 Andeweg, R B. (2002) Governance and politics of the Netherlands, Basingstoke.Gemeint ist auch die translokale/regionale Inkorporation: Hamilton, D. K./ Miller, D. Y./Paytas, J. (2004) Exploring the Horizontal and Vertical Dimensions of the Governing of Metropolitan Regions. In: Urban Affairs Review, 40/2, 147-182.
539 Woltjer, J. (2000) Consensus planning: the relevance of communicative planning theory in Dutch infrastructure development, Aldershot.
540 Eldersveld, S. J. (1995) Local elites in Western democracies: a comparative analysis of urban political leaders in the U.S., Sweden, and the Netherlands, Boulder.

zesse haben dazu geführt, dass sich die niederländische Demokratie in eine breite Kommunikationsstruktur mit den verschiedenen gesellschaftlichen Subsystemen ausdifferenzieren kann, ohne dabei das Definieren eines Allgemeinwohls aus den Augen zu verlieren.[541] Diese Logik der Urban Governance ist auf dem Hintergrund der industrialisierten Massengesellschaft des 19. und 20. Jahrhunderts zu sehen, die eine dementsprechende Institutionenlandschaft in Amsterdam hervorgebracht hat.[542] Die institutionalisierte niederländische Steuerungslogik der konsensuellen Urban Governance ist auch hinsichtlich gesellschaftlicher Transformationen als gestaltungsfähig zu betrachten.[543] Mit dem vielzitierten Vertrag von Wassenaar gelang es den Niederlanden, unterschiedliche ökonomische Akteure an einen Tisch zu bringen und im Sinne des Allgemeinwohls auf die ökonomischen Herausforderungen der Zeit Antworten zu finden.[544] Mit dem „Polder-Modell" wurde die konsensueller Demokratie neu justiert, die globale Restrukturierungslogik und niederländische Sozialstaatstradition zu verbinden versucht.[545] Auch nach dem aufkommenden Populismus und dem Rechtsruck im Jahr 2002 ist diese Logik der Urban Governance nach wie vor zu beobachten.[546] Die Transformation Amsterdams ist für diese Governancelogik das anschauliche Beispiel: „The restructuring of Amsterdam's historic center has been a highly socially regulated economic process. The development of Amsterdam's historic center into a place of leisure and tourism has hardly anything to do with a coherent pro-tourist strategy. The preservation of Amsterdam's cultural heritage and Dutch libertarian soft drugs policies have been pursued for reasons other than stimulate leisure and tourism. The city also allowed the conversion of lofts, offices and other buildings into housing units (...) All this has unintentionally resulted in a unique mix of people and functions (...) widely appreciated. The specific Dutch central-local relationships have enabled the urban social movements to block a radical reconstruction (...) and helped the city of Amsterdam to realize its own preservation policy."[547] Terhorst und Van der Ven zeigen des Weiteren auf, dass die komplexe Einbindung der Stadt in die gesellschaftlichen Transformationsprozesse auf lokaler, nationaler und internationaler Ebene und die aktive Intermediation der niederländischen Institutionen in vielen dieser Politikbereiche solche zum Teil nicht-intendierten Folgen haben, aber vor allem für diese, sozusagen älteste Global city ein menschliches Antlitz bewahren konnten. Die Komplexitätsperspektive auf Urban Governance lässt sich deshalb nicht auf ein bloßes Partizipationspostulat reduzieren und wäre in dem Sinne missverstanden.[548] Gleichsam lässt sich die Urban Governance von „Amsterdam", um das es hier nicht

---

541 Bryant, C. G. (1995) Democracy, civil society and pluralism in comparative perspective: Poland, Great Britain and the Netherlands, Warszawa.

542 Wagenaar, M. (2003) Between Civic Pride and Mass Society: Amsterdam in Retrospect. In: Musterd, S./Salet, W. (eds) Amsterdam Human Capital, Amsterdam.

543 Delsen, L. (2002) Exit polder model? Socioeconomic changes in the Netherlands, Westport; Daalder, H. (1996). The Netherlands: still a consociational democracy? Wien.

544 Dyk, S. v. (2006) Die Ordnung des Konsenses: Krisenmanagement durch soziale Pakte am Beispiel Irlands und der Niederlande, Berlin.

545 Hendriks, F. (2001) Polder politics: the re-invention of consensus democracy in the Netherlands, Aldershot; Woldendorp, J. (2005). The polder model: from disease to miracle? : Dutch neo-corporatism 1965 – 2000, Aldershot.

546 Geest, L. v. d. (2000) De polder is niet Paars, Breukelen; Seils, E. (2005) Das Holländische Wunder: Korporatismus und Konsens oder konfliktgeladene haushalts- und finanzpolitische Anpassung? In: Zeitschrift für Sozialreform, 51/2, 194-220.

547 Terhorst, P./Ven, J. v.d. (2003) The Economic Restructuring of the Historic City Center. In: Musterd, S./Salet, W. (eds) a.a.O., 98f.

548 Zur theoretischen Debatte über diese Frage siehe aber auch Hague, C. (2005) Place identity, participation and planning, London; Lovan, W. R. (2004) Participatory governance: planning, conflict mediation and public decision-making in civil society, Aldershot; Devine, P. J (2002) Participatory planning through ne-

(in einem essentialistischem Sinne) geht, nicht auf Konsensualität beschränken.[549] Planungswissenschaftlich ist eine komplexitätsorientierte Urban Governance-Analyse in der Weise erschwert, als sich die Herausforderung an „Planung", eine kohärente allgemeine Theorie zu liefern, als problematisch erweist, wenngleich sie wichtiger ist als „kluge Pläne".[550] Stattdessen wird der Vorschlag unterbreitet, in der bis hierhin elaborierten Weise Planung als Teil von Urban Governance zu verstehen, die sich mit einer komplexitätssensiblen Handlungslogik ausstattet.[551]

10. Berlin: Urbane Zeiten

„Das Denkmal für die ermordeten Juden Europas im Zentrum Berlins ist die zentrale Holocaust-Gedenkstätte Deutschlands, ein Ort der Erinnerung und des Gedenkens an die bis zu sechs Millionen Opfer. Das Denkmal besteht aus dem von Peter Eisenman entworfenen Stelenfeld sowie dem unterirdischen Ort der Information und wird von einer Bundesstiftung unterhalten. Das Stelenfeld ist Tag und Nacht frei zugänglich und zu einem der Besuchermagneten der deutschen Hauptstadt geworden. Der Ort der Information ist von 10.00 bis 20.00 Uhr geöffnet (letzter Einlass 19.15 Uhr, montags geschlossen)."[552] Diese Information auf der Startseite der Stiftung Denkmal für die ermordeten Juden Europas definiert das betreffende Denkmal als „Ort der Erinnerung und des Gedenkens" und zugleich als „Besuchermagneten". Offensichtlich wird das Mahnmal stark frequentiert und hat eine Bedeutung für viele Besucher erhalten. Ist es also ein Ort geworden, an dem man gerne geht?[553] Wie die Dokumentation der Debatte um die Errichtung des Holocaust-Denkmals deutlich macht, handelt es sich um eine Installation eines Erinnerungsortes, der politisch gewollt wurde.[554] Die Einrichtung eines Ortes, der die bisherige Erinnerungskultur der Nachkriegszeit in Westdeutschland nun verräumlichen soll, ist in einem Zusammenhang mit einer weitergehenden gesellschaftlichen Veränderung zu verstehen, in dem die Interpretation des Holocausts als ein konflikthaft-politischer Prozess zu betrachten ist.[555]

Für eine komplexitätsorientierte Stadtforschung stellen sich mit dieser Debatte konzeptionelle Fragen ein, die den oft benannten Zusammenhang von „Ort" und „Gedächtnis"

---

gotiated coordination. In: Science & society, 66/1, 72-85; Forester, J. (1999) The deliberative practitioner: encouraging participatory planning processes, Cambridge; Malbert, B. (1998) Urban planning participation: linking practice and theory, Göteborg; Innes, J. E. (2004) Many critiques of Consensus Building: Clarifications for the Critics. In; Planning Theory, 3/1, 5-20; Healey, P. (2003) Collaborative Planning in Perspective. In: Planning Theory, 2/2, 101-123.

549 Auch hierzu seien prinzipielle Einwände angebracht, vgl. Gusy, C. (1985) Konsensprinzip oder Demokratie: zur Auseinandersetzung um das Mehrheitsprinzip. In: Zeitschrift für Politik, 32/2, 133-152; Petersen, T. (1990) Volonté générale und volonté particuliere: Konsens, Konflikt und Kompromiß in der Demokratie, Heidelberg.

550 Donaghy, K. P./ Hopkins, L. D. (2006) Coherentist Theories of Planning are Possible and Useful In: Planning Theory, 5/2, 173-202.

551 Vgl. auch Chettiparamb, A. (2006) Metaphors in Complexity Theory and Planning. In: Planning Theory, 5/1, 71-91.

552 http://www.stiftung-denkmal.de (zuletzt aufgerufen: 30. November 2006)

553 Vgl. Leggewie, C./Meyer, E. (2005) „Ein Ort, an den man gerne geht" : Das Holocaust-Mahnmal und die deutsche Geschichtspolitik nach 1989, München.

554 Haardt, M (2001) Zwischen Schandmal und nationaler Sinnstiftung: Die Debatte um das Holocaust-Mahnmal in Berlin, Bremen; Stavginski, H.-G. (2002) Das Holocaust-Denkmal: der Streit um das „Denkmal für die ermordeten Juden Europas" in Berlin (1988 - 1999), Paderborn.

555 Vgl. Brumlik, M./Funke, H./Rensmann, L. (2000) Umkämpftes Vergessen: Walser-Debatte, Holocaust-Mahnmal und neuere deutsche Geschichtspolitik, Berlin.

betreffen. Keine Stadt, Berlin schon gar nicht, hat Orte, die nur eine Form von Erinnerung hervorrufen oder Erinnerungen nur eine einzelne Bedeutung zuweisen können. Die Gestaltung von Erinnerungsorten wird deshalb grundsätzlich von widersprüchlichen Erinnerungsinterpretationen überlagert. Berlin hat nach dem Ende des Ost-West-Konflikts und der Wiedervereinigung eine Phase der Stadtentwicklung erreicht, in der die Ortsinterpretationen in einer anderen Weise vorgenommen wurden als bis dahin. Mauer und Besetzungsstatut hatten hierfür zuvor den sichtbaren Rahmen vorgezeichnet, innerhalb dessen die lokalen Gesellschaften Ost und West diesen Aneignungsprozess vollziehen durften und konnten. Die Bedeutungszuschreibungen waren externalistisch und hegemonial, „sozialistische Hauptstadt" und „Vorposten der freien Welt", und ließen der Stadtgesellschaft nicht die für sie notwendige freie Luft zum Atmen, die sprichwörtlich ja städtisch sein soll. Der Fall der Mauer bedeutet hingegen nicht, dass es nun eine „komplette" Interpretationsautonomie gibt, vielmehr hat sich das Muster der Kommunikation mit der nicht-lokalen Welt transformiert. Berlin wurde zur Hauptstadt der Bundesrepublik, die in der Berliner Lokalität weder als Fremdkörper, sozusagen bezugslos verinselt, noch als inthronisierte stadtplanerische Befehlszentrale fungiert, vielmehr ist sie durch eine „Leistungsschau" des demokratischen Institutionalismus in der historischen Werdung Deutschlands in die urbane Institutionenlandschaft inkorporiert worden.[556]

Berlins Situation nach 1989 kann in dieser Hinsicht gut dadurch gekennzeichnet werden, dass es einen allgemeinen Konflikt in der Stadt gibt, inwiefern die hegemonialen Ortsdiskurse durch neue ersetzt werden oder ob es sich eine Interpretationsvielfalt erlauben kann, in dem Sinne, dass es sich als eine „normale" Stadt versteht.[557] Die Bedeutung der verschiedenen Erinnerungspraktiken und ihre Territorialisierungen ergeben sich aus der Tatsache, dass Urban Governance auf die Konstitution von narrativen Ausgangs- und Zielpunkten angewiesen ist. Der Terminus „Stadtentwicklung" impliziert eine Bewegung eines Raums auf dem Zeitpfeil, von A nach B, vorher und nachher. Kommunikation und Mobilisierung von Akteuren und Ressourcen etc. ist nur im Rahmen einer solchen Zeitstruktur denkbar. Die urbanen Kollisionen benötigen einen gouvernementalen Attraktor, der nur durch eine Zeitdimension funktioniert. Politik ergibt sich als eine Programmatik urbaner Governance, die mit solchen Zeitdefinitionen arbeitet. Berlins politische und gesellschaftliche Eliten haben sich bemüht, mit solchen Programmatiken umzugehen.[558] Berlin war auf das Wiedersichtbarmachen seiner Geschichte angewiesen, um ein Kontinuum zu definieren, in dem solche politische Pragmatik möglich wird.[559] Diese Narrativierung ist nicht nur die Organisationslogik eines politischen Projekts, das von vielen Beobachtern verkürzt als Neo-Liberalisierung bezeichnet wird.[560] In dieser Sichtweise wird nicht wahrgenommen, dass es auch noch kompetetive Interpretationsdiskurse gibt.[561] Insbesondere diese Analytik urbaner Komplexität ist von permanentem Reduktionismus bedroht, die „Interessen" und

---

556 Vgl. Welch Guerra, M. (1999) Hauptstadt Einig Vaterland: Planung und Politik zwischen Bonn und Berlin, Berlin.

557 Cochrane, A./Jonas, A. (1999) Reimagining Berlin: World city, national capital or ordinary place? In: European Urban and Regional Studies, 6/2, 145-164.

558 Vgl. Eckardt, F. (2005) In Search for Meaning: Berlin as National Capital and Global City. In: Journal of Contemporary European Studies, 13/2, 187-198.

559 Ward, J. (2004) Berlin, the virtual global city. In: Journal of visual culture, 3/2, 239-252.

560 Cochrane, A. (2006) Making Up Meanings in a Capital City: Power, Memory and Monuments in Berlin. In: European Urban and Regional Studies, 13, 5-24 und Holm, A. (2006) Die Restrukturierung des Raums. Stadterneuerung der 90er Jahr in Ostberlin: Interessen und Machtverhältnisse, Bielefeld.

561 Latham, A. (2006) Anglophone Urban Studies and the European City: Some Comments on Interpreting Berlin. In: European Urban and Regional Studies, 13/1, 88-92.

„Machtverhältnisse" auf bestimmte Akteure und „Strukturen" zu beschränken, ohne sich konzeptionell mit der Frage nach der Bedeutung von Diskursen und Narrationen im Zusammenhang mit Urban Governance auseinanderzusetzen. Denkmäler sind nicht die Visualisierung von „Macht", im Sinne eines kontrastiven Ortes, etwas Nicht-Lokalem, Nicht-Gegenwärtigem.[562] In ihrer Kritik sind zwar ungleiche Zugänglichkeiten aufweisbar, die Erforschung der komplexen Stadt erschöpft sich aber konzeptionell nicht in der Annahme einer einfachen Kausalbeziehung zwischen ökonomischer Interessensvorherrschaft, urbaner Bildlichkeit und politischer Steuerung.

Eine komplexitätsorientierte Stadtforschung hingegen verweist auf die verschiedenen Strukturierungen von Städten, in denen Steuerungsintentionen von vielen Seiten ausgeht: „planners not just plan, non-planners also plan."[563] Urbane Governance war als eine intentionale Aktivität verstanden worden, die eine Kommunikationslogik benötigt, die nicht nur ein syntaktisches, sondern auch ein semantisches Reservoire strukturiert. Dies scheint die Aufgabe des städtischen Gedächtnisses zu sein. Erinnerung ist kein Ort, haftet ihm nicht an, lässt sich nicht auf ihn kaprizieren. Erinnerungspolitik in ihrer räumlichen Dimension ist von daher zweifach zu thematisieren: Sie ist eine urbane Grammatik, ausgerichtet auf die Generation von Narration von zeitlichen Abläufen, und zugleich sind Erinnerungspolitiken als besondere Strategien zu analysieren, die in ebendieser Grammatik nur bestimmte Semantiken zulassen.

Berlin, Moskau, Paris und viele andere Städte hat Walter Benjamin besucht, erlebt und beschrieben. Benjamin bemüht sich um die Einbeziehung jener Aspekte des Urbanen, die sich weder hinreichend mit Stadtplänen noch Statistiken erfassen lassen. Benjamin ist aus diesem Grunde im Wissenschaftsbetrieb gescheitert und hat kein kohärentes Werk hinterlassen, wohl aber einen anspruchsvollen Bezug zu jenen unsichtbaren Fäden städtischer Gesellschaft, die sich in der Beziehung von Menschen zu ihrer auch architektonischen Umwelt auffinden lassen. Die Unterwelt des Sichtbaren soll freigelegt und erkennbar werden. Für Benjamin wird der Raum durch die Zerstückelung der Wahrnehmung – „chockhaft" im Rausch, der Traumwelt und Erinnerung – anschaubar. Als Forscher „profanisiert" Benjamin seine Wahrnehmungsstrategien, grenzt er sich als Leser, Denker, Wartender und Flaneur vom Opiumsüchtigen ab.[564] Somit werden „Gebiete urbar gemacht, auf denen bisher nur der Wahnsinn wucherte".[565] Mit Großaufnahmen, Zeitlupen, Stoptrick und Montagen kann die Unsichtbarkeit der städtischen Wirklichkeit erkundet werden. Für Benjamin ist die Erinnerung an die unsinnliche Erfahrung ein Verlust, den die Moderne erleidet. Erinnerung vollzieht sich als eine gegenwartsbezogene Wirklichkeitswahrnehmung. Das Hervorrufen von Erinnerung ist ein bewusst steuerbarer Prozess. Hierbei ist die Stadt der Erinnerung mnemonisch hilfreich. Organisiert wird der Erinnerungsprozess über das Evozieren von Bildern anhand von erinnerungstragenden Gegenständen. Es ist ein originär visueller und visionärer Vorgang. Erinnerung ist eine rettende Kritik, die vor allem die „Tradition der Unterdrückten" zum Inhalt hat.[566] Benjamin untersucht jene Orte, die sich als Archive der unsinnlichen Korrespondenzen ausmachen lassen. Dort brechen sich die Bilder des Glücks durch die gesellschaftlichen Herrschaftsverhältnisse, da die „chockhafte"

---

562 Menkovic, B. (1999) Politische Gedenkkultur: Denkmäler - die Visualisierung politischer Macht im öffentlichen Raum, Wien.
563 Campbell, S./Fainstein, S. S. (2003) Readings in planning theory, Malden, 2.
564 Cohen, M. (1995) Profane illumination: Walter Benjamin and the Paris of surrealist revolution, Berkeley.
565 Benjamin, W. (1971ff.) Gesammelte Schriften, Frankfurt: Band V, 570f.
566 Ebd., Band I, 697.

Wahrnehmung mit der Beschleunigung des Sehens in Fabriken und städtischen Lebenswelten korrespondiert.

In den Pariser Passagen begibt sich Benjamin auf die Suche nach den „geschichtlichen Variablen der menschlichen Wahrnehmung".[567] Das Passagen-Werk wird erkenntnistheoretisch anspruchsvoll als eine „Erbschaft des Surrealismus" ausgewiesen. Es soll rekonstruiert werden, in welcher Weise die Gesellschaft sich in ihren Eigenbildern selbst erkennt und erträumt. Paris stellt einen Mikrokosmos oder parabelhaft eine Monade der Moderne dar. Räumliche Gestaltung, die von ihr vorgeprägten Wahrnehmungsmöglichkeiten und die soziale Transformation des Wahrnehmenden zum Konsumenten sollen miteinander in Verbindung gebracht werden: Traumbilder der Architektur entstehen in einem historisch-gesellschaftlichen Kontext.[568] Die von Marx bereits thematisierte Fetischisierung der Waren im kapitalistischen Wirtschaftssystem gibt dem Ausstellungsprozess von Verkaufsgegenständen in den Passagen ihre gesellschaftliche Bedeutung. Benjamin fokussiert auf die in der Schaufensterwelt eingeschlossene „Phantasmagorie", die kollektivpsychologischen Versprechen, die mit der Ware verkauft werden. Ihre Auswirkungen betrachtet Benjamin als gesellschaftliche Restrukturierung der kulturellen Bourgeoisie, die im neunzehnten Jahrhundert eine kritische Transformation erfährt. Der Flaneur als neuer Interpret der Bilder der Warengesellschaft verbindet die Rezeption der subkutan überlieferten Versprechen der Vergangenheit mit einer Fortschrittshoffnung. Die Figur des Flaneurs ist eine personalisierte Allegorie der Moderne per se. Verdinglicht als Ware reproduziert sie die moderne Phantasie, über sich selbst und über die Warenvielfalt bestimmen zu können. Zwischen der Veräußerung und der Aneignung der Umwelt balanciert der Flaneur über den in der Allegorie zusammengefassten Gegensätzen: Sehen und gesehen werden. Er verliert sich in dem Gestrick der eigenen wie fremden Blicke, um sich dort zu verirren und zu sich zu finden. Die Allegorie der Moderne realisiert somit die Ähnlichkeit des Labyrinths auf ihre Weise. Für den Moment der Erkenntnis sind deshalb begünstigende Umstände notwendig, eine sich nur flüchtig ergebende Gleichzeitigkeit von semantischen Potentialen und erkenntnissubjektiver Arbeit; Benjamin verknüpft derart makro-theoretische Sichtweisen auf die Stadt mit mikro-soziologischen Wahrnehmungsstrategien im Labyrinth der Stadt.[569] Wie Benjamin in seinem autobiographischen Text „Berliner Kindheit um neunzehnhundert" darstellt, geht es dabei um eine individuelle Entwicklung des Wahrnehmens, Erinnerns und auch Vergessens, die mit dem Gesellschaftlichen korrespondiert, aber nicht zusammenfällt.[570] Bilder und Ortsbilder haben die Funktion, ein „Gefühl der Sehnsucht (...) durch die Einsicht, nicht in die zufällige biographische, sondern in die notwendige gesellschaftliche Unwiederbringlichkeit des Vergangenen in Schranken zu halten."[571] Erinnerung bleibt in gewisser Weise eine „unwillkürliche" menschliche Aktivität,[572] die sich als Kollision von mental maps mit der wahrgenommenen Realität ergibt. Mnemotechnische Verräumlichung bedeutet in dieser Weise auch immer eine potentielle Konflikthaftigkeit, Destruktion vorgegebener, politisch-gesellschaftlicher „Erinnerungsorte".[573] Diese Bewegungen im urbanen Raum vollziehen

---

567 Ebd., Band III, 525.
568 Menninghaus, W. (1986) Schwellenkunde. Walter Benjamins Passage des Mythos, Frankfurt.
569 Vgl. Gilloch, G. (1996) Myth and metropolis: Walter Benjamin and the city, Cambridge.
570 Lemke, A. (2005) Gedächtnisräume des Selbst: Walter Benjamins "Berliner Kindheit um neunzehnhundert", Würzburg.
571 Benjamin, W., ebd., Band VII, 383.
572 Teschke, H. (2000) Proust und Benjamin: unwillkürliche Erinnerung und dialektisches Bild, Würzburg.
573 Pethes, N. (1999) Mnemographie: Poetiken der Erinnerung und Destruktion nach Walter Benjamin, Tübingen.

sich nicht freischwebend, sondern bedürfen der Vermittlung und Medialisierung.[574] Für Benjamin bedeutete dies vor allem: durch Sprache.[575] Man mag dies als eine hinterfragbare Setzung halten und mediale Urbanität beschränkt sich sicherlich nicht auf das Sprachliche, für den Anschluss an die urbane Governance und ihre notwendigen Vermittlungsfunktion sind sprachliche Handlungen (bzw. deren Fehlen) aber vorderst forschungsrelevant. Mit ihnen erschließen sich Fragen nach Einschluss und Ausschluss in Entscheidungsprozessen, deren Nicht-Repräsentanz, Nicht-Transparenz und Nicht-Kommunikation einen anderen Steuerungsmodus andeuten, wohingegen über die Sprache vermittelte Governance-Strategien Narrative generieren, die eine Eigendynamik entwickeln können. Seit Alters scheint mit der Verschriftlichung oder Nicht-Verschriftlichung eine Zweiteilung in der urbanen Erinnerungs- und Vergessenskultur einherzugehen, in der mit der fundamentalen Wirkung von Schrift eine Grenze zwischen Vergessen und Erinnern gezogen wird.[576] Ein Ort hat kein Gedächtnis. Eine Stadt als solche auch nicht. Erinnerungsorte sind nur über eine vorab per Schrift vermittelten Narration bedeutungsvoll. In einer weitgehend selbstregulierten Stadtgesellschaft, im Fadenkreuz globaler Bilder- und Bedeutungsdiskurse, gesellschaftlich in nationale Arrangements von Macht und Verantwortlichkeit eingebunden, kann es hierzu niemals nur eine Lesart geben. Es ist daher unsinnig zu behaupten, dass es etwa von Materialien abhänge, in welcher Weise sich Erinnerung vermittle, wie etwa in Teilen der Architekturkritik bezüglich der Verwendung von Beton für das Holocaust-Memorial: „Concrete has become the default material for memorials (…) Concrete makes everywhere the same. It cuts people off from their past, from nature, from each other."[577] Städtebau und urbane Erinnerungspraktiken werden weder einseitig von architektonischen Vorgaben noch von stadtgesellschaftlichen Zuschreibungen in Beziehung gesetzt;[578] urbanes Gedächtnis definiert sich vielmehr gemäß der urbanen Zeitlogik.

Zu dieser Logik urbaner Zeit gehört, dass Erinnerungspraktiken als Imaginationsvorgänge zu gelten haben, die sich in vielfältigsten medialen, semiotischen und skriptiven Strategien ausbilden.[579] Sie sind keine rückwärtsgewandten Aktivitäten, sondern vollziehen eine kollektive, gesteuerte Aufgabenbewältigung für die Zukunft.[580] Berlin lässt sich dabei als ein Paradebeispiel lesen, wie die Zeitlogik auf bestimmte stadtgesellschaftliche Voraussetzungen aufbauen muss, um die Eigendynamik urbaner Entwicklung ermöglichen zu können.[581] Offensichtlich hatten am Stichtag der deutschen Wiedervereinigung die Bewohner beider Teile Berlins unterschiedliche innere Uhren, Zeitrhythmen, Definitionen und Narrationen des Gestern, Imaginationen des Morgen und dementsprechend Schwierigkeiten den Sekunden-, Minuten- und Stundentakt im jeweils anderen Zeithorizont an ihre eigene Zeitlogik anschließen zu lassen.[582] Die offenkundigen Differenzen der urbanen Zeitlogiken in Ost- und West-Berlin verweisen auf eine allgemeine Dimension von städtischer Zeit, die

---

574 Steinmayr, M. (2001) Mnemotechnik und Medialität: Walter Benjamins Poetik des Autobiographischen, Frankfurt.
575 Muthesius, M. (1996) Mythos, Sprache, Erinnerung: Untersuchungen zu Walter Benjamins „Berliner Kindheit um neunzehnhundert", Basel.
576 Loraux, N. (2002) The divided city: on memory and forgetting in ancient Athens, New York.
577 Forty, A. (2005) Concrete and memory. In: Crinson, M. (eds) Urban memory: history and amnesia in the modern city, London, 75.
578 Vgl. Boyer, M. C. (1994) The city of collective memory: its historical imagery and architectural entertainments, Cambridge.
579 Westwood, S. (1997) Imagining cities: scripts, signs, memory, London.
580 Stüssi, A. (1977) Erinnerung an die Zukunft: Walter Benjamins „Berliner Kindheit um Neunzehnhundert", Göttingen.
581 Jordan, J. A. (2006) Structures of memory: understanding urban change in Berlin and beyond, Stanford.
582 Eine sensible Schilderung ist Robin, R. (2002) Berlin: Gedächtnis einer Stadt, Berlin.

sich zunächst auf ein Geschichtsverständnis einzulassen hat, das von der prinzipiellen Gleichzeitigkeit von verschiedenen Zeiten, zu allen Zeiten, auszugehen hat.[583] Geschichte verläuft nicht linear und schon gar nicht teleologisch.[584] Komplexe Urbanitätshistorik hat davon auszugehen, dass dies schon immer so war.[585] Städte sind heute nicht komplexer als damals. Die Zeitgleichheit unterschiedlicher Zeiten, immer, ist eine Dimension städtischer Komplexität, aber urbane Komplexität als solche ist kein handelndes Subjekt, das sich weiterentwickelt. Das Urbane multipler Zeitstrukturen ergibt sich erst, in dem die bisherigen Dimensionen der komplexen Stadt hinzugezogen werden: Kollisionen ergeben sich aus der unterschiedlichen Geschwindigkeit lokal anwesender Akteure und nur deshalb, weil diese Nutzen aus Hybridisierungen oder Konflikten erzielen wollen, weshalb sich nur im Rahmen von Urbanität, mit ihrer kontradiktorischen Logik von Verdichtung und Mobilität, Zeiten als komplex entwickeln.

Schon in den siebziger Jahren wurden umfangreiche Studien zu Zeitnutzungsmustern von Stadtbewohner durchgeführt, in deren Ergebnis oftmals Differenzen in Kategorien wie Gender, Wohnort oder Beruftätigkeit in den Vordergrund gerückt werden.[586] Seitdem werden Beobachtungen formuliert, die von einem grundlegenden Wandel in den städtischen Zeitstrukturen ausgehen.[587] Diese veränderten urbanen Zeitstrukturen werden als Folge allgemeiner Veränderungen in der gesellschaftlichen Moderne betrachtet. Prinzipiell werden diese als Flexibilisierung bezeichnet.[588] Zeit ist ein Faktor, der sich als ein „Stoff" für Konflikte darstellt, dementsprechend als machtbezogen und politisch zu analysieren ist. Dies wird insbesondere mit Bezug auf die verengte Perspektive „Raumplanung" heruntergebrochen.[589] Weitergefasste politische Analysen operieren mit einem Politikverständnis, das vor allem die Situation von Arbeitnehmern und Frauen zum Ausgangspunkt für Konzepte von „zeitbewussten Städten" nimmt.[590]

Zeit vergesellschaftlicht die menschliche Chronobiologie.[591] Dieser Prozess, in dem gesellschaftliche Zeitstrukturen und individuelle Biographie in Übereinstimmung gebracht werden, verläuft mittels Institutionalisierungen, die „versteckte Rhythmen" entwickeln, austauschen und anpassen.[592] Städte sind deshalb der Raum dieser Prozesse, da sie nur unter den sich konstituierenden Bedingungen Synchronisierungen ermöglichen.[593] Syn-

583 Vgl. auch Kim, C.-g. (1999) Zur Theorie der Moderne „Gleichzeitigkeit des Ungleichzeitigen": ein Beitrag zur Diskussion um die Moderne in soziologischen Gesellschaftstheorien, Göttingen.
584 DeLanda, M. (2000) A thousand years of nonlinear history, New York.
585 Strohm, T.(1993) Die Zeiten ändern sich: Zeiterleben und Zeitstrukturen im Umbruch, Gütersloh; Braudel, F. (1992) Schriften zur Geschichte, 1, Gesellschaften und Zeitstrukturen, Stuttgart.
586 Schon Szalai, A. (1972) The Use of Time. Daily Activities of Urban and Suburban Populations in Twelve Countries, Den Haag.
587 Mückenberger, U. (1998) Zeiten der Stadt: Reflexionen und Materialien zu einem neuen gesellschaftlichen Gestaltungsfeld, Bremen.
588 Vaskovics, L. A. (1993) Auswirkungen der Flexibilisierung von Gesellschaftlichen Zeitstrukturen und Möglichkeiten zur Gewinnung von Zeitsouveränität – Bamberg, 1993 Gräbe, S. (1992) Alltagszeit – Lebenszeit: Zeitstrukturen im privaten Haushalt, Frankfurt.
589 Eberling, M. (1997/8) Zur räumlichen Wirkung veränderter Zeitstrukturen. In: Informationen zur Raumentwicklung,10, S.643-650
590 Mückenberger, U. (2001) Bessere Zeiten für die Stadt: Chancen kommunaler Zeitpolitik/ Opladen; ders. (2004) Bremen 2030 – eine zeitbewusste Stadt, Bremen; Mahnke, N. (2004) Sozial-ökologische Strategien kommunaler Zeitpolitik für eine nachhaltige Entwicklung der Stadt Lüneburg: exemplarische Analyse der räumlichen Auswirkungen von Zeitkonflikten, Bremen.
591 Meier-Koll, A. (1995) Chronobiologie: Zeitstrukturen des Lebens, München.
592 Zerubavel, E. (1982) Hidden Rhytms, Schedules and Calendars in Social Life, Chicago.
593 Ascher, F. (2005) La société hypermoderne: ces événements nous dépassent, feignons d'en être les organisateurs, La Tours d'Aigues.

chronisierungen fallen in der sich beschleunigenden Moderne, laut Rosa, immer schwerer und haben für das Individuum schwierige Adaptionsumstände zur Folge, weil sich ein Anschluss an das große Überall ergebe: „Als wichtigster Befund aus der Diskussion der Auswirkungen beschleunigten sozialen Wandelns muss jedoch die Feststellung gelten, dass die hohen Veränderungsraten für Individuen ebenso wie für Organisationen einen wachsenden Adaptionsdruck erzeugen, der in das verbreitete Gefühl mündet, gleichsam überall auf nicht nur abschüssigem, sondern sogar auf (in variierenden Geschwindigkeiten) abrutschendem Terrain, auf „slipping slopes" oder auf der Rolltreppe nach unten zu stehen; Um seine Position zu halten, um Optionen und Anschlussmöglichkeiten nicht zu verlieren und um die Synchronisationsanforderungen zu erfüllen, müssen die Umweltveränderungen stets mit- und nachvollzogen werden (...) Es gibt keine Ruhepausen mehr."[594]

Diese Wahrnehmung soll zunächst in ihrer empirischen Aussage nicht bezweifelt werden und eine „Beschleunigung" als allgemeines Kennzeichnen einer radikalisierten Moderne mag nachweisbar sein. Verstörend wirkt die Annahme, dass es heute keine Ruhepausen mehr gebe und es irgendwann einmal davon viel mehr gegeben haben soll. Analytisch verwirrt, dass Umweltbedingungen und Individuum als duale Welten betrachtet werden, Synchronisationsanforderungen ergehen von einer zu anderen Seite. Institutionen werden zwar erwähnt, nicht aber in ihrer Intermediationsrolle ernst genommen. Beschleunigung kommt von ganz oben, ist das Motto dieser Sichtweise auf sich verändernde Zeitstrukturen. Der Erkenntnisgewinn dürfte in diesem Sinne nur noch in dem Abmessen der Synchronisationsleistungen zu sehen sein. Synchronizität wird als Sequenzierung und Temporalisierung von Komplexität betrachtet.[595] Es handelt sich um eine raumfreie Betrachtung von Zeit, in der der historisch-empirisch mit einiger Evidenz nachweisbare Prozess der Urbanisierung keine Zeile wert ist. Synchronisationsprozesse können aber, so der Vorschlag für eine komplexe Urbanitätsforschung, nur aufgrund einer Konzeptionalisierung von Geschwindigkeit stattfinden, wenn sie in ihrer Direktionalität auf Austausch und Dichte verstanden werden, wenn sie konstitutionell für urbane Logiken von Zeitstrukturen in die Analyse eingehen. Beschleunigung, so sah es schon der Engel über Bangkok, endet im Stau vor der nächsten Abfahrt zum Stadtzentrum.

Anstelle einer melancholischen Blickweise auf die verlorene Ruhe und der pseudokritischen Sichtweise auf die Synchronisationsanforderungen werden hier Städte als Räume verstanden, die in ihrer komplexen Ausgestaltung einer Stadtgesellschaft sich zeitlich nur in der Weise organisieren können, dass sie Synchronizität durch Hybridisierung von Strukturen institutionell in der Weise anbieten, in der die Akteure ihre Mobilität und Kollisionen fortsetzten können. Die Schlüsselbegriffe für die Analyse urbaner Zeitlogiken sind Desynchronisation und Resynchronisation. Chronisationsschutz ergibt sich aus der Eigendynamik der Akteure und Intermediatoren aller Ebenen. Das Holocaut-Memorial ist nicht nur ein „Besuchermagnet" für eine auf Imageproduktion ausgerichtete Möchtegern-Global City, es ist als Erinnerungsprojekt konzipiert, in dem einzelne Akteure die Synchronizität ihrer Vergangenheit mit der vieler heute lebender Menschen suchen. Viele alltägliche De- und Resynchronisierungen betreffen weniger das Erinnern als die Gestaltung der Gegenwart. Von einer einseitigen, totalitären Dominanz irgendwelcher Synchronisationsansprüche kann eine für Hybridisierungen und von Erinnerungskonflikten ausgehende Temporalitätsstruktur der Stadt nicht ausgehen. Mehr Erkenntnisgewinn verspricht die offene Frage, in welcher Weise sich unterschiedliche Zeitlogiken urbanisieren. Konflikt und Anomie

---

594 Rosa, H. (2005) Beschleunigung. Die Veränderung der Zeitstrukturen in der Moderne, Frankfurt, 468.
595 Ders., a.a.O., 297.

urbaner Zeit sind nicht zwangsläufig, sie stellen eher das Nicht-Funktionieren intermediärer Zeitorganisation dar und kennzeichnen nicht den urbanen Zeitmechanismus, der verschiedene Zeitlogiken kollidieren (desynchronisieren) lässt und so neue Resynchronisierungen produzieren kann. Die Imperative ökonomischer Verwertungsprozesse, die in der dualen Denke von Umweltveränderungen und Individuum aber nur simplizistisch aufgehoben sind, generieren sich aus diesem Mechanismus, der ökonomische Vorteile für den Einzelnen aus seinem Funktionieren gewinnen kann. Durch die Einbindung in die Analyse der Zeit, der chronologischen Zwangssituation des Menschen, verstehen wir die urbanen Kollisionen nicht nur als gesetzte Mobilität und Energie, sondern es ist dies die Kraft der begrenzten Zeit: Ruhe und Beschleunigung sind keine Gegensätze. Mobilität beginnt in der mentalen Vorwegnahme von Zeit, in ihrer Begrenztheit. Zeit ist keine gesellschaftlich nur formbare Masse, sie ist „Natur". Nicht alles hat seine Zeit, Menschen bewegen sich, weil sie wissen, dass sie sterben müssen und davor versuchen, unsterblich zu werden.[596]

11. Dhaka: Die Natur des Städtischen

„It is no longer academic to say that the old disciplines will not do (...) Indeed, only by way of a creative encounter can we assuredly survive this deluge and the ones that await us in the future. The task is immense and complex, requiring concrete and precise innovations in the field of agriculture, hydrology, industry, geophysics, rural economy, education, urban development, civil engineering, architecture, health, forestry, even politics and sociology."

I. Ahmed[597]

Durch Dhaka fließt soviel Wasser wie durch ganz Europa. Wasser ist in der Hauptstadt Bangladeshs omnipräsent. Wie neunzig Prozent des ganzen Landes befindet sich die Stadt nur wenige Meter, durchschnittlich zehn, über dem Wasserstand seiner vier großen Flüsse. Während diese den Abfluss aus den umgebenden indischen Bergen und dem Himalaja transportieren, wird die Stadt zu Monsunzeiten auch mit Überschwemmungen aus dem Golf von Bengalen aufgesucht. Wasser kommt aber nicht nur vom Norden und Süden in die Stadt, sondern vor allem auch von oben. Die hohe Luftfeuchtigkeit klärt sich für wenige Stunden auf, wenn sich der Regen in großen Mengen sturzartig auf die Straßen und Dächer der Stadt entlädt. Oder aber es regnet ununterbrochen, zum Teil tagelang. Die Erleichterung über die saubere Luft wird dadurch getrübt, dass das Wasser nicht so schnell abfließen kann und für viele Hütten und Häuser zu einem Problem wird. Auf den Straßen und Wegen bilden sich Lachen, die für die mit Malaria und Tongue infizierten Mücken ein willkommener Brutplatz sind.

Für Dhaka ist das Wasser die elementare Ebene seiner Stadtentwicklung. Seine Lage in einem vielfältigen Netz von Wasserwegen hat die Stadt zum Ausgangspunkt seiner Entwicklung seit der Gründung im Mogulreich gemacht. Doch Wasser ist heute in vieler Hinsicht ein großes Problem für Dhaka. Trotz der schieren Allgegenwärtigkeit des feuchten Nass, leidet der Großteil der Bevölkerung unter einem Mangel an Trinkwasser. Schätzungen der Weltgesundheitsorganisation (WHO) zufolge hat nur jeder vierte Bangladeshi Zu-

---

596 Bauman, Z. (1994) Tod, Unsterblichkeit und andere Lebensstrategien, Frankfurt.
597 Ahmed, I. (ed) Living with Floods. An Excerise in Alternatives, Dhaka, 116f.

gang zu sicherem Trinkwasser.[598] Diese Problematik verschärft sich hinsichtlich der Sanitäranlagen, zu denen nur noch jeder Fünfte Zutritt hat. Obwohl in Dhaka zum Teil eigene Wassertanks auf Dächern installiert wurden, ist die Situation dort nicht unbedingt besser und die Nutzung verschmutzten Wassers für viele eine unumgängliche Notwendigkeit. Wesentlicher Grund für die Verschmutzung des Wassers ist die ungefilterte Einleitung von industriellen Abwässern von Industrien, die sich am Rande der Stadt angesiedelt haben. Aber auch Haushalts- und andere Abfälle tragen erheblich zur Verschmutzung und Vergiftung bei. Hierzu gehört angesichts mangelnder Toilettenvorrichtungen für die Mehrzahl der Menschen in Dhaka auch die öffentliche Notdurft, die insbesondere für die Millionen Bewohner der „Basti" (Slums) die einzige Möglichkeit darstellt. Durch den Regen und das damit verbundene Ansteigen und Zurückfluten der Wasser in die Behausungen entstehen hierdurch erhebliche gesundheitliche Probleme. Cholera, Typhus, Durchfall- und Infektionskrankheiten, Parasiten, Würmer und Malaria werden im erheblichen Maße diesen fehlenden Hygiene-Möglichkeiten zugeschrieben.[599]

Die Vergiftung betrifft allerdings nicht nur die Oberflächengewässer, sie ist vielmehr inzwischen bis tief in das Grundwasser eingedrungen. Das zur Verfügung stehende Trinkwasser wird vor allem durch Grundwasserbrunnen gewonnen. Seit Anfang der neunziger Jahre haben Krankenhäuser auf die vermehrten Vergiftungen von Patienten mit Arsen, oftmals lebensgefährlich, hingewiesen. Obwohl die geologische Struktur Dhakas mit seinen Lehm- und Sandformationen auch eine natürliche Oxidation von Arsen produziert, ist die verstärkte Arsenverseuchung des Grundwassers nicht darauf zurückzuführen und als Symptom einer tiefgreifenden, umfassenden und allseitigen Verseuchung zu betrachten.[600]

Ungeachtet der kritischen Qualität stößt die Ausnutzung des Grundwassers auch quantitativ als Grundlage für die Stadtentwicklung in einer Megacity wie Dhaka an ihre Grenze. Obwohl nur jeder fünfte Stadtbewohner Zugang zu Trinkwasser hat, ist das Grundwasser bereits auf 20 Meter gefallen und eine weitere Nutzbarmachung erscheint kaum möglich. Während ein rapider Anstieg des Bedarfs an sauberem Wasser vorhergesagt werden kann, nehmen offensichtlich die verbleibenden Trinkwasserressourcen ab.[601] Der Wassermangel in einer Stadt, die zugleich von Flüssen umgeben und von Fluten des Meeres heimgesucht wird, ist paradox und verweist auf ein komplexes Verhältnis zwischen Gesellschaft und natürlichen Ressourcen der Stadt. Dhakas „Umweltprobleme" (sie sind in erster Linie Probleme für die Bewohner der Stadt) erschöpfen sich bei weitem nicht auf das Wasser, vielmehr sind Luft, Lärm, Ernährung, Boden, Energie und Licht andere Bereiche, in denen sich erhebliche Problematiken auftun und die sich mit der Wassernot verknüpfen.

Erhebliche Anstrengungen wurden zum Teil bereits unternommen und einzelne Fortschritte, etwa bei der Luftverschmutzung, sind durch politische Interventionen erreicht worden.[602] Es ergeben sich aber bei der Betrachtung der besorgniserregenden Lebensumstände in großen Teilen Dhakas und vielen anderen Slums der Mega-Cities weltweit weitergehende Fragestellungen, die durch die zumeist kurzfristigen Politiken nicht abgedeckt werden können. Zunächst ist es augenscheinlich, dass das verstörte Gleichgewicht zwischen Stadt und Natur in einem Zusammenhang mit dem Grad der Urbanisierung steht.

---

598 WHO (1989) Global strategy for health for all by the year 2000: second report on monitoring programs in implementing strategies for health for all. In: World Health Statistics Quaterly, 42/4.

599 WHO (1992) Our Planet, Our Health: Report of the WHO Commission on Health and Environment, Genf.

600 World Bank (1997) World Bank's Arsenic Mitigation Mission in Bangladesh, Washington.

601 World Bank/Bangladesh Centre for Advanced Studies (1998) Bangladesh 2020. A long-run perspective study, Dhaka, 77.

602 Hasan, S./Mulamoottil (1994) Environmental Problems of Dhaka City. A study of mismanagement. In: Cities, 11/3, 195-200.

„Urbanisierung" ist in diesem Sinne eine andere Form des Naturverhältnisses, das kontrastiv zum Landleben, als Harmonie verkitscht, besteht. Im Allgemeinen wird davon ausgegangen, dass die Landflucht kontextuell mit der generellen gesellschaftlichen Entwicklung verbunden ist, wobei einerseits Push-Faktoren ruraler Krisen (Landknappheit, Unterernährung, Arbeitslosigkeit etc.) und andererseits Pull-Faktoren urbaner Dynamiken (Industrialisierung) zu einer Abwanderung in die Stadt führen. Diese Faktorenkonstellation lässt sich auch für Dhaka nachweisen, auch wenn die interne Geburtenrate vielleicht ein gleichwertiger Wachstumsfaktor für die Bevölkerungsentwicklung der Stadt darstellt.[603] Mit der Anerkennung des relativen Zusammenhangs zwischen Urbanisierung und ökonomischer Entwicklung ergibt sich zugleich eine weitergehende Analyse-Ebene, die den Diskurs „Mensch-Natur" übersteigt und hinsichtlich seiner anthropologischen Axiomatik der menschlichen Arbeit als Form der Interaktion mit der Natur obsolet werden lässt. Damit wird eine oftmals vorherrschende Dichotomie von ländlich-natürlich und städtisch-gesellschaftlich konstituiert, die sich wissenschaftsgeschichtlich in der Differenz von Rural- und Urbansoziologie manifestierte, für die die grundlegende Arbeit von Sorokin und Zimmermann in den zwanziger Jahren (bis in die sechziger Jahre ein „Klassiker") definitorische Kategorien von „Stadt" und „Land" bereitstellte: Beschäftigung, Umwelt, Gemeinschaftsgröße, Bevölkerungsdichte, Heterogenität bzw. Homogenität der Bevölkerung, Mobilität und Interaktionssysteme. Die rurale Lebensweise werde durch eine agrarökonomische Beschäftigungsstruktur, einem auf die Natur gerichteten Umweltverständnis, einem Leben in einer kleinen und wenig dichten Kommune, in der die ethnische wie psycho-soziale Homogenität hoch sei, gekennzeichnet. Die soziale Stratifizierung und Differenzierung wird als gering beschrieben. Dementsprechend sei die soziale Mobilität innerhalb der ländlichen Gesellschaft weniger ausgeprägt und wird geographisch in erster Linie in Richtung Stadt vollzogen. Interaktionen vollziehen sich vornehmlich mit Bezug auf Primärbeziehungen und erreichen quantitativ nur ein niedriges Niveau, während persönliche Bindungen im Allgemeinen als lang anhaltend, „simpel" und ernsthaft betrieben werden. Das städtische Leben liest sich als Spiegelschrift: Die Arbeit wird in der Industrie („manufacturing"), den mechanischen Vorgängen, dem Handel und Kommerz, den „Berufen" und in der Regierung getan. Man lebt isoliert von der Natur in einer menschengeprägten Umwelt mit schlechter Luft, zwischen Stein und Eisen. Die Stadt wird als groß, heterogen und verdichtet erlebt. Sie weise eine hohe Anonymität und größeren materiellen Reichtum auf. In der Stadt herrsche ein hohes Maß an Kommunikation, das zu unpersönlichen, sachlichen und kurzlebigen Kontakten führe. Die Beziehungen seien durch Mannigfaltigkeit, Oberflächlichkeit, Komplexität und Standardisierung gekennzeichnet. Der Mensch werde auf eine Nummer und Adresse reduziert.[604]

Empirische Überprüfungen aus den USA und Europa haben diese Kategorien allerdings für relativ wenig erkenntnisgewinnend eingestuft.[605] Die soziale Figur des „Bauern" erweist sich als wenig aussagekräftig hinsichtlich der Beschreibung seiner sozialen und gesellschaftlichen Position.[606] Ungeachtet der sinkenden Relevanz dieser Sozialkategorie hat sich eine große Studienlandschaft über ländliche Gemeinschaften entwickelt, die, zumeist ethnographisch ausgerichtet, der Frage nach der gesellschaftlichen Relevanz des

603 Afsar, R. (2000) Rural-Urban Migration in Bangladesh. Causes, Consequences and Challenges, Dhaka.
604 Sorokin, P./Zimmerman, C. C. [1929] (1969) Principles of Rural-Urban Sociology, New York.
605 Vgl. schon Moser, C. A./Scott, W. (1961) British Towns, a Statistical Study of their Social and Economic Differences, London.
606 Newby, H. (1980) Landholding and Social Structure. In: Current Sociology, 1, 36-54.

Ruralen aus dem Wege geht.[607] Intensive Studien über die Veränderungen des „Dörflichen" weisen vielmehr die Aussageschwäche des Begriffs des „Ländlichen" aus, wie die berühmte Studie von Lewis über das mexikanische Dorf Tepoztlán in den fünfziger Jahren schon nachwies.[608] Nach intensiven Debatten hat sich eine Auffassung vom Dörflichen etabliert, in der „authentische" und „natürliche" Beziehungen des Menschen nicht mehr als Grundlage der Analyse betrachtet werden.[609] Dörfliche Gemeinschaften werden seitdem ähnlich städtischen Vergesellschaftungsformen nach ökonomischen Produktion-Konsumption-Distributions-Linien, Sozialisation, sozialer Kontrolle, sozialer Teilhabe und gegenseitiger Unterstützung definiert.[610] Das „Dorf" wird wie in vielen stadtsoziologischen Ansätzen, vor allem der so genannten „New Urban Sociology", als Einsicht in den Mikrokosmos sozialen Wandels verstanden.[611] Aktuellere Forschungen zum „Dörflichen" hingegen stellen ein dynamisches Konzept vor, in dem (einst) agrarisch geprägte Räume mit verschiedenen gesellschaftlichen Restrukturierungsprozessen abgeglichen werden können.[612] Der soziale Wandel der ländlichen Gegenden lässt sich insgesamt durch eine erhöhte landwirtschaftliche Produktion durch weniger Bauern, eine agrarökonomische Spezialisierung und Konzentrationsprozesse, die Internationalisierung der Agrarwirtschaft, der Verringerung urban-ruraler Werte-Unterschiede, vermehrte Beziehungen zu den Städten, die Reorganisation und Verschmelzung von ländlichen Institutionen wie Schulen oder im Gesundheitswesen und die Veränderung der dörflichen Nachbarschaft charakterisieren. Schließlich wird die rurale Restrukturierung im Sinne der Modernisierungstheorie als ein Rationalisierungsvorgang beschreibbar, bei dem die ländlichen Lebensstile einer sozialpsychologischen Rahmung und der sozialkulturellen Ausdifferenzung in einem gesamtgesellschaftlichen Entwicklungsprozesses unterliegen. Auch in bäuerlichen Familien lassen sich Formen der Individualisierung erkennen, die sich widersprüchlich gestalten und bei der traditionelle Segmente und moderne Strukturen in der Lebensführung und den Deutungsmustern verknüpft werden.[613]

Die Natur des Städtischen ergibt sich, so lässt sich schlussfolgern, weniger aus einer kontrastiven, falschen Gegenüberstellung mit dem Ländlichen, das – wie auch immer verfasst und verstanden – eine ähnliche Betrachtungsweise seiner „Natürlichkeit" und „Gesellschaftlichkeit" erfordern würde. Erschwert wird die Analyse durch die etablierte und vehement verteidigte, mit allergischen Reaktionen verbundene Ausdifferenzierung der Wissenschaften in Sozial- und Naturwissenschaften. Obwohl es schon aus formallogischer Sichtweise keine Gegensätze gegenüber den Begründungen beider Wissenschaftsbereiche geben kann (Was wäre das Gegenteil von Natur, was wäre nicht-natürlich? Was ist der „Tod des Sozialen" Baudrilliards?), bedarf es erheblicher analytischer Vorbemerkungen, um die

607 Olson hat deshalb in einer Auswertung der Berge von Landgemeinde-Studien in den USA deren soziologische Banalität heftig beklagt, Olson, P. (1965) Rural American Community Studies: The Survival of Public Ideology. In: Human Organisation, 3, 342-350.
608 Lewis, O. (1951) Life in a Mexican Village: Tepoztlán Restuded, Urbana.
609 Hillery, G. A. (1955) Definitions of Community: Areas of Agreement. In: Rural Sociology, 2, 93-118.
610 Warren, R. (1978) The Community in America. Chicago.
611 Sanders, I. T./Lewis, G. F. (1976) Rural Communiy Studies in the United States: A Decade in Review. In: Annual Review of Sociology, 2, 35-53.
612 Siehe vor allem Marsden, T./Lowe, P./Whatmore, S. (eds) (1990) Rural Restructuring. Global Processes and their Responses, London; Napton, D./Walford, N./Everitt, J. (eds) Reshaping the Countryside: perceptions and processes of rural shape. Oxon/New York; Rogers, E. M. et al.(1998) Social Change in Rural Societies. An Introduction to Rural Sociology, Englewood Cliffs und Fliege, T. (1998) Bauernfamilien zwischen Moderne und Tradition. Eine Ethnographie bäuerlicher Lebensstile, Frankfurt.
613 Dies gilt seit Manns intensiver Diskussion rural-urbaner Unterschiede als nicht weiterführende, subkomplexe Dichotomie, Mann, P. H. (1965) An Approach to Urban Sociology, London.

„Natur" des Städtischen nicht in dieser Wissenschaftsdifferenzierung versanden zu lassen. Zwei Schwierigkeiten seien hervorgehoben: Eine oftmals vorfindbare „Natur"-Determinanz schiebt sich in den Vordergrund und ist der Ausgangspunkt für Beschreibungen und Analysen. Natur, die Überflutungen Bangladeshs, scheint sichtbarer zu sein als Gesellschaft. Die Reduktion auf die Logik von „naturdominierten" Prozessen wird aber umso schwieriger, je mehr man den Faktor „Mensch" einschließt und menschliches Handeln als einen Aspekt von Natur inkludiert. Mit anderen Worten, die Vorherrschaft naturwissenschaftlicher Erklärungsmodelle wird nur möglich, wenn diese subkomplex angelegt sind.[614] Die zweite Schwierigkeit ergibt sich aus der Emanzipation der Sozialwissenschaften von den Naturwissenschaften, die in vieler Hinsicht erst gedankliche Übertragungen aus der Biologie überwinden mussten, um die Eigendynamik sozialer und gesellschaftlicher Prozesse herausstellen zu können. Natur reduziert sich in diesem Sinne dann nur noch auf eine Metapher und ist im Grunde nicht mehr ernst gemeint. Wie Smith zu Recht darstellt, gilt seit Marx das Diktum in den Sozialwissenschaften, dass das Verhältnis zwischen Mensch und Natur in der Weise zu betrachten sei, dass lediglich die Interaktion mit der Natur (in der Form von Arbeit) noch berücksichtigt wird.[615] Damit wird das komplexe Verhältnis von Stadt und Natur in grundsätzlicher Art nicht bearbeitbar.

Der anti-soziale Universalismus subkomplexer Naturauffassungen und die Naturvergessenheit der sozialen Wissenschaften werden durch neuere Ansätze in der Stadtforschung versuchsweise neu thematisiert.[616] Insbesondere bei der Betrachtung empirischer Fallstudien lässt sich zeigen, dass die Thematisierung des Natürlichen nicht außer Acht gelassen werden kann, wenn gesellschaftliche Problematiken analysiert werden. Wie Harvey mit Bezug auf New York ausführt: „In practice, it is hard to see where „society" begins and „nature" ends. In a fundamental sense, there is in the final analysis nothing unnatural about New York."[617] Als ein Schlüsselwort, um die Interferenzen zwischen sozialer und natürlicher Dimension des Städtischen näher zu kennzeichnen, wird dabei der Begriff "socio-ecological change" aus der „political ecology"-Forschung übernommen. Die zentrale Forschungsfrage ist dabei eine politologisch-politische, in erster Linie: Wer produziert für wen welche sozio-ökologischen Konfigurationen?[618]

Dieser Theorie-Import ist alternativ, stellenweise, zu einer breiteren Thematisierung des Verhältnisses Natur-Mensch zu sehen, der sich aus einer zumeist ökologisch motivierten Forschung ergeben hat, in der die gesellschaftliche „Dimension" eher nachgeordnet erscheint. Obwohl viele Studien und wertvolle Arbeiten insbesondere zur städtischen Dimension von ökologischen Prozessen in der Stadt vorliegen, die zumeist einzelne Aspekte der als problematisch einzustufenden Beziehungen zur Natur hervorheben, werden diese hier ob ihrer wenig fundierten Gesellschaftsanalyse nicht weiter betrachtet.[619] Diese oftmals in der Terminologie der Nachhaltigkeit und Ökologie eingebetteten Forschungen thematisieren darüber hinaus in der Regel nicht die Vielschichtigkeit städtischer Organisa-

---

614 Vgl. hierzu u.a. Gold, M. (1984) A history of nature. In: Massey, D./Allen, J. (eds) Geography Matters! London.

615 Smith, N. (2006) Foreword. In: Heynen, N./Kaika, M./Swyngedowuw, E. (eds) In the Nature of Cities, Urban political economy and the politics of urban metabolism, London.

616 Heynen, N./Kaika, M./Swyngedowuw, E. (eds) (2006) In the Nature of Cities, Urban political economy ad the politics of urban metabolism, London.

617 Harvey, D. (1993) The nature of environment: dialectics of social and environmental change. In: Milibdan, R./Panitch, L. (eds) Real Problems, False Solutions, London. 28ff.

618 Walker, P. (2005) Political ecology: where is the ecology? In: Progress in Human Geography, 19/1, 73-88.

619 Als wahlloses Beispiel: Robbins, P./Polderman, A./Birkenholtz, T. (2001) Lawns and Toxins: An Ecology of the City. In: Urban Ecology, 18/6, 369-380.

tion und Dynamik, mithin berücksichtigt der dort verwendete Stadtbegriff kaum die in den bisherigen Kapiteln aufgezeigte Komplexität des Urbanen.[620]

Sozio-ökologische Stadtforschung hingegen beginnt mit der Historisierung des Städtischen in ihrer besonderen Konfiguration und deren kontinuierlicher Weiterproduktion „städtischer Naturen" und neuen stadtgesellschaftlichen Umweltarrangements.[621] Die „Natur des Städtischen" ist demnach ein komplexer Entwicklungsprozess, bei dem das „Urbane" an sich einen Mediationsort darstellt, an dem gebaute Umwelt als eine gesellschaftlich vermittelte Natur erscheint. Im Kontext einer weitergehenden Beschäftigung mit gesellschaftlichen Entwicklungen hatte bereits Lefebvre Städte als die „zweite Natur", die der Zerstörung einer ersten folgt, betrachtet.[622] Diese Rangordnung soll in erster Linie zum Ausdruck bringen, dass nicht irgendeine sozio-ökologische Konfiguration das Städtische begründet, sondern die moderne Gesellschaft mit ihrer auf der Ausbeutung natürlicher Rohstoffe beruhenden Ökonomie als Ausgangspunkt der Analyse dienen müsste.

Die Einbettung in eine Kapitalismus-Analytik mag mit Bezug auf bestimmte Konfigurationen der städtischen Natur aufschlussreich sein, sie ist aber nicht anwendbar auf die Bedeutungsanalyse von urbaner Komplexität insgesamt, da Urbanität sich nicht auf die historische Epoche der Industrialisierung beschränkt. Sie ist auch in ihrer Ökonomiedetermination nur teilweise erkenntnisgewinnend, da die Stadt als vierdimensional gedacht werden muss, in der es unterschiedliche Interferenzen mit der sozialhistorischen Mediation von Natur gibt: „Nature has a social and cultural history that has enriched countless dimensions of the urban experience."[623]

Die Fokussierung auf das „Städtische" sozio-ökologischer Konfigurationen impliziert eine doppelte diachrone und synchrone Formation, die sich intern als Partikularität einzelner Städte und Orte und extern als Universalität des Urbanen (gegenüber einem nicht mehr adäquat zu denkenden Kontrast des Nicht-Städtischen) konstituiert. Das Städtische ist somit zugleich Untersuchungsort einer bestimmten und besonderen Form der Sozio-Ökologie. Damit ergibt sich eine Vergleichsperspektive für eine internationale Stadtforschung, die sich an den offensichtlichen Unterschieden zwischen Städten auszurichten hätte.[624] Die unterschiedlichen Differenzen stellen dabei eine grundlegende Konstitution der urbanen Natur-Gesellschaftsmediation dar. Die offensichtlichen Ungleichheiten, die sich durch die naturalisierte Urbanität/urbanisierte Natur ergeben, werden weltweit (zumindest versuchsweise) politisiert verarbeitet, weswegen sich eine komplexitätsorientierte Stadtforschung insbesondere an dieser Schnittstelle zur „Praxis" anwendungsorientiert entwickeln könnte.

Doch ist das theoretische Feld der Grundlagenarbeit noch nicht genügend bestellt worden, um die Analyse der „Natur des Städtischen" auf anwendungorientierte Fragestellungen herunterzubrechen. Die Stadt als besondere Form sozio-ökologischen Wandels erscheint in dieser Weise omnidirektional und ohne substantielle Dimension. Ko-Determinanz und Interreferenz stellen zwar die grundlegenden Verknüpfungen dieser Prozesse dar, doch ist damit noch nichts über die Logik ihrer Interaktion gesagt. Im Gegensatz zu weitverbreiteten Auffassungen in der dazu bereits bestehenden Debatte[625], in der zumeist die urbane Media-

---

620 Beispielsweise Breuste, J./Feldmann, H./Uhlmann, O. (1999) Urban Ecology, Berlin
621 Vgl. auch Cronon, W. (1991) Nature's Metropolis, New York.
622 Lefebvre, H. (1976) The survival of capitalism: Reproduction of the relations of production, New York.
623 Gandy, M. (2002) Concrete and Clay: Reworking Nature in New York City, Cambridge, 2.
624 Vgl. Kaika, M. (2005) The City of Flows. Nature, Modernity, and the City, London.
625 Etwa Desfor, G./Keil, R. (2004) Nature and the City: Making Environmental Policy in Toronto and Los Angeles, Tuscon; Gibbs, D. (2002) Local Economic Development and the Environment, London; Swyngedouw, E. (2004) Social Power and the Urbanization of Water: Flows of Power, Oxford; Wolch. J./Pincetl,

tion zwischen Natur und Gesellschaft als eine lineare Folgeerscheinung, insbesondere hinsichtlich gesellschaftlicher Ungleichheit, thematisiert wird, soll hier der Vorschlag gemacht werden, die Stadt als Attraktor zu analysieren, in welcher Weise sie eher eigendynamisch oder beeinflusst ein bestimmtes Programm realisiert, in dem organisatorisches oder chaotisches Verhalten erkennbar wird.

Im Jahr 1998 wurde Bangladesh durch die „Flut des Jahrhunderts" getroffen: „A natural disaster that led to a 2.04-million-ton shortfall in rice production", so lautet eine Beschreibung des International Food Policy Research Institute.[626] Seit seiner Staatsgründung im Jahr 1971 wurde Bangladesh immer wieder durch Versorgungskrisen, insbesondere 1974, „heimgesucht". Die Flut hat ca. 20 Millionen Menschen in Bangladesh drei Monate lang von ihren Häusern vertrieben, Dhaka wurde zu 60 Prozent überschwemmt, aber nicht verwüstet. Auch hinsichtlich der folgenden Ernährungskrise ist ein allgemeines Chaos entgegen den internationalen Erwartungen ausgeblieben: „Several months after (…) international observers found a population and a country that has suffered losses but did not see the manifestation of famine. No mass migration of populations to urban centres occurred, and predictions of political upheavel and chaos were, fortunately, wrong."[627]

An dieser Sichtweise stimmt nichts. Die „natürliche Katastrophe" von 1998 unterschied sich durch vorherige Flutwellen durch ihre Unvorhersehbarkeit. Während die Flutkatastrophe von 1988 noch im Rahmen bestehender Monsumüberflutungsmuster fiel,[628] wenn auch im Ausmaß bereits zweifelhaft bezüglich ihrer Ursächlichkeit, so wurde die Flut von 1998 durch das plötzliche Abschmelzen eines Gletschers im Himalaja eingeleitet.[629] Gemäß der Forschungen des „Inter-Gouvermental Panel on Climate Change" (IPCC) sind die menschlichen Emissionen ein Hauptgrund für den weltweiten Klimawechsel, der sich durch die Erwärmung der Erde und die Gletscherschmelze bemerkbar macht. Für Bangladesh sind dramatische Veränderungen vorherzusehen, die für das Land wegen den Gletscherfluten, der Störung des Monsumzyklus, der Zunahme von Zyklonen, höheren Temperaturen und einen allgemein höheren Wasserstand bedeuten werden. Das Steigen des Wasserspiegels um einen Meter wird die Lebensgrundlagen von 10 Prozent der Bevölkerung zerstören, 14 Prozent der gesamten Landschaft und 13 Prozent des Bruttosozialprodukts vernichten.[630]

Der globale Klimawandel bedeutet für die Analyse der urbanen Sozio-Ökologie, dass es eine nicht-lokale Ursächlichkeit für das Verhältnis Gesellschaft-Natur in Dhaka gibt.[631] Es ist offensichtlich, dass weder die Stadt noch das Land mit seinen geringen Kohlendioxid-Emissionen einen erheblichen Eigenbeitrag leistet, somit sich hiermit eine menschlich-natürliche Interaktion lokalisiert, die abgekoppelt vom Ort Dhaka ihre Eigendynamik entwickelt: „Clearly, we have to pay for the consequences of others."[632] Die Katastrophen, wie

S./Pulido, L. (2002) Urban nature and the nature of urbanism. In: Dear, M J. (ed) From Chicago to L.A.: Making sense of urban theory, Thousand Oaks.

626 Dorosh, P./Ninno, C.d./Shahabuddin, Q. (2004) Introduction. In: Dies. (eds) The 1998 Floods and Beyond. Towards Comprehensive Food Security in Bangladesh, Dhaka, 1.

627 Kiene, W. (2004) Containing th Psychology of Famine: The International Community's Response to the Bangladesh Flood of 1998. In: Dorosh, P./Ninno, C.d./Shahabuddin, Q. (eds) The 1998 Floods and Beyond. Towards Comprehensive Food Security in Bangladesh, Dhaka, 181.

628 Vgl. Khalequzzaman, M. (1994) Recent Floods in Bangladesh: Possible Causes and Solutions. In: National Hazards, 9, 65-80.

629 Ahmed, Z. N. (1999) Floods: No cause for complacency. In: Ahmed, I. (ed) Living with Floods. An Excerise in Alternatives, Dhaka.

630 Karim, Z./Huq, S./Ahmed, A.U. (1996) Vulnerability of Crop Production to Climate Change, Washington.

631 Vgl. auch allgemein hierzu Brand, P. (2005) Urban environmentalism: global change and the mediation of local conflict, London.

632 Ahmed, Z.N. (1999) a.a.O., 46.

sie sich mit der Flut aus dem Jahr 1998 abzeichnen, sind durch eine Charakteristik gekennzeichnet, die von einer relativ geringen Veränderung in der Wetterlage extreme Auswirkungen für Millionen von Menschen zur Folge hat. Gleiches wird durch eine nur relativ geringe Erhöhung des Wasserspiegels erreicht. „Natürlich" ist diese Katastrophe nur, wenn man den Menschen in diese Kategorie explizit einschließt.

Die autonome Dynamik des Klimawandels betrifft in erster Linie urbaner Systeme.[633] Das bedeutet, dass diese sich in die historisch-gesellschaftliche Konfiguration der sozioökologischen Urbanität hineinschreiben und polarisieren. Dies betrifft zunächst einmal die Abgrenzung des Städtischen, wie dies in Dhaka durch den Bau des Westdamms nach der Flut von 1988 sichtbar wird. Die bestehende zentralistische Tendenz der Stadt im politischen Raumkonzept Bangladeshs setzt sich in eine Hierarchisierung Stadt-Umland fort, wobei dem Zentrum die Priorität gegeben wird. Diese Politik ist durch vielschichtige Motive begründet, aber schafft de facto neue Probleme und Risiken, insbesondere für die Menschen auf der anderen Seite des Damms, außerhalb Dhakas. Diese Präventionspolitik führt zu einer Verschärfung der bereits bestehenden sozialen Konflikte zwischen den Einwohnern Dhakas und den umliegenden Dörfern, deren Bauern sich gewaltsam gegen den Dammbau stellten. Doch auch hierbei ist die globale Dimension in diesem „lokalen" Konflikt anwesend, denn der teure Bau wurde mithilfe französischer und amerikanischer Hilfe finanziert.[634] So verräumlicht sich eine weitere global-lokale Dynamik in ihrer Interferenz mit einem (zentralistischen) Urbanisierungsprozess.[635]

Die komplexe Urbanität Dhakas hat dabei durchaus bereits vor der Flut von 1998 eine Form der Desorganisation angenommen, die die Stadt im Grunde handlungsunfähig im Sinne eines kollektiven Akteurs (einer eigenständigen Entwicklung) erscheinen ließ. Wenn die oben zitierten ausländischen Beobachter danach kein Chaos bemerkten, dann liegt dies wahrscheinlich zunächst daran, dass sie das bereits vorher herrschende Chaos nicht bemerkt haben.[636] „Chaos" ist eine schwierige Beschreibungskategorie und es bleibt dahin gestellt, ob die Verwendung im Zusammenhang von Stadtforschung angebracht ist. Dhaka ist auf jeden Fall mit Hinsicht auf alle bisher besprochenen Kategorien des Urbanen in einem kritischen Zustand, der über die Kritikalität in einzelnen Urbanitätsdimensionen hinausgeht und bei dem geringfügige Veränderungen, etwa das Handeln einzelner Akteure (insbesondere Politiker), überproportionale Auswirkungen haben kann. In diesem Sinne mag man von einer chaotischen Situation sprechen, die aber keineswegs strukturlos ist, sondern im Gegenteil durch das Aufeinanderprallen singulärer Faktoren erklärbar wird:

Dhaka ist wie viele Dritte-Welt-Städte eine Megastadt, die durch eine schnelle, ungeplante und unverhältnismäßige Zunahme der Einwohnerzahl gewachsen ist. Die für das Jahr 2010 prophezeite Marke von 15 Millionen Einwohnern wurde bereits vier Jahre früher erreicht. Innerhalb von zehn Jahren hat sich die Einwohnerzahl verdreifacht. Noch im Jahr 1960 hatte Dhaka nur 400.000 Einwohner.[637] Mit der Einwohnerzahl haben sich aber nicht die verfügbare Fläche der Stadt und die damit verbundenen Ressourcen vermehrt. Innerhalb

---

633 Vgl. Bulkeley, H. (2003) Cities and climate change: urban sustainability and global environmental governance, London.

634 Nurul, I. (1999) Flood Control in Bangladesh: Which Way Now? In: Ahmed, I. (ed) Living with Floods. An Excerise in Alternatives, Dhaka.

635 Zum Verhältnis Stadt-Umland siehe auch Elahi, K. M./Alam, M. S. (1994) Urbanization and Physical Environment: A Study of the Dhaka Urban Fringe. In: Bangladesh Urban Studies, 3/1, 21-42.

636 Im Übrigen ist die Aussage falsch, daß es durch die Flut keine Migrationsbewegungen gegeben hat.

637 Islam, N. (1996) Dhaka: From City to Megacity, Dhaka.

von 15 Jahren hat sich die Dichte verdoppelt.[638] Dies hat seine Auswirkungen auf die städtische Agrikultur[639] und die Verdichtung von Umweltbelastungen durch die Industrie.[640]

Dhaka soll weiter in das regionale und globale Mobilitätsnetz eingebunden werden. Die intensive Inkorporation in globale Verwertungsprozesse wird sich noch erhöhen. Dies ist auch der wichtigste Grund für das Wachstum Dhakas und für das spezifische Angesicht dieser Entwicklung. [641] Schätzungen zufolge sind bis zu 2 Millionen Menschen direkt oder indirekt in der Textilbranche tätig, die fast ausschließlich für internationale Firmen wie H & M oder C & A produzieren. Das Versagen der sozio-ökologischen Mediationsfunktion des Städtischen wird insbesondere hier sichtbar: zwischen der Ausbeutung der in diesen Fabriken arbeitenden Menschen (200 Euro/Monat bei 15 Stunden Arbeit/7 Tage die Woche) fehlt jede Form der rechtlichen Regelung oder sie ist als im Grunde nicht wirksam zu bezeichnen. Das Vermittlungsversagen bedeutet die Zerstörung der menschlichen Natur, die Gesundheit dieser Textilarbeiterinnen ist innerhalb von fünf Jahren grundlegend zerstört und frühzeitiger Tod ist das Ergebnis.[642] Doch die Renaturalisierung der unvermittelten Sozio-Ökologie betrifft nicht nur die Textilarbeiterinnen und ist nicht nur durch den global-lokalen Kontext und seine Hybridisierungen verschuldet. Die urbane Komplexität Dhakas kennzeichnet sich durch eine Vergesellschaftung extremer Hoffnungslosigkeit, Verzweifelung, Kriminalität, Desorientierung und Apathie-Erscheinungen vieler Menschen, die sich auch als Anomie wie in Kapitel 7 beschreiben lässt.[643] Sie verräumlicht sich durch eine Verslumung, der etwa zwei Millionen Menschen zum Opfer fallen und die schwerwiegende Gesundheitsprobleme, insbesondere für Frauen, zufolge hat.[644] Dhaka ist nach allen denkbaren Kriterien eine unfair strukturierte Stadt, in der die sozialen Gegensätze zunehmen.[645] Dies drückt sich insbesondere im Überlebenskampf der „Dhakaites" während der Überflutungen aus, wenn die politisch-gesellschaftliche Elite wortwörtlich erst aktiv wird, wenn ihr eigenes Auto von den Wassermassen durchtränkt wird.[646] Die Selbstorganisation der städtischen Gesellschaft scheint zu wachsen, ihr kann aber bislang keine funktionale Bedeutung zugesprochen werden.[647] Dhaka reproduziert, rückkoppelt, verstärkt und bricht das Spiegelbild der bengalischen Gesellschaft, die erst seit 1991 demokratische Spielregeln einüben kann. Im Gegensatz zu anderen Städten der südostasiatischen Region hat sich der politische Fortschritt nicht mit ökonomischen und sozialen Vorteilen verbinden lassen, so dass die Instabilität der Demokratie nach wie vor gegeben ist. „Citizen's dissatisfaction with state performance is not simply due to slow pace of progress. They had started losing faith in

---

638 World Bank/Bangladesh Centre for Advanced Studies (1998) a.a.O., 49.

639 Mayeed, M./Choudhury, N. Y. (1998) Agriculture in the Landscape of Dhaka City. In: Islam, N. (ed) Recent Urban Studies, Bangladesh, Dhaka.

640 Iqbal, M. (1994) The Impact of Pollution Industries on the Residential Environment of Dhaka City. In: Bangladesh Urban Studies, 2/2, 17-30.

641 Ahsan, R. M. (1997) Migration Pattern and Process of Female Construction Labour in Dhaka City, Bangladesh. In: Interantionbal Journal of Population Geography, 3, 49-61.

642 Huq-Hussain, S. (1998) Health Condition of Factory Workers: A Case Study of a Sweater Factory in Dhaka. In: Islam, N. (ed) Recent Urban Studies, Bangladesh, Dhaka.

643 Hossain, Z. (2003) Globalization, rapid urbanization and anomie in Dhaka, In: Scrase, T. J. (ed) Globalization, culture and inequality in Asia, Melbourne.

644 Ahsan, R. M./Ahmad, N. (1991) Women, Nutrition and Health: Managing the Household in Slum Environment in Dhaka City. In: Oriental Geographer, 35/1-2, 5-20.

645 Islam, N. (1985) Poor's Access to Residential Space in an Unfairly Strucutred City, Dhaka. In: Oriental Geographer, 28/30, 37-46.

646 Ahmed, S. I. (1999) The Dhakaites: Battling the Deluge. In: Ahmed, I. (ed) Living with Floods. An Excerise in Alternatives, Dhaka.

647 Ahmad, Q.K./Ahmed, A. U. (2002) Bangladesh: Citizens' Perspectives on Sustainable Development, Dhaka.

leaders as successive regimes patronized corruption and abused public offices for personal gains. The arbitrary use of state power has not only created an unjust system of rewards and punishment in the society, it has made even simple acts of governance increasingly difficult. The state's credibility in maintaining law and order has been eroded."[648] Eine Staatlichkeit als Ankerpunkt (Strukturierung) für die Entwicklung der Mega-City Dhaka fehlt. Die Stadt ist den globalen und lokalen Fluten gesellschaftlicher Gewalt schutzlos ausgesetzt.

---

648 Jahan, R. (2005) Bangladesh Politics. Problems and Issues, Dhaka, 291f.

Zweiter Teil: Erklärungen urbaner Komplexität

„The City takes the place of explanation."

M. Castells[649]

Der Blick durch das Kaleidoskop urbaner Wirklichkeiten verdeutlichte, dass auch mehrfaches Hinschauen nicht zu einfachen Einsichten über das Wesen des Städtischen führt. Die Stadt ist allem Anschein nach kompliziert und die Frage ist, ob sich die Theoretisierung dieses Umstandes in einen Ansatz überführen lässt, die ebendiese Komplexität nicht aus den Augen verliert, sondern vielmehr sie als grundlegende Analysevoraussetzung aufbaut. Kompliziertheit soll hier als Komplexität verstanden werden, die sich nicht der wissenschaftlichen Beschreibung entzieht und die begrifflich zu fassen wäre. Die Stadt ist der Ort der Erklärung von nebulösen und komplizierten Weltsichten, sie ist umfassender als der Ort, der ihr geographisch und kartographisch zugewiesen werden kann. Mit der Inklusion weiterer Problemlagen, über die Physis des Raumes hinaus, wird die Stadt als eine mentale Lebensform des Menschen konturiert, in der sich Entwicklungen und Zustände miteinander verbinden. Die Metaphorik des Prozesshaften wird an dieser Stelle diskursneutral eingeführt, als Versuch, jenseits der disziplinären Vorannahmen und theoretischen Implikationen nach dem Gemeinsamen einer zukünftigen Stadtforschung zu suchen. Die Überwindung von Konzeptionen über das Städtische, die von bestimmten Dualismen des Denkens beherrscht werden, war das Anliegen des ersten Teils dieser Arbeit und sie setzt sich hiernach fort, um in den vorhandenen Diskursen nach jenen Potentialen zu suchen, die eine Erkundung urbaner Wirklichkeiten in einer komplexitätssensiblen Weise ermöglichten könnten.

Die komplexe Urbanitätsforschung beginnt mit der Konstatierung, dass es eine theoretische Herausforderung bleibt, die „Stadt" als Forschungsfeld zu beschreiben. Eine Definition der Stadt, im Sinne einer Abgrenzung gegenüber anderen Forschungseinheiten, erweist sich dabei als weitgehend fruchtlos. Rural-urbane, stadt-staatliche und lokal-globale Stadtdefinitionen beschreiben das Urbane defensiv. Andererseits werden Zuschreibungen mit besonderen gesellschaftlichen Qualifikationen schnell essentialistisch und normativ. Alternativ wurde hier versucht, die Stadt anhand einer bestimmten Komplexitätslogik zu beschreiben, die sich aus paradoxaler Empirie ergab und die nicht durch dualistische Konzeption aufzulösen war. Die Stadt wurde sozusagen aus sich selbst, ohne Referenz auf ein „Außen", weil die Bestimmung des Außen-Innen-Dualismus für nicht erkenntnisreich verworfen, betrachtet.

Für die komplexe Stadt ergibt sich eine positive Bestimmung des Urbanen aus der Annahme einer Vielzahl, aber nicht unbegrenzter Faktoren. Hierzu gehören nach wie vor die Anzahl der Menschen und ihre Dichte. Diese beiden Faktoren begründen, im Sinne einer kausalen Beziehung, keine Urbanität als solche, sie sind immer nur als angehaltenes Bewegungsbild nachzuvollziehen. Die Zahl der Bewohner und Besucher an einem Ort ist von Beginn an als eine kategorisch zeitliche zu betrachten. Nur wenn man Städte als bewegte Räume versteht, werden sie fassbar. Dazu bedarf es allerdings einer veränderten Mobilitäts-

---

649 Castells, M. (1977) The Urban Question, London, 73.

forschung, die sich vor allem mit der Zielrichtung, zu vergrößerter Verdichtung, beschäftigt und die den Umstand anerkennt, dass Städte als verdichtete Räume und verräumlichte Bewegung aufzufassen sind. Die Bewegungen sind potentiell global ausgerichtet und die Integration in die Globalisierungsdynamik stellt den wichtigsten Faktor urbaner Komplexitätssteigerung und Weiterentwicklung der Mobilität-Verdichtungsspirale dar. In dieser Weise werden Städte in den (weitgefassten) Weltmarkt integriert und lassen diesen zugleich auch entstehen. Die global-lokale Dimension der Stadt löst sich in drei Richtungen auf: Strukturierungen, Agenturen/Institutionalisierungen und Körperlichkeit. Mit diesen Analyse-Einheiten sind keine hermetisch abgeschlossenen, zeitlich und räumlich unbeeinflussbaren Begriffsbehälter geschaffen worden, die nun durch eine Intraspektion hermeneutisch in ihrer Funktionsweise zu untersuchen sind. Stattdessen werden diese in ihrer Hybridisierung, ihrer Verschmelzung, mit jeweils anderen Konfigurationen des Lokalen und Nicht-Lokalisierbaren zu untersuchen sein.

Strukturierungen werden hier als Strukturgeneration und Strukturtransformation verstanden, die in Konkurrenz mit anderen ähnlichen Prozessen, Körper (menschliche, biologische, stoffliche) und Institutionen in ihrer Entwicklunglogik die Urbanisierung anleiten. Das Bild der Stadt in der komplexen Urbanitätsforschung greift auf den Faktor des Energetischen zurück, der die Bewegungen in jeder Form treibt und aufgrund der Verdichtungslogik des Städtischen zwangsläufig Kollisionen erzeugen lässt. Städte sind Orte des Konflikts und ihre Konfliktkonfiguration ist von den allgemeinen Strukturierungen und institutionalisierten Verkehrsregeln abhängig. Wenn letztere versagen, dann ordnet sich die Stadt dualistisch und produziert uneinholbare Erwartungen, die sich in ihrer unvermeidlichen Enttäuschung als Anomie von der Stadtgesellschaft abkoppeln, diese aus bestehenden Strukturierungen entankern, vorhandene Institutionalisierungen übernehmen und so eine anomische Eigendynamik etablieren, die die Abschaffung des komplexen Körpers betreiben.

Mit dieser Beschreibungsweise werden kausale Zuschreibungen vermieden, doch die Beobachtung von Interferenzen bleibt möglich und eine multikorrelate Analyse des Urbanen ist aufgrund der angenommenen Vielzahl von Strukturierungen, Institutionalisierungen und den vielen Einzelnen angelegt. Diese Multiplikation der einbezogenen Untersuchungsebenen und –entitäten geschieht auf dem Hintergrund, dass die urbanen Kollisionen wegen der verbleibenden Willenhaftigkeit des Einzelnen keiner einfachen stochastischen Tabellarik folgen und sie geradezu von der non-linearen Verknüpfung ihre Ereignishaftigkeit leben. In der Stadt geschehen viele Dinge jedoch nicht willkürlich und zufällig, weshalb die Frage nach einer allgemeinen Steuerbarkeit zentrales Anliegen der komplexen Stadtforschung sein müsste. Hierzu ist allerdings einschränkend anzumerken, dass die Steuerungsproblematik nicht an ein Planungs- und Politikverständnis anknüpft, in der die Kausalität sozusagen durch die Hintertür der Intentionalität eingeführt werden kann. Steuerung bedeutet intentionales Handeln in dem Sinne, dass es an die Komplexitätslogik von Prozessen gebunden ist, die sich selbst wiederum aus der multiplen Welt der Stadt ergibt. Urbane Pilotage ist ein Prozess, in dem die Übernahme von (fremden) Steuerungslogiken betrieben wird, die die Autodynamik des Urbanen zu Parallel- und Schattenstrukturierungen zwingt und auf diese Weise anomische Entwicklungen in Gang setzt. „Governance" war hingegen als eine Begrifflichkeit eingeführt worden, mit der der Prozess einer autochthonen Komplexitätslogik analysiert werden kann. Diese Prozesshaftigkeit bedarf einer Synchronisierung von eigenständig operierenden urbanen Entitäten, die sich durch die Natur des Städtischen, die in der Form der Entwicklung in der zeitlichen Perspektive von gestern nach morgen deckungsgleich mit der Individualperspektive ist, aufzuzwingen scheint, die sich aber mnemotechnisch nur durch Narration ergeben kann. Diskursivität ist deshalb ein zentraler

Bestandteil der Kritik des Urbanen, die sich auf die Herstellung von Narrationen und deren Inklusion und Exklusion von Akteuren und deren Anbindung und Abkoppelung von Strukturierungen bezieht. Die Stadt ist die Natur des Menschen, sie ist dies in dem umfassenderen Sinne des gesellschaftlichen Individuums und seiner Interaktionsleistung, deren Einbindung in eben jene multiplen Welten seinen Schutz ausmachen kann.

Die vorläufigen und hier nur als Andeutung einer allgemeineren Beschäftigung mit der Komplexität der Stadt zu verstehenden Einblicke in das Kaleidoskop des Urbanen konkurrieren mit bestehenden Diskursangeboten, die sich in der Regel aus der Fortentwicklung eines einzelnen Aspekts des Städtischen ergeben haben. Zu betonen ist, vor der erneuten Lektüre dieser Ansätze, dass es nicht um die Konkurrenz zwischen Theorien geht. Nach Auffassung des Autors liegt bislang keine derart als Theorie des Urbanen zu bezeichnende Diskursofferte vor, wie auch das Projekt der komplexen Stadt nicht als ein Theorieangebot dargeboten wird, wie dies zumindest mit einem Theoriebegriff zu betreiben wäre, bei dem sich eine Verallgemeinerung von vielen, empirisch bestätigten Annahmen in eine eigene Hermeneutik mittels kohärenter Begriffskonstruktion abbilden ließe.

Vielmehr ist an jene Diskurse, die sich zumindest mit Aspekten des Urbanen beschäftigen, die Frage zu stellen, in welcher Weise sie sich mit der hier als Befund vorgetragenen komplexitätssensible Sichtweise auf das Städtische, die sich nicht auf kausale und duale Zusammenhänge bezieht, beschäftigen. Wie gehen jene Diskurse mit der Komplexität des Urbanen um, die sich unter den Gesichtspunkt der räumlichen, historischen, gesellschaftlichen, architektonischen, virtuellen und gender-bezogenen Theoretisierungen den Themen der Stadt annehmen, lassen sie sich in die Richtung einer komplexitätssensiblen Diskursivität für die Stadtforschung nutzen?

Die vorgeschlagenen Lesarten sind selektiv und werden mit Hinblick auf diese Fragestellungen im Folgenden betrieben. Es wird nicht vorgeschlagen, nur die bestehenden Stadtforschungen im engeren Sinne einer solchen Befragung zu unterziehen, vor allem weil sie sich nicht explizit der Problematik des Komplexen stellen. Ein solches Vorhaben kann also als von vornherein wenig Erfolg versprechend gelten und würde weitere konzeptionelle Fragen aufwerfen, etwa der Definition von Stadtforschung und somit würde eine Abgrenzung stattfinden, die komplexitätsreduzierend und kontrafaktisch für das hier betriebene Vorhaben wäre. Der Einwand, die nachfolgenden Diskurse seien ja eigentlich keine, die das Städtische direkt adressieren, bestätigt aber die Auswahl, weil der Horizont der Stadtforschung erweitert werden soll und die Kanonisierung und Selbstbezüglichkeit an dieser Stelle als eine Verhinderung von Theorieinnovation wirken würden. Der zweite Teil dieser Arbeit geht deshalb davon aus, dass die spärlichen Bemühungen, in irgendeiner Weise das Thema „Stadt" als Expertenwissen abzugrenzen und zu institutionalisieren, dem Anliegen schädlich wären und im Grunde der Dynamik des Urbanen unangemessen sind. Statt einer Konzentration auf die eigentlichen Arbeiten, die man für einen Stadtdiskurs selektieren müsste, wird hier das ungehemmte, aber problembewusste Wildern in den Theoriebeständen jener Diskurse, ohne die auch die Stadtforschung im engeren Sinne nicht auskommen kann, wenn sie sich ernst nehme, betrieben.

12. Stadt als Raum

Es ist zu vermuten, dass die Beschäftigung mit dem Begriff des Raumes notwendig und zugleich ertragreich sein sollte, um ein theoretisches Verständnis der komplexen Stadtforschung anzustreben. Ausgangspunkt der Spurensuche nach einem konzeptionellem Hintergrund für das Programm der „komplexen Stadt" kann zwar eine allgemeine Rezeption der Raumtheorien unterschiedlichster Couleur sein, sie durchläuft aber verschiedene Filter, womit einerseits die Selektivität der ausgewählten Raumdebatten gerechtferig erscheint, andererseits aber auch die Latte höher gelegt wird: Raumkonzeptionen müssen die Differenzierung verschiedener Räume ermöglichen, auch wenn diese (von den betreffenden Theorien) selbst nicht unternommen werden, und zwar in dem Sinne, dass eine wie auch immer zu bestimmende Spezifität des Urbanen ersichtlich und – mehr noch – operationabel werden könnte. Der Anspruch an die Operationalisierbarkeit ist ebenfalls näher eingegrenzt, indem sich Konzeptionen ausschließen, die die im ersten Teil der Arbeit beobachtete urbane Komplexität nicht im Stande sind aufzugreifen.

Im gleichen Atemzug sind Annäherungen an den Raum zu problematisieren, die trotz der Anerkennung komplexer Beziehungsgeflechte zwischen Raum und Zeit und anderen denkbaren Fundamentalkategorien schließlich im Sinne einer Operationalisierung Komplexität durch Komplexitätsreduktion behandeln. Dies erfolgt etwa in den ersten anwendungsorientierten Arbeiten in den achtziger Jahren des 20. Jahrhunderts, in denen die Programmatik auf der Grundlage dualer Ansätze entwickelt wurde. So arbeiten Hillier und Hanson die urbane Komplexität ab, indem sie mehrere Dualisierungen im Sinne einer binären Logik und Mathematik einführen, die mit Qualifikationen belegt werden: „We might (...) define the exterior space as that in which the society is produced, in the sense that new relations are generated; and the interior space as that in which it is reproduced. The former has a high degree of indeterminancy, the latter more structure (...) In our society, for example, a suburban lifestyle is characterized by values which are more strongly realised in maintaining a specific categoric order in the domestic interior, than in maintaining strong systems of local external spatial relations. We can at least distinguish a certain duality in which societies generate space, and this duality is a function of different forms of social solidarity." [650] Zwar ist das Bedürfnis nach einer computerisierten Operationalisierung des Verhältnisses von Raum/Stadt und Gesellschaft nachvollziehbar; das Problem, das sich hierbei nun stellt, ist eine Reduktion der Komplexität auf Seiten der Analyse der gesellschaftlichen Dynamik. Diese erschöpft sich bei Weitem nicht in der Funktionalisierung von Solidarität, sondern ist mindestens genauso als Ort von Konflikten zu betrachten. Wie eine binäre Integration von gesellschaftlichen Konflikten zu erreichen sein wird, ist in diesem Ansatz nicht vorgesehen und stellt, von den Pauschalzuschreibungen einmal abgesehen, ein konzeptionelles Problem einer mathematischen Komplexitätsorientierung dar, die die gesellschaftliche Komplexität zugunsten einer dualen Operationalisierung meint vernachlässigen zu können. Ähnlich hilflos bleibt in diesen Ansätzen die Problematik der abstrakten Strukturierungen, diesen nicht-sichtbaren Prozessen, die irgendwie „global" sind und deren Beziehung zum Lokalen, so die Hypothese der komplexen Stadtforschung, die Komplexität des Urbanen maßgeblich mitbegründet. Eine Anerkennung der komplexen Interferenz zwischen „global" und „lokal" würde eine Reduktion auf eine zwei- oder dreidimensionale Repräsentation von Lokalität verbieten. Dies scheint in der binären Mathematisierung noch schwer konzeptualisierbar, weswegen im Forschungsdesign komplexitätsreduzierende, weitere Dualismen und Zu-

---

650   Hillier, B./Hanson, J. (1984) The Social Logic of Space, Cambridge, 20.

schreibungen erfolgen: „Insofar as a society is also a global-to-local phenomenon – that is, insofar as there is distinct global structure cover and above the level of everyday interaction – then the logic of the system reverses itself(…) The more the system is run from the global to the local, then the more the reversed logic prevails over the local-to-global logic."[651] Global-lokale Interaktion wird hier zwar nicht als Einbahnstraße gedacht, in der alles aus der Richtung des Globalen kommt, dennoch verbleibt die Frage, in welcher Weise dieses Interplay stattfindet. Der Vorschlag der komplexen Stadtforschung wäre der Begriff der Intermediarität und Hybridisierung für jene Fälle, in denen global und lokal zu glokal verschmelzen, und Kollisionen/Einbindungen und Anomie als analytische Werkzeuge für die konflikthaften Encounter verschieden vorstrukturierter Akteure zu nutzen.

„Raum" ist in vieler Hinsicht ein sperriger Begriff. Zugänge zum Raum ergeben sich zunächst durch naive Annäherungen, die sich zumeist als oppositionale Konzeptualisierungen generieren. Erwähnt werden sollen die landläufig gängigen Debatten über Raum und Zeit, Raum und Gesellschaft, Raum und Mensch, Raum und Handlung, Raum und Wahrnehmung etc. Mitgeliefert werden mit solchen binären Sichtweisen weitergehende simplifizierte Weltverständnisse, wie Traum und Wirklichkeit, Theorie und Praxis und ähnlich gelagerte Denkfallen. Auffälligerweise hartnäckig ist diese Form der gedanklichen Orientierung insbesondere bei der Thematisierung der Fundamentalkategorie Raum und durchzieht viele seiner auch elaborierten Problematisierungen. Auf der anderen Seite wird der Raum zu einer catch all-Begrifflichkeit und es wird der „spatial turn" eingefordert, der nicht nur auf die Tatsache hinweisen will, dass „everything takes place", sondern ein Umschreiben der Forschungsprogrammatik unter dem Aspekt der Räumlichkeit (dem zum Teil eine grundlegende Faktizität zugesprochen wird) anstrebt.[652]

Wenn man die erste Begegnung mit „Raum" in seiner subjektiven, nicht abstrakt vermittelten Weise als Ausgangspunkt der Theoretisierung der Raumfrage nimmt, lässt sich der Raum zunächst als eine nachvollziehbare Erlebnisschwierigkeit beschreiben. Aus diesem Grunde ist die Annäherung an die Raumtheorie als ein phänomenologisches Projekt nach wie vor ein ertragreiches Vorgehen, weil es zugleich die grundsätzliche Anerkennung der Komplexität mit einschließt.[653] Die Phänomenologisierung des Raums vollzieht in gewisser Weise den Übergang von einer geisteswissenschaftlichen Raum-Auseinandersetzung zu einer ersten intersubjektiven Auseinandersetzung mit der Raum-Wahrnehmung.[654] Mit dem Einstieg in die Konstitution von Raum als eine Kategorie jenseits subjektiver Orientierungsleistung ergibt sich ein erhebliches Erkenntnisproblem, das wissenschaftstheoretisch in der Ausbildung des kritischen Realismus - und dann in der späteren Systemtheorie transformiert - mit der Argumentation einer sich dem Subjekt entkoppelnden Raumzeit-Realität behoben werden sollte.[655] Wenn der Raum nicht mehr nur als eine gedachte Kategorie zu verstehen ist, ergeben sich zwangsläufig weitere Zugänge zum Raum, die sich durch die subjektive Interaktion (Fühlen, Erleben etc.) ergeben.[656] Raum wird in diesem Sinne zu „Ort" und ergibt sich nicht mehr durch einen Abstraktions-

---

651 Dies., a.a.O., 21.
652 Zum „spatial turn" s. Lippuner, R. (2004) In der Raumfalle. Eine Kritik des spatial turn in den Sozialwissenschaften. In: Mein, G. et al. (Hg.) Soziale Räume und kulturelle Praktiken, Bielefeld.
653 So ließe sich auch Jaeckle, E. (1959) Phänomenologie des Raums, Zürich, lesen.
654 Hierfür sind die Arbeiten Merleau-Pontys wegweisend gewesen, s. Barbaras, R. (1991) De l'être du phénomène: sur l'ontologie de Merleau-Ponty, Grenoble.
655 Vgl. König, M. A. (2000) Kritischer Realismus und Systemtheorie: die moderne Begründung des realistischen Weltbildes und dessen systemtheoretische Voraussetzungen, Wien.
656 Vgl. zur Frage der Wahrnehmung im kritischen Realismus, Coates, P. (2004) The metaphysics of perception: Wilfrid Sellars, critical realism and the nature of experience, London.

prozess. Mit der Phänomenologisierung der Raumtheorie stellt sich eine dermaßen komplexe Theoretisierung ein, dass innerhalb der Beschreibung des Raums als „Phänomen" selbst kein Ausweg mehr gefunden werden kann. „Raum entzieht sich definitorischen wie perzeptiven Festlegungen und tritt dem Subjekt, das ihn eben noch als Objekt naiv be-greifen wollte, selbst als Subjekt entgegen, um sich (…) noch dieser Entgegensetzung zu entziehen, um in immer neuen Bildern eine nicht ruhig zu stellende Dynamik zu erzeugen, die Raum generiert."[657]

Der phänomenologischen Beziehungslogik zwischen Subjekt und räumlicher Objektivität ist zu entnehmen, dass sie als intermediert zu konzipieren ist und mittels „Bildern" funktioniert. Damit ist ein Ausgangspunkt für eine komplexe Stadtforschung in der Raumtheorie vorhanden, der sich als vergleichbar darstellt, indem Unmittelbarkeit und direkte Kausalität als grundlegende Beziehungslogik zwischen Subjekt und Raum durch eine Integration von Intermediarität und vielfältigen Rückkoppelungseffekten ersetzt werden. Die Erforschung des Raums, wenn sie aus seiner Phänomenologie erfolgen soll, bedeutet zugleich eine Pluralisierung von Raum-Theorien und eine Absage an allgemeingültige Definitionsansprüche. Die Funktion von Theorien wird, wie sich aus der Entwicklung des kritischen Realismus ergibt, als Produktion von wissenschaftlichen Bilder verstanden, die Ausdruck jeweiliger subjektiver Kontextualität von Forschung sind; sie sind dementsprechend selbst Intermediation zwischen „Raum" und „Wahrnehmung/Theorie". Bestritten wird nicht die Möglichkeit des Erkenntnisfortschritts in der Raumwissenschaft, hingewiesen wird vielmehr auf deren Erkenntnisposition, die für die jeweilige Angemessenheit der Theoretisierung stärker oder schwächer sein kann.[658] Raumtheorien sind positionsabhängig und aus diesem Grunde nur schwerlich unter einem disziplinären Begriff zu fassen. Deswegen kann es keine Raumtheorie, Raumdefinition, Raumpsychologie, Raumsoziologie etc. geben. Diese sprachlichen Wissenschaftskomposita suggerieren eine Wissensproduktion in der ausdifferenzierten Wissensgesellschaft der Moderne, in der Komplexität durch deren Reduktion erfassbar werden soll. In Wirklichkeit reproduzieren diese Ansätze hermeneutische Zirkel, in denen Forschung anhand der Abgrenzung von Forschungsgegenständen erfolgt.[659] Doch weder das Sein und das Nichts, der Raum und die Zeit, der Mensch und die Welt sind als Gegenstände definierbar. Wenn alles Raum ist, gibt es keinen Standpunkt außerhalb und die Beobachtung der Beobachter, systemtheoretisch formuliert, bliebe der einzige „Zugang zum Raum".

Angewandte Forschungen in der Architektur, dem Städtebau und der Kunst im weitesten Sinne, changieren in der Raumdebatte zwischen einer auf Eigenständigkeit pochenden Logik und Methodik des Forschens und dem Versuch der Anschlussfähigkeit an die allgemeine Wissenschaft. Hierbei ergibt sich insofern eine unüberwindbare Problematik, weil an diesen Stellen eine objektmotivierte Forschung nicht mit der notwendigen und einzufordernden Distanzierung zum „Ort/Raum", einer ortsneutralen, raumunabhängigen Fragestellung und übertragbaren, d.h. andernorts anwendbaren Conclusio vereinbar ist. Die Erforschung der „komplexen Stadt" wird sich nicht auf eine essentialistische Sichtweise der Singularität von Orten einlassen können, weil sie nur durch die Systematik ihres Vorgehens die Stadt als eine Kategorisierung von Raumkomplexität erfassen kann.

„Raum" und „Ort" begründen sich in ihrer binären Struktur aufgrund unterschiedlicher Gehalte an Abstraktheit, die sich als Unterschiede temporärer Art ergeben. Heute ein er-

657 Hofmann,F./Lazaris, S./Sennewald, J. E. (2004) Zwischen Räume. Vorüberlegungen zur Erkundung dynamischer Räumlichkeit. In: Dies. (Hg.) Raum-Dynamik. Beiträge zu einer Praxis des Raums, Bielefeld, 17.
658 Vgl. Danermark, B. (2002) Explaining society: critical realism in the social sciences, London.
659 Vgl. López, J. (2001) After postmodernism: an introduction to critical realism, London.

fassbarer Ort, fixiert, in Stein gemeißelt, wird morgen wieder flüssig, vergeht mit den Winden der Zeit. Raum enthält die Vorwegnahme der Entstehungs- und Vergehungsgeschichte von Orten. Räume sind Narrationen, die Handlungssujets und -subjekte benötigen. An diachronen Orten lassen sich synchrone Prozesse ablesen, sie stellen somit non-lineare Komplexe von verzeitlichten Räumen und verorteter Zeit dar. Diese Perspektive generiert sich aus einer Stadtforschung, die nicht nur ihre Ortsbezogenheit untersuchen will, sondern sich um eine Erforschung der Gesellschaft als solcher im Sinne von gesellschaftswissenschaftlichen Anschlüssen bemüht. Die Schwierigkeit der thematischen Abgrenzung zwischen raumbezogenen Diskursen und jenen der übergeordneten Gesellschaftswissenschaften wird in den letzten Jahren verstärkt behandelt, wobei nur unter Einbeziehung metatheoretischer Grundlagen der Sozialwissenschaften ein Anschluss vorstellbar geworden ist. Für die „komplexe Stadt" verbleibt als offene Frage, ob sich in dieser Abarbeitung/Übertragung nicht bereits eine komplexitätsreduzierende Theoriestrategie erkennen lässt, die eine diskursive Vorentscheidung darstellt, die hinter die phänomenologisch-kritische Grunderkenntnis der intersubjektiv-intermediären Raumtheoretisierung als solche zurückfällt.

Verständlicherweise sind explizite Raumtheoretisierungen in vielen angewandten Forschungen nur operationeller Art. Obwohl die Reflexion des verwendeten Raumbegriffes notwendig ist, wird sich nicht schnell eine Basis für eine Raum-Definition finden lassen, die sich sowohl hohen theoretischen Ansprüchen als auch konkreten Forschungsfragen stellen kann. Dennoch lässt sich sehr wohl in vielen empirisch ausgerichteten Arbeiten nachlesen, dass zwischen Raum und Ort zu unterscheiden ist. Diese Differenzierung wird je nach Standpunkt anders formuliert, jedoch ist die Unterscheidung zwischen einem physisch-geografischen Ort und einem umfassenderen, sozialen und gesellschaftlichen Raum eine sehr notwendige Abgrenzung. Wenn man sich beide Begriffe als Endpunkte eines Spektrums vorstellt, so lassen sich die Raumkonzepte als näher und weiter von dem jeweiligen konkreten Ort vorstellen. Auf der einen Seite gibt es, etwa systemtheoretisch angeleitet, Raumkonzeptionen, in denen der Ort fast keine Rolle spielt und am anderen Extrem werden Orte so sehr betont, dass sie der Gesellschaft als solcher keine eigene Bedeutung mehr zubilligen. Dem Sozialwissenschaftler fällt die Kritik an jenen Vorstellungen leichter, in denen der physische Ort überbetont wird. Es gilt Ansätze zu kritisieren, die etwa einzelnen Städten einen bestimmten Charakter zusprechen. Dieser Essentialismus herrscht in vielen Alltagsmeinungen vor, obwohl eine nähere Betrachtung schnell den Mythos eines Ortes entlarvt. Es hat sich deshalb eine Art und Weise des Raumbezuges in vielen Forschungen etabliert, der die Besonderheiten des konkreten Ortes ausblendet. Viele Publikationen behandeln ein gesellschaftsbezogenes Thema in einer oftmals aus pragmatischen Gründen ausgewählten Stadt. Bei dieser Vorgehensweise stellen sich prinzipielle Fragen. Insbesondere sollen solche Forschungen oftmals eine Thematik anhand der empirischen Grundlage in einer Stadt exemplarisch für die Gesamtgesellschaft analysieren. Nach dieser Logik ließen sich zum Beispiel durch eine Untersuchung der städtischen Armut in einer Stadt auch Aussagen mit Bezug zur gesamtgesellschaftlichen Armutsentwicklung treffen. Zwar ist es anzunehmen, dass keine Stadt in einer derartigen Ausnahme-Situation verkehrt, dass nicht auch eine Aussage über die Armutsentwicklung in Deutschland (oder in deutschen Städten) auf der Hand liegt, dennoch trügt der Schein der Verallgemeinerbarkeit. Ohne Diskussion des spezifischen Untersuchungsraums verspricht diese Form der veränderten gesellschaftswissenschaftlichen Forschung oft mehr als sie halten kann.

In der weitergehenden Diskussion um den Begriff „Raum" ergibt sich eine erkenntnistheoretische und ontologische Ebene. Pierre Bourdieu, der „moderne Klassiker" der Soziologie,[660] hat für die Konzeption von „Raum" den Begriff des „Sozialen Feldes" eingeführt und bietet somit eine raumtheoretische Debatte an, in der Gesellschaft und Raum nicht als Antagonismen eingeführt werden. Hintergrund für seinen Vorschlag für die Feld-Metapher ist die Theoretisierung des Verhältnisses von Kultur und Struktur, mit der eine „Kultursoziologisierung der Soziologie"[661] konzeptionell aufgearbeitet wird. Mit Bourdieus „Theorie der feinen Unterschiede" wird ein komplexes Verhältnis der Kultur zur gesellschaftlichen Struktur definiert. Konstatierbare Unterschiedene zwischen „individualistischen" und „strukturellen" Konzeptionen werden in eine Theorie des Lebensstils eingebunden.[662] Bourdieu[663] hat mit der Analyse der soziologischen Fundierung von kultureller Praxis jenen notwendigen Brückenschlag angeboten, der sich theoretisch weiterentwickeln und empirisch anwenden lässt.[664] Er knüpft dabei an die Voraussetzungen einer sich um Distanzierung bemühten, vorwiegend bürgerlichen Gesellschaft an, womit eine von Schulze behauptete, weitgehend arbiträr wählbare Symbolwelt, die sich koexistent zu anderen verhält, einer strukturellen Einbindung in die gesellschaftlichen Machthierarchien entgegengesetzt wird.[665] Bourdieu unterstellt eine Konsistenz der Lebensstile und der sozialen Herkunft, der sich konfliktsoziologisch der Nachweis anschließt, dass kultureller Geschmack sich in der sozialen Geltungmachung um gesellschaftliche Anerkennung bemüht. Soziale Klassen tendieren dazu, ihre speziellen kulturellen Lebensformen zu legitimieren, weil „Anerkennung" eine begrenzte Ressource ist. Die gesellschaftlichen Legitimationsinstitutionen dienen dabei als Waffe der Konkurrenz; wer sie sich seinem eigenen Lebensstil ähnlich gestalten kann, erkämpft sich die angestrebten Vorteile. Im sich entfaltenden sozialen Feld dieses Anerkennungsstreites ergeben sich je nach Positionierung weitere Vorteile, die für die Verteilung von Erwerbschancen, Einfluss oder Prestige entscheidend sind. Insbesondere kommt der Bildung eine Hierarchisierung der verschiedenen sozialen Lebensstile zu, sie ist mitnichten „ungleichheitsneutral"[666],wie Schulze behauptet.[667]

---

660 Klocke, A. (1993) Sozialer Wandel, Sozialstruktur und Lebensstile in der Bundesrepublik Deutschland. Frankfurt, 73ff.

661 Berking, H. (1989) Kultur-Soziologie: Mode oder Methode? In: Ders./Faber, R. (Hg.) Kultursoziologie - Symptom des Zeitgeistes? Würzburg, 18.

662 Eickelpasch, R. (1998) Struktur oder Kultur? Konzeptionelle Probleme der soziologischen Lebensstilanalyse. In: Hillebrandt, F./Kneer, G./Kremer, K. (Hg.) Verlust der Sicherheit? Lebensstile zwischen Multioptionalität und Knappheit. Opladen.

663 Zur Theorie Bourdieus ist viel geschrieben worden, s. u.a. Robbins, D. (ed) (2000) Pierre Bourdieu, London; Janning, F. (1991) Pierre Bourdieus Theorie der Praxis: Analyse und Kritik der konzeptionellen Grundlegung einer praxeologischen Soziologie. Opladen; Jenkins, R. (1992) Pierre Bourdieu, London. Schwingel, M. (1993) Analyse der Kämpfe. Macht und Herrschaft in der Soziologie Bourdieus. Hamburg; Kraemer, K. (1994) Soziale Grammatik des Habitus: Zum sozialtheoretischen Potential der Kultursoziologie Pierre Bourdieus. In: Kneer, G./Ders./Nassehi, A. (Hg.) Soziologie - Zugänge zur Gesellschaft. Bd. 1, Münster Müller, H.-P. (1986) Klassen, Klassifikationen und Lebensstile. Pierre Bourdieu Theorie soziokultureller Ungleichheit. München; Brubacker, R. (1985) Rethinking Classical Sociology: The Sociological Vision of Pierre Bourdieu. In: Theory and Society, 6, 745-775. DiMaggio, P. (1979) Review Essay on Pierre Bourdieu. In: Amercian Journal of Sociology, 6, 1460-1474; Fröhlich, G. (1994) Kapital, Habitus, Feld, Symbol. Grundbegriffe der Kulturtheorie bei Pierre Bourdieu. In: Mörth, I./Fröhlich, G. (Hg.) Das symbolische Kapital der Lebensstile. Zur Kultursoziologie der Moderne nach Pierre Bourdieu, Frankfurt/New York.

664 S. vor allem Bourdieu, P. (1981) Die feinen Unterschiede, Frankfurt.

665 Schulze, G. (1996) Die Erlebnis-Gesellschaft. Kultursoziologie der Gegenwart, Frankfurt/New York.

666 Vgl. Harker, R. K. (1980) On Reproduction, Habitus and Education. In: British Journal of Sociology of Education, 2, 117-127; Gorder, K. L. (1980) Understanding School Knowledge: A Critical Appraisal of Basil Bernstein and Pierre Bourdieu. In: Educational Theory, 4., 335-346.

667 Vgl. Funke, H. (1997) Erlebnisgesellschaft. In: Nassehi, A./Kneer, G./Schroer, M. (Hg.) Soziologische Gesellschaftsbegriffe. Konzepte moderner Zeitdiagnosen, München

Soziale Entwicklungslinien von symbolischen Kulturen führen nicht zu einer Einebnung sozialer Differenzierungen, sondern kartographisieren diese im Sozialen Feld auf der horizontalen Achse. Über die Lebensstile werden durch eine Bewertung von Kompetenz und Performanz Status-Zuweisungen organisiert, die mit der „Illusion der Chancengleichheit"[668] auch durch Scham und Unterlegenheitsgefühle die Anerkennung jener reguliert, die dem legitimierten Lebensstil unähnlich sind.[669] Ausgehend von einer Kultursoziologie des Kleinbürgertums, entwickelt Bourdieu eine sich historisch auf den Aufstieg der Mittelschicht nach dem Zweiten Weltkrieg beziehende Kultursoziologie, die einen Erklärungsversuch für die Statusinkonsistenz von ökonomischer Verbesserung der Lebenslage und einem „cultural lack" gegenüber dem klassischen Bürgertum anstrebt. Die Diagnose der „Verzögerung zwischen Dispositionen und Strukturen"[670] erlaubt die Beschreibung einer distinkt anderen Lebensform, wobei die symbolinterpretierenden Muster bezüglich der alltagsorganisierten Unterscheidung von oben-unten, innen-außen, männlich-weiblich sowie zeitlicher Kategorien verinnerlicht weiterwirken.[671] Hinsichtlich seines Verständnisses von „Struktur" ist Bourdieu innovativ, weil er nicht einfach nur den alten Ungleichheiten die „neuen" hinzufügt, sondern diese als ein konzeptionelles Element der Gesellschaftsstruktur versteht, in der sich Klassen durch ihre relationellen Beziehungen und anhand ihrer Strukturmerkmale definieren.[672]

Diese Relationen bilden sich im sozialen Raum ab und sind deshalb positionell messbar. Hierfür verwendet Bourdieu stellenweise die Metapher vom „kulturellen Kapital", den kulturellen Kompetenzen des Einzelnen. Jenes fließt in die Positionsbestimmung zwischen sozio-struktureller und -kultureller Ebene in Form der Habitus-Beschreibung ein, die sich in der individuellen Praxis gesellschaftlich als Lebensstil manifestieren. Der Kapitalbegriff ermöglicht die Beschreibung eines Umwandlungsprozesses von individuellen Eigenschaften (kulturelles Kapital) in sozialen Netzwerken (soziales Kapital) zu ökonomischem Kapital. Letzterem - in Form von Vermögen, Besitz, Geld, Einkommen, Ersparnissen usw. - kommt bei der Anordnung im sozialen Raum die Schlüsselrolle zu. Durch Arbeit werfen die einzelnen Kapitalsorten Profit ab, der wieder investiert und akkumuliert werden kann.[673] Das Zusammenwirken der verschiedenen Kapitalformen erstreckt sich auf unterschiedliche gesellschaftliche Ebenen, wobei dem Sozialkapital eine Multiplikationsfunktion zukommt, weil sich hier die sozialen Netzwerke über die Anerkennung von Gruppenzugehörigkeit organisieren. Es schließt sich eine Ebene des symbolischen Kapitals an, die wahrgenommene und legitimierte Formen der anderen Kapitalformen zum Ausdruck bringt.[674] In gewisser Weise handelt es sich hierbei auch um Sozialkapital. Bourdieus Analyse des sozialen Raumes stellt sich deshalb als ein semiotisches Vorgehen dar,[675] da es von der Verdoppelung der Sozialstruktur durch deren Symbolisierung ausgeht, womit sich Symbole als kulturelles Kapital,[676] das die Entzifferung von Symbolwelten ermöglicht, reproduzie-

668 Bourdieu, P./Passeron, J.-C. (1971) Die Illusion der Chancengleichheit, Stuttgart.
669 Neckel, S. (1991) Status und Scham. Zur symbolischen Reproduktion sozialer Ungleichheit, Frankfurt/New York.
670 Bourdieu, P. (1981) Die feinen Unterschiede, Frankfurt, 209.
671 Ders. (1985a) Entwurf einer Theorie der Praxis, Frankfurt.
672 Ders. (1981) a.a.O., 182.
673 Ders. (1983) Ökonomisches Kapital, kulturelles Kapital, soziales Kapital. In: Kreckel, R. (Hg.) Soziale Ungleichheiten. Sonderband 2 der Sozialen Welt.
674 Ders. (1985) Sozialer Raum und Klassen. Leçon sur la leçon. Frankfurt.
675 Hepp, R.-D. (2000) Bourdieu, Sozioanalyse, Soziosemiotik, Wien.
676 Martin, B./Szelényi, I. (1987) Beyond Cultural Capital: Toward a Theory of Symbolic Domination. In: Eyermann, R./Svensson, L. G./Söderqvis (eds) Intellectuals, Universities and the State in Western Modern Societies, Berkeley.

ren.[677] Symbole bedeuten für Bourdieu eingeschränkte Zeichen der Unterscheidung. Sie werden erst sozial als Repräsentation gesellschaftlicher Unterschiede konzipiert (und somit zum Analyse-Gegenstand der symbolischen Beziehungen). Beziehungsverhältnisse sind dabei immer als Machtfelder zu verstehen, denn das symbolische Kapital ist an das ökonomische gekoppelt und diesem gegenüber sekundär.

Das Hauptaugenmerk Bourdieus richtet sich auf das kulturelle Kapital im Allgemeinen, mit dem Zugänge zu gesellschaftlichen Positionen geregelt werden. Wichtig ist, dass es sich hierbei nicht nur um die Güter der so genannten Hoch-Kultur handelt, sondern auch die internalisierten Geschmacksvorstellungen und kulturellen wie sozialen Kompetenzen miteinschließt. Damit ist das Kulturkapital individualisiert und nicht mehr ohne weiteres transportabel. Es wird in dieser Weise zu einer gewissen personellen Struktur des Einzelnen, zu seinem Habitus. Insofern es sich objektiviert, lässt sich Kulturkapital als Gegenstände des Kulturgebrauches erkennen oder es sich durch Bildungsinstitutionen institutionalisiert, womit die Konvertierung in ökonomisches Kapital ermöglicht wird. Im Sozialen Feld bestimmt prioritär das Volumen an Kulturkapital die Stellung des Einzelnen, die sich durch Be- oder Entwertungsentwicklungen einzelner Kapitalformen verändert kann.[678] Mit dem persönlichen Habitus ergibt sich eine aktive Gestaltungsfreiheit des Verhältnisses zwischen der Position im sozialen Feld und der eigenen Lebensführung. Damit konstituiert Bourdieu eine analytische Lebensstil-Forschung, da mit dem Habitus-Begriff sowohl hinsichtlich seiner generierenden wie klassifizierenden Funktion die Formen des individuellen Lebensstils untersucht werden. Die Betonung liegt auf der Gemeinsamkeit der individuellen Habitus-Formen, die sich gesellschaftlich als Klassenhabitus manifestieren. Ähnliche, bewusste wie unbewusste Handlungsmuster, kognitive Wahrnehmungsweisen und individuelle Lebensentwürfe stellen in dieser Weise einen Habitus dar, der aufgrund ähnlich homogener Lebensbedingungen dispositiv erzeugt wird. Lebensstile sind deshalb der symbolische Ausdruck des Klassenhabitus, der auf den sozialen Raum zurückwirkt und die Klassenzugehörigkeit reproduziert.[679] Die Ausdifferenzierung der Lebensstile entspricht der Entwicklung des Klassenhabitus und ist deshalb auf eine herrschaftliche Definition der Positionen im sozialen Raum ausgerichtet. Bourdieu verfolgt die Analyse der Machtgeneration weitgehend als Allokationsproblematik und betont die Bedeutung der Reproduktionssphäre gesellschaftlicher Ungleichheitsstrukturen.[680]

Im Allgemeinen lässt sich die fruchtbare Anwendung des Bourdieuschen Ansatzes bestätigen.[681] Vielen Einwänden gegen die Tragfähigkeit seiner Habitus-Theorie kann durch

677 Bourdieu, P.(1974) Zur Soziologie der symbolischen Formen, Frankfurt.
678 Vgl. auch Joppke, C. (1986) The Cultural Dimension of Class Formation and Class Struggle: On the Social Theory of Pierre Bourdieu. In: Berkeley Journal of Sociology, 31, 53-78.
679 Passeron, J.-C. (1986) Theories of Socio-Cultural Reproduction. In: International Social Science Journal, 4, 619-629.
680 Vgl. Herkommer, S. (1992) Klassen und Lebensstile - Pierre Bourdieus Beitrag zur Klassenanalyse. In: Meyer, H. (Hg.) Soziologen-Tag Leipzig 1991. Soziologie in Deutschland und die Transformation großer gesellschaftlicher Systeme, Berlin; Honneth, A. (1984) Die zerrissene Welt der symbolischen Formen. Zum kultursoziologischen Werk P. Bourdieus. In: KZfSS, 36, 147-164; Blasius, J./Winkler, J. (1989) Gibt es die „feinen Unterschiede"? Eine empirische Überprüfung der Bourdieuschen Theorie. In: KZfSS, 41, 72-94; Klocke, A. (1993) Sozialer Wandel, Sozialstruktur und Lebensstile in der Bundesrepublik Deutschland. Frankfurt, 87.
681 Siehe vor allem die Arbeiten von Vester, M. (1992) Die Modernisierung der Sozialstruktur und der Wandel von Mentalitäten. Zwischenergebnisse einer empirischen Untersuchung in der westdeutschen Bundesrepublik. In: Hradil, S. (Hg.) Zwischen Bewusstsein und Sein. Opladen, 223-250; ders. (1993) Das Janusgesicht sozialer Modernisierung, Sozialstrukturwandel und soziale Desintegration in Ost- und Westdeutschland. In: APuZ. 26-27/93, 3-19; ders. (1994) Die verwandelte Klassengesellschaft. Modernisierung der Sozialstruk-

entsprechende Weiterentwicklungen der theoretischen Grundlagen begegnet werden.[682] Dies betrifft unter anderem den Einwand, es handle sich um eine Analyse typisch französischer Verhältnisse, die in der föderalen deutschen Klassenlandschaft nicht anwendbar sei. Dies muss nicht der Fall sein, wenn man sich auf Bourdieus Forschungsprogramm einer relationell generierten Sozialstruktur-Analyse, eines „konfigurationellen Intuitismus"[683], einlässt und dementsprechend die Besonderheiten des jeweiligen sozialen Feldes anerkennt. Gleiches gilt für die Kritik an dem Kulturbegriff Bourdieus, er begegne nicht der ethnisch multikulturellen Wirklichkeit moderner Gesellschaften.[684] Hier kann Bourdieus Ansatz der Ressourcenkonkurrenz anknüpfen, demnach der „Kampf um Anerkennung" das soziale Feld, in dem sich Distinktionsbemühungen gesellschaftlich organisieren, bestimmt.

Raum als „soziales Feld" wird durch Bourdieus Habitus-Konzept erforschbar,[685] da sich dieses jenseits einer mechanistischen Handlungstheorie oder objektivistisch-empiristischer Strukturbestimmung um die Analyse der sozialen Praxis bemüht.[686] Mit Bourdieu komplexe Stadtforschung zu betreiben, bedeutet, sich vor der „blinden Verständlichkeit" zu schützen, die oftmals mit der Rezeption seiner Arbeiten einhergeht, und „sich auf Kopfschmerzen einzulassen".[687] Wie für Simmel sind für Bourdieu die „unsichtbaren Beziehungen"[688] bei der Erforschung des praktischen Sinnes des Menschen von zentraler Bedeutung. Er konstruiert diese Soziabilitätshypothese auf der Grundlage einer „reflexiven Anthropologie",[689] die sich von einer mimetischen Nachahmung von Handlungsweisen als Ausgangspunkt menschlichen Lernens her aufbaut und über Zeit- und Raumstrukturen verinnerlicht wird.[690] Es geht deshalb nicht nur um allokative Machtverhältnisse, sondern um die Vorherrschaft über die Weltdeutung, die symbolisch ausgetragen und politisch institutionalisiert wird und die Gestaltungsräume bestimmt, in denen der Einzelne sehen und glauben lernt.[691] Wahrnehmen und Denken wird über kollektiv verbindliche Klassifikationsschemata integriert, die als selbstverständlich empfundene Regeln des Zusammenlebens konfigurieren. Bourdieu bezeichnet diese „natürlichen Einrichtungen", die Kontinuität über lange Zeiträume sichern, wie die Familie, als „Doxa". An einem Umschlagpunkt von Sozialisation und Anthropologie konstruieren sie eine „zweite Natur".[692] Mit der Vermittlung von Sicherheit in der Wahrnehmung vermittelt die Doxa aber auch ein limitiertes Erkenntnisfeld, weshalb es zu fehlerhaften Repräsentationen, zur „Allodoxia", kommt. Dies geschieht insbesondere bei der Anwendung der Doxa außerhalb der eigenen Lebenswelt. „Paradoxal" wird die Lebensführung, wenn der Einzelne mit einem persönlichen Anliegen

tur und Wandel der Mentalitäten in Westdeutschland. In: Mörth, I./Fröhlich, G. (Hg.) Das symbolische Kapital der Lebensstile. Zur Kultursoziologie der Moderne nach Pierre Bourdieu. Frankfurt/New York.

682 Gebauer, G./Wulf, C. (1993) Praxis und Ästhetik. Neue Perspektiven im Denken Pierre Bourdieus, Frankfurt.

683 Müller, H.-P. (1986) Klassen, Klassifikationen und Lebensstile. Pierre Bourdieus Theorie soziokultureller Ungleichheit. München, 13.

684 Sulkunen, P. (1982) Society Made Visible: On the Cultural Sociology of Pierre Bourdieu. In: Acta Sociologica, 2, 103-115.

685 Griller, R. (2000) The Return of the Subject? The Methodology of Pierre Bourdieu. In: Robbins, D. (ed) Pierre Bourdieu. Vol. 1, London.

686 Garnham, N./Williams, R. (1980) Pierre Bourdieu and the Sociology of Culture: An Introduction. In: Media, Culture and Society, 3, 209-223; Bourdieu, P. (2000) Fieldwork in Philosophy. Interview mit A. Honneth, H. Kocyba u. B. Schwibs. In: Robbins, D. (ed) Pierre Bourdieu. Vol. 1, London.

687 Fröhlich, G., a.a.O., 31f.

688 Bourdieu, P.(1992) Rede und Antwort, Frankfurt, 138.

689 Ders./Wacquant, L. J. D. (1996) Reflexive Anthropologie. Frankfurt.

690 Ders. (1979) Entwurf einer Theorie der Praxis. Frankfurt.

691 Ders. (1999) Die verborgenen Mechanismen der Macht. Frankfurt.

692 Vgl. auch Rosenbaum, H. (1978) Familie als Gegenstruktur zur Gesellschaft. Stuttgart.

auf eine breite gleichgesinnte Individualisierung trifft, etwa im Massentourismus. Für Bourdieu ist nicht nur die Fehlerhaftigkeit der Doxa, sondern auch ihre Ausdifferenzierung in eine orthodoxe und konträr heterodoxe Lebenswelt wichtig, die jeweils eine „Soziodizee" entwickeln, mit der auf der Meinungsebene der jeweilige Lebensstil gerechtfertig wird. Damit wird evaluativ und expressiv eine Normzustimmung produziert. Dies findet in der Ästhetisierung und Kulturalisierung der gesellschaftlichen Differenzierung statt, womit die Geschmacksfrage, die für das Entstehen vertikaler Lebensstil-Klassifikationen entscheidend ist, ihre Einbettung in die horizontale Sozialstrukturanalyse betreibt.[693] Auf diese Weise gelingt es der „Theorie der feinen Unterschiede", die Kultursoziologie in eine Gesellschaftstheorie einzubinden, die mit Weber die Rationalisierung der Lebenswelt als Kern gesellschaftlicher Ausdifferenzierung auffasst.

Mit Bourdieu wird für die komplexe Urbanitätsforschung der „Raum" als ein Prozess der Strukturierung anschlussfähig. Offenkundig ist „Habitus" in gewisser Weise eine Art von Hybridisierung von lokal-globaler Logik und ist das soziale Feld eine Art Straßenkarte für die urbanen Kollisionen, die sich aus den Strukturierungen ergeben. In vieler Hinsicht haben empirische Anwendung wie analytische Weiterentwicklung des Bourdieuschen Ansatzes zu einer Präzisierung, Operationalisierung und erhöhter Plausibilität geführt, wenn auch innerhalb der Lebensstil-Forschung kein einheitliches Verständnis darüber entstanden ist, in welcher Richtung schließlich das Erbe des Habitus-Konzepts fortentwickelt werden soll.

Die geführte Auseinandersetzung über die Bourdieusche Theorie auf dem Hintergrund der soziopolitischen Konzeption Giddens und der sozialökologischen Strukturtheorie Blaus ist hier deshalb interessant, weil Giddens wie Blau gleichsam Raumkonzeptionen verfolgen, die in die Nähe von Komplexitätsanerkennung kommen.[694] Peter Blaus Arbeiten können zunächst angeführt werden, um einer differenzierteren Analyse der Bourdieuschen Monolithisierung der makrosoziologischen „Struktur" zu begegnen. Blau baut auf der Grundlage früher Arbeiten über die mikroskopische Tauschtheorie eine Rollenanalyse sozialer Werte und Institutionen auf, die das reziproke Verhältnis von Gesellschaft und intermediärer Organisation betonen.[695] Zentraler Ansatzpunkt der Untersuchung dieser Beziehung ist die Statuserwerbsforschung, die in der amerikanischen Soziologie ein hohes Maß an empirischer wie theoretischer Fundierung erhalten hat.[696] Von der Mikro-Ebene ausgehend wird eine Einbindung der Bildungs- und Berufskomplexe aufwärts konstruiert, indem sich die Intergruppen-Beziehungen als soziale Organisationen verschiedener Ordnung ermitteln lassen, wodurch sich ein institutionelles Machtgefälle als Heterogenisierung der Makrostruktur anbietet.[697] In gewisser Weise liefert Blau mit der Betonung der Intergruppen-Verhältnisse das Pendant zu Bourdieus Distinktionsbemühungen nach außen, wenn er sich auf die Binnengruppenneigung konzentriert.[698] Zugleich lässt es Blaus an die meritokratische Gesellschaftsauffassung anlehnende "achievement"-Analyse zu, das Verhalten des Einzelnen hinsichtlich einer Statusverbesserung auf die Eigenleistung des sozialen Aufsteigers zurückzuführen. Damit ergibt sich die Möglichkeit, soziale Mobilität in Bezug auf individuelle Dispositionen anzuerkennen, wodurch die individuellen Unterschie-

---

693 Müller, H.-P. (1992) Sozialstruktur und Lebensstile. Der neue theoretische Diskurs über soziale Ungleichheit, Frankfurt, 351.

694 Ebenda.

695 Blau, P.(1974) Parameters of Social Structure. In: American Sociological Review, 39, 615-635.

696 Blau, P./Duncan, O. D.(1967) The American Occupational Structure, New York.

697 Ders. (1977) Inequality and Heterogeneity. A Primitive Theory of Social Structure, New York.

698 Ders./Schwartz, J. E. (1984) Crosscutting Social Circles. Testing a Macrostructural Theory of Intergroup-Relations. New York/London

de zu erklären sind, die trotz gemeinsamen Habitus andere biografische Entwicklungen vollziehen.[699] Funktionalistisch wird beschrieben, wie Herkunft, Bildung und Beruf diesen Prozess anleiten, eine antagonistische Konzeption von individueller versus gesellschaftlich bedingter sozialer Mobilität kann somit vermieden werden. Gesellschaftliche Verortungen finden für Blau in einem sozialen Feld statt, das ähnlich wie bei Bourdieu relationell bestimmt ist, aber sich weitergehend koordiniert und den Grad sozialer Differenzierung zum Ausdruck bringt, indem nominelle Parameter für die Messung von Heterogenität eingeführt werden, denen graduelle Parameter zur Auslotung der Ungleichheiten wie kombinierte Parameter für deren Konsolidierung bzw. Überlagerung folgen.[700]

Darüber hinaus verweisen die Ergebnisse der empirischen Studien Blaus, die zumeist mit Datensätzen aus dem großstädtischen Leben ausgeführt wurden, dass es je nach Befragungsort erhebliche Unterschiede in den Mustern sozialer Ungleichheiten gibt, womit eine theoretische Herausforderung verbunden ist, unterschiedliche Räumlichkeiten zu akzeptieren. Müller greift deshalb die Theorien Giddens an dieser Stelle auf, da diese die Frage nach sozialen Strukturen in ein Konzept einbinden, das nicht nur soziopolitisch vorgeht, sondern diese auch in einem Zeit-Raum-Raster einordnet. Die frühen Arbeiten von Anthony Giddens bieten einen Zugang für die komplexe Urbanitätsforschung und die Frage nach dem Verhältnis von Raumkulturen, Raumstrukturen und Raumverhalten. Giddens hat in den achtziger Jahren den Sozialkategorien Zeit und Raum eine zentrale Rolle in der Konstitution von sozialen Systemen in seinen diskursiven Formationen zugeschrieben. Zurückgreifend auf die Arbeiten von Torsten Hägerstrand zur Zeitgeografie hat Giddens die Alltagsroutine für die Strukturierung von Räumen und Zeiten betont.[701] Außerdem beschreibt er die Raumkonzepte anhand der physischen Grenzen des Körpers. Der Mensch kann nicht an verschiedenen Orten zugleich sein. Regionen, ein Schlüsselbegriff der Raum-Theoretisierung Giddens', sind Orte, die Interaktionen enthalten. In ihnen wird eine „Zonierung" von Routinehandlungen ermöglicht. Regionalisierungen können sich in verschiedener Form als Raum/Zeit-Konfigurationen darstellen. Regionen sind nicht als autonom zu betrachten, ihre Entstehung und Entwicklung ergibt vielmehr, dass sie in größere soziale Systeme eingebettet sind. Der Körper bietet die Verankerung des Selbst in den verschiedenen Räumlichkeiten. Dadurch ergibt sich eine Ko-Präsenz des Einzelnen an verschiedenen Orten. Der Körper stellt auch durch seine Kontinuität in den wechselnden Regionen den Rahmen für das Erfahren von Raum und Zeit dar, der dem Individuum eine ontologische Sicherheit seiner selbst verleiht. Durch makro-gesellschaftliche Veränderungen ergibt sich eine Ausbreitung von Raum-Zeit-Konfigurationen und somit alltagsorganisatorischen Strukturen mit neuen Positionierungen.[702] Letztere beziehen sich auf die soziale Identität des Individuums, die sich durch die Nachbarschaft, das Zuhause, die Stadt, den Staat oder Arbeitsplatz ergibt. Giddens bemüht sich um eine Überwindung dualistischer Raumvorstellungen (Mikro-Makro-Ebenen), indem er zwischen System- und Sozialintegration differenziert. Interaktionen zwischen Akteuren werden als reziproke Praktiken in kopräsenten Situationen verstanden, die eine Sozialintegration des Individuums leisten. Die Integration wird aber auf einer zweiten Ebene konstituiert und entwickelt, die sich über größere Raum-Zeit-Spannen und ohne kopräsente Kontexte organisiert und in der Zeit weiter bewegt.[703]

699 Ders. (1980) A Fable about Social Structure. In: Social Forces, 58, 777-788
700 Ders. (1974) a.a.O.
701 Hamedinger, A. (1998) Raum, Struktur und Handlung als Kategorien der Entwicklungstheorie: eine Auseinandersetzung mit Giddens, Foucault und Lefebvre, Frankfurt.
702 Loyal, S. (2003) The sociology of Anthony Giddens, London.
703 Giddens, A. (2001) Konsequenzen der Moderne, Frankfurt.

Die Giddensche Strukturierungstheorie stellt einen Ansatz dar,[704] der in der Stadtforschung vielfach unbeachtet geblieben ist, obwohl ihm in den Sozialwissenschaften ein ähnlicher Status wie der Habituskonzeption Bourdieus zukommt.[705] Giddens bezieht eine sozialontologische Position, die eine über die soziologische Sozialstrukturanalyse hinausgehende Sozialtheorie anbietet.[706] Dabei betreibt er die Neufassung des Verhältnisses zwischen individueller Handlung und gesellschaftlicher Struktur durch eine Fokussierung auf die objektive Seite sozialen Handelns und die subjektvermittelnde Strukturierung. Im Gegensatz zu Blaus Normen-Analyse und Bourdieus Konzentration auf die ästhetische Geschmacksdistinktion stellt Giddens die Formen der Interaktion zwischen Struktur und Individuum in den Vordergrund seiner Theorie. Die Sozialintegration findet nicht in Institutionen herkömmlichen Sinnes statt, sondern ist an einen erweiterten Handlungsbegriff angelehnt.[707] Seine Betonung der Möglichkeit aktiven Handelns weicht von den Konzeptionen Blaus und Bourdieus zunächst ab und verweigert sich einer funktionalistischen Abbild-Theorie.[708] Der Akteur ist ein mit Erkenntnismöglichkeit und Kompetenzen ausgerüstetes Individuum, das sich durch sein Handlungswissen und seine Fähigkeit zum Tätigwerden auszeichnet. Die Handlungen bedürfen, um gesellschaftlich kompatibel zu sein, eines diskursives Bewusstseins, mit dem sich die Motive gegenüber der Gesellschaft vertreten lassen, das aber nicht erschöpfend allen Handlungsgründen offen steht. Die Strukturen geben hierfür die Regeln ab, an denen sich die individuellen Ressourcen ausrichten. Giddens stabiles Handlungsmuster, das sich aus der Verregelung des individuellen Verhaltens ergibt, löst sich dabei von der Einordnung in ein Zuschreibungssystem von Funktionen, demnach Handlungen letztlich immer im Sinne einer Strukturfunktion beschrieben werden können. In Bezug auf die Beziehung zur Struktur betont Giddens die Eigenbedeutung von Systemen, die für ihn empirisch beobachtbare, raumzeitlich positionierte Praktiken darstellen. Die dualistischen – funktionalen wie disfunktionalen – Strukturen werden dementsprechend eher zu unbedeutenden Kategorisierungen ohne erklärende Kraft, welche eher den Systemen zugesprochen wird, und zu Ordnungsschemata für die Beziehungsgeflechte der gesellschaftlichen Praxis. Letzteres versteht Giddens als „semantic spacing", mit der die Bindung an die historische Verortung aller sozialen Handlungen untersucht werden müsse. [709]

Die Bedingungen des Wandels und der Veränderungen der Struktur und damit auch die Reproduktionen des sozialen Systems sind von der jeweiligen „Structuration" abhängig.[710]. Während die Struktur weitgehend der Zeit-Raum-Veränderungen entzogen wird, um die Kontinuität erinnerungs- und subjektlos zu gewährleisten, bietet sich das soziale System als das räumlich wie zeitlich und in den Handlungen der Akteure eingebettete Pendant an. Mit dem Structuration-Begriff lassen sich die Systeme analytisch danach untersuchen, wie das dort verwendete Handlungswissen verortbarer Akteure in den verschiedenen Zusammenhängen, Ressourcen und Regeln die Systeme produziert und reproduziert. Die Strukturen sind als Leitpfade der Erinnerung verinnerlicht und in den sozialen Aktivitäten des Individuums installiert. In dieser Weise folgt Giddens der Aufhebung Bourdieus, Struktur als externen und das Subjekt als internen Teil der Gesellschaft zu betrachten. Soziale Systeme eignen sich als Untersuchungsebene, da sie als Signifikation, Dominanz und

---

704 S. vor allem Bryant, C. G./Jary, D. (eds) (1991) Giddens' Theory of Structuration, London.
705 Flanagan, W. G. (1995) Urban Sociology. Images and Structure, Boston, 244.
706 Giddens, A. (1988) Die "Theorie der Strukturierung". Ein Interview mit Anthony Giddens von Bernd Keißling. In: Zeitschrift für Soziologie. 17, 286-295.
707 Ders. (1977) Studies in Social and Political Theory. London.
708 Ders. (1984) The Constitution of Society. Outlines of The Theory of Structuration. Cambridge.
709 Ders. (1979) Central Problems in Social Theory, London.
710 Ders. (1984) a.a.O.

Legitimation für die herrschaftlichen Ungleichheiten der allokativen oder autoritativen Handlungsressourcen dienen. Vor allem die Gestaltung des sozialen Raumes, durch „autoritative" Macht, unterliegt den transformativen Kräften, die in institutionellen Ordnungen die jeweiligen sozialen Systeme bündeln (symbolisch, politisch, ökonomisch, rechtlich).[711] Mit Nachdruck wendet sich Giddens einer Inkorporation der historischen Entstehung von gesellschaftlicher Systemintegration zu.[712] Raum und Zeit werden zu den konstitutionellen Faktoren sozialen Handelns und sind demnach Ausgangspunkt für alle weiteren Untersuchungen. Wie weitreichend diese sozio-ontologische Fundierung der Strukturationstheorie ist, lässt sich an Giddens Neuformulierung des Historischen Materialismus ablesen, die im Kern darauf angelegt ist, die monadisch-evolutionistische Entwicklungsgeschichte des Marxismus durch eine Zeit-Raum-Logik der Distanzierungen abzulösen.[713] Zeit wirkt in reversibler Weise, wenn sie wiederholbare Alltagshandlungen bezeichnet; in irreversibler Weise umspannt Zeit die biografische Lebenszeit, und die Konsistenz der Institutionen greift über diese hinaus. Eingebettet werden die zeitlichen in jeweils räumliche Kategorisierungen, die sich an verschiedenen Interaktionsebenen abzeichnen lassen, vom Raumkörper bis zum Weltsystem. Raum und Zeit bilden für Giddens Achsen der Strukturierung, mit denen die Merkmale der sozialen Systeme institutionell so ausgestattet sind, dass sich strukturelle Sets ergeben, die die Ausformungen von Regel- und Ressourcenkombinationen zusammenfassen.[714] Über diese Raum-Zeit-Distanzierungen entsteht eine gesellschaftliche Integration je nach historischer Periode: In den Stammesgesellschaften ist die Raumform das Dorf, wodurch System und Struktur eine Einheit bilden; Tradition, Verwandtschaft und Gruppenkontrolle strukturalisieren es. In der klassengeteilten Gesellschaft sind Dorf und Stadt, Struktur und System voneinander getrennt, die Raumüberbrückung ist tendenziell vorhanden und staatliche wie militärische Strukturierungen dominieren noch die ökonomischen. Letztere gewinnen die Vorherrschaft in der Klassengesellschaft, die räumlich in einer hochgradig artifiziellen Umwelt verkehrt.[715]

Insgesamt ergibt sich mit Giddens' Strukturierungsansatz und seiner Vorrangstellung von Raum-Zeit-Koordinatoren eine Stadtforschung, die sich in existentieller Weise – anschließend an Distinktionsgewinne, ausgehend von einer kulturellen Anthropologie (Bourdieu), und sozialer Mobilität, ausgehend von einer meritokratischen Soziabilitätshypothese (Blau) –, die sich der intraurbanen Unterschiede widmen kann, auch wenn die vorgenommenen Einteilungen noch keine analytische Kraft entwickeln, um zeit-räumliche Differenzen in erklärender Weise zu untersuchen. Für die komplexe Stadtforschung lässt sich somit durch Anbindung an die Bourdieusche Habitus-Theorie über die Verschränkung mit Blaus Metropolen-Untersuchungen und Giddens „Konstitution der Gesellschaft" aufgrund von strukturierenden und verzeit-verräumlichenden Koordinatoren der Begriff „Raum" theoretisch weiter entwickeln.[716] Dies ist nur möglich, da Bourdieus Ansatz den „Sozialen Raum" in einer Weise beschrieben hat, der relationelle Kartographien verschiedenster gesellschaftlicher Räume ermöglicht, etwa Algeriens und Frankreichs. In neueren Arbeiten öffnete Bourdieu seinen Raumbegriff auch für die Analyse von urbanistischen Kategorien, die wie Giddens mit seinen Raumfiguren Dorf und der Dualität Stadt-Dorf eine geographisch-

---

711 Ders.(1988) Konstitution der Gesellschaft. Grundzüge einer Theorie der Strukturierung. Frankfurt.
712 Ders. (1981) A Contemporary Critique of Historical Materialism. Vol.1, Power, Poverty and the State, Berkeley.
713 Ders. (1981) und (1985) a.a.O.
714 Ders. (1984) a.a.O., 184.
715 Ders. (1984)
716 Müller, H.-P. (1992) a.a.O.

physische Räumlichkeit mit einbezieht (die so genannten Ortseffekte).[717] Neben verschiedenen Forschungen, die sich mit der Ortspartikularität in der Weise auseinander setzen, dass sich konkrete Sozialräume mittels der Habitus-Konzeption untersuchen lassen,[718] hat vor allem die Weiterentwicklung des Bourdieuschen Ortseffekt-Ansatzes in der Form des „local social space" gezeigt, dass sich einzelne Orte in ihrer jeweiligen spezifischen Sozialraumkonstellation beschreiben und mit dem Habitus-Konzept analysieren lassen.[719] Eine (komplexe) Urbanitätsforschung kann sich jedoch mit der geringen Theoretisierung des Städtischen als einen besonderen Raum nicht zufrieden geben; sie stellt die Frage, inwieweit die angeführten Debatten über Raum, Gesellschaft und Komplexität generell gültig sind oder aber eine Besonderheit der Stadt behauptet werden können.

13. Die Gesellschaft der Stadt

Die Stadt als komplexes Gebilde benötigt eine Forschungsperspektive, in der ein Maximum an realer Komplexität theoretisch erfasst werden kann. Dabei kann eine Theorie der komplexen Stadt auf zwei sozialwissenschaftliche Autoren zurückgreifen, die sich in ihren theoretischen Arbeiten explizit mit dem Thema der Komplexität beschäftigt haben, Morin und Luhmann. Die möglichen Anknüpfungsmöglichkeiten sollen für die Fundierung einer urbanen Komplexitätsforschung in Hinsicht auf deren gesellschaftliche Komplexitätstheoretisierung zunächst ohne „Stadtbezug" untersucht und dann bezogen auf ihre raumkonzeptionellen Möglichkeiten betrachtet werden.

„Die menschliche Ordnung enthält die Unordnung", so ein Zitat aus dem Werk Edgar Morins, das zugleich auch für seine Soziologie sprichwörtlich sein könnte.[720] Morin gilt als „Denker der Komplexität"[721], wenn nicht gar der Hyperkomplexität. Zentraler Bezugspunkt seiner Komplexitätskonzeption ist die menschliche Eigenschaft, sich andere Welten etwa im Film,[722] den Morin eingehend analysiert hat, in ihrer Imagination zu erschaffen. Imagination führt deshalb zu einer komplexen Ordnung, weil sie einerseits für das wirkliche Leben Orientierungspunkte bietet, und andererseits eine Reflexion realer Vorgänge darstellt. Imagination ist aber keine gesellschaftlich unorganisierte Ressource des Einzelnen, weshalb sich eine Soziologie der Imaginationsordnung auf eine Analyse der Kultur einzulassen hat, in der ein von Normen, Symbolen, Mythen und Bildern zusammenhängendes Ganzes mit unterschiedlichen Ausrichtungen (national, humanistisch, Massenkultur) produziert wird.[723] Diese Kulturen sind gesamtgesellschaftlich nebeneinander stehend und sich gegenseitig beeinflussend angeordnet, während sie, vom kapitalistischen Impetus im Zeitalter der dritten industriellen Revolution angestoßen, sich in ihrer Wirkungsentfaltung autonomisieren. Der Zusammenhang zwischen Ordnung und Chaos ergibt sich für Morin in der

---

717 Bourdieu, P. et al. (1997) Das Elend der Welt, Konstanz.

718 Etwa Harker, R.-K. (1992) Cultural Capital, Education and Power in New Zealand: An Agenda for Research. In: New Zealand Sociology, 1, 1-19 oder Mahar, C. (1992) An Exercise in Practice: Studying Migrants in Latin American Squatter Settlements. In: Urban Anthropology, 21, 275-309.

719 Vgl. Rosenlund, L. (1996) Cultural Changes in a Norwegian Urban Community: Applying Piere Bourdieu's Approach and Analytical Framework. In: International Journal of Contemporary Sociology, 2, 211-236.

720 Morin, E. (1974) Das Rätsel des Humanen. Grundfragen einer neuen Anthropologie, München, 135.

721 Moebius, S. (2004) Bio-Anthropo-Soziologie: Edgar Morin. In: Ders./Peter, L. (Hg.) Französische Soziologie der Gegenwart, Konstanz, 237.

722 Morin, E. (1956) Le Cinéma, ou l'Homme imaginaire, Paris.

723 Ders. (1965) Der Geist der Zeit. Versuch über die Massenkultur, Köln.

Dichotomie von außen und innen: Die äußere Stabilität fällt zusammen mit einer Konsistenz, wie sie Mythen und mathematisch-kybernetischen Strukturen gemeinsam ist, während Situationen und Personen die äußerlich gegebene Formen zur eigenen semantischen Repräsentation nutzen. Damit ergibt sich eine relative Autonomie des Individuums in der standardisierten Massengesellschaft.

Morin ist seit den sechziger Jahren durch die System-, Informations- und Kybernetiktheorien jener Jahre stark beeinflusst worden, wie sich an seinem Buch über die „verlorene Natur" nachvollziehen lässt.[724] Hierbei geht es ihm um das Verständnis des Menschen im Rahmen einer neuverstandenen Anthropologie, in der sowohl die Weisheit als auch Verrücktheit als Wesenselemente des Menschlichen anerkannt werden. Insbesondere die Bedeutung des Todes, der für den Einzelnen nicht akzeptabeln Absehbarkeit seines eigenen Endes, verdeutlicht die Notwendigkeit einer Inkorporation des Irrealen und Wahnhaften in der Annahme menschlicher Konstitution, wobei ebendiese emotionale Unsicherheit und Janusköpfigkeit des Menschen den Fortschritt der gesellschaftlichen Komplexität unterhält. In Rezeption der Arbeiten von Maturana zur Autopoiesis von Systemen unterstreicht Morin dabei die Tatsache, dass Unordnung und Irrtum, die gleicherweise für den Selbsterhalt der Systeme gefährlich bleiben, Innovationen hervorbringen und die Komplexität auf einem höheres Niveau wieder herstellen. In seinem fünfbändigen Werk „Über die Methode" wird dieser anthropologische Ansatz en detail ausgearbeitet.[725]

Während Morin ein weites interdisziplinäres Feld bearbeitete und eigene Fallstudien mit empirischem Charakter vorlegte, hat Niklas Luhmann seine Vorstellungen fast vollständig direkt über systemtheoretische Konzepte der Kybernetik oder indirekt durch die Rezeption der Arbeiten Taloctt Parsons entwickelt.[726] Hierbei hat er zwar keine als empirisch zu bezeichnenden Forschungen vollzogen, aber gemäß einer sehr umfangreichen Analyse der verschiedenen Teilsysteme der Gesellschaft diesen deren besonderen Dynamiken zu ermitteln versucht. Luhmanns Werk,[727] das hier nur in seinen Grundzügen und mit Bezug auf die verfolgte Problemstellung der komplexen Urbanität verfolgt werden kann, zeichnet sich durch keine systematische Theoretisierung seiner Begriffe und Ansätze aus, jedoch hat die Sekundärliteratur erhebliche Klarheit über sein Denken schaffen können.[728]

Die Arbeiten Luhmanns reproduzieren ein Komplexitätsverständnis, das sich durch viele Theoretisierungen der Systemtheorie zieht und auch bei Morin, auf den sich Luhmann zum Teil bezieht, auffinden lässt. Es ist sicherlich nicht übertrieben, wenn man für das Verständnis der Luhmannschen Theorie den Komplexitätsbegriff für zentral erklärt.[729] In

---

724 Ders. (1974) a.a.O.
725 Ders. (1977ff.) La Méthode, 5 Bände, Paris.
726 Vgl. Beyme, K. v. (1991) Ein Paradigmawechsel aus dem Geist der Naturwissenschaften: Die Theorie der Selbststeuerung von Systemen (Autopoiesis). In: Journal für Sozialforschung, 31/1, 3-24.
727 Vgl. Demirovic, A. (Hg.) (2001) Komplexität und Emanzipation. Kritische Gesellschaftstheorie und die Herausforderung der Systemtheorie Niklas Luhmanns, Münster.
728 Vgl. vor allem Kiss, G. (1990) Grundzüge und Entwicklung der Luhmannschen Systemtheorie, Stuttgart; Kneer, G./Nassehi, A. (1991) Verstehen des Verstehens. Eine systemtheoretische Revision der Hermeneutik. In: Zeitschrift für Soziologie, 20/5, 341-356; Kneer, G. (1994) Niklas Luhmanns Theorie sozialer Systeme, München; Fuchs, P. (1993) Niklas Luhmann – beobachtet. Eine Einführung in die Systemtheorie, Opladen; Baraldi, C./Corsi, G./Esposito, E. (1997) GLU Glossar zu Niklas Luhmanns Theorie sozialer Systeme, Frankfurt; Reese-Schäfer, W. (1992) Luhmann zur Einführung, Hamburg; Horster, D. (1997) Niklas Luhmann, München; Krieger, D. J. (1996) Einführung in die allgemeine Systemtheorie, München und Krause, D. (1999) Luhmann-Lexikon, Stuttgart.
729 Vgl. Weihe, U. (1979) Diskurs und Komplexität: eine Auseinandersetzung mit dem Handlungsbezug der Gesellschaftslehren von Habermas und Luhmann, Stuttgart und Pokol, B. (1990) Komplexe Gesellschaft: eine der möglichen Luhmannschen Soziologien, Bochum.

seinem als Hauptwerk geltenden Buch „Soziale Systeme" hat Luhmann sich explizit zu seinem Begriff von Komplexität zunächst wie folgt geäußert: „Als komplex wollen wir eine zusammenhängende Menge von Elementen bezeichnen, wenn auf Grund immanenter Beschränkungen der Verknüpfungskapazität der Elemente nicht mehr jedes Element jederzeit mit jedem anderen verknüpft sein kann."[730] An dieser Definition fällt zweierlei auf. Luhmann hat Komplexität grundlegend in eine Dimension des Quantifizierbaren verlegt, in der es ihm um die logische Aufteilung von Mengen und Elementen geht, Hybridisierungen sind in dieser dualen Komplexitätsdefinition nicht vorgesehen. Zum anderen verweist die Luhmannsche Komplexitätskonzeption auf eine Dualität des Anschlusses hin, die sich durch sein Paradigma der Umwelt-System-Differenz weiterentwickelt. Wichtig ist auch die nähere Beschreibung der „immanenten Beschränkungen": „Der Begriff (...) verweist auf die für das System nicht verfügbare Binnenkomplexität der Elemente, die zugleich deren Einheitlichkeit ermöglicht. Insofern ist Komplexität ein sich selbst bedingender Sachverhalt: Dadurch, (...) um als komplexe Systembildung fungieren zu können, ist auch die Verknüpfungsfähigkeit limitiert, und dadurch reproduziert sich Komplexität als unausweichliche Gegebenheit auf jeder höheren Ebene der Systemebene."[731] Dieses Zitat ist in dem Sinne aufschlussreich für das Verständnis des Luhmannschen Komplexitätsbegriffs, weil hier wiederum eine Verortung von Komplexität stattfindet, nämlich in Systeme hinein. In der weiteren Behandlung des Themas führt Luhmann die Begriffe Selektionszwang, Kontingenz und Risiko ein. Dabei ergibt sich ein dynamisches Konzept: „Die Komplexität der Welt, ihrer Arten von Gattungen, ihrer Systembildungen entsteht also erst durch Reduktion von Komplexität und durch selektive Konditionierung dieser Reduktion."[732] Komplexität wird somit zu einem quantifizierbaren Gut, dass sich als reduzierbar denken lässt. Die Verstofflichung von Komplexität bei Luhmann muss man sich als eine Art Fluss vorstellen, eine Flüssigkeit, die vom Ufer aus Druck ausübt: „Die Einrichtung und Erhaltung einer Differenz von System und Umwelt wird deshalb zum Problem, weil die Umwelt für jedes System komplexer ist als das System selbst."[733] Das Verhältnis von Umwelt-System wird von Luhmann als durch ein „Komplexitätsgefälle", einem „Komplexitätsverlust" etc. gekennzeichnet beschrieben. In einem so genannten „zweiten Komplexitätsbegriff" fasst Luhmann sein Komplexitätsverständnis wie folgt zusammen: „Komplexität in diesem zweiten Sinne ist dann ein Maß für Unbestimmbarkeit oder für Mangel an Information. Komplexität ist, so gesehen, die Information, die dem System fehlt, um seine Umwelt (Umweltkomplexität) bzw. sich selbst (Systemkomplexität) vollständig erfassen und beschreiben zu können."[734] Luhmann will mit diesem zweiten Begriff ein Komplexitätsverständnis aus der Sicht der Elemente einführen, es ist sozusagen als eine akteursgerichtete Perspektive oder eine auf die Operationalität von Systemen bezogene Ebene von Komplexität. Luhmann behandelt Komplexität aber nicht nur mit Bezug auf die Umwelt-System-Dichotomie als eine materielle Substanz, die sich vermehrt und reduziert etc., sondern auch mit Bezug auf die geschichtliche Einbettung der Systemtheorie. Für Luhmann ist der Verlauf von Zeit ein Hinweis auf die Zunahme von Komplexität, da dieser als Moderne zu bezeichnende Prozess durch Ausdifferenzierung zwangsläufig komplexer wird.[735]

---

730 Luhmann, N. (1987) Soziale Systeme. Grundriß einer allgemeinen Theorie, Frankfurt, 46.
731 Ebenda.
732 A.a.O., 47.
733 Ebenda.
734 A.a.O., 50f.
735 Vgl. Rasch, W. (2000) Niklas Luhmann's modernity: the paradoxes of differentiation, Stanford.

Entgegen der weitläufigen Auffassung, die Systemtheorie Luhmanns sei „raumfrei", wird hier festgehalten, dass es eine abstrakte Zuordnung von Komplexität in die Räume von Umwelt und System gibt, die sich anhand der Metaphorik des Fließenden oder zumindest der quantifizierbaren Materialität abbildet. Komplexität lässt sich mit Luhmann dann in einem weiteren Schritt als Responsivität auf Unübersichtlichkeit verstehen, dem wiederum eine Stofflichkeit als Denkfigur zugrunde liegt, die (mangelnde) Information. Dieser Sichtweise von „Komplexität" folgt in seinen systemtheoretischen Grundzügen eine von Nassehi betriebene Diskussion der Stadt.[736] Hierbei wird die Stadt als „Grenzphänomen" verstanden, wobei als lesenswert in dieser Diskussion des Autors gesehen werden kann, dass Städte mit Bezug auf Verdichtung und Synchronisation konstituiert werden. Sie stellen kognitive Ordnungsschemata dar: „Städte wären also Orte, an denen unterschiedliche soziale Ereignisse gleichzeitig „sichtbar" werden und damit einen synchronen Raum aufspannen, der als der städtische Raum erscheint. Die Einheit der Stadt ist also zunächst nichts anderes als eine kognitiv erzeugte Einheit, innerhalb derer sich Gesellschaft ereignet. Exakt das meint meine Formulierung, Städte seien nicht Gesellschaft auf lokaler Basis, sondern Lokalität auf gesellschaftlicher Basis."[737] Diese Anwendung der Systemtheorie auf die Stadt bleibt aus mehreren Gründen unbefriedigend. Unausgesprochen wird die Stadt als System betrachtet, innerhalb dessen Komplexität durch Synchronisierung und Anschluss von Körpern gedacht wird. Dabei verschwimmen die Konturen, die ein solcher Art hergeleiteter Stadtbegriff hätte, weil er ein dualistisches Konzept auf den Raum überträgt und nun sehr selektiv das Ereignishafte auf die in diesem Raum „Stadt" eingeschlossene Komplexität als deren Spezifikum definiert. Unzweifelhaft ist die Stadt auch ein kognitives System, jedoch kann sich darauf eine Analyse komplexer Urbanität nicht beschränken. Das dualistische Konstrukt von Konzept und Materialität generiert seine eigenen Dilemmata, Gesellschaft-Lokalität, und die Debatte erschöpft sich hier in der argumentativen Stellungnahme für eine Priorisierung der einen oder anderen „Ausgangslage". Mit anderen Worten, die systemtheoretisch inspirierte Raumforschung nimmt ihre eigenen Raummetaphern nicht wahr, sondern erliegt ihnen. Komplexität und Information werden als semantische Konstrukte raumfrei konzeptionalisiert, in der weiteren theoretischen Argumentation aber substantivistisch verwandt. Komplexität wird mit Luhmann subkomplex bearbeitet, da nur eine einzige denkbare Logik komplexer Entwicklung ins Auge gefasst wird. Die Komplexität wird auf etwas Reduzierbares reduziert, gesteigert durch Steigerungen, sie drückt von den Gefällen ab- und aufwärts. Vielleicht fängt komplexes Denken an, wenn man mindestens bis drei zählt und die Frage, ob es tatsächlich duale Komplexitätsorganisation gibt, empirisch offen hält. Dies geschieht nicht, die Stadt ist dementsprechend schon eine Illustration der sich abspulenden Differenzierung in der Moderne: „Eine der entscheidenden Bedingungen für deren Stabilität (der Arbeits- und Industriegesellschaft, d. A.) war ganz offensichtlich die räumliche Ordnung, die Städte als ökologische Bedingung des Modernisierungsprozesses anboten".[738] Zunächst stellt diese Stadtsicht als „ökologische Bedingung", wie immer dann auch zu verstehen, eine einseitige Sichtweise dar, indem die Stadt als „räumliche Ordnung" verstanden wird, die im Grunde nichtssagend ist. Wenn das Verhältnis zwischen Lokalität und Globalität sich so gestaltet, dass das Urbane für die Einbettung des Globalen, der Moderne, zuständig ist, ist die Komplexitätslogik a priori schon vorgegeben und kann nicht mehr hinterfragt werden. Die weiteren theoretischen Aussagen, etwa zu Stelle und Ort, reprodu-

736 Nassehi, A. (2002) Dichte Räume. Städte als Synchronisations- und Inklusionsmaschinen. In: Löw, M. (Hg.) Differenzierungen des Städtischen, Opladen.
737 A.a.O., 218.
738 Ebd., 222.

zieren diese theoretischen Vorabfestlegungen, die die Erkundung anderer Logiken urbaner Komplexitätsentwicklungen, wie sie im ersten Teil der Arbeit in der Diskussion relevanter städtischer Dynamiken induktiv aufgearbeitet wurden, nicht mehr erlaubt. Man mag die Luhmannsche Komplexitätstheorie und die sich anschließenden möglichen Urbanitätsdiskurse der Systemtheorie als eine offene Forschungsfrage verstehen. Demnach wäre die Bedeutung von Grenzen, die als Rechtfertigung einer Außen-Innen-Dialektik dienen könnten, zu erkunden. Ungezweifelt findet man Signifikanz von Mauern, Brücken und Grenzzäunen, physisch wie kognitiv, eine Veränderung von Komplexitätslogiken ließe sich jedoch nur erkennen, wenn zumindest eine andere als die systemtheoretisch duale konkurrentiell gedacht wird und dann auch empirisch überprüfbar gemacht werden kann.

Die Forschungsperspektive der komplexen Stadt sollte als eine Programmatik aufgefasst werden, die sich weiterhin um Anschluss an sozialwissenschaftliche Perspektiven bemüht, mehr noch: durch sie getragen und motiviert wird. Dabei ist entscheidend, dass eine Stadtforschung sich nicht nur ihrer historischen Perspektive, Methodik und Theoretisierung versichert, sondern auch den Anschluss an eine sozialwissenschaftliche Analyse sucht, für die der Diskurs über die Moderne nach wie vor als der vordringlichste angesehen wird. Nicht mehr die individuelle Perspektive, wie in der Prosa der modernen Großstadt von Victor Hugo über den Bauch von Paris bis Dos Passos' „Manhattan Transfer", ist in der Lage, eine allgemeine Definition von Urbanität der Moderne zu vermitteln. Die Gesellschaft der Stadt wird eine notwendige Theorie-Ebene der komplexen Urbanitätsforschung bleiben, die in der Ausarbeitung einer spezifischen Sichtweise evident wird und zugleich Anschluss an die gesellschaftswissenschaftliche Progression sucht.

Der Begriff der „Moderne" soll hierzu aufgegriffen und für die Analyse von urbaner Komplexität in einen Zusammenhang mit Entwicklungen „langer Dauer" von gesellschaftlich-geschichtlichen Prozessen genutzt werden.[739] Dabei ist einzuwenden, dass eine Analyse des Zusammenhangs von Moderne und Raum nicht durch eine abbildtheoretische Herangehensweise, in der die Ausdifferenzierung der Moderne quasi nur als Kartographie auch den Raum beinhaltet, zu betrachten ist. In dieser Weise hatte Louis Wirth schon in den dreißiger Jahren mit seinem Artikel „Urbanism as a Way of Life" einen Urbanitätsbegriff eingeführt, der auf dem Hintergrund der modernen Stadtentwicklung Amerikas die Stadt faktoriell beschreibt.[740] Seine Stadtsicht war weniger in ökologischen und konfliktsoziologischen Vorstellungen zu verorten, wie dies für die Chicago School, der er entstammte, eher zutraf.[741] Soziale Vorgänge begründen sich für ihn einzig aus dem urbanen Kontext. Louis Wirth hat in seiner Arbeit die Forschungsperspektive auf die Frage gelenkt, welche Faktoren innerhalb der Stadt zu einem typisch urbanen Verhalten führen und in welcher Weise sich diese beschreiben lassen. Nach seinem Verständnis wird der „urban way of life" durch drei Variablen gekennzeichnet, die es in der weiteren Forschung jeweils operational

---

739   Die Bezüge zwischen Stadt und Moderne werden zwar oft unterstellt und angedeutet, aber selten ausgeführt. Zumeist reduzieren sie sich auf eine formbegründete (vgl. Hvattum, M./Hermans, C. (eds) (2004) Tracing modernity: manifestations of the modern in architecture and the city, New York), abbildtheoretisch gedachte Verbindung in dem Sinne, dass die „Moderne" in der Stadt sich „erkennen" lasse (Vgl. Pile, S. (2005) Real cities : modernity, space and the phantasmagorias of city life, London; Whyte, I. B. (ed) (2003) Modernism and the spirit of the city, London. Historische Untersuchungen hingegen korrigieren simplifizierte Vorstellungen, etwa bei Savage, M./Warde, A. (2003) Urban Sociology, Capitalism and Modernity, Basingstoke, über die moderne Stadt (vgl. Deckker,T. (ed) (2000) The modern city revisited, London; Friedrichs, C. R. (1999) The early modern city: 1450 - 1750, London; Donald, J. (1999) Imagining the modern city, London; Gronberg, T. (1998) Designs on modernity: exhibiting the city in 1920s Paris, Manchester.
740   Wirth, L. (1938) Urbanism as a Way of Life. In: American Journal of Sociology 44, 1-24.
741   S. auch Diner, S. J. (1997) Department and Discipline: The Department of Sociology at the University of Chicago. In: Plummer, K. (ed) a.a.O., Vol II.

anzuwenden gilt, um in Abhängigkeit von diesen den Grad des Urbanismus zu ermitteln: Größe im Sinne von Bevölkerungsanzahl, hohe Wohndichte und Verschiedenheit der (kulturellen) Hintergründe der Einwohner konstituieren jenes Ursachengeflecht, das hinsichtlich seiner Sozialformen zu untersuchen sei.[742] Wirth schien sich sehr bewusst zu sein, dass diese urbanen Präkonditionen nicht ausreichend zu sein scheinen, um die Stadt definieren zu können, sie deuten aber an, dass es sich um genuin urbane Faktoren handelt. Offen bleibt hingegen die Frage, in welcher Weise sich dies mit einem Prozess der Stadtentwicklung konzeptionalisieren lässt, der mit dem Terminus „Moderne" belegt wird.

Die Moderne und ihr räumlicher Bezug sind in der Weise mit einander verbunden, in der sich die Moderne vermittelt. Diese Vermittlung beruht auf einem Prozess der intendierten Komplexitätsreduktion und Steuerung.[743] Hierbei spielt eine wichtige Rolle, dass die Moderne auf einer doppelten Logik beruht, die einerseits homogenisierte Räume hervorbringt und gleichzeitig Vielfalt zulässt. Ersteres ist das (nationale) Territorium, letzteres die Großstadt. Hervorzuheben ist, dass wir die moderne Großstadt als grundlegend anders konzeptionell beschreiben als die tradierte „Europäische Stadt" des Mittelalters. Dieser Unterschied manifestiert sich an der Loslösung von der Stadt aus dem Verbund der Distanzen, Ort und Weg entwickeln sich als zwei grundlegende Raumkategorien auseinander. Die lokale Befangenheit des Mittelalters wird Schritt für Schritt aufgegeben und die „Eroberung" des Territoriums führt zu einer Geographie, die durch die Dualität Distanz-Lokalität gekennzeichnet ist. Eine lediglich auf die Distanzen zwischen Orten fixierte Konzeption von Raum vernachlässigt die Besonderheit von Dichte als eine Grundkategorie von moderner Urbanität. Der Fehler distanzgeographischer Raumforschung ist, dass die Großstadt nicht als eine besondere Ortsformierung der Gesellschaft erkennbar wird. Rückgreifend auf Simmel und die Chicago School wird die Dichte der Metropole als wesentliches Charakteristikum begriffen. Eine moderne Analyse der Stadt versteht deshalb die Komplexität urbanen Lebens als eine Debatte um die Phasen der Stadtentwicklung. Insbesondere ist die „Moderne" immer wieder als Dreh- und Angelpunkt einer historischen Periodisierung urbaner Entwicklungsphasen benutzt worden. Moderne und Stadt wurden oftmals als Synonyme verwandt und verloren dabei an begrifflicher Analyse-Fähigkeit.

In den letzten zwanzig Jahren gab es Theoretisierungsansprüche, die sich zu der Verknüpfung von Stadt und Moderne kritisch positioniert haben und einen gewissen epochalen Bruch in der Gesamtperspektive der Gesellschaft thematisieren wollten. Hierfür wurden verschiedene Bezeichnungen eingeführt, welche die Stadt als hyper-, super- oder postmodern bezeichnet haben.[744] Die Berechtigung des Postulats einer neuen Phase der Stadtentwicklung wird davon abhängen, ob die Innovationen der postmodernen die Kontinuitäten der modernen Stadt überwiegen. Können die Städte der neunziger Jahre des 20. Jahrhunderts immer noch mit dem Diskurs über die moderne Stadt beschrieben und erklärt werden? Die empirische Grundlage für die Proklamation der postmodernen Stadt und damit einhergehend der postmodernen Stadtforschung bildet Los Angeles. Die kalifornische Metropole wird von der so genannten „Los Angeles School" als für die postmoderne Stadtentwicklung paradigmatisch betrachtet.[745] Mit ihren Arbeiten soll gezeigt werden, dass L. A. nicht die

742 Flanagan, W. (1995) a.a.O., 55ff.
743 Vgl. auch Held, G. (2005) Territorium und Großstadt. Die räumliche Differenzierung der Moderne, Wiesbaden.
744 Minca, C. (ed) (2001) Postmodern geography: theory and praxis, Oxford.
745 Kritisch zur L. A.-School: Gottdiener, M. (2002) Urban Analysis as Marchindising: The „LA School" and the Understanding of the Metropolitan Development. In: Eade, J./Mele, C. (eds) Understanding the City, London.

Ausnahme einer ansonsten modernen Stadt, wie sie die Chicago School erforscht hat, darstellt. Stattdessen halten die Autoren der „L.A. School" ihre Befunde für einen Hinweis auf die weltweite Zukunft des Städtischen. Die theoretische Brücke zwischen den Theorien der Postmoderne und der Urbanitätsforschung bildet das Narrativ. Für den französischen Philosophen Lyotard hat das postmoderne Zeitalter mit dem Ende der Grand Narration (Sozialismus, Christentum etc.) angefangen.[746] Die L.A.-School sieht hier die Parallele.[747] Während Städte wie Paris ein bestimmtes Narrativ enthalten, lässt sich über Los Angeles kaum noch eine vereinende Erzählung formulieren.

Die Entwicklung einer postmodernen Stadtforschung beginnt mit einer raumtheoretischen Auseinandersetzung und setzt sich mit der Diskussion über die Partikularität des Städtischen fort, wobei Soja von „cityspace" spricht, um die Einbindung seiner Urbanitätsdefintion in ein allgemeines Raumkonzept zu unterstreichen: „Cityspace refers to the city as a historical-social-spatial phenomenon, but with its intrinsic spatiality highlighted for interpretive and explanatory purposes. Also coming to the foreground in this definition of cityspace and adding more concreteness to its meaning is what can be described at the spatial specificity of urbanism (…) Urban spatial specificity refers to the particular configurations of social relations, built forms, and human activites in a city and its geographical sphere of influence. It actively arises from the social production of cityscape as a distinctive material and symbolic context or habitat for human life. It thus has both formal or morphological as well as processual or dynamic aspects."[748]

Mit Sojas Definition des „cityspace" ergibt sich für die komplexe Stadtforschung ein Profil, das nicht nur die Raumdebatte weiterführt und auf das Partikuläre des Urbanen eingeht, das nicht den Raum der Stadt, wie etwa noch systemtheoretisch, vorab als eine Qualität zuordnet („komplexer"), sondern sie als Dynamik versteht, die nicht mehr an die Dualität von Materialität und Symbolik oder Form und Morphologie zu denken erlaubt. Soja greift dabei die Trialektik Lefèbvres auf, der dreifach verknüpften Dynamiken von konstruiertem, geplantem und erlebtem Raum.[749] Henri Lefèbvres Raumkonzeption lässt sich als der Versuch anerkennen, sein groß angelegtes Werk über die Kritik des Alltags mit der Revision eines zu deterministischen Verständnisses des Marxismus über Fragen der Stadtentwicklung zu verbinden.[750] Nach der Beschreibung von erfahrungs- und theoriegeleiteten Beobachtungen folgt die analytische Regression und die Einbindung in historisch generierte Strukturen. Lefèbvre bemüht sich allerdings, duale Antagonismen in seiner Analyse zu vermeiden.[751] Stattdessen arbeitet er oft mit dreifachen Terminologien – etwa in der Musik: Melodien, Harmonien und Rhythmen –, um Differenz und Totalität von sozialen Erscheinungen zu verdeutlichen. Bezugspunkte seiner strukturalistischen Analyse der Stadt stellen ökonomische Begriffe wie Kapitalinvestitionen, Profit, Mehrwert, Löhne und ungleiche Entwicklung dar, die Lefèbvre um eine Theorie der Zirkularität der Kapitalakkumulation

---

746 Vgl. Taylor, V. E. (2006). Jean François Lyotard: critical evaluations in cultural theory, London.
747 Andere postmoderne Ansätze greifen die L. A.-School auf oder generieren sich aus einer vielfältigen, bisweilen wenig kohärenten Theoretisierung. Vgl. Smith, M. P. (Hg.) After modernism: global restructuring and the changing boundaries of city life, New Brunswick; Turner, T. (1996) City as landscape: a postmodern view of design and planning, London; Ellin, N. (1996) Postmodern urbanism, Cambridge.
748 Soja, E. (1989) Postmodern Geographies: The Reassertion of Space in Critical Social Theory, London, 8.
749 Ders. (1996) Thirdspace: Journeys to Los Angeles and Other Real-and-Imagines Places, Oxford.
750 Lefèbvre, H. (1980) Une pensée devenue monde. Faut-il-abandonner Marx? Paris
751 Zu Lefèbvre s. Merrifield, A. (2006) Henri Lefebvre: a critical introduction, New York; Schmid, C. (2005) Stadt, Raum und Gesellschaft: Henri Lefebvre und die Theorie der Produktion des Raumes, Stuttgart; Elden, S. (2004) Understanding Henri Lefebvre : theory and the possible, New York; García Quesada, G. I. (2001) Las sombras de la modernidad: la crítica de Henri Lefebvre a la cotianidad moderna, San José; Shields, R. (1999) Lefebvre, love and struggle: spatial dialectics, London.

erweitert:[752] Während im ersten Zyklus die primären Wirtschaftsprozesse (Produktion, Verkauf, Investitionen etc.) stattfinden, wird in der Immobilienwirtschaft ein zweiter Zyklus der Kapitalverwertung erschlossen. Hier entwickeln sich eigene soziale Interaktionen und ein spezifisches Raumverhalten, das der Stadt inhärent ist. Deshalb ist es möglich, dass wir trotz gleicher Produktionsverhältnisse im ersten Zyklus im zweiten Objekte schaffen, die zur Differenz der Städte führen. Die Erfahrung der unterschiedlichen Stadtbilder auf der dritten Zyklus-Ebene ergibt sich aus der Tatsache, dass sich im zweiten Zyklus Raumverhalten und Raumstruktur gegenseitig beeinflussen können. Urbanität wäre in diesem Sinne als die spezifische Aneignung und Schaffung von Raumstrukturen durch ein jeweils differenziertes Raumverhalten innerhalb des zweiten Kapitalverwertungsprozesses zu verstehen. Durch diese Sichtweise ist es möglich, die Differenzen in der Ausgestaltung urbanen Lebens zwischen den einzelnen Städten und ihrem Genius loci anzuerkennen und gleichzeitig die gemeinsamen wachstums- und krisengenerierenden Verwertungsprozesse von Kapital und Arbeit hervorzuheben.

Soja bemüht sich, Lefèbvres Ansatz für die Erkundung postmoderner Stadtentwicklung umzusetzen, die er als selektives Erkundungsmanöver versteht: „The best we can do is to selectively explore, in the most insightful ways we can find, the infinite complexity of life through the intrinsic spatial, social, and historical dimensions, its interrelated spatiality, socialty, and historicality. In this sense, studying cityspace presents a potentially endless variety of exemplifications and interpretations. Faced with such complexity, we explore and explain as much as we can (…)"[753] Für Soja ist Los Angeles eine Metropolis, die durch die Fragmentierungen des Post-Fordismus gekennzeichnet wird. In Los Angeles finden seines Erachtens sechs Restrukturierungen statt, die aufeinander bezogen sind, aber dennoch fragmentarisch eine gewisse Eigenständigkeit behalten. Die sechs Diskurse ordnen sich an als Postfordismus (Postindustrialisierung), Cosmopolis (Globalisierung), Exopolis (Städtebau), Fractal City (Ethnisches Mosaik), Carceral Archipelago (Soziale Polarisierung) und Simcities (Deterritorialisierung).[754] Diese „Diskurse" besitzen eine Eigenständigkeit, aber auch eine kausale Bezogenheit aufeinander. Obwohl sich Soja zum Fürsprecher eines „Spatial Turns" in den Sozialwissenschaften macht, behält er schließlich einen Top-Down-Blick auf die Stadt bei. Der intendierte Spagat zwischen dem Anspruch, etwas von der Kritischen Theorie retten zu wollen, und der postmodernen Perspektive wird nicht durchgehalten. Ungeklärt bleibt, ob die städtische Geografie tatsächlich postmodern ist oder nur mittels postmoderner Theorie erforscht werden soll. Soja schwankt zwischen dem Bedürfnis einer stringenten Analyse urbaner Entwicklungen und der Einnahme einer nicht-narrativen Perspektive.

Letzteres lässt sich als das Charakteristikum des post-modernen Urbanitätsdiskurses schlechthin betrachten. Deshalb ist es auch nicht verwunderlich, dass insbesondere die Debatte über postmoderne Architektur die Ausgangsbasis für den stadtsoziologischen Postmoderne-Diskurs darstellt.[755] Ted Relph hatte Ende der achtziger Jahre eine systemati-

---

752 Lefèbvre, H. (1976) Die Revolution der Städte, München.
753 Soja (1989) a.a.O., 12.
754 Soja, E. (2000) Postmetropolis. Critical studies of cities and regions, Oxford.
755 Vgl. Jencks, C. (2002) The new paradigm in architecture: the language of Post-Modernism, New Haven; Krämer, S. (1998) Die postmoderne Architekturlandschaft: Museumsprojekte von James Stirling und Hans Hollein, Hildesheim; Grundmann, S. (1995) Moderne, Postmoderne, und nun Barock? Entwicklungslinien der Architektur des 20. Jahrhunderts. Stuttgart; Larson, M. S. (1993) Behind the postmodern facade: architectural change in late twentieth-century America, Berkeley; Galinsky, K. (1992) Classical and modern interactions: postmodern architecture, multiculturalism, decline, and other issues, Austin; Brög, H. (1991)

sche Erforschung von aktuellen Architekturstilen unternommen und kam dabei zu der Feststellung, dass es ein Recycling älterer Stile gibt und das Neue darin besteht, diese miteinander zu verbinden.[756] Wenn man weitere sichtbare Veränderungen in der Stadtentwicklung mit einbezieht – Gentrifizierungen (Aufwertung von Armutsquartieren durch „Yuppies"), Musealisierungen, Architekturmoden, städtische Design-Strategien und partizipative Planungsverfahren – dann scheint die Zeit der Masterplan-Moderne für die Stadt vorbei zu sein. Eklektizismus ist das Merkmal der neuen Stadtgestalt.[757]

In der Folge wurde vor allem der städtebauliche Entwicklungsprozess als Basis für eine Debatte über die postmoderne Stadt genommen. Los Angeles konnte insofern als Paradigma gelten, als hier ein Prozess der Stadtentwicklung abzulesen war, wie er sich in nuce in ganz Amerika und ansatzweise auch in Europa finden ließ. Mit dem Terminus „Edge City" ist eine neue Form der Urbanität in den Mittelpunkt des urbanistischen Diskurses gerückt: „uptowns" (absorbiert durch das Ausfransen der Stadt), „boomers" (an einem Autobahn-Kreuz gegründet) und „greenfields" (durch einen Developer auf der grünen Wiese gebaut) sind die Orte, an denen die wichtigsten Innovationen des Urbanen stattfinden. Besonderes Interesse wird der politischen Organisation dieser neuen Städte gezollt. Feststellbar ist eine Privatisierung der öffentlichen Anliegen. In den Edge Cities herrschen eigene Regeln, die nicht durch demokratische Legitimationsprozesse abgesichert sind. Vielmehr zielen sie auf nachbarschaftliche Integration und fördern die Konzeption von „Privatopia". Letzteres lässt sich nur unter den Bedingungen von regulierter Kontrolle (Polizei, Verträge) und externer Abschottung (Mauern, Wachdienste) realisieren. Für Mike Davis stellt deshalb die postmoderne Stadt eine post-liberale Stadt dar.[758] Die Fragmentierung des Raumes verhindert das Entstehen von Gemeinschaften, weshalb die Menschen in „Theme parks" ihr Heil suchen. Dabei werden leicht vermarktbare und vorgeprägte Orte hergestellt, die Fantasien von einem sorgenfreien suburbanen Leben ansprechen sollen. Die fehlende Verbundenheit mit der Außenwelt wird durch simulierte Gemeinschaften mittels der Informations- und Kommunikationstechnologien kompensiert und neu gestaltet.

Los Angeles kondensiert viele weltweit beobachtbare Veränderungsprozesse in den Städten. Die Produktion von „flexcities", die den Erfordernissen einer post-fordistischen Stadt entsprechen, hat mit Silicon Valley das eindrucksvollste Beispiel einer „technopolis" geliefert.[759] Die postmoderne Urbanitätstheorie hat die flexible Geografie Los Angeles in einen Kontext weitergehender gesellschaftlicher Entwicklungen gestellt. Insbesondere der Bezug zur Globalisierung wird anhand der internationalen Migration in die Stadt, dem Einfluss internationaler Investoren und der Transnationalisierung von Produktions- und

Spätmoderne und Postmoderne: Tendenzen in Kunst und Architektur, Düsseldorf; Klotz, H. (1988) The history of postmodern architecture, Cambridge.

756 Relph, E. (1987) The modern ubran landscape, Baltimore.
757 Zu Gentrification s. neuere Beiträge von Atkinson, R./Bridge, G. (2005) Gentrification in a global context: the new urban colonialism, London; Helms, A. C. (2003) Understanding gentrification: an empirical analysis of the determinants of urban housing renovation. In: Journal of urban economics, 54/3, 474-498.
758 Davis, M. (1992) Fortress Los Angeles: The militarization of urban space. In: Sorkin, M. (ed) Variations on a theme park, New York.
759 Zur Forschung über Technopolis s. u.a. Suzuki, S. (2004). Technopolis: science parks in Japan. In: International journal of technology management, 28, 582-601, Biswas, R. R. (2004) Making a technopolis in Hyderabad, India: the role of government IT policy. In: Technological forecasting & social change, 71/8, 823-835; Scott, A. J./Hanson, G. H. (1995) Technopolis: high-technology industry and regional development in Southern California. In: Journal of economic literature, 33/2, 882-883; Preer, R. W. (1992) The emergence of technopolis: knowledge-intensive technologies and regional development, New York; Gaudin, J.-P. (1989) Technopolis: crises urbaines et innovations municipales, Paris; Castells, M./Hall, P.(1996) Technopoles of the world: the making of 21st-century industrial complexes, London.

Dienstleistungsunternehmen hergestellt. Mit Begriffen wie Holsteinization, Praedatorianim, Cybergeoisie, Protosurps, Memetic contagion, Pollyannarchy und anderen schillernden Neologismen versuchen Autoren des postmodernen Urbanismus, den neuen urbanen Prozessen eine Logik zu entlocken. Sie transportieren Erfahrungen, die insgesamt als Befunde dafür gelten sollen, dass eine neue Phase der Stadtentwicklung eingetreten sei. Intendiert ist, dies mit Hilfe der Einzel-Logiken analog zur Edge-City-Urbanisierung auch außerhalb von Los Angeles zu identifizieren und zu vergleichen. In dieser Weise wäre die Ausnahmeposition der kalifornischen Situation in ein Laboratorium der „Postmetropolis" umzudeuten.[760] Im Gegensatz zum „Cultural turn" verleiht der postmoderne Urbanitätsdiskurs dem kapitalistischen Primat die höchste Priorität. Die Veränderungen in der Arbeitswelt, die IT-Revolution und die Globalisierung haben eine andere kapitalistische Stadt hervorgebracht, in der die Orte flexibilisiert und deren Bewohner durch kulturelle Homogenisierung und neue soziale Trennlinien bedroht werden.[761]

Obwohl es bereits Studien zu einzelnen Themen der Los Angeles School gibt, die sich bewusst in das postmoderne Forschungsprogramm einordnen,[762] hat es bis heute keine überzeugenden Ansätze in der europäischen oder asiatischen Stadtsoziologie gegeben, die in theoretischer Reflexion (auf der Grundlage ähnlicher empirischer Befunde) die Brüche des postmodernen Neuen gegenüber der Tradition der alten Moderne postulieren. Ob es eine Tendenz zur postmodernen Urbanität jenseits des L.A.-Modells gibt, bleibt eine offene Frage.

Kritisch ist die Diagnose, weil sie sich nicht zwingend aus der konzeptionellen Theoretisierung des cityscape, in der Dynamik und sozio-spatialen Besonderheit der „Stadt" als solche ergibt. Stattdessen wird die Postmodernisierung der Stadt als „dis-ordered Fractal City" und als Ensemble von „postmotropolitan subworlds" aufgefasst.[763] Man könnte diese Konzeptionalisierung als auto-generative Urbanisierungslogik verstehen, doch dann verbleiben wichtige Fragen. Die Flexibilisierung der Urbanität ergibt sich aus den einzelnen „Diskursen", wie Soja die sechs „subworlds" andernorts nennt, und stellt zugleich die Gesamtlogik der postmodernen Urbanität dar. Diese Theoretisierung der eingebrachten, oben dargestellten empirischen Befunde, die überzeugenderweise das Konzept der modernen Stadt mit seiner Logik der Ausdifferenzierung in Frage stellt, lässt sich nicht auf einen theoretischen Nenner bringen, der somit die festgestellte Komplexität der Stadt als Entität dann doch aufgibt. Schwierig nachzuvollziehen ist es, wenn einerseits eine Flexibilisierung des Urbanen und der damit aufbrechenden Eigenständigkeit der urbanen Diskurse angenommen wird, andererseits zu Beginn die „cityspace" als eine distinkte sozio-physisch-historische Raumlogik beschrieben und beibehalten werden sollen. Die Schwierigkeit ergibt sich aus der Vermischung zwischen postmoderner Analyse und Diagnose: „We live in a postmodern age, characterized by a radical break in the way we know things, and in the way cities are created. These ruptures in epistemology and material life may be distin-

---

760 Über Edge Cities s. u.a. Marsh, W. M. (1997) The decentred city: edge cities and the expanding metropolis, Amsterdam; Charlesworth, E. (2005) CityEdge: case studies in contemporary urbanism, Amsterdam; Zhang, Y. (2005) Edge city formation and the resulting vacated business district. In: The annals of regional science, 39/3, 523-540; Garreau, J. (1991) Edge city: life on the new frontier, New York; Mc Kee, D. L. (2004) Edge cities, urban corridors and beyond. In: International journal of social economics, 31, 5/6, 536-543; Teaford, J. C. (1997) Post-suburbia: government and politics in the edge cities, Baltimore.

761 Ähnlich argumentiert Koonings, K. (2006) Fractured cities: urban violence, state failure, and social exclusion, New York.

762 S. u.a. Dear, M. et al. (eds) (2004) From Chicago to L.A.: making sense of urban theory, Thousand Oaks; Dear, M. et al. (eds) (1996) Rethinking Los Angeles, Thousand Oaks.

763 Soja, E. (2000) a.a.O., 397.

guished as (respectively) postmodernism and postmodernity (…) The signature difference in postmodern urbanism is that the urban hinterland is now organizing what is left of the center (…) The processual dynamics causing the shift plus the consequent mutations in urban morphology, include flexism, hybridity, globalization and privatized civic will."[764]

Für die Erforschung der komplexen Urbanität ergibt sich aus dem Postmoderne-Diskurs der L.A. School ein zwiespältiges Erbe. Bezweifelt werden darf, ob die vorgenommene Konzeptualisierung der Ausdifferenzierung der Stadt in autogestive Diskurse nicht noch als „radikalisierte Moderne" oder „Zweite Moderne" etc. zu verstehen ist und der behauptete „radikale Bruch" tatsächlich beobachtbar ist oder die Schlussfolgerung einer „neuen" Stadtlogik tatsächlich aufrecht erhalten werden kann. In dieser Hinsicht ist der empirische Nachweis nicht leicht einholbar, da sich eine Selektivität der Wahrnehmung (L.A. ist nicht überall, es ist auch nicht das globale Entwicklungsmuster, das überall aufzufinden ist) als hermeneutischer Zirkel herausstellt. Ja, man kann überall Edge Cities finden, wenn man nur lange genug sucht. Die großen vergleichenden Studien, die Soja am Ende seines Buches „Postmetropolis" einleiten möchte, sind ausgeblieben, sie wären auch nur zum Nachweis einer bereits vorab qualifizierten Behauptung der Postmetropolisierung der Stadt gedacht gewesen. Aus dieser Forschungslogik ergibt sich keine Offenheit für die Frage, ob denn tatsächlich unterschiedliche Urbanitätslogiken möglich und nachweisbar sind.

In seiner Konzeptualisierung urbaner Gesellschaft stellt die L.A. School allerdings für die komplexe Stadt eine erhebliche Innovation dar. Zunächst weist sie nach, dass – von Chicago nach Los Angeles – sich die Urbanisierungsdynamiken erheblich verändern können. Dabei erlaubt sie die Anerkennung von komplexen Beziehungsgeflechten verschiedener Dynamiken, und die sechs Diskurse stellen in der Tat wesentliche prozessuale Forschungsfelder dar, die in erheblichem Maße zur Komplexität des Urbanen beitragen. Indem der Fächer soweit aufgemacht wird, wird die Integration von vielen Faktoren und Prozessen bei der Betrachtung der Stadt möglich, die sich als „unsichtbare" Einflüsse anweisen lassen und die in der nur dreidimensionalen Betrachtung fehlen. In dieser Weise werden nonlineare Beziehungsnetze denkbar, bei der Globalisierung und Restrukturierung nicht etwas von „außen" oder „oben" ist, sondern mit der Hybridisierungslogik des Urbanen inkludiert werden. Komplexe Urbanitätsforschung kann sich auf die L.A. School auch in der Hinsicht berufen, dass sie überhaupt „Brüche", explosives Städtewachstum, Konflikthaftigkeit, Anomie, „Dead Cities", urbanes Umkippen etc. in ihrer Konzeption der urbanen Gesellschaft denkbar macht. Dies kann sie, eben weil sie die Unübersichtlichkeit der Stadt, ihr Labyrinth, anerkennt, und weiß, dass die Stadt sich nicht auf eine Dualität von Umwelt und System reduzieren lässt. Die Komplexität der urbanen Gesellschaft ergibt sich aus dem Widerstreit verschiedener Attraktionslogiken multifaktorieller Prozesse, nur eine davon ist modern (auf Ausdifferenzierung und Systembildung ausgerichtet), nur eine davon ist postmodern (auf Fraktualität und Hybridisierung ausgerichtet), viele weitere wären denkbar.

764   Dear, M. J. (2000) The Postmodern Urban Condition, London, 315.

14. Die historische Stadt

„Social life has its own laws and rhythms: much remains hidden or irrational: much escapes empirical observation and still more escapes statistical analysis."

L. Mumford[765]

Stadtentwicklung aus historischer Sichtweise hat es zwangsläufig mit Dimensionen zu tun, die der allgemeinwissenschaftlichen Debatte über Komplexität nahe kommen. In der Geschichtswissenschaft sind in den letzten Jahren dazu erste Ansätze ausgeführt worden, die sich als Ausgangsbasis für eine komplexitätsorientierte Sichtweise auf „Geschichte" nutzen lassen. Insbesondere die Arbeit von De Landa hat Möglichkeiten aufgezeigt, historische Entwicklungen auch als non-lineare Zusammenhänge zu analysieren.[766] Auch die Aspekte der Selbstorganisation haben das Interesse der Historiker gefunden und werden begrifflich als solche aufgegriffen.[767] Jedoch ist die Referenz oftmals eher selbstbestimmt und es fehlt eine Diskussion der theoretischen Grundlage. Demgegenüber haben die Historiker Mußmann und Herbst explizit einen Anschluss an die übergeordnete Theorie des Komplexen gesucht.[768] Mußmann hat dabei das Ziel vor Augen, den Selbstorganisationsansatz in der Geschichtswissenschaft anzuwenden und will die allgemeinen Begrifflichkeiten der Komplexitätstheorie nicht nur metaphorisch verstehen.[769] Herbst hingegen argumentiert, dass die Computerisierung der Komplexitätsforschung eine schablonenhafte Übertragung dieser auf die Historik nicht erlaube und bezieht sich auf diese lediglich, um eine Theorie-Krise der Geschichtswissenschaft dadurch zu überwinden, dass dadurch einen Theorieabgleich mit der allgemeinen Komplexitätstheorie ein empirischer und theoretischer Erkenntnisfortschritt angestrebt werden soll.[770]

Die bisherige Stadtgeschichtsforschung hingegen hat sich mit einer mangelnden Stadtdefinition auseinanderzusetzen, die es ihr erschwert, auch neuere Entwicklungen, die im sozialwissenschaftlichen Diskurs eine Rolle spielen, aufzugreifen.[771] Im Folgenden sollen zwei historisch angelegte Versuche einer breit gefassten Stadtrezeption aufgegriffen und nach ihrem Verständnis von urbaner Komplexität befragt werden.

Lewis Mumford ist in der Stadtforschung heute kaum noch in Erinnerung, obwohl er noch in den sechziger Jahren des letzten Jahrhunderts mit seinen Büchern, Beiträgen und Stellungnahmen zu städtebaulichen Vorhaben und Planungen als einer der einflussreichsten Kritiker und Autoren in den USA galt.[772] Für seinen Bedeutungsverlust in den aktuellen Forschungen lassen sich viele Gründe anführen. Sicherlich ist einer der wichtigsten Einwände gegen seine Arbeit, dass sie organische und soziale Geschichte mit einander verbindet und die Anleihen aus den Naturwissenschaften nicht nur metaphorisch, sondern wörtlich gemeint gewesen seien. Als intellektueller Schüler von Patrick Geddens hat Mumford

---

765 Mumford, L. (1996 [1938]) The culture of cities. San Diego, 295.

766 DeLanda, M.(2000) A thousand years of nonlinear history, New York

767 Etwa Hausmann,G. (1998) Universität und städtische Gesellschaft in Odessa, 1865-1917. Soziale und nationale Selbstorganisation an der Peripherie des Zarenreichs, Stuttgart.

768 Vgl. Fritzsche, B. (1996) Chaos und Ordnung in der Geschichte der Stadt. In: Zibell, B./Gürtler Berger, T. (Hg.) Stadt im Umbruch. ChaosStadt? Zürich, 251-274.

769 Mußmann, O. (1998) Selbstorganisation und Chaostheorie in der Geschichtswissenschaft. Das Beispiel des Gewebe- und Rüstungsdorf Bomlitz, 1680-1930, Leipzig.

770 Herbst, L. (2004) Komplexität und Chaos. Grundzüge einer Theorie der Geschichte, München.

771 Vgl. Reuleke, J. (1993) Fragestellungen und Methoden der Urbanisierungsgeschichtsforschung in Deutschland. In: Mayrhofer, F. (Hg.) Stadtgeschichtsforschung. Aspekte, Tendenzen, Perspektiven, Linz, 66f.

772 Zur Biographie s. vor allem Wojtowicz, R. (1996) Lewis Mumford and American modernism, Cambridge und Miller, D. L. (1992) Lewis Mumford, a life, Pittsburgh.

dessen evolutionäres Denkbild übernommen. Dieses lässt sich zusammengefasst als ein Versuch begreifen, in dem die Sozialwissenschaften in einen Kontext naturwissenschaftlicher Analyse gestellt und in eine umfassenderen Wissenschaft eingebettet sind. Mit den Worten von Geddes und Thomson: „Nature studies and social studies must again be generalized, and this not only seperated but in unison. How so? (…) Relief and climate, geological and botanical surveys, anthropological, archeological and historic surveys all underlie our social studies. Our concrete science thus generalizes into a comprehensive regional survey, natural and social, rural and urban; as our abstract science advance and unite into a philosophy of evolution."[773] Mumford fühlte sich dieser Denkrichtung in seiner Arbeit verbunden und riskierte mit seinen nicht-spezialisierten und dem wissenschaftlichen Holismus verbundenen Ansätzen seine Karrierechancen in der sich zunehmend ausdifferenzierenden Wissenschaftswelt. Ungeachtet dieser offensichtlichen Nachteile einer ganzheitlichen Sicht, die sich in keine der sich zu jener Zeit etablierenden Einzeldisziplinen einordnen ließ, hat Mumford den Ansatz Geddes' als eine intellektuelle Befreiung erfahren, die er mit einer Ausarbeitung in seinen Büchern über die Entwicklung von Technik und Maschinen und deren Einflüsse auf die menschliche Zivilisation auszunutzen wusste. Seine Auffassung über die Auswirkungen der technischen Moderne auf die Stadt steht nach wie vor im Zentrum der Rezeption des Mumfordschen Gesamtwerks und bildet den Ausgangspunkt in seinen Arbeiten zur Geschichte und Kultur der Stadt.

In seinem Buch „The City in History. Its Origins, Its Transformations, and Its Prospects" bietet Lewis Mumford eine umfassende Darstellung, die er mit folgenden Einleitungssatz kennzeichnet: „This book opens with a city that was, symbollically, a world: it closes with a world that has become in many practical aspects, a city."[774] Mit seinem historisch ausgerichteten Werk setzte Mumford seine enorme Arbeit zur Stadtforschung fort, die er bereits als Schüler von Patrick Geddes im Jahr 1915 begonnen hatte und mit seiner gleichsam epochalen Schrift „The Culture of the City" nach 23 Jahren Materialsammlung eindrucksvoll publizierte.[775] Die Arbeiten Mumfords, wie keines anderen Historikers zuvor, konstruieren die Stadt als einen Ort der Gesellschaft, in dem sich ein Maximum an Macht- und Kulturkonzentration finden lässt. Die Stadt wird als ein Symbol und eine Form integrierter sozialer Beziehungen betrachtet. Mumford sieht sie in erster Linie als ein Platz der Ordnung, in der sich die menschliche Zivilisation weiter entwickeln kann: „Here is where human experience is transformed into viable signs, symbols, patterns of conduct, systems of order."[776]

Der Wandel der Städte ist das eigentliche Thema Mumfords.[777] Die Veränderungen der städtischen Ordnungen werden ausführlich anhand von historischen Abhandlungen zu verschiedenen Epochen der westlichen Stadtentwicklungen (aus pragmatischen Gründen auf diese beschränkt) vom Altertum bis in das 20. Jahrhundert nachvollzogen, wobei bestimmte Entwicklungsfaktoren als jeweils entscheidend ausgewiesen werden. So werden Sicherheit, Bevölkerungswachstum, Stadtplanung, Hygiene, die Vorherrschaft der Kirche und das allgemeine Wirtschaftswachstum als für die mittelalterliche Stadt entscheidende Faktoren angesehen. Dessen Ende wird als eine Form der Desorganisation beschrieben, die

---

773 Geddes, P. und Thomson, A. (1911) Evolution, London, xiv.
774 Mumford, L. (1989 [1961]) The city in history: its origins, its transformations, and its prospects, San Diego, xi.
775 Mumfort (1996), a.a.O.
776 A.a.O., 3.
777 Vgl. Auch Hill, D. R. (1985) Lewis Mumford's ideas on the city. In: Journal of the American Planning Association, 51, 4, 407-421; Mumford, L. (1998) Sidewalk critic: Lewis Mumford's writings on New York, New York.

vor allem als religiöser Nominalismus und soziale Atomisierung erfahrbar gewesen sei. Das Mittelalter wird durch die Dominanz des Kapitalismus und der damit verbundenen zentralistischen Staatsstruktur abgelöst. Klassenstreit, die geschwächte universalistische Kirche und die Unfähigkeit der Zunft- und Gildenorganisation, auf diese neue Situation zu reagieren, haben zur Irrelevanz der bis dahin „gewachsenen" Stadtstruktur geführt: „Its economic and its social basis had disintegrated, and its organic pattern of life had been broken up. Slowly, the form itself became dilapidated, and even when it continued to stand, its walls enclosed a hollow shell, harbouring institutions that were also hollow shells."[778] Obwohl Mumfords Auffassungen hinsichtlich der mittelalterlichen Stadt eine Idealisierung darstellen und sein Ansatz der Erklärung der Stadtentwicklung kaum systematisch erscheint, vermeidet er allerdings die übliche Einteilung in Herrschaftsgeschichte (Stadtgründungen) und Sozialgeschichte, zumeist nachgeordnet, wie sie auch Standartwerke bis heute kennzeichnet.[779] In den meisten, die Gesamtepoche „Mittelalter" behandelnden Darstellungen verbleiben die verschiedenen Aspekte der Stadt weitgehend unverbunden neben einander und wird auf ein evolutionäres Element verzichtet.[780] Demgegenüber verweisen Einzelstudien auf den mangelhaften empirischen Gehalt mancher Analysen Mumfords und sind wichtige Akzentverschiebungen, etwa hinsichtlich des Verhältnisses der zentralen Rolle des Marktes nötig.[781] In vielen anderen Versuchen einer allgemeinen Analyse von Stadtentwicklungen werden zumeist einzelne Aspekte als dominante Faktoren eliminiert, etwa das Bevölkerungswachstum,[782] oder diese werden additiv behandelt.[783] Mumfords Hervorhebung der mittelalterlichen Stadt als Wiege der europäischen Zivilisation ist dennoch nicht singulär und spiegelt das damalige Mittelalterbild, wie es auch Henri Pirenne in seinem Buch zum Ausdruck brachte.[784] Hier erfolgt jedoch eine Zuschreibung des zivilisatorischen Fortschritts aufgrund des Entstehens einer sog. „Mittelklasse", zwischen Adel/Klerus und Bauerntum.[785] Pirenne unterstreicht, wie viele andere und deutlich stärker als Mumford, die innovative Rolle des Handels. Die meisten Publikationen, die sich mit der mittelalterlichen Stadt beschäftigen, werden allerdings mit einem morphologischen Fokus geschrieben und deklarierten sich teilweise selbst als Stadtbaugeschichte, wobei zumeist der städtebaulichen Aspekt der Verteidigung durch die Stadtmauer in den Vordergrund gerückt wird.[786] Die Perspektive verschiebt sich dabei oftmals auf eine interne, gestalorientierte Sichtweise, die die weitere Einbindung der Stadt in das abstrakte Wesen der Gesellschaft und Territorialität nicht thematisiert.[787] In der Tradition der Annales-Schule hat schließlich Jacques Le Goff eine Darstellung der long durée der Stadt präsentiert, die auf erzählerische und kurzgefasste Weise eine Evolution des Städtischen vom Mittelalter bis zur Jahrtausendwende herzustel-

778 Mumford, L. (1996) a.a.O., 72.
779 Beispielsweise Planitz, H. (1996) Die deutsche Stadt im Mittelalter: von der Römerzeit bis zu den Zunftkämpfen, Wiesbaden.
780 So z. B. Schmieder, F. (2005) Die mittelalterliche Stadt, Darmstadt.
781 Mitterauer, M. (1980) Markt und Stadt im Mittelalter: Beiträge zur historischen Zentralitätsforschung, Stuttgart.
782 Vgl. Woude, van der A./ Vires, de J./Hayami, A. (eds) (1990) Urbanization in History. A Process of Dynamic Interactions, Oxford.
783 Engel, E. (1993) Die deutsche Stadt des Mittelalters, München.
784 Pirenne, H. (1980[1925]) Medieval Cities. Their Origins and the Revival of Trade, Princeton.
785 Vgl. Meier, D. (2003) Bauer, Bürger, Edelmann: Stadt und Land im Mittelalter, Ostfildern.
786 Etwa Boockmann, H. (1994) Die Stadt im späten Mittelalter, München.
787 Z. B. Schirmacher, E. (1988) Stadtvorstellungen. Die Gestalt der mittelalterlichen Städte – Erhaltung und planendes Handeln, Zürich.

len versucht.[788] Obwohl diese Arbeit nicht als wissenschaftlich im eigentlichen Sinne zu verstehen ist, kann sie als Ausdruck eines weit verbreiteten Bildes angesehen werden, in dem die Stadtentwicklung ein Kontinuum darstellt und sich die urbane Evolution bis heute nachempfinden lasse. Darüber hinaus ist Le Goffs „Liebe zur Stadt" als Teil einer allgemeinen Geschichtsschreibung, in der der Nachweis einer intrinsischen und tiefer liegenden Ordnung als Gegenstand der Methodik vorausgesetzt werden soll und ein allgemein akzeptiertes Credo der Annales-Bewegung befolgt wird.[789] In ähnlicher Weise gestaltet ist das monumentale, fünfbändige Werk unter Leitung des Mediävisten George Duby und seinen ebenfalls den Annales angehörigen Autoren, die sich mit der Geschichte der französischen Stadt beschäftigen.[790] Damit haben die Annales-Historiker der Stadt als solcher einen hervorgehobenen Platz in der Forschung eingeräumt,[791] in der Städte nicht mehr nur als Ort der Sozialgeschichte betrachtet, sondern diese als eigenständige Forschungsgegenstände anerkannt werden, weil ihnen eine Eigendynamik eingeräumt wird.[792]

Mit der Industrialisierung beginnt für Mumford die Zerstörung der inneren Form, der sich bis dahin entwickelten Urbanität: „Between 1820 and 1900, the destruction and disorder within great cities is like that of a battlefield."[793] Bevölkerungswachstum und der Einsatz der Maschine sind für ihn die ausschlaggebenden Faktoren für ein Städtewachstum, deren Dimensionen ein bis dahin in der Stadtgeschichte unbekanntes Ausmaß erreichen. Der stattfindende Zerstörungsprozess wird als „anti-vital" und „anti-organic" verstanden und unterliegt der Logik des Utilitarismus. Diese Epoche der Stadtentwicklung wird von Mumford wegen seiner mangelnden sozialen Ausbalancierung kritisiert und insgesamt negativ eingeordnet. Die „Coketown" ist für ihn das Synonym für Unordnung und Chaos, während zugleich die Prinzipien der Rationalität realisiert werden. Er konstatiert einen Gegensatz zwischen einer auf individuelle, demokratische Entfaltung angelegten Stadt und der mangelnden sozialen Vergemeinschaftung. Diese Periode wird von der „Megalopolis" abgelöst, in der ab dem Ende des 19. Jahrhunderts das Städtewachstum eine Gestalt und ein Ausmaß annimmt, in der für den Beobachter nur noch eine regionale Sichtweise möglich sei, weil die Stadt mit ihrem Umland verschmelze. Das Verhältnis zwischen Coketown und Megalopolis müssen wir uns als eine Art perpetuierte, akzelerierte aber auch veredelte Form der Industrialisierung der Stadt vorstellen: „Much of what appears brightly contemporary merely restores the archetypal form of Coketown under a chrome plating."[794] Die Megalopolis stellt einen formlosen Gigantismus dar, der sich in physischer Unbegrenztheit, urban sprawl, äußert und gegen die die Planung machtlos zu sein scheint. Mumford hielt dieses Städtewachstum dennoch nicht für unendlich und deswegen übertitelte er das entsprechende Kapitel in „Culture of the City" mit „Rise and Fall of Megalopolis". Auch hier wiederum argumentiert Mumford mit der Selbstorganisation der Stadt, für die diese Entwicklung nicht ohne Konsequenz bleibe und für die dementsprechend irgendwann der Preis zu hoch sei. Nachdem er verschiedene Effekte der Megalopolis diskutiert hat, kommt Mumford zu der Feststellung: „No single element is perphaps sufficient to bring an immediate breakdown in the metropilitan regime. But in actual like, these high costs, these eco-

---

788 Le Goff, J. (1998) Die Liebe zur Stadt: eine Erkundung vom Mittelalter bis zur Jahrtausendwende, Frankfurt.

789 Vgl. Burke, P. (2004) Die Geschichte der Annales: die Entstehung der neuen Geschichtsschreibung, Berlin.

790 Duby, G. (Hg.) (1980ff) Histoire de la France urbaine, Paris.

791 Vgl. François, E. (1993) Die französische Stadtgeschichtsforschung: Schwerpunkte und neuere Richtungen. In: Mayrhofer, F. (Hg.) Stadtgeschichtsforschung. Aspekte, Tendenzen, Perspektiven, Linz.

792 Bardet, J.-P. (1983) Rouen aux XVIIe et XVIIIe siècles, les mutations d'un espace social, Paris, 18f.

793 Mumford, L. (1989) a.a.O., 447.

794 Ebenda, 479.

nomic disorganizations, these retrograde tendencies do not appear as isolated events: they come together and reinforce each other (...) by a series of catastrophes, both immanent and imminent, they may easily mean the end of civilization."[795] In Auseinandersetzung mit Spengler erörtert Mumford die Zyklen der Zivilisation und verwirft dessen Großstadtkritik wegen seiner Romantisierung ruraler Lebensweisen. Mumford greift hingegen Geddes' sechs Phasen der Stadtentwicklung (Eopolis, Polis, Metropolis, Megalopolis, Tyrannopolis und Nekropolis) auf. Wichtig dabei ist, dass Mumford im betonten Gegensatz zu Spengler und Sorokin keine Zwangsläufigkeit von Stadtentwicklungsabläufen sieht: „One must not like a Spengler or a Sorokin, make the mistake of identifying the logical stages of a process, as discovered and systematized by intellecutal analysis, with the living reality."[796] Die Wirklichkeit bestehe eben nicht nur aus Raum sondern auch aus Zeit und die gesellschaftliche Erbschaft produziere immerzu unerwartete Mutationen in der Geschichte. Das Leben der Städte ist prinzipiell anders als das anderer höherer Organismen: „The life course of cities is essentially different from that of most higher organisms. Cities exhibit the phenomena of broken growth, of partial death, of self-regeneration."[797]

Wenn man das Werk Mumfords unter dem Aspekt der Frage der Entwicklungslinien von Städten betrachtet, so lassen sich viele Aspekte anführen, die ihn für eine Theoretisierung der urbanen Komplexität interessant und beerbbar machen. Hierzu ist zunächst sein prinzipielles Verständnis von Stadtentwicklung zu nennen, das er als eine allgemeine Entwicklung zu mehr Komplexität versteht: „What is the city? (...) No single definition will apply to all its manifestations and no single description will cover all its transformations, from the embryonic social nucleus to the complex forms of its maturity and the corporeal disintegration of its old age."[798] An diesem Ansatz fällt vor allem auf, dass er die Stadt für eine der Form nach nicht definierbare Sache hält und die Entwicklung der Städte in den Vordergrund stellt. Dabei ist zu betonen, dass Mumford sowohl unter- wie überkomplexe Zustände der Stadtentwicklung in der Geschichte der Stadt ins Auge fasst. Interne und externe Entwicklungsstände korrelieren und stehen in einem nicht-linearen Verhältnis zueinander. Städte beinhalten auch dann Formen sozialer Organisation, wenn diese nicht in das jeweilige gesellschaftliche Umfeld passen, sie überleben dieses zumindest eine Zeit lang: „Human institutions do not die like biological organisms. Fragments of culture continue to live long after the society that originally sustained them has passed away: often after they have ceased to be a rational response to a situation or the expression of a need", schreibt Mumford über die Restanten der mittelalterlichen Stadt zu Beginn der Frühen Neuzeit.[799] Der Übergang zur Stadt des Merkantilismus ist kein deterministischer Prozess, der lediglich als eine logische Konsequenz der übergeordneten Mächte ökonomischer Rationalität verläuft, vielmehr ist die Herausbildung der nachmittelalterlichen Urbanität, die Mumford als „barock" und von Mechanisierung gekennzeichnet sieht, ein Prozess, der sich zwischen dem 15. und 17. Jahrhundert nur „sporadic and tentative" vollzieht, in einen „embryonic state" verkehrt und erst dann mit einem „lusty squawk" vollendet wird.[800]

Obwohl es in Mumfords geschichtlicher Betrachtung der Stadt erheblichen Raum für „Unordnung" gibt und diese auch in der Phase der Industrialisierung und Megapolis negativ beurteilt wird, so unterliegt doch die Stadt auch in diesen Entwicklungsphasen einer gewis-

---

795 Mumford, L. (1996) a.a.O., 283.
796 Ebenda, 292.
797 Ebenda, 295.
798 Mumford, L. (1989) a.a.O., 3.
799 Ders. (1996) a.a.O., 73.
800 Ebenda, 75.

sen Entwicklungslogik und diese beruht auf deren sozialer Basis. Die Stadt ist das Theater der sozialen Aktivitäten. Um dies zu ermöglichen, sind optimale Gegebenheiten von Einwohnerzahl, Dichte, Expansion und Gebietsumfang denkbar. An dieser Stelle will Mumford dann aber nicht auf die Selbstorganisation der Massen vertrauen und unterstreicht die Notwendigkeit von „Planung". Hierbei wird zwar eine Absage an allzu deliberative Vorgehen formuliert; um jedoch die moderne Gesellschaft der Stadt ihre Potentiale nutzen zu lassen, ist nicht ein autoritativer Planer, sondern die größte Anstrengung aller notwendig: „Man is at least in a position to transcend the machine, and to create a new biological and social environment, in which the highest possibilities of human existence will be realized, not for the strong and lucky alone, but for all co-operating and understanding groups, associations, and communities."[801]

Die Kritik an Mumford hat sich insbesondere an seinen Klassifizierungen festgemacht, da er mit seiner Referenz an organische Vorgänge einem „fuzzy organicism" anhänge, der weder sozialwissenschaftlich sei noch sich als ein naturwissenschaftlicher Erklärungsversuch der Stadtentwicklung formulieren lasse. Diese Kritik, aus heutiger Sicht, ist durch eine internalisierte Wissenschaftstheorie begründet, die auf einer deutlichen Zweiteilung von Natur- und Sozialwissenschaften fundiert ist, die Mumford nicht zu bedienen weiß: „In Mumford's writings, the polar twins, organic and inorganic, are often nothing but heavily weighted homiletic counters, like the metaphors, life and death, light and darkness, in older religious speech. In characterizing an object as organic, Mumford sanctifies it, endows it with an aura. And in spite of his strenuous espousal of the organic, his social analyses, in their reduction of issues to bare polar conflicts, are often mechanical and primitive, and congested with Newtonian categories of mass, force, inertia and space."[802] Wenn man die damalige, bis heute nachwirkende Kritik ernst nimmt, dann ist der Vorwurf der Uneindeutigkeit der Terminologie und der Inkohärenz auch in der Weise zu verstehen, dass man Mumford nicht als puren Biologisten ad acta legen kann, wie sehr auch seine konzeptionelle Verknüpfung sozial- und naturwissenschaftlicher Wissenschaftlichkeit mangelhaft bleibt. Dies mag in erster Linie aus der Tatsache herrühren, dass Mumford seine Position zu den naturwissenschaftlichen „Anleihen" nicht reflektiert und auf keine vorgegebene philosophische Denktradition zurückgreift, die ihn die weitere Debatte über seine Methodik und übergeordnete Theorie-Anschlüsse hätte ersparen können. Zu selbstverständlich hat er Geddens' Ansichten hierzu übernommen, die mit dem Evolutionskonzept von Herbert Spencer und einer vermuteten Analogie zwischen biologischen und sozialen Kategorien wie Organismen, Funktionen, Umgebung und Familie arbeiteten. Diese Orientierung an der Biologie als Leitwissenschaft ist allerdings nicht nur für Geddes und Mumford bezeichnend, sie betrifft den Ansatz der Humanökologie, wie er in gleicher Weise durch die Chicago School verkörpert und ansatzweise begründet wurde. Diese hatte allerdings einen Abschied von eher theoretisch geleiteten Untersuchungen städtischer Phänomene durch einen Schwenk zu empirisch ausgerichteten Studien vollzogen. Entscheidend war, dass das Institut personell sehr vielfältig zusammengesetzt war und der aus dem Journalismus kommende Robert Park wesentlich zu diesem stadtsoziologischen Pragmatismus beitrug.[803] Die Chicago School schloss sich den philosophischen Debatten um den amerikanischen Pragmatismus von Theoretikern wie James, Dewey, Mead und Peirce an. Obwohl sehr unterschiedliche Positionen in diesen Diskursen zu Wort kamen, teilt die Chicago School den Anspruch, multip-

---

801   Mumford, L. (1996) a.a.O., 492.
802   Schapiro, M. (1938) „Looking Forward to Looking Backward", review of the The Culture of Cities. In: Partisan Review, 8, 18.
803   Lindner, R. (1990) Die Entdeckung der Stadtkultur, Frankfurt.

le Wahrheiten und praktische Wirklichkeiten zu untersuchen. Der philosophische Hintergrund gab den Forschern aber zugleich die Aufforderung mit, sich nicht auf dualistische Konstruktionen etwa sozial versus individuell oder subjektiv versus objektiv einzulassen.

Theoretische Reflexionen finden im Rahmen der Chicago School auf der Ebene der Mini-Theorien statt, in großer Nähe zur empirischen Fundstelle. Zahlreiche Doktorarbeiten und unzählige studentische Arbeiten, Artikel und andere Texte sind zu den unterschiedlichen Problemen urbaner Entwicklung entstanden. Das Spektrum reicht von Kriminalität und anderem abweichenden Verhalten, städtischer Entwicklung im Allgemeinen, ethnischer Vielfalt, Rassismus, Medien und Stratifikation bis zu Fragen des kollektiven Handelns und Organisation. Es ist daher zum Teil verfälschend, wenn man einzelnen Texten eine paradigmatische Bedeutung für die theoretische Grundlage der gesamten Schule zuschreibt. Dies geschieht oftmals mit Bezug zu Texten, die in der Tat eher einen wissenschaftsprogrammatischen Stil haben und deshalb etwas aus der Reihe fallen. Im dem Buch „The City: Suggestions for the Investigation of Human Behaviour in the Urban Environment" hatten Park und seine Mitautoren ein weit gefächertes Forschungsprogramm entworfen, in das sich viele der durchgeführten Studien einordnen lassen. Mit „The Ecological Approach to the Study of the Human Community" von Robert McKenzie wird dort insbesondere das Bemühen deutlich, das städtische Wachstum in einer strukturellen Weise auf die Moderne zu beziehen.[804] In den Buchbeiträgen wird ein sozial-ökologischer Ansatz („human ecology") vertreten, der Anleihen an die Pflanzenmorphologie vornimmt und das Entstehen von „natural areas" (ethnisch segregierte Stadtteile) dementsprechend mit Invasion-Sukzessionszyklen erklären will, die von Konkurrenz und Dominanz von Bevölkerungsgruppen als ordnenden Prinzipien gesteuert werden. Durch Selektions- und Segregationsprozesse wird es dem Individuum ermöglicht, sein Überleben in der Großstadt zu sichern. Burgess schlug vor, die Stadt in fünf konzentrische Kreise einzuteilen, um eine Art Idealtypus städtischer Nachbarschaften identifizieren zu können.

Die Stadt als Natur des Menschen ist ein Theorem, das in Mumfords Arbeiten, die zum Teil zeitgleich zur Entwicklung der Chicago School entstanden, auftaucht und sicherlich auch seine Grundüberzeugung zum Ausdruck bringt, dass die Stadt nicht als lediglich „gesellschaftlich" organisierte und sich entwickelnde Entität zu verstehen ist. Bezüge zu einer naturbezogenen Auffassung von Stadtentwicklungen lassen sich allenthalben finden und können deshalb nicht als misslungene Metaphern „entschuldigt" werden. Sind sie aber in einer Weise in seinen Ansichten vertreten, dass sie erklärungsmächtig sind und sozusagen soziale Entwicklungen auf biologische Prozesse reduzieren? Es mag einzelne Textstellen in den Arbeiten Mumfords geben, die eine solche Kritik unterstützen würden, auf die Grundauffassung seines stadthistorischen Ansatzes trifft dies allerdings nicht zu. Die wenigen erklärenden und abstrakteren Äußerungen zu den Prinzipien der Stadtentwicklung verweisen vielmehr auf ein Verständnis der Beziehung zwischen Sozialem und Natur, das differenzierter zu konzeptualisieren wäre: „The city is a fact in nature, like a cave, a run of mackerel or an anthill. But it is also a conscious work of art, and it holds within its communal framework many simpler and more personal forms of art. Mind takes form in the city; and in turn, urban forms condition mind. For space, no less than time, is artfully reorganized in cities (...) The city is both a physical utility for collective living and a symbol of those collective purposes and unanimities that arise under such favouring circumstance. With language itself, it remains man's greatest work of art."[805] Mumford betrachtet die

---

804 Beide in Park, R. E. /Burgess, E. W. (1984 [1926]) The City: Suggestions for Investigation of Human Behaviour in the Urban Environment, Chicago.
805 Mumford, L. (1996) a.a.O., 5.

Stadt als eine zivilisatorische Leistung in der Auseinandersetzung mit den existentiellen Herausforderungen, die durch die Natur vorgegeben sind und durch die gesellschaftlichen Bedingungen und Prozesse geformt werden. Im Gegensatz zu marxistischen Ansätzen[806] reduziert Mumford jedoch die Stadtentwicklung nicht auf die Notwendigkeiten der Ökonomie, sie stellt in seinen Augen nicht nur ein Spiegelbild der wirtschaftlichen Produktionsverhältnisse dar. Vielmehr betrachtet er die Stadt als Ort für die Entfaltung der sozialen Komplexität: „But the nature of the city is not to be found simply in its economic base; the city is primarily a social emergent. The mark of the city is its purposive social complexity. It represents the maximum possibility of humanizing the natural environment and of naturalizing the human heritage: it gives a cultural shape to the first, and it externalizes, in permanent collective forms, the second."[807]

Das Zusammenwirken zwischen interner Form und Soziabilität einerseits und „äußerer" Umwelt, Natur und gesellschaftlichen Gewalten andererseits verhindert eine lineare Entwicklung der Stadt, auch wenn Mumford seine Stadtgeschichte chronologisch aufbaut und quasi etappenweise darstellt. Die unstete Realisierung des „immanent development" wird zurückgeführt auf äußere Erscheinungen, die sich aber in den Städten katastrophal auswirken. Genannt wird vor allem die Pest im 14. Jahrhundert und ihre lang andauernden Effekte auf die Versorgungslage und Demografie. Im Gegensatz zu Max Weber, der in seinem Konzept der Europäischen Stadt die großen Störungen in der Entwicklung der Städte nicht berücksichtigt und stattdessen eine Entwicklungsgeschichte behauptet, in der „disorganisation" nicht vorkommt, erkennt Mumford diesen Teil der Geschichte an und bezieht ihn in seine Stadthistorie mit ein. Der Krieg wird für ihn zu einem „city builder". Unterschätze nicht, rät er dem Leser, was es bedeutet, wenn in einer Stadt eine Garnison stationiert wird und das Militär für alle Aspekte städtischen Lebens Rollen-, Erwartungs- und Verhaltensmuster beeinflusst. Die Stadt des Mittelalters mit ihrer Fußweg-Entfernung verwandelt sich zu einem Ort, der sich durch potentielles Kanonenfeuer bedroht sieht. Doch für Mumford, für den es in seiner Analyse der Stadtgeschichte wichtiger ist, die soziale Organisation der Stadt zu betrachten und weniger ästhetische, architektonische oder morphologische Aspekte, sind Umfeldveränderungen wesentlich die Folge dieser Zerstörungen. Während man in Europa neue Verteidigungsstrategien für die Städte anstrebte, veranstalteten die christlichen Ritter und Glückssucher des im Entstehen begriffenen Kapitalismus eine Orgie der Verwüstung und Zerstörung in den von ihnen „entdeckten" Ländern Amerikas und Asiens. Die Etablierung des Krieges als alles entscheidende Institution erodierte die bis dahin geltenden Ausdifferenzierungen und Machtverhältnisse in den mittelalterlichen Städten und führte zu einer Vorherrschaft des martialischen Rechtswesens. Der Krieg ist somit nicht bloß über die Städte hinweggefegt und hat sie in Schutt und Asche gelegt; die langen Zeiten der physischen Zerstörung haben eine andere Art der Stadt auch in Friedenszeiten entstehen lassen. In dieser Weise hat sich aus der Unordnung des Krieges eine städtische Ordnung herauskristallisiert, die sich durch besondere Strukturen und Arrangements beschreiben lässt. Der Krieg ist also keineswegs nur eine Ausnahmesituation, die ansonsten von der langen, über Jahrhunderte zu betrachtenden Entwicklung der Stadt eingerahmt wird und quasi als eine Irregularität auftritt. Krieg und neu entstehender Kapitalismus sind in ihrer Destruktion miteinander verbunden und generieren gleichzeitig eine neue städtische Ordnung: „Capitalism in its turn became militaristic: it relied on the arms of the state when it could no longer bargain advantage without them: the foundations of later

---

806 Vgl. Lefèbvre, H. (1975) Die Stadt im marxistischen Denken, Ravensburg; Merrifield, A. (2002) Metromarxism. A Marxist Tale of the City. London.
807 Mumford, L. (1996) a a. O., 6.

colonial exploitation and imperialism. Above all, the development of capitalism brought into every department secular habits of thought and matter-of-fact methods of appraisal: this was the warp, exact, orderly, superficially efficient, upon which the complicated and effulgent patterns of baroque life were worked out: The new merchant and banking classes emphasized method, order, routine, power, mobility, all the habits that tended to increase effective practical command."[808]

Mumford führt aus, dass die wichtigste Ordnungsleistung dieser zerstörerischen Kräfte allerdings noch weiter ging und die Organisation des Raumes insgesamt betraf. Diese Kräfte haben den Raum überhaupt erst als eine Kontinuität erfahrbar gemacht und auf seine messbare Dimension, auf ihre Ordnung, reduziert. „Größe" wird als eine Begrenzung der Sichtweisen auf Raum eingeführt, in dem sie als begehrenswerte Ferne erkennbar wird und Raum sich mit Bewegung verknüpft. Die Einführung der Abstraktion, die mit dieser neuen Raumwahrnehmung einhergeht, hat sich wiederum als destruktiv in der gesellschaftlichen Organisation der Stadt ausgewirkt. Wenn Räume als abstrakte Orte behandelt werden, wenn sich Recht und Regierung nach den Fiktionen eines verallgemeinerten Raumverständnisses ausrichten, dann erfährt die Individualität einzelner Räume und die Individualität der Person eine erzwungene Vereinheitlichung, die den entpersonifizierten Warentausch auf einem abstrakten Markt und den absolutistischen Herrschaftsraum schaffen, welche beide gegenseitig befördern. Dies hat zu einem bis dahin unbekannten Absorbtionsmechanismus der europäischen Hauptstädte im 17. Jahrhundert geführt, den eine vollkommene Mechanisierung zugrunde liegt, die Mumford als „despotic order" bezeichnet.[809]

Diese despotische Städteordnung hat sich weniger bewahren lassen durch die danach einsetzende Phase der Stadtentwicklung als dies noch für die mittelalterliche Stadt gegolten hat. Mit der „Coketown" – Mumford greift die fiktive Bezeichnung Charles Dickens' in „Hard Times" für das Elend der industriellen Stadt des 19. Jahrhunderts auf – wird die industrielle Revolution urbanisiert und verfällt die Organisationsform der barocken Stadt. Der Triumph des Maschinendenkens vollendet sich durch die Zerstörung der Mobilitätsgrenzen und der „menschlichen Ziele" des Barocks. Produktivität und Utilitarismus ersetzen als Organisationsprinzipien die innere Gestalt der Stadt und deren Einbindung in die freien Arbeits- und Gütermärkte. Die Fabrik und der Slum waren die neuen Institutionen, die die urbane Agglomeration des Industriezeitalters hervorbrachten und die diese prägten.

Die Frage nach der Reflexion von Komplexität in der Stadtgeschichte lässt sich neben den umfangreichen Arbeiten von Lewis Mumford nur an wenigen, in ihrer Intensität der Analyse und ihrem holistischem Ansatz nach vergleichbaren Texten betreiben.[810] Max Webers unvollendet gebliebener Text „Die Stadt"[811] bietet zu einer vergleichenden Diskussion über die komplexe Stadt zwar eine Grundlage, ihre schwerlich einzuschätzende editorische Bedeutung legt dem Vorhaben aber eine gewisse Zurückhaltung auf.[812] Zudem ist zu bedenken, dass Weber sich nicht eigentlich als Historiker zur Frage der Stadtgeschichte äußert und dass deshalb seine Betrachtung nicht als ein in erster Linie historisch angelegter Beitrag konzipiert.[813]

---

808 Ebenda, 90.
809 Ebenda, 141.
810 Außer Benevolo, L. (1982) Die Geschichte der Stadt, Frankfurt, dieser allerdings mit einem auf Architekturformen reduzierten Blick.
811 Weber, M. (2000) Die Stadt, MWS I/22-5, Tübingen.
812 Ay, K.-L. (1993) Max Weber über die Stadt. In: Mayrhofer, F. (Hg.) Stadtgeschichtsforschung. Aspekte, Tendenzen, Perspektiven, Linz.
813 Vgl. Kocka, J. (Hg.) (1986) Max Weber, der Historiker, Göttingen.

Der überlieferte Text stellt auch in dem Sinne eine Schwierigkeit dar, weil er nur schwerlich als programmatisch zu analysieren ist. Es fehlen eine Zusammenfassung, ein Schlusswort, eine Einleitung und auch eine kohärente Struktur der Gliederung, wodurch in der Rezeptionsgeschichte eine Interpretationsvielfalt von großer Divergenz möglich wurde.[814] Aus diesem Grunde sind präpositionelle Aussagen über Webers Verständnis der Stadt zwar im Text auffindbar, aber ob ihrer Kontextunbekanntheit zum Teil mit großer Vorsicht zu rezipieren. Dies wird bereits an seiner Stadt-Definition deutlich, die nicht stringent angewandt wird. Vielmehr ist von Beginn an offen gehalten und je nach Textpassage zugespitzt aufgegriffen worden: „Eine ‚Stadt' kann man in sehr verschiedener Art zu definieren versuchen. Allen gemeinsam ist nur: Daß sie jedenfalls eine (mindestens relativ) geschlossene Siedlung, eine ‚Ortschaft' ist, nicht eine oder mehrere einzeln liegende Behausungen. Im Gegenteil pflegen in den Städten (aber freilich nicht nur in ihnen) die Häuser besonders dicht, heute in der Regel Wand an Wand zu stehen. Die übliche Vorstellung verbindet nun mit dem Wort ‚Stadt' darüber hinaus rein quantitative Merkmale; sie ist die große Ortschaft. Das Merkmal ist nicht an sich unpräzis. Es würde, soziologisch angesehen, bedeuten: eine Ortschaft, also eine Siedlung in dicht aneinandergrenzenden Häusern, welche eine so umfangreiche zusammenhängende Ansiedlung darstellen, dass die sonst dem Nachbarverband spezifische, persönliche gegenseitige Bekanntschaft der Einwohner miteinander fehlt."[815]

Weber geht so zunächst von einer tendenziell morphologischen Bestimmung der Stadt aus, wobei er die Anonymität der Stadt dann als eine besondere soziale Tatsache einführt. Er relativiert später die Bedeutung der Stadtgröße für die Beobachtung dieses Phänomens und führt eine intensivere Diskussion um die wirtschaftliche Bedeutung der Stadt, wobei sich diese aus ökonomischer Sicht vor allem nicht-landwirtschaftlich zu reproduzieren habe. Zwar sei dies kein hinreichendes Kriterium für eine Stadt, es gebe ja auch Siedlungen mit einer Bevölkerung dieser Art, aber das Merkmal der nicht-agrarischen Wirtschaftsbasis wird von Weber als wichtig, wenn auch nicht hinreichend eingestuft. Gleiches gilt für die Gewerbevielfalt, die sich in Städten auffinden lasse. Die Frage der Stadtdefinition führt Weber zu einer Typologie von Städten, wobei er auf das für ihn wichtige Mittel der „Idealtypen" zurückgreift. Hierunter wird ein Versuch der Annäherung an eine Wirklichkeit verstanden, die sich anhand einer Differenz zu einem der Form nach idealen Zustand (größtmögliche Kohärenz) abmessen lässt.[816] Die empirische Untersuchung wäre als eine Kontrastierung von „Realtypus" und „Idealtypus" der Stadt vorzunehmen. Die idealtypische Stilisierung beruht auf ein sich aus einem breiten Allgemeinwissen rekrutierendem Weltverständnis und apriorischen Annahmen über die Bedeutung von Begriffen.[817] In „Die Stadt" werden in dieser Weise schon früh Begriffe wie „Fürstenstadt", „Markstadt", „Beamtenstadt", „Grundrentnerstadt" und viele mehr, die von Weber nicht empirisch geklärt werden, sondern als bedeutungsvoll und inhaltstransparent vorausgesetzt werden, eingeführt. Des Weiteren führt Weber seine Kontrastierung von derart verwandten, idealen Begriffen mit historischen Kontexten in den von ihm weitergehend durchgeführten Kulturvergleichen aus.

---

814 Vgl. Schreiner, K. (1986) Die mittelalterliche Stadt in Webers Analyse und die Deutung des okzidentalen Rationalismus. Typus, Legitimität, Kulturbedeutung. In: Kocka, J. (Hg.) a.a.O.
815 Weber, M. (2001) Gesamtausgabe, Tübingen, 19ff.
816 Vgl. Janoska-Bendl, J. (1965) Methodologische Aspekte des Idealtypus: Max Weber und die Soziologie der Geschichte, Berlin.
817 Vgl. Eliæson, S. (2002) Max Weber's methodologies: interpretation and critique, Cambridge.

Im Rahmen seiner universalgeschichtlichen Kulturvergleiche bezieht Weber eine Perspektive, bei der vor allem die asiatischen und orientalischen Städte als Gegenbild zu denen Europas herangezogen werden. Wesentliches Kriterium der Unterscheidung zwischen Land und Stadt war für ihn das Bodenrecht. In der westlichen Stadt des Mittelalters war der Boden frei veräußerbar. Diese Möglichkeit gab es nicht in der Antike und auch nicht in anderen, nicht-okzidentalen Städten. Aus diesem Unterschied schlussfolgerte Weber weitgehende Konsequenzen für die persönliche Gestaltung des Lebens in der Stadt. Die Möglichkeit der geldwirtschaftlichen Erträge stellt einen Gewinn individueller Freiheit in der westlichen Stadt dar, die sich schon vor dem Mittelalter entwickelte. Webers Konzept der mittelalterlich-westlichen Stadt basiert dem Grunde nach auf seiner Interpretation des Entstehens des europäischen Bürgertums, das in den Städten eine gewisse Eigenständigkeit erstreiten konnte. Dieses wiederum erzwang eine Vorherrschaft des Nicht-Militärischen.

Webers Betonung der Besonderheit der europäischen Stadtentwicklung beruht auf der Annahme einer Auto-Organisation des Urbanen und diese wird für Europa kontrastiv mit der fehlenden Autonomie in den Städten Chinas, Indiens und Japans verdeutlicht. Eine Unabhängigkeit konnte sich dort aus verschiedenen Gründen nicht entwickeln, sehr wohl aber in Europa eine eigene Gestalt annehmen. Weber geht hierbei über die formale Selbständigkeit der europäischen Städte hinaus und betrachtet die gesellschaftliche Substanz urbaner Gesellschaften. Zentrale Kategorie für die Analyse der Entwicklung der europäischen Städte ist für ihn die „Verbrüderung". Dieser Begriff ist bewusst mit Bezug auf die christliche Lehre ausgewählt worden, da die von Petrus geschilderte Tischgemeinschaft für Weber eine Institutionalisierung von Kontakten zwischen nicht-sippengebundenen Menschen ermöglicht: „Ohne Kommensalität, christlich gesprochen: ohne gemeinsames Abendmahl, sind gar eine Eidbrüderschaft und ein mittelalterliches Stadtbürgertum gar nicht möglich."[818]

Ohne den grundlegenden Vergesellschaftungsakt der Verbrüderung konnten keine städtischen „conjurationes" entstehen, in denen sich die Bürger einer Stadt ein gemeinsames Stadtbürgerrecht zuerkannten und sich ihm verpflichteten. Damit hat eine usurpatorische Handlung gegen die antike Auffassung des herrschaftlichen Synoikismus stattgefunden. Die Bürgerschaft etablierte sich als Träger der städtischen Geschicke. Mit diesem Wandel veränderte sich die ökonomische Grundlage der mittelalterlichen gegenüber der antiken Stadt. Dies hat in erster Linie mit einer relativierten Rolle der Agrargesellschaft des Mittelalters zu tun, dem auch die städtischen Eliten in ihrer Wertehaltung Tribut zollten. Sie mussten nun breiteren Schichten eine Teilhabe an den städtischen Errungenschaften ermöglichen. Nicht mehr die antike Wehrbarkeit begründete das Bürgerrecht, sondern die Bedeutung des Einzelnen für die Stadtökonomie in Friedenszeiten. Somit wurde die bürgerliche Partizipation mit der Teilhabe an einem rationalen Wirtschaftsbetrieb verknüpft.

Obwohl Weber ausdrücklich vor einer an Entwicklungsstadien orientierten Stadttypologie warnt und die Wirklichkeit der meisten Städte als „Mischtypen" kennzeichnet, ist doch seine ursprüngliche Intention, geschichtliche Entwicklungen in einen Zusammenhang mit sozialen Vorgängen zu stellen, auch in „Die Stadt" erkennbar. Die europäische Stadt hat sich gemäß den Gegebenheiten durch Zünfte, Gilden und Gründungsakte konstituiert und eine soziale Schicht, das Bürgertum, herausgebildet, die als Träger urbaner Lebensweisen und politischer wie ökonomischer Vorstellungen fungierte. Dieser Grundgedanke Webers wird auf dem Hintergrund seiner Rationalisierungstheorie fortgeführt.[819] Die okziden-

---

818 Weber, M. (2001) Gesamtausgabe, Tübingen, I/20, 96.
819 Chon, S.-U. (1985) Max Webers Stadtkonzeption. Eine Studie zur Entwicklung des okzidentalen Bürgertums, Göttingen.

tale Stadt lässt sich als Produkt eines Rationalisierungsprozesses in Form eines „anstalts-mäßig vergesellschafteten, mit besonderen und charakteristischen Organen ausgestatteten Verbandes von Bürgern kennzeichnen."[820]

Im Lichte der heute zugänglichen Quellen und der neueren historischen Forschungen ist das Webersche Erbe fragwürdig geworden.[821] Die antike Stadt war bei Weitem rationaler gestaltet, als dies Weber zu seiner Zeit aufgrund der ihm zur Verfügung stehenden Quellen sehen konnte. In Rom und Athen galten die Anstaltsverbände mehr als die persönlichen Kontakte. Das antike Stadt-System hat mehr auf Akzeptanz als auf politischer Teilhabe beruht. Deshalb ergibt sich auch keine eigentliche Bruchstelle zur mediävalen Urbanität. Zweifel gelten vor allem auch an der Weberschen Konzeption der christlich gefärbten „Verbrüderungen", die zu den stadtgründerischen „conjurationes" geführt haben sollen. Auch die Überbetonung des spätmittelalterlichen Gesinnungswandels für die Entstehung der kapitalistischen Gesellschaft lässt sich als Manko anführen. Wenig Augenmerk richtet Weber ebenfalls auf die Bedeutung der mittelalterlichen Kriege. Er unterschätzt ihren Einfluss und gibt konsequenterweise der Stadtentwicklung in Friedenszeiten ein übermäßiges Gewicht. Bezüglich der nicht-okzidentalen Städte kann zwar tatsächlich ein Fehlen der bürgerlichen „Anstalten" nachgewiesen werden. Mit dieser Negativfolie erklärt sich die Entwicklung urbanen Lebens außerhalb Europas allerdings noch nicht.[822]

Will man nicht generell auf eine Typologie von Städten verzichten, so bereitet eine historisch unterfütterte Konzeption einer wie auch immer zu umschreibenden „Europäischen Stadt" größte Schwierigkeiten. Zwar stellt Webers Ansatz in erster Linie kein essentialistisches Vorhaben dar, bei dem es um die Zuerkennung einer Charaktereigenschaft für die besondere Form der Städte Europas geht, aber seine Sichtweise auf die Stadt erlaubt nur in seiner eingeschränkten Weise eine Integration von nicht-rationalen Entwicklungen und somit der Komplexität städtischer Wirklichkeiten.[823]

15. Die gebaute Stadt

„Architecture's problem – that of the physical and social complexity of its arena of action, compouned by the multifaceted negotiations it has to undertake in order to act at all – is then replicated in the representations made of it in history. Unable to see the wood for the trees, historians are constantly tempted to focus on the minutiae of architecture, on individual agents, individual projects, individual codes as the constituting elements of their histories (...) Hence certain monographs on the single architect or architectural practice, special publications on the single building, or focussed studies of a particular aspect of architectural practice(...) What these studies lack is an explicit framework in which to situate their objects of study."

I. Borden/J. Rendell[824]

820 Weber, M. (2001) Gesamtausgabe, Tübingen, I/20, 743.
821 Meier, C. (Hg.) (1994) Die okzidentale Stadt nach Max Weber, München.
822 Bruhns, H./Nippel, W. (Hg.) (2000) Max Weber und die Stadt im Kulturvergleich, Göttingen.
823 Vgl. Gane, N. (2002) Max Weber and postmodern theory: rationalization versus re-enchantment, Basing-stoke und Brubaker, R. (1991) The limits of rationality: an essay on the social and moral thought of Max Weber, London.
824 Bordon, I./Rendell, J. (2000) From chamber to transformer: epistemological challenges and tendencies in the intersection of architectural histories and critical theories. In: Dies. (eds) InterSections. Architectural Histories and Critical Theories, London, 5.

Städte erscheinen als eine besondere Konfiguration von Zeit und Raum in dem Sinne, dass sie die Sichtbarkeit einer speziellen historischen Raumzeit-Entwicklung mit einer nahezu konträren Konfiguration des Biologischen und Individuellen verknüpfen. Städte gelten als „gebaut", als Anwesenheit von Vergangenem und als das Hineinbauen in die Zukunft. Etwas bleibt stehen, wenn die jetzige Konstellation der Akteure bereits wiederum nur noch in mühsamer Quellenarbeit nachvollziehbar ist. Materialität als solche sagt nichts, nichts über ihren früheren Sinn- und Nutzungszusammenhang und noch viel weniger über die Bedeutung für den heutigen Betrachter und Benutzer. Aus Kirchen werden Parkhäuser und Diskotheken, die Pyramiden wurden jahrhundertelang als Teppichlager genutzt. Dennoch ist die gebaute Stadt nicht beliebig lesbar und kann zugleich „an sich" nicht wahrgenommen werden. Diese Bezüge lassen sich als intensive Prozesse der Repräsentation durch Zeichen verstehen, wie sie im semiotischen Diskurs aufgegriffen werde. Einige Semiotiker haben dabei auch explizite Annäherungen an das „Städtischen" vollzogen. Aufgegriffen werden dabei allerdings allgemeinere linguistisch-kosmologische Konzepte der Zeichenlehre, innerhalb derer die „gebaute Stadt" in ihrem Bezug zur jeweiligen Gegenwart nur einen Aspekt des viel grundsätzlicheren Verhältnisses des Menschen zu seinen Zeichen darstellt. Der strukturalistische Ansatz De Saussures, der intralinguistisch nur dual zwischen Bezeichnetem und Bezeichnendem unterscheidet und die Referenz außen vorlässt, hat sich dabei als weniger brauchbar als die Herangehensweise von Charles S. Peirce (triadisch) herausgestellt, weil dieser eine Referentialität von Zeichen zu ihrer Generierung mit einschließt. Der Konflikt um die Rolle der „Außenwelt" hat dazu geführt, dass von einer „urbanen Semiotik" als einem einheitlichen Diskurs nicht ausgegangen werden kann. Um das Verhältnis zwischen Zeichen und Bezeichneten/Bezeichnendem zu reflektieren, ist eine grundsätzliche Einordnung über eine Theoretisierung der Soziosemiotik notwendig, die wiederum an die Intermedialität von Stadt erinnert, wie sie im ersten Teil der Arbeit als eine zentrale Funktion des Städtischen wiederholt aufgetreten ist.[825]

Choay hat mit ihrer Typologisierung der urbanen Semiotik auf die ideologischen Diskurse über den urbanen Raum hingewiesen, womit dem „Urbanen" eine eigene Bedeutung zugewiesen und somit die konnotative Ebene der urbanen Semiotik betont wird.[826] Die materielle Bedeutungsebene des urbanen Raumes wird folglich im Weiteren ausgespart und diese Position ist deshalb für eine weitere semiotische Analyse der „gebauten Stadt" schwierig. Eine quasi konträre Haltung nimmt hingegen das Konzept der „Mental Maps" ein.[827] Bedeutung gewonnen haben in Städtebau- und Architekturdiskursen dabei die von Kevin Lynch vorgelegten Analysen. Sein psycho-biologisches Wahrnehmungskonzept, das eine Anpassung des Stadtbewohners an die (bauliche) Umwelt voraussetzt, unterstellt ebenso wie das Konzept von Choay die unmittelbare, direkte Beziehung zwischen Wahrnehmung und Individuum.[828] Problematisch ist die allgemeine Annahme der Bildhaftigkeit als zentrales Element der urbanen Wahrnehmung; Bilder werden eher als konzeptionelle statt perzeptionelle Stimuli betrachtet. Sie stellen keine Motivation für das Raumverhalten von Menschen dar, weil Bilder sich nicht in einer spezifischen physischen Räumlichkeit verankern lassen.[829] Die Mental Map-Methodik der kognitiven Geografen im Schatten Lynchs

---

825 Vgl. Grange, J. (2000) The city, Albany.

826 Choay, F. (1965) L'urbanisme: Utopies et réalités, Paris.

827 Siehe aber auch die Beiträge in: Damir-Geilsdorf, S. /Hartmann, A./Hendrich, B. (Hg.) (2004) Mental Maps – Raum – Erinnerung. Kulturwissenschaftliche Zugänge zum Verhältnis von Raum und Erinnerung, Münster.

828 Lynch, K. (1975) Das Bild der Stadt, Braunschweig.

829 So schon Pocock, D./Hudson, R. (1978) Images of the Urban Environment, London.

unterstellt eine direkte Kausalität von intra-subjektiver Bildproduktion, individualistischem Verhalten und utilitaristischem Entscheidungsmechanismus.[830]

Wie Krampen feststellt, beginnt die soziale Konstruktion von urbanen Bedeutungs-räumen bei der Frage, welches Verhältnis zwischen Bedeutungskonzeption und urbaner Struktur besteht.[831] Hierbei könnte sich die komplexe Urbanitätsforschung von der semioti-schen Analyse der Architektur inspirieren lassen, wonach sich physische Objekte als funk-tional und kommunikativ wahrnehmen lassen. Zeichenobjekte bestehen aus einem Bedeu-tungsvehikel und einer kulturell signifizierten Bedeutung. Durch Konventionen gebunden tradiert Architektur Bedeutungen. Sie unterliegt dabei in der Bedeutungszuschreibung so-zialen Veränderungsprozessen.[832] Barthes betont, dass sich ein urbanes Bild nur undeutlich ergeben könne und andauernde Transformationen durch neue Signifier bloßgestellt seien.[833] Die Signifikate (Bedeutungen) sind flüchtig, die Signifikanten (Bedeutungsträger) aber bleiben. Die Resistenz urbaner Bedeutungsträger sei als unendlicher metaphorischer Dis-kurs nur psychoanalytisch fassbar. Die Soziabilität und Erotik der Stadt wird aufgehoben, produziert und ermöglicht die Begegnung mit dem „Anderen". In dieser semiotischen An-näherung an die gebaute Stadt fehlen aber wiederum die vermittelnden Operatoren, die die Prozesshaftigkeit des Bedeutungszuschreibens organisieren und anschlussfähig machen, in einer temporalen Kontinuität oder in ihrem „chaotischen" Versagen ebendies leisten. Inso-fern semiotische Analysen Eingang in die Arbeiten der „New Urban Sociology" gefunden hatten, betonen diese jenes Manko und führen eine Analyse des Verhältnisse zwischen „Architektur" (hier im Sinne Barthes') und Kontemporanität in der Weise ein, dass das „Bild der Stadt", ähnlich wie bei Choay der Begriff der Urbanität insgesamt, als ein ideolo-gisches Produkt, als Ausdruck von Machtverhältnissen und als Ort der Auseinandersetzung der verschiedenen sozialen Gruppen um die Bedeutungsdefinition von urbanen Zeichen zu entschlüsseln sei.[834] Obwohl mit der Ausrichtung auf das Thema „Macht" und „Konflikt" ein wichtiger Schritt in der Analyse der „gebauten" Stadt getan ist, wird hiermit kein Vor-schlag sichtbar, bei dem es um die Prozesshaftigkeit in der Konstruktion von Bedeutung geht. Die Generationslogik von gebauter Umwelt, Zeichenhaftigkeit und gesellschaftlicher Vermittlung bleibt weiterhin zu konzeptualisieren und es stellt sich mit Bezug auf die Konstitution von „Macht" in diesem Feld die Frage, wie diese sich über Zeichen generiert, korrigiert und widerspricht. Gleiches kann über die Konfliktdimension zwischen Stadt-architektur und Stadtgesellschaft gesagt werden. Es bliebe zu fragen, wann und unter wel-chen Umständen etwa ein Gebäude tatsächlich unterschiedliche Bedeutungen trägt und in welcher Weise diese dann einen Konflikt produzieren oder lediglich transportieren.

Pierre Boudon hat sich ohne Einbindung in eine gesellschaftswissenschaftliche Theo-rie zunächst bemüht, die Semiotik des Urbanen als eine Beziehung zwischen räumlicher Materialität und sozialer Zeichenproduktion auf der Grundlage von Chomskys strukturalis-tischen Ansätzen auszuarbeiten. Sein Ziel ist eine deskriptive Analyse der urbanen Spra-che.[835] Hierbei handelt es sich eigentlich um einen nicht-semiotischen Ansatz, mit dem

---

830 Einer anfangs lebhaften Debatte um die Weiterentwicklung des Mental- Maps-Konzepts, s. vor allem Gould, P./White, R. (1993) Mental maps, London; Haynes, R. M. (1981) Geographical images and mental maps, Houndmills; Stoltman, J. (1980) Mental maps, Sheffield und Haynes, R. M. (1980) Geographical images and mental maps, London, scheint nun nicht mehr viel Forschungsperspektive zu entspringen.

831 Krampen, M. (1979) Meaning in the urban environment, London.

832 Eco, U. (1973) Function and Sign: Semiotics of Architecture. In: Via, 1, 12-23.

833 Barthes, R. (1971) Sémiologie et urbanisme. In: L'Architecture d'Aujourd'Hui, 1.

834 Gottdiener, M. (1986) Culture, Ideology, and the Sign of the City. In: Ders./Lagopoulos, A. (eds) The City and the sign. An Introduction to Urban Semiotics, New York.

835 Boudon, P. (1977) Sémiotique de l'èspace. In: Communications 27, 1-12.

Boudon urbane Orte in eine linguistische Analogie stellt. Die nicht-zeichenhaften Prozesse müssten ebenfalls als solche aufgefasst werden. Damit bleibt Boudons Urbanitätsdefinition eine abstrakte Grammatik ohne Konkretisierung durch eine Analyse sozialer Zeichenreproduktionen.

Um die Integration von Produktion und Wahrnehmung urban-semiotischer Zeichenprozesse bemüht sich hingegen Raymond Ledrut. Die Stadt analysiert er als Teil des Modernitätsdiskurses.[836] Die Entwicklung der semantischen Potentiale im Bild der modernen Stadt charakterisiert Urbanität mehr als die kommunikativ-relationellen Aspekte zwischen den Zeichenempfängern und -sendern. Ledrut verwendet als Analogie den Text, der aber als ein Pseudo-Text entlarvt wird, wie auch die Stadt als ein Sender auftritt und nur als Pseudo-Sender analysierbar ist. Nicht-semiotische Prozesse müssen in der Analyse der „gebauten Stadt" nicht nur in ihrer Existenz, sondern auch als generierende soziale Institutionen zu erkennen sein. Damit widerspricht Ledrut dem Diktum Peirces, dass die ganze Welt ein Zeichen sei und somit die Semiotik zur alles umfassenden Lehre wird. Die Stadt, in ihrer asoziologischen Totalität, ist nicht die Bedeutung generierende Entität im Prozess der Modernisierung. Prämodern hat es gemeinschaftliche Zeichenprozesse gegeben, die eine Identität zwischen den Zeichenproduzenten und deren Semantik vermuten lassen, wodurch sich Quasi-Intentionen durch Quasi-Sprecher kommunizieren ließen. Die moderne Stadt, so Ledrut, zeichne sich nicht etwa durch eine hyposignifikante Zeichenproduktion gegenüber der hypersignifikanten vormodernen Stadt aus, da soziale Urbanität immer auf Bedeutungskonstruktion angewiesen ist. Vielmehr sind Bedeutungen in urbane Kulturen eingebettet, die sich in der Moderne als Abstraktionen bündeln. In dieser Weise werden die Zeichen von den urbanen Objekten und sozialen Prozessen abstrahiert und konstituieren den Einfluss der Stadt und ihre ökonomische Dominanz. Um die Stadt verstehen zu können, muss man auch ihre Ruhe hören können, die den tönenden, nach Bedeutung ringenden Signifikaten entgegen tritt. Mittelklassen-Zeichenwelten der Stadt stehen in ihren funktionalistischen Diskursen den hedonistischen der Arbeiterklasse gegenüber, womit sich in der Distanz zwischen beiden konzeptionellen Modellen die urbane Alienation messen lässt. Lagopolous arbeitete in seinen späteren Schriften die semiotisch-kulturellen gegenüber den nicht-zeichenhaften sozialen Prozessen in der Gestalt auf, dass beide Sphären als sich wechselseitig beeinflussend zu verstehen sind, wobei die urbane Semiotik eine relative Autonomie genießt.[837] Während die Zeichenproduktion als solche an den gesellschaftlichen Produktionsprozessen ausgerichtet bleibt, richtet sich die stadtkulturelle Zeichenwelt nach den dort generierten Transformationsregeln. Unterschiedliche urbane Regime haben deshalb verschiedene stadtkulturelle Zeichenkonstellationen zur Folge.

So kann vielleicht der bisherige semiotische Diskurs in der Weise zusammengefasst werden, dass wir die Stadt als ein Ort unterschiedlichster Bedeutungsregime zu sehen haben, in denen „meaningful places"[838] konstruiert werden, die einerseits als Bezugspunkte sozialer Interaktion und als materielle Objekte einer baulichen Umwelt fungieren (komplexitätsurbanistisch: als Attraktoren), während die Bedeutungszuschreibung an sich von der gebauten Umwelt „vorgeschlagen" wird und individualistisch nur erfolgreich sein kann, wenn sie dazu intermediert wird; der Raum erhält als solcher eine eigenständige Bedeutung in der sozialräumlichen Betrachtung. Urbanitätskomplexität ließe sich mit Bezug auf gebaute Räumlichkeit als eine bestimmte Besonderheit und Logik gesellschaftlicher Veränderung in ihren kompositionellen Faktoren kennzeichnen. Hierzu gehören die sozialen Prob-

836 Ledrut, R. (1973) Les images de la ville, Paris.
837 Lagopolous, A. (1983) Semiotic Urban Models and Modes of Production. In: Semiotica, 3/4, 51-77.
838 Gottdiener, M. (1994) The New Urban Sociology, New York, 17.

leme des urbanen Lebens wie Rassismus, Armut, Verbrechen, Drogen, Finanzprobleme, Bildungs- und Infrastrukturprobleme, Wohn-Ungleichheiten und Obdachlosigkeit. Neben dem Einfluss von Örtlichkeit auf das Raumverhalten der Menschen ist zu bedenken, dass diese wiederum ihrerseits den Ort interpretieren und ihm eine Bedeutung geben. Die Semiotik physischer Orte, Verkehr oder Geräuschkulissen generiert über deren Funktionalität Bedeutungen. Die räumlichen Arrangements des Städtebaus dienen in erster Linie zu unserer Orientierung und geben Verhaltensmöglichkeiten vor. Mit den von Einzelobjekten ausgegebenen Zeichenfunktionen werden Ordnung und Vertrautheit geschaffen, die allerdings erst anhand von semiotischen Settings erlernt werden. In verschiedenen sozial-räumlichen Konstitutionen organisiert sich urbanes Leben als ein komplexes Zeichengeflecht (integral, parochial, diffus, transitorisch, hybrid, anomisch) im Rahmen von Emotionalität (Verbundenheit mit dem Ort und den Nachbarn), Interaktionen (Anzahl und Qualität der nachbarschaftlichen Beziehungen) und Netzwerke (Verbindungen innerhalb und außerhalb).

Alternativ zum Diskurs über die Semiotik des Städtischen eröffnet sich eine Komplexitätsanalyse der „gebauten Stadt" über die Theorie der Architektur. Hierbei sind die Arbeiten von Venturi und Scott-Brown hervorzuheben, die mit ihrem Werk „Complexity and Contradiction in Architecture" [839] diesen Weg einschlagen. Sie stellen die Komplexität als zentrales Thema der Architekturtheorie heraus, wobei sie das Diktum des Komplexen aus einer Analyse des Gebauten ableiten und hierbei die Architektur als ein Medium betrachten. Aus diesem Architekturverständnis ergibt sich bereits eine Dimensionsbestimmung des Komplexen; hinzu kommt die Komplexität des Bauens als solches, das zwischen Form, Inhalt, Programm und Konstruktion laviere. Mit der Medialität des Architektonischen beschreiben die Autoren eine deduktive Komplexitätsdimension, die sich aus der Analyse der Architekturformen ergibt. Hierbei greifen sie auf eine Formanalyse zurück, die sich in die Nähe der Semiotik begibt, ohne diese allerdings zu reflektieren und anzuwenden. Stattdessen wird der Architektur eine eigene Formensprache zugebilligt, die sich in ihrer Pluralität von historischer Gebundenheit an kontextuelle Bedeutungszusammenhänge löst. Wie die Autoren mit ihrem Folgebuch über die Ikonographie Las Vegas' verdeutlichen, wird die historische Entwicklung des Baustils zugunsten zeichenhafter und symbolträchtiger Archi tekturformen aufgegeben. [840] In dieser Weise wird eine wie im oben dargestellten Semiotikansatz herausgearbeitete Beobachtung vollzogen, die als Veränderung eines semiotischen Settings zu verstehen wäre, in dem „heute" (Las Vegas, Strip Cities etc.) das neue Paradigma eine auto-organisatorische Formensprache wäre. Zu betonen ist, dass die Einbindung der Gebäude in einen Kontext gesellschaftlicher Prozessualität mittels Oberflächenveränderung geschieht. Medialität urbaner Kontextualisierung lässt sich mit Venturi/Scott-Brown als Adaptionsfähigkeit nach außen beschreiben. Die Kontext-Aktualisierung bleibt allerdings nicht folgenlos, sondern kippt in die komplexe Beziehung zwischen Form und Funktion um und erreicht dort einen sensiblen Punkt, an dem diese nicht mehr voneinander zu trennen sind. Symbolik ergibt sich als ein zentraler Punkt für die weitere architekturtheoretische Debatte um die genannten Beziehungen. Von Las Vegas lernen bedeutet deshalb in erster Linie, dass die gebaute Umwelt nicht wortwörtlich als Ausdruck von Funktionalität zu sehen ist, zugleich aber als Performanz (content) von Architektursprache besteht: „Our point is that this content did not flow inevitably from the solving of functional problems but arose from Modern architect's unexplicated iconographic preferences and was manifest

839 Venture, R. (1993) Komplexität und Widerspruch in der Architektur, Braunschweig.
840 Venturi, R. /Scott-Brown, D./Izenour, S. (1977) Learning from Las Vegas: The Forgotten Symbolism of Architectural Form, Cambridge.

through a language – several languages – of form, and that formal languages."[841] Vierzig Jahre nach dem Erscheinen dieses „Klassikers" der Architekturtheorie haben Venturi und Scott-Brown noch einmal ihren Ansatz der Symbolik untermauert, wobei Komplexität wiederum nur einsilbig behandelt wird.[842] Während diese Diskussion ohne eine Theoretisierung des Komplexen an sich auszukommen meint, hat Charles Jencks, auch als Reaktion auf den reduzierten Komplexitätsbegriff Venturis, betont, dass es die Dynamik und die Emergenz als wesentliche Erscheinungsformen komplexer Architektur zu untersuchen gelte.[843]

Nur wenige Architekturtheoretiker haben sich dennoch explizit mit der Frage der Komplexität des Gebauten auseinandergesetzt.[844] Währenddessen stellen die von Venturi und Scott-Brown aufgeworfene Fragen über das Verhältnis von Bauform und Gebäudefunktionalität ein Kernthema des architekturtheoretischen Diskurses dar,[845] an dem sich zugleich die deduktive Annahme einer komplexitätsbezogenen Urbanitätsforschung nachvollziehen lässt. Auch Jencks widmet sich eher den Fragen der komplexen Architektur (in Übertragung der geliehenen Konzepte der Linguistik und Biologie), als dass er sich der Architektur des Komplexen verschreibt, d.h. vom Zusammenspiel der verschiedenen Faktoren des Architektonischen auf eine Gesetzmäßigkeit des (urbanen) Komplexen schließt. Jencks, wie in vielen architekturtheoretischen Abhandlungen üblich, beginnt die Analyse der Form mit einer Entkontextualisierung der Architektur aus dem Urbanen.

Die Form als genuines Thema der Architekturtheorie verweist als solche schon auf Dimensionen des Komplexen. Alexander deutete das Problem des Komplexen als eine die Architektur in vielerlei Hinsicht inhärenten Problematik, die nicht nur den Akt des Entwerfens, sondern auch die Einbettung von Architektur in eine vielfältigen, gebauten Umwelt betrifft. Architektur bemühe sich Ordnung zu erzeugen, die der Komplexität der Dinge nicht angemessen sei, weil sie es mit diffuser und unorganisierter Information zu tun hat.[846] Als Antwort auf die problematisch werdende Entwurfspraxis und Verortung der Architektur entwickelt Alexander seine Adaption der linguistisch und biologistisch inspirierten Konzeptionen, die bewusst als Analogien zu computerisierbaren Darstellungsweisen der Mathematik (Matrix, Diagramm, Vektor) entwickelt werden. Der Entwurf wird als Herausforderung gesehen, um einen Brückenschlag zwischen Form und Kontext vorzulegen, mit dem eine eindeutige Rollenzuteilung einhergeht, in der die Kontextabhängigkeit als deterministisch für die Formlösungen angesehen wird. Mit dem Terminus des „Diagramms" erfolgt sowohl die Kontextanalyse als auch die Entwicklung eines Entwurfs, in dem die Synthese von Kontext und Form angestrebt wird. Bekanntlich hat Alexander mit seinem berühmten Diktum, die Stadt sei kein Baum, nur kurz diesen Weg der Komplexitätsbearbeitung aufrechterhalten.[847] Dieser Aussage liegt die Absage an eine Auffassung von Architektur als simple Nachahmung von mathematischen Verfahren zugrunde, womit die Komp-

---

841 A.a.O., 162.

842 "Complexity engages a ranges of contexts: cultural, aesthetics, sociological, urbanistic, rather than just the formal or the ideological." Venturi, R. /Scott-Brown, D. (2004) Architecture as signs and systems: for a mannerist time, Cambridge, 10.

843 Jencks, C. (1995) The architecture of the jumping universe: a polemic; how complexity science is changing architecture and culture, London.

844 Siehe aber die Beiträge in Sala, N. (ed) (2006) Chaos and complexity in arts and architecture, New York und in Benjamin, A. (ed) (1995) Complexity: art, architecture, philosophy, London.

845 Vgl. aber auch Crysler, C. G. (2003) Writing spaces: discourses of architecture, urbanism and the built environment, 1960-2000, New York.

846 Alexander, C. (1964) Notes on the Synthesis of Form, Cambridge.

847 Ders. (1965) A City is Not a Tree. In: Architectural Forum, 122/2.

lexität der Stadt als Kontext zu entsprechen wäre. Mit der Kritik der Komplexitätsreduktion des Urbanen auf die Form eines diagrammatischen Baumes, wie er in vielen algorithmisch-hierarischen Strukturbildern und in der generativen Transformationsgrammatik Chomskys erscheint, gehen weitergehende Fragen einher, die in der Thematisierung des interdisziplinären „Lernen" auszuführen sind. Die Annäherung der Architekturtheorie an die computerable Komplexitätstheorie kommt mit Alexander an eine Grenze. Interessanterweise kritisiert dieser dabei nicht, dass der Entwurfsprozess damit subkomplex werde oder gar normativ an Qualität verliere o.ä., im Gegenteil, er behauptet weiterhin, dass Architekten und Stadtplaner etc. von dieser Komplexitätsbearbeitung profitieren könnten. Sein Gegenargument lautet, dass diese Strukturbilder für den menschlichen Verstand ein nützliches Vehikel seien, die Stadt sei aber nicht so und solle auch nicht so sein. Mit anderen Worten, Alexander behauptet eine größere Komplexität des Urbanen als dem individuell Wahrnehmen-, Analysier- und Entwerfbaren und es scheint ihm ein gewisser emotionaler Vorbehalt angebracht zu sein, die Stadt auf diese reduzierte Komplexität zurückzuführen. Alexander führt deshalb die Idee der Vernetzung ein, in der die Hierarchien aufgebrochen und unterbunden werden. Die von ihm vorgeschlagenen Semilattice bemühen sich aber weiterhin um den Spagat zwischen Analyse und Formfindung, weshalb das „Netz" nicht in seiner vollkommenen Verknüpfung realisierbar wird und Knoten und Verbindungspunkte als zentrale Elemente zur Ausrichtung auf eine praktikable Formsuche fungieren. Des Weiteren bleibt Alexander im Analogismus zur Sprache verhaftet,[848] wie sich insbesondere und ausdrücklich in dem Vorhaben „Pattern Language" nachvollziehen lässt.[849] Hierbei überzieht er anhand von 94 Mustern die Stadt und deren großmaßstäbliche Struktur der Umwelt. Ziel ist es, neben Straßen und Wegen auch die Beziehungen zur Arbeit und Familie und geeigneten Institutionen aufzugreifen. Alexander und seine Mitautoren setzen von vornherein die Gestaltung und die langsame Entwicklung eines Gemeinwesens für ihre Musteranalyse voraus. Die Muster werden als Spiegelbild der grundlegenden Tendenzen der Stadtentwicklung und deren Verlauf wird als „organisch" betrachtet. An die Theorie des Komplexen erinnert dieses Vorgehen vor allem an jenen Stellen, an denen die Eigendynamik von Einheiten wie Nachbarschaften herausgestellt wird. Das Vorhaben stellt sich wiederum als ein Planungsprozess dar, wobei einerseits die politisch-sozialen Hierarchien in der Stadt wahrgenommen werden und andererseits die Bedeutung von lokalen Gruppen in ihrer Verantwortung für die eigene Umwelt thematisiert wird. Abweichend von den Annahmen der Komplexitätstheorie ist dagegen die Unterproblematisierung eben dieser beiden Sphären der Stadtentwicklung, die letztlich immer zugunsten des Kleinteiligen aufgelöst wird, aufzufinden. Das Buch weist eine Romantisierung des Lokalen auf, wobei die Größe einer Stadt als problematisch und natürlich angesehen wird: „Die Größe von Gruppen, die sich in humaner Weise verwalten können, hat natürliche Grenzen."[850] Die weitere Ausarbeitung der Muster scheint arbiträr zu sein, wird auf jeden Fall nicht explizit begründet, und behandelt so unterschiedliche Themen wie kleine Plätze, Kinder in der Stadt, Einkaufsstraßen etc. Damit ergibt sich ein zweiter wichtiger Unterschied zu der Ausarbeitung der hier vertretenen Konstituierung einer komplexen Stadt, in der sich die Muster (wie auch immer zu verstehen) nicht freischwebend nach dem Willen des Betrachters einstellen, sondern vielmehr als Konfigurationen unterschiedlicher Strukturierungen und nach dem Grad der Attraktion ergeben. Alexanders Ansatz bleibt an dieser Stelle deskriptiv (und normativ), weil sich keine analytische Frage anschließt, die die urbanen Muster nach ihrer Dynamik mit und

---

848 Vgl. auch Norberg-Schulz, C. (2000) Architecture: presence, language and place, Milan
849 Alexander, C. et al. (1977) Eine Mustersprache. Städte, Gebäude, Konstruktion, Wien.
850 Ebenda, 12.

ihrer Relation zu anderen Mustern untersucht. Es scheint das Übergewicht der Gestaltungs-
notwendigkeit vorzuherrschen, die an dieser Stelle eine Reflektionssperre auferlegt und im
Ergebnis wird dieser komplexitätssensible Ansatz auf die Eingangshypothese, dass Formen
sich der Kontextualität zu beugen haben, festgelegt. Für die urbane Komplexitätsforschung
dürfte dieser Ausgangspunkt fragwürdig werden, denn als „Kontext" ist eine urbane Logik
zu konzipieren, die sich nicht aus normativen Settings ergibt, sondern die (non-lineare)
Dynamik der Städte als Grundsatz akzeptiert. Hingegen betrachtet Alexander Stadtentwicklung im Grunde unkomplex, als einen stetigen Prozess, der sich langsam und als Summe
von Teilen vollzieht. Die Inkohärenz mit den unübersehbaren Diskrepanzen und Aporien in
den Prozessen der Stadtentwicklung wird wahrscheinlich unterbewusst gefühlt, weswegen
erst die Notwendigkeit entsteht, für die „langsame" und auf „lokalen" Veränderungsprozessen beruhende Stadtentwicklung zu argumentieren.

Die Thematisierung der „Unordnung" der bebauten Welt blieb einer Architekturtheorie vorbehalten, die sich selbst nicht mit einer Ordnung schaffenden Baukunst gleichsetzte.
Im tradierten Verständnis stellt Bauen eine Form des Ordnens und der Konstruktion von
Sinnhaftigkeit dar, dem die Beschäftigung mit Unordnung nur in der Weise zu obliegen
scheint, als aus der rohen Materie eine Form geschaffen wird.[851] Die Arbeiten von Venturi,
Alexander und Jencks, so unterschiedlich ihre Ansätze sein mögen, vereint in dieser Hinsicht ein Abrücken von der architektonischen Vorliebe für die Hochkultur und eine Wahrnehmung der „everday architecture".[852] Drei wichtige Theorieentwicklungen seien hier
weiterhin besprochen, die im Grunde an diese Kehrtwende im Architekturdiskurs zur Reflexion über die gesamte Bauwelt, und nicht lediglich deren Vorzeigeobjekte, anschließen.[853]

Dieser Perspektivwechsel findet seine allgemeine Anerkennung in der Uminterpretati-
on von Unordnung: „Unordnung ist (…) nicht die Abwesenheit von Ordnung, sondern ein
Zusammenprall beziehungsloser Einzelordnungen."[854] Die Kollision ist als zentrales Element in die Theorie von Peter Eisenman eingegangen, der von einer symbolischen Erschüt-
terung der Verbindung von Form und Funktion spricht.[855] Damit problematisiert Eisenman
komplexitätstheoretisch die Linearität der Beziehung zwischen den bis dahin noch als stabil
geltenden Beziehungen, form follows function etc., die als Standartdebatte zum Theorie-
repertoire des modernen Architekturdiskurses gehören. Stattdessen geht er davon aus, dass
Architektur nur jenseits einer auf Direktionalität fixierten Beziehung von Form und Funktion gedacht und entwickelt werden kann. Seinem Funktionalitätsverständnis entsprechend,
schlägt Eisenman vor, Formen als von Funktionalität abgekoppelt und mit eigendynami-
scher Dimension ausgestattet zu konzipieren. Mit der Entwicklung einer dekonstruktivistischen Architekturtheorie greift Eisenman das Vorhaben seiner Revision bestehender Theoretisierungen von Form und Funktion auf, in dem er die bloße Funktionalität von Architektur, im Sinne einer rational-modernen Entwicklungslogik, in Zweifel zieht. Stattdessen
betont Eisenman, etwas missverständlich anhand des Aura-Begriffs, dass Architektur als
eine Gegenwart anzuerkennen und diese exzesshaft und emotional-erotisch zu erleben sei.
Damit kehrt Eisenman das landläufige Verständnis, dass die gebaute Umwelt fix und zeit-

851 Vgl. Stöbe, S. (1999) Chaos und Ordnung in der modernen Architektur, Potsdam.
852 Vgl. Read, A. (2000) Architecturally speaking: practices of art, architecture and the everyday, London;
     Toy, M. (ed) (1998). The everyday and architecture, London; Harris, S. (1997) Architecture of the every-
     day, New York.
853 Kähler, G. (Hg.) (1991) Dekonstruktuion? Dekonstruktivismus? Aufbruch ins Chaos oder neues Bild der
     Welt, Braunschweig.
854 Arnheim, R. (1979) Entropie und Kunst, Köln, 23.
855 Eisenman, P. (1995) Aura und Exzeß. Zur Überwindung der Metaphysik der Architektur, Wien.

übergreifend sei, in sein Gegenteil um. Für die Konstitution der komplexen Stadt schwindet damit die Dualität von gebauter-gelebter Stadt vollends und es entsteht die Notwendigkeit anderer, übergeordneter Ordnungsmuster, komplexerer. Aus der dekonstruktivistischen Architekturtheorie wurde dementsprechend auch eine andere Auffassung über Architektur und die Rolle des Architekten abgeleitet.[856] Interpretiert wurde diese neue Perspektive als eine subversive Praxis, die sich aus dem Zwang einer binären Domestizierung durch Form und Funktion befreit.[857] Die dekonstruktivistische Antwort auf die konzeptionelle Herausforderung, die sich aus der Reflexion des „Gebauten" der Stadt ergibt, ist nicht nur eine metaphorische Verbalisierung der Derridaschen Dekonstruktion, sie ist vielmehr in ihrer Diskursivität auf die Sprachlichkeit und Lesbarkeit der Architektur fokussiert. Die prinzipielle Frage, ob eine solche „Anwendung" eines grammatologischen Programms nicht ähnlich wie ein semiotisches oder symbolisches Interpretieren von Architektur seine Grenzen hat, wird von den dekonstruktivistischen Architekturtheoretikern nicht offensiv thematisiert, wodurch sich sui generis offene Theorieflanken für den Generalverdacht öffnen, die Essenz und Ontologie des Gebauten sei doch behauptbar, weil die Textlichkeit der Architektur nur begrenzt deren Substanz erkläre. Die dekonstruktivistische Theoretisierung von Architektur hantiert mit den gleichen Vokabeln und Theoremen wie die Derridaschen Linguisten.[858] Man mag der Kritik an der herkömmlichen Architekturtheorie folgen, demnach die Architektur der Unsicherheit und Entfremdung des modernen Lebens keinen Entwurf entgegenstellt und in der essentialistischen Position verharrt, dem Menschen eine Behausung zu verschaffen, dennoch ergibt sich aus der Dekonstruktion der Architektur damit zunächst nur dessen Destruktion, womit der Kerngedanke der Analyse verloren geht, der das Spiel von Signifikanten und Signifikaten in den Vordergrund stellt. Es stellt sich mit der dekonstruktivistischen Architekturtheorie eine „linguistische Agoraphobie" ein, die nicht mehr nach den erzeugten Bedeutungshorizonten fragt, sondern sie – das Kind mit dem Bade – vollkommen ausschüttet. Die Kritik an semiotisch inspirierten Ansätzen entzündet sich an der Reduktion einer rationalen Analyse von Wahrnehmung, die mit der – über das Unbewusste und Gesellschaftliche – vermittelten Unsichtbarkeit, eine allgemeine Blindheit gegenüber kontextuellen Bedeutungsrelationen zum Ausdruck bringt.[859] Welche Bedeutung, welche Architektur, in welchem urbanen Kontext für wen hat, wäre zu fragen, doch erschließt sich mit dieser Fundamentalkritik keine operationalisierbare Forschungsstrategie mehr.[860] Offensichtlich geht zudem mit der dekonstruktivistischen Theoretisierung des Gebauten die Unmöglichkeit des Bauens einher und ist auch die lineare Direktionalität zwischen Analyse (Kontextualisierung) und Entwurf (Interpretation) nicht mehr gegeben.

Als zweiten, komplexitätssensiblen Diskurs über die gebrochene Relation von Form und Funktion stellt sich das Unterfangen Bernard Tschumis dar, der wie Eisenman Architektur als Verschieben der Bedeutungszusammenhänge analysiert und ein bewusstes Fehl-Lesen von Bedeutung und Materialität/Text als eine Verstörung der Erwartungen und Projektionen im Verhältnis zwischen Bau- und Lebenswelt erreichen will.[861] Er folgt weitgehend dem dekonstruktivistischem Impetus und beschreibt sein Analysevorgehen mit Pro-

856 Noever, P. (Hg.) (1991) Architektur im Aufbruch. Neun Positionen zum Dekonstruktivismus, München.

857 Jonak, U. (1989) Sturz und Riß. Über den Anlaß zu architektonischer Subversion, Braunschweig.

858 Norris, C./Benjamin, A. (1990) Was ist Dekonstruktion? Zürich.

859 Vgl. auch Broadbent, G. (1978) A Plain Man's Guide to the Theory of Signs in Architecture. In: Architectural Design, 47, 7/8, 474-482.

860 Knights, C. R. (2000) The fragility of structure, the weight of interpretation: some anomalies in the life and opinions of Eisenman and Derrida. In: Bordon, I./Rendell, J. (eds) InterSections. Architectural Histories and Critical Theories, London.

861 Tschumi, B. (1990) Question of Space, London.

zessen der Disjunktion, Fragmentation und des Bruchs, wobei das Ziel die Infragestellung der tradierten Bedeutungsregime ist, die auf einer festen Koppelung von Bedeutung und Bedeutungsträger basieren. Er beschreibt dabei das Zustandekommen dieser Bedeutungskonstellationen durch die Praxen des Wiederholens, Verzerrens und Überlagerns. Ordnung wird nach Tschumi durch endloses Prozessieren, offene Operationen, unvollendete Projekte und eine komplexe Architekturorganisation hergestellt, sie ist damit mitnichten die Generation von Ordnung ex nihilo aus dem Chaos, dank des genialen Schöpfers.[862] Tschumi versteht Architektur eher als eine Handlung des Überblendens und Überbelichtens, bei der die bestehenden, gefestigten Bedeutungszusammenhänge aus der Moderne weiter mittransportiert werden, aber mit dem Neuen konkordieren. Derrida hat sich zu Tschumis Architektur direkt geäußert und diese im Sinne der dekonstruktivistischen Architekturtheorie als „Transarchitektur" beschrieben, weil sie versuche, aus den vorgefertigten Netzen von Wertbestimmungen zu entfliehen. Die Bedeutungszwänge werden durch Sequenzen, Serialität, Narrativität, Kinematik, Dramaturgie und Choreographie in der Tschumischen Konstruktion des Parc de la Volette untergraben.[863] Die Dekonstruktion von Architektur, die hier als eine Kritik an der fixierten Zuweisung von Bedeutung an einen Bedeutungsträger (gebaute Stadt) gesehen werden soll, ist anstelle von Destruktion nun durch Dislokation operationalisiert worden. Statt also von einer Aufgabe der Sinnkonstruktion in der bebauten Welt auszugehen, der nur Anarchie und Chaos folge, erkennt die dekonstruktivistische Architekturtheorie die Rolle der Sinnhierarchien an, entzündet sich an ihnen und verschiebt Bedeutungskonstruktionen von dem Gebauten weg. In dieser Weise hält Dekonstruktion durch Dislokation die gebaute Umwelt als Bedeutungsnetz aufrecht und zerstört sie nicht. Das Programm der komplexen Urbanitätsforschung kann an dieser Stelle anknüpfen, weil es der dekonstruktivistischen Architekturtheorie um die Bestimmung der verborgenen Ordnung durch den Zugang mittels Analyse des Nicht-Sichtbaren, Nicht-Konstruierten geht.[864] Tschumi praktiziert dabei einen Beutezug in den unterschiedlichsten Theoriegefilden, der ihm aber auf dem Weg zu einer Neubestimmung der (negativ zu beantwortenden) Frage nach dem Besonderen der Architektur gerechtfertig zu sein scheint: „Eclectic classicism, rationalism, neomodernism, deconstructivism, critical regionalism, green architecture, or, in the arts world, neo-geo, new expressionism, new abstraction, or figuration – all of them coexist and increasingly provoke in us a profound indifference: indifference to difference."[865]

Schließlich haben sich in der Architekturdebatte in den letzten Jahren Ansätze zu Wort gemeldet, die viele Impulse aus dieser von Tschumi und Eisenman argumentierten Wende in der Theorieperspektive aufgegriffen haben, und allerdings auf explizite Anschlüsse an metatheoretische Rahmen wie den Dekonstruktivismus weitgehend verzichten. So zeigt etwa die Debatte um avancierte Architektur in den Niederlanden, der Schweiz und Österreich, dass es eine Tendenz in der Diskussion und im Bau von Gebäuden gibt, die sich von einem homogenen Blick auf die Baukunst zugunsten einer Vielfalt und Widersprüchlichkeit ablöst.[866] Obwohl die verschiedenen Architekturpraxen und -stile, die oftmals mit diesen Tendenzen assoziiert werden, schwierig auf einen Nenner zu bringen sind, hat sich deren

---

862 Ders. (1994) Architecture and disjunction, Cambridge.
863 Vgl. Derrida, J. (1988) Am Nullpunkt der Verrücktheit – jetzt die Architektur. In: Welsch, W. (Hg.) Wege aus der Moderne, Weinheim.
864 Wigley, M. (1994) Architektur und Dekonstruktion. Derridas Phantom, Basel.
865 Tschumi, B. (2000) Six concepts. In: Read, A. (ed) Architecturally Speaking. Practices of Art, Architecture and the Everyday, London,
866 Ulama, M. (2002) Architektur als Antinomie: aktuelle Tendenzen und Positionen, Wien.

Beschreibung als Minimalismus teilweise durchgesetzt, wobei das Minimalistische mit dem Verzicht auf „große Theorie" anfängt und sich in subtiler Re-Fokussierung auf das Architekturobjekt, bei der der Entwurf wieder in die Position des Prozessualen mit definierten Ausgang gerät: Konstitution von Umwelt, ergibt.[867] Ein kritischer Blick auf den dortigen Komplexitätsbegriff ernüchtert allerdings, weil dieser de facto ein Reduktionsverfahren darstellt, das den Minimalismus in erster Linie als ein ästhetisches Bauprogramm erscheinen lässt: „Der Minimalismus wird durch Komplexität angereichert, erlebt Metamorphosen", wird dort behauptet.[868] In der anschließenden Debatte wird eine Abgrenzung zur weitergehenden Erkundung der Stadt und des Gesellschaftlichen vorgenommen, so etwa wenn „minimalistische Interventionen" als „komplexe Eingriffe in die Stadttextur" interpretiert, diese aber nur in einer optisch-ästhetischen Auseinandersetzung mit der gebauten Umwelt diskutiert werden. Selbst wenn man den minimalistischen Reduktionismus auf die Form akzeptiert, stellen sich schwerwiegende Bedenken gegen diese Annäherung an architektonische Praktiken, die sich nur durch eine explizite Theoretisierung, wie im Eingangsstatement gefordert, reflektieren ließen. Der Reflektionsminimalismus hat, da nicht artikuliert, einen außerwissenschaftlichen Grund, über den hier nicht spekuliert werden soll.

Stattdessen soll darauf verwiesen werden, dass auch die „Form" keine originäre Quelle der Deutungsdiskursivität über die gebaute Stadt ist. Formen kommen irgendwoher, sie haben eine unterstellte Eigendynamik, die sich mit historischen und gesellschaftlichen Konstellationen in (enge und lose) Korrelation setzten lässt. Diese Debatte um die architektonische Form der gebauten Stadt kann mit den Mitteln einer post-linguistischen Architekturtheorie aufgearbeitet werden, die sich um die Form des Gebauten in der Weise kümmert, indem sie diese hinsichtlich ihrer Komplexitätslogik betrachtet. Formen sind demnach nicht nur einfach zwei- oder dreistellige Zeichen, Sender oder Empfänger. Eine Überwindung der sprachmetaphorischen Diskursivität über die Bedeutungsanalyse der gebauten Stadt benötigt die Architektursemantik. Kommunikationstheoretisch weiter gesponnen ergibt sich aus der linguistischen Analyse von gebauter Umwelt eine Spezifität unterschiedlicher Bedeutungssettings, mit ihrer eigenen Komplixitätslogik, die stärker oder schwächer zwischen einzelnen Strukturierungen des Städtischen changiert. Es wäre aber wenig gewonnen, wenn solche Settings als Figurationen der tektonischen und natürlichen Welt verstanden würden, wie es Michael Graves vorschwebt.[869] Anstelle eines solchen essentialistischen Rückschritts in die substantielle Semantik des Gebauten ist die Konstruktion von Formen als ein globaler Akt zu interpretieren, der Formensprache (mehr oder weniger vermittelt durch lokale Intermediarität) als eine globalisierte Praxis erscheinen lässt.[870] Das Formproblem der Architektur ist von daher aufgehoben in einer weitergehenden Analyse der Integration der Städte in de- und re-territorialisierte Kommunikationsprozesse, wobei Star-Architektur zum „global trade-marketing" im so wahrgenommenen intraurbanen Städte-Wettbewerb um mediale Aufmerksamkeit geworden ist. An Beispielen, etwa dem Guggenheim-Museum in Bilbao, lassen sich diese Prozesse deshalb so gut nachvollziehen, weil hier die globalisierte Formlogik nahezu unvermittelt ihren Ausdruck findet. In der Analyse der Architekturform lässt sich die Logik der Hybridisierung erkennen: „Architecture certainly

---

867 Zur Minimalismusdebatte s. vor allem Zabalbeasco, A./Marcos, J. R. (1998) Barcelona 2000. Current Practices 1: Beyond the Minimal, London und Savi, V. E. /Montaner, J. M. (1996) Less is More. Minimalism in Architecture and other Arts, Barcelona.
868 Ulama, a.a.O., 23.
869 Vgl. Wheeler, K.V./Arnell, P./Bickford, T. (eds) (1982) Michael Graves: Building and Projects, 1966-1981, New York.
870 Castells, M. (1996) Globalization, Flows, and Identity: the New Challenges of Design. In: Saunders, W. S. (ed) Reflections on Architectural Practice in the Nineties, New York.

provides a vivid manifestation of the complex workings of hybridity (…) Architectural hybridisation can hence be seen as a response to new forms of cultural and power displacement which are being producted by, and in reaction to widespread forces of globalisation."[871] Der dekonstruktivistische und semiotische Diskurs, der linguistic turn der Architekturtheorie insgesamt, kann als ein Versuch gelesen werden, eine spezielle Auseinandersetzung mit dem sich globalisierenden Bedeutungskontext von gebauter Stadt zu produzieren und ist als Diskursangebot eine Leugnung der Hybridisierungslogik, wie sie aus der Analyse der architektonischen Praxis nahe liegt. Die Konstruktion des semiotisch-dekonstruktivistischen Architekturdiskurses stellt sich bei näherer Betrachtung als eine intellektuelle Abwehrschlacht gegen die Selbstreflexion von Architektur im Netzwerk der komplexen Beziehungen, die kulturelle und soziale Bedeutungen schaffen, transportieren und transformieren, dar.[872]

Hinsichtlich der Auslese für die Programmatik der komplexen Stadt stellt die architekturtheoretische Debatte eine schwierige Bank dar. Zwar ist für keinen der hier rezipierten Meta-Diskurse eine einheitliche Diskussionsgrundlage zu konstatieren, doch scheint das Problem, dem State of the Art in dieser Frage entsprechend, nicht nur mit einer vergleichbaren Meinungsvielfalt erklärbar zu sein. Festzustellen ist: „Noch niemals zuvor in irgendeiner Epoche der Architekturgeschichte hat es gleichzeitig so viele unterschiedliche bis gegensätzliche Möglichkeiten architektonischen Denkens und Handelns gegeben. Noch niemals zuvor konnten gleichzeitig so vielfältig Ideen aus so unterschiedlichen Denkwelten über eine nahezu unerschöpfliche Fülle von Formen und Formsystemen zu architektonischer Gestalt vollzogen werden." [873] In anderen Worten, die Debatte hat sich durch die Importe aus anderen Diskursen zur Unübersichtlichkeit ohne eigenen Attraktor entwickelt. Die Diskussion über Architektur, stellvertretend für die Analyse von „gebauten Stadt", erscheint daher als nicht-institutionalisiert, fremd induziert und ohne eigentlichen Erkenntnisfortschritt nachvollziehbar. Wie diese Beobachtung des Diskurses zu deuten ist, mag an dieser Stelle nicht interessieren, sie kann aber als Ausweis für die Notwendigkeit einer Theoretisierung interpretierbar werden, in der die intensivere Auseinandersetzung mit den Dimensionen der komplexen Urbanität noch aussteht.

16. Die virtuelle Stadt

Komplexe Urbanität wird insbesondere mit einer grundsätzlichen Erörterung der Bedeutung von Physikalität als Konzept einer zukünftigen Stadtforschung relevant. Wenn die Stadt in ihrer gebauten „Wirklichkeit" nicht auf synchrone Tatsachenbeschreibung beschränkt werden soll, wenn urbanes Leben in einer Dynamik unterschiedlichster Akteure und als Prozess vielseitiger Kommunikation verstanden wird, dann drängt sich die Frage nach dem „Realen" umso mehr auf. Die Stadt als realer und imaginierter Prozess wird dann nicht mehr mit einem dualen Realitätsverständnis erfassbar, in dem alles Nicht-Sichtbare oder direkt empirisch Wahrnehmbare sozusagen verbannt ist. [874]

871 Fraser, M./Kerr, J. (2000) Beyond the empire of the signs. In: Bordon, I./Rendell, J. (eds) InterSections. Architectural Histories and Critical Theories, London, 146.
872 Vgl. Agrest, D./Gandelsonas, M. (1973) Semiotics and Architecture. Ideological Consumptions or Theoretical Work. In: Oppostitions, 1, 93-100.
873 Pahl, J. (1999) Architekturtheorie des 20. Jahrhunderts, München, 316.
874 Vgl. Davis, S. (1999) Space Jam: Media Conglomerates Build the Entertainment City. In: European Journal of Communication, 14, 436-455.

Offensichtlich ist die Stadt mehr als eine Ansammlung gebauter Orte oder deren Realisationsgeschichte. Die Frage nach dem Rang und der Bedeutung des „Virtuellen" und „Imaginären" stellt sich vehement und die Beziehungen zwischen der Stadt als „a state of mind" und der empirischen Stadtforschung bedürfen eines komplexen Analyse-Ansatzes. Explizit heißt dies zunächst, dass einer ideengeschichtlich-geisteswissenschaftlichen Doktrin eine Absage zu erteilen wäre, demnach die Stadt sich direkt über deren Selbstvergewisserungsprozesse, dinghaft in Selbstzuschreibungen und Essentialismus, auch realiter gestaltet. Viel wäre an einer solchen Simplifizierung zu kritisieren, betont wird aber hier die Ablehnung einer Konzeption, in der Ideen, Diskurse und Bilder von einer Stadt in einer direkten, ursächlichen und abbildhaften Beziehung zur empirischen Lebenswelt der Stadt stehen. [875] Städte sind nicht die Manifestation von Imagination, zumindest nicht direkt. Zugleich kann auch nicht von der anderen Seite her argumentiert werden, dass das Imaginäre nur Beiwerk, urbaner Überbau, der gesellschaftlichen Stadtdynamik sei. Empirische Forschung kann nicht direkt in die Träume, Bilderwelten und Sehnsüchte der Stadtbevölkerung Einsicht nehmen, wenngleich sie deren Eigenleben anzuerkennen hat.

Das Dilemma der bisherigen Stadtforschung besteht in ebendieser Zuspitzung von Imagination und Virtualität, die in ihrer Betonung des Phantastischen und der Vorstellungswelt die viel grundlegendere, non-lineare und nach Attraktion geordnete Virtualität der Stadt als solche nicht berücksichtigt. Seit den sechziger Jahren des 20. Jahrhunderts hat es in dieser Weise eine besondere Aufmerksamkeit für die Hypothese einer Zunahme virtueller Prozesse gegeben. Im Allgemeinen kann man sagen, dass diese Debatten auf dem Hintergrund einer sich weiterentwickelnden Moderne zu betrachten sind, die „klassisch" Verständigung über Innovationen im technischen/technologischen Progress sucht. Einflussreich waren und sind Ansätze, die die schwindende Differenz zwischen Raum und Imagination hervorheben, insbesondere das Cyborg-Theorem von der körperlichen Räumlichkeit hat dies prominent behauptet: „Der Körper-Raum passiert eine problematisch gewordene Form der räumlichen Einheit, die immer mehr routinisiert sich auflöst und die Grenzen zwischen dem Organischen und dem Anorganischen verschwinden lässt."[876] Der urbane Diskurs über veränderte Körperlichkeiten beruht auf Initiativen, die sich durch Innovationen in der Medizin und der Raumfahrt ergeben haben. Bemerkenswert ist, dass dort die Reflexion über Organismen aufgrund der Anwendung komplexitätstheoretisch inspirierter Mathematik erfolgte, d.h. dass es bereits eine komplexitätsbezogene Innovation in der Stadtforschung (über diesen Umweg) gibt, der allerdings nicht die Auseinandersetzung mit der Konzeptionalisierung von Komplexität leistet. Stattdessen hat sich ein eigenständiger Cyborg-Diskurs entwickelt, der Komplexität durch Verknüpfung mit verschiedenen anderen disziplinären Herangehensweisen weiterentwickelt. Dies betrifft vor allem die Konfiguration als Hybridität, wie sie im ersten Teil dieser Arbeit anhand des Beispiels von Istanbul als wesentlich für die komplexe Stadtforschung angesehen wurde: „A cyborg is a hybrid creature composed of organism and machine (...) Cyborgs are post-Second World War hybrid entities made of, first, ourselves and other organic creatures in our unchosen „high-technological" guise as information systems, texts, and ergonomically controlled labouring (...) and reproducing systems. The second essential ingredient in cyborgs is machines in their guise, also, as communication systems, texts, and self-acting, ergonomically designed apparatuses."[877] In dieser Hybridisierung des Verhältnisses zwischen Virtualität und Realität wird eine weitge-

---

875 Vgl. Borden, D./Friedland, R. (eds) (1993) Now/here: Time, Space and Social Theory, Berkeley.
876 Villani, T. (1995) Athena cyborg. Per uma geografia dell'espressione: corpo, territorio, metropolis, Milano (Übersetzung F.E.).
877 Haraway, D. (1991) Simians, cyborgs, and women: the reinvention of nature, London, S.1.

hende Konfiguration des Städtischen vorweggenommen, bei der die ebenfalls bereits diskutierte Unhaltbarkeit eines essentialistisch-ontologischen Verständnisses von Natur vs. Mensch aufgegeben wird. Hierbei wird insbesondere der Maschine-Mensch-Widerspruch thematisiert und problematisiert. [878] Mit der „Cyber"-Perspektive wird zugleich eine Absage an eine umgangsweltliche Metaphorisierung begründet, die das Virtuelle nicht als einen buchstäblichen Ort auffasst. Beispielhaft für die Debatte der neunziger Jahre des 20. Jahrhunderts: „Das Virtuelle führt uns zu einer neuen Erfahrung des Raums. Das virtuelle Eintauchen „in" das Bild, die gestische Interaktion mit dem virtuellen Raum in wirklicher Zeit, das Abdriften, die von den weltumspannenden Vernetzungen des Cyberspace ermöglicht werden, sind einige kennzeichnende Figuren des Zeitalters des Virtuellen und der von ihm ermöglichten neuen Raummetaphern."[879]

Die metaphore Behandlung der Frage nach dem Virtuellen in der Stadt hat zu einem Diskurs geführt, der aufgrund der nicht-hinterfragten Grundannahme einer autonomen Sphäre des Virtuellen Stilblüten hervorgebracht hat, die sich letztlich als Sackgassen des Denkens und der Absurdisierung der eigentlichen Frage dargestellt haben. Das heute feststellbare Unbehagen, diese Frage erneut aufzugreifen, hat damit zu tun.[880] Schuld, zweifellos, ist daran eine gewisse ahistorische Perspektive in der Erforschung des Virtuellen, wonach dieses in der zitierten Weise heute ein „Zeitalter" kennzeichne.[881] Erste konzeptionelle Reformulierungen der Forschungsfrage nach der virtuellen Urbanität schließen an die Begrifflichkeit der „virtuellen Realität" an, die Virtualität in einen Zusammenhang mit einer prozesshaften Beziehung zur Realität setzen.[882]

Die Überbetonung des Virtuellen in den Debatten um den Cyberspace ist diskurshistorisch in dem Sinne nachvollziehbar, als die technologischen Innovationen in den Informations- und Kommunikationsmedien dannach erst gestaltungsmächtig beobachtbar wurden. Die Diskussion wurde maßgeblich von der Interaktion zwischen Mensch und technologischen Netzwerken geprägt, in der sich in der Tat augenscheinliche Veränderungen im Verhalten der Stadtbewohner abzuzeichnen schienen.[883] Über diese ersten Theoretisierungswelle lässt sich zweierlei festhalten: Zum einen ist eine empirisch ausgerichtete Fokussierung, die die Beobachtung der technologischen Innovationen berücksichtigt, konstatierbar, zum anderen verbleibt die konzeptionelle Schwierigkeit, „Virtualität" und „Raum" in der Weise aufeinander zu beziehen, dass sie sich nicht durch Metaphorik gegenseitig okkupieren.884

878 Forer, P./Huisman, O. (2000) Space, Time and Sequencing: Subsitution at the Physical/Virtual Interface. In: Janelle, D. G./Hodge, D. C. (eds) Information, Place, and Cyberspace, Berlin.

879 Quéau, P. (1993) Le virtuel, vertus et vertiges, Seyssel, 63.

880 Wenn etwa Thiedecke in der Einleitung zu ders. (Hg.) (2004) Soziologie des Cyberspace. Medien, Strukturen und Semantiken, Wiesbaden, sich genötigt fühlt, die Relevanz der Erforschung des Cyberspaces „heute noch" herauszustreichen.

881 Stattdessen: Lacochée, H./Wakeford, N./Pearson, I. (2004) A Social History of the Mobile Telephone with a View of its Future. In: Smyth, P. (ed) Mobile and Wirelsess Communications: Key Technologies and Future Applications, London; Tarr, J. (1987) The City and the Telegraph: Urban Telecommunication in the Pre- Telephone Era. In: Journal of Urban History, 14/1, 38-43

882 Žižek, S. (2002) From virtual reality to the virtualisation of reality. In: Leich, N. (ed) Designing for a digital world, Chichester.

883 Prominent thematisiert durch Mitchell, W. (2003) Me++: the cyborg self and the networked city, Cambridge.

884 Vgl.Gandy, M. (2005) Cyborg Urbanization: Complexity and Monstrosity in the Contemporary City. In: International Journal of Urban and Regional Research, 29, 26-49.

Letztere Schwierigkeit wurde durch eine Verbreiterung des Raumbegriffs vom Städtischen cyborg zum cyberspace hin angegangen.[885] Vorstellungen über Raum in dieser Diskussion haben sich auf das Stadtverständnis in einer neo-organistischen Sichtweise vermittelt, bei der die Stadt als neurologische Informations- und Kommunikationsorganisation fungiert, die diffuse, aber miteinander verbundene Bereiche (realm) schafft, in denen sich menschliche Interaktionen gestalten.[886] Die Stadt wird durch die intensive Diffusion der IuK-Technologien zu einem Ort, in der der städtische Raum zum urbanen Zentralen Nervensystem transformiert, in der die Informationsgenerierung und -kontrolle der Bewegungen und Handlungen in der Stadt organisiert sind. Bestehende funktionale und hierarchische Ordnungen werden durch vertikale, diffuse und nicht-lineare Kommunikationslinien ergänzt.[887] Derart wird die Körper-Metaphorik teilweise aufgehoben bzw. auf die urbanen Verarbeitungsstrategien von Information eingeschränkt, teilweise weitergesponnen und neujustiert.[888] Inwieweit es sich in diesem Diskurs noch um eine Körperlichkeitsmetaphorik handelt, die tatsächlich noch mit einem biologistischen Verständnis einher geht, ist, zumindest bei der Lektüre zum „Körper ohne Organe" von Deleuze und Guattari, nur noch schwierig nachvollziehbar und bleibt bedeutungslos in dem Sinne, dass der Fokus auf „Information" als der konzeptionelle Progress verstanden werden kann, der über die aufgeführte Virtualität-Realitäts-Dualistik hinausführen könnte.[889] Betont wird die Relativierung von urbanen Indikatoren wie Größe, Struktur oder Ordnung und stattdessen werden Bewegungen und Interaktionen als Merkmale der Urbanität debattiert.[890]

Einflussreich waren bei der Fokussierung auf „Information" für die Stadtforschung Ansätze, wie vor allem in den Arbeiten von Castells zum Ausdruck gebracht,[891] die die Flexibilisierung von funktionalen Stadtstrukturen hervorheben. Das „Netz" als eine Metapher reflektiert die Innovationen in der Informations- und Kommunikationstechnologie seit den achtziger Jahren des 20. Jahrhunderts und ihren Einfluss auf die fundamentalen Dimensionen menschlichen Lebens: die Struktur von Zeit und Raum. Mit dem Ansatz der „Informational Cities" versucht Manuel Castells, die Auswirkungen der neuen Technologien auf dem Hintergrund der speziellen ökonomischen, sozialen, politischen und kulturellen Kontexte von Regionen und Städten zu analysieren.[892] IT-Innovationen treten in eine Interaktion mit historischen Veränderungen, die sich in der Restrukturierung des Kapitalismus mit

---

885 Die theoretische Debatte ist unübersichtlich und vielzüngig, s. aber vor allem: Turkle, S. (1995) Life on the screen: identity in the age of internet, New York; Bingham, N. (1996) Object-icons: from technological determinism towards geographies of relations. In: Environment and Plannung D, 14, 635-657; Ludlow, P. (ed) (1996) High noon on the electronic front: conceptual issues in cyberspace, Cambridge; Woods, L. (1996) The question of space. In: Martinsons, B./Menser, M. (eds) Technoscience and cyberculture, London; Kitchen, R. (1998) Cyberspace: the world in the wires, New York; Lunenfeld, P. (ed) (1999) The digital dialectic, Cambridge.

886 Zur Diskussion "cyberspace" versus "cyberrealm" s. Leach, N. (ed) (2002) Designing for a digital world, Chichester,

887 Vgl. Gille, D. (1986) Maceration and purification. In: Crary, J. et al. (eds) Zone ½: the contemporary city, New York.

888 Vgl. Kurokawa, K. (2001) Toward a rhizome world or "chaosmos". In: Genosko, G. (ed) Deleuze and Guattari: critical assessments of leading philosophers, Vol. 3, London.

889 Vgl. auch Boundas, C.V. (1996) Deleuze-Bergson: an ontology of the virtual. In: Patton, P. (ed) Deleuze: a critical reader, Oxford und Massumi, B. (2001) Sensing the virtual: building the insensible. In: Genosko, G. (ed) Deleuze and Guattari: critical assessments of leading philosophers, Vol. 3, London.

890 So an vielen Stellen von Amin, A./Thrift, N. (2002) Cities: re-imagining the urban, Cambridge.

891 Castells, M. (2003) The Information Age, 3 vol., Oxford. Siehe auch Steinbicker, J. (2001) Zur Theorie der Infomationsgesellschaft: ein Vergleich der Ansätze von Peter Drucker, Daniel Bell und Manuel Castells, Opladen.

892 Castells, M. (1989) The Informational City, Oxford/Cambridge.

seiner Matrix ökonomischer und institutioneller Organisationsformen äußern. Die qualitativen und quantitativen Veränderungen der Kommunikation und Information sind nicht nur Bestandteil dieser Restrukturierung, vielmehr prägen sie die Form der gesellschaftlichen Entwicklung. Wir befinden uns in einer Phase des Kapitalismus, der durch den „informational mode of development" geprägt ist. Dieser Entwicklungsmodus beschreibt eine neue Beziehung zwischen Produktion, Raum und Gesellschaft. [893]

Informationen sind nicht mehr nur als Träger von Wissen für den Produktionsprozess wichtig, Informationsgewinnung und -präsentation werden zu entscheidenden wirtschaftlichen Prozessen. Informationen werden zu Ressourcen. Dabei verschiebt sich der Status von Informationen, die als Grundlage in Innovationsprozessen und nicht mehr nur als deren Produkt wichtig werden. Vor der informationellen Revolution war der Produktionsfaktor Energie für Innovationen entscheidend. Diesen Platz nehmen in Zeiten niedriger Transportkosten nun Informationen ein. In dieser Weise wird die Art, wie Menschen produzieren, konsumieren und leben, stark beeinflusst. Insbesondere die soziokulturelle Symbolik wird dichter an die Produktionssphäre der Gesellschaft gekoppelt. Dies drückt sich in einer Übertragung des informationellen Prozessstiles aus. Die durch die IT-Technologien ermöglichte Flexibilität der informationalen Produktion überträgt sich auf die flexible Organisation des Konsums und des Management. Mit der neuen Flexibilität tritt eine Größenveränderung der Produktion ein, d.h. die Massenproduktion wird zugunsten einer individuelle Wünsche berücksichtigenden Just-In-Time-Produktion aufgegeben. Schnelle Anpassung an den sich diversifizierenden und innovierenden Markt ist der Schlüssel für betriebswirtschaftlichen Erfolg. Als Konsequenz nähert sich die Wirtschaft den symbolischen Welten der Gesellschaft stärker an und somit wird die scharfe Trennlinie zwischen beiden Sphären aufgehoben. [894]

Für das Verhältnis Raum-Gesellschaft gibt es im informationalen Zeitalter eine entscheidende Kehrtwende: Der Raum der Informationsflüsse wird durch den Raum der Plätze überlagert. Die neue Dienstleistungsindustrie sucht sich Orte, an denen sich Synergie-Effekte ergeben. Die internationale Managerklasse okkupiert Räume und beansprucht bestimmte Teile der Städte für sich. Beide, so Castells, isolieren sich durch ihre Exklusiv-Räume von der restlichen Stadt-Gesellschaft. Die Netzwerke der informationalen Ökonomie haben sich von den urbanen weitgehend verselbständigt, wodurch sie sich von der Kontrolle von Städten und Staaten befreien, die ihre Macht durch eine territoriale Anbindung ihrer Bürger begründen. Zeit und Raum verdichten sich. Castells knüpft an die Diskussion um die „Time-Space-Compression" an. [895] Städte und Regionen müssen in der sich ausbreitenden Netzwerk-Gesellschaft eine eigene Rolle finden. In kultureller Hinsicht werden sie dazu gezwungen, ihre historischen Wurzeln für den Aufbau einer lokalen Identität, die sich von anderen unterscheidet, zu verwenden. Ökonomisch gesehen können Orte ihren Platz in den weltweiten Netzwerken finden, wenn sie eine spezifische Form der sozialen Kontrolle ihrer urbanen Gesellschaft organisieren können, die sich wiederum in einem besonderen Angebot an Arbeits-, Wissens- und Informationspotentialen abbildet. Die städtischen Milieus bieten die allgemeinen Lebensbedingungen für die Reproduktion der informationalen Ökonomie. Die städtischen Gesellschaften werden in den „Network socie-

---

893 Vgl. auch Armitage, J. /Roberts, J. (eds) (2002) Living with Cyberpace. Technology and society in the 21st century, New York.
894 S. auch Lash, S./Urry, J. (1994) Economies of signs and space, London.
895 Vgl. Harvey, D. (1989) The urban experience, Baltimore.

ties" mit den Erfordernissen einer kapitalistischen Krise konfrontiert, die sich mit dem informationalen Entwicklungspfad neue Wege der Profitmaximierung sucht.[896]

Castells hat mit seinem dreibändigen Werk zum Informationszeitalter eine umfangreiche Diskussionsgrundlage für die Analyse der Restrukturierungsfolgen vorgelegt, wonach die kapitalistische Restrukturierung die Zeittakte des Arbeitens verändert und somit eine allgemeine Virtualisierung von Räumen, vor allem durch das Internet, eintritt.[897]

Stadtforschung in der „Informational City" wird von Castells programmatisch auf die Problematik Individualisierung versus Kommunalisierung ausgerichtet. Die Frage nach der sozialen Integration stelle sich in dieser Weise neu. Meinungen werden durch räumliche Arrangements organisiert. Urbane Semiotik steht an vorderster Stelle des Forschungsinteresses; mit ihr können neue Kathedralen und Agoren analysiert werden. Semiotische Analysen sollten methodologisch durch eine Kontextualisierung der Kommunikationsmuster umgesetzt werden. Ihr Untersuchungsort ist der öffentliche Raum. Ältere Anliegen der Stadtforschung bleiben virulent, müssen aber neu dekliniert werden: Castells nennt in diesem Zusammenhang vor allem die Neuen Sozialen Bewegungen, Formen städtischer Armut, Rassismus und soziale Exklusion.[898]

Castells Netzwerk-Ansatz überzeugt allerdings in vieler Hinsicht nicht. Sicherlich existieren die von ihm thematisierten Netzwerke und entfalten Wirkungsmacht. Die Netzwerk-Metapher scheint in dem komplexen Interaktionsnetz zwischen territorialer Wirtschaft und den globalisierten Flüssen zwar den neuen Entwicklungstrend hervorzuheben, hinsichtlich ihrer Ausprägungskraft auf die Gesamtwirtschaft sollte aber Vorsicht gelten.[899] Die Konzeption urbaner Komplexität anhand der Netzwerk-Metaphorik erscheint unzureichend, weil sie die Komplexität von Bewegung und Fixierung nicht genügend berücksichtigt.[900] Agenturierung menschlicher Komplexität ergibt sich als ein übergeordnetes Verständnisfenster, in dem Attraktionen für die Einrahmung von Virtualität vorgegeben werden, wobei diese in erster Linie als mentale Strukturen zu sehen sind.[901] Kognitionssoziologisch wird mit der Theoretisierung von Virtualität ein weites Feld von Fragen eröffnet, das bis dato nur wenig allgemeintheoretisch berarbeitet wird und sich in der Regel aus der Befundlage von Singulärstudien ableitet.[902] Von hier ausgehend verbleibt von der Cyborg-Debatte nur der schmale Rest einer analytischen Herleitung der Frage nach der Organisation von virtueller Räumlichkeit/räumlicher Virtualität: Nicht der Raum ist bedeutungslos geworden, sondern die Raumdebatte ist virtualisiert und kann nur noch dort stattfinden. Raum impliziert Imagination und Ort, Information und Physis; die Raumfrage transformiert sich in deren Analyse.[903]

Forschungstheoretisch stellt sich die Frage, ob mit dem Komplexitätsansatz ein Mehrgewinn an Erkenntnis in der Stadtforschung erreichbar wird. Bisherige Ansätze haben zum größten Teil mit einer linearen Konzeptionalisierung, im Sinne einer Untersuchung gesell-

---

896 Vgl. auch Laguerre, M. S. (2005) The American Metropolis and Information Technology, Basingstoke.

897 S. hierzu auch kritisch Garsten, C./Wulff, H. (eds)(2003) New Technologies at Work. People, Screens and Social Virtuality, New York.

898 Castells, M. (2000) Urban Sociology in the Twenty-first Century. In: Susser, I. (Hg.) The Castells Reader on Cities and Social Theory, Malden/Oxford, 390-406.

899 Storper, M. (1997) The Regional World, New York, 239.

900 Vgl. Brenner, N. (2000) Between fixity and motion: accummulation, territorial organization and the historical geography of spatial scales. In: Environment and Planning D, 16, 459-.481.

901 Hayles, N. K. (1999) The condition of virtuality. In: Lunenfeld, P. (ed) The digital dialectic, Cambridge.

902 Siehe aber Zerubavel, E. (1999) Social mindscapes: an invitation to cognitive sociology, Cambridge.

903 Es ist kein Zufall, dass solche analytischen Arbeiten vor allem die Literatur betreffen, da sich dort Imagination in einer Weise fixiert und verräumlicht, wie sie leichter kaum zugänglich zu sein scheint. Vgl. Bukataman, S. (1993) Terminal identity: the virtual subject in post-modern science, Durham.

schaftlicher Folgen von technologischen Innovationen im städtischen Zusammenhang, empirische Forschungsstrategien verfolgt. Intensive Forschungen haben etwa schon früh die Korrelation zwischen IuK-Technologien und sozialer Ungleichheit in Städten thematisiert.[904]

Die Erkenntnis, dass der technologische Fortschritt nicht automatisch die sozialen Ungleichheiten lindert oder gar beseitigt, ist schnell anerkannt und um die Frage nach dem Entstehen neuer Ungleichheiten, im Sinne einer Zugangsgerechtigkeit, erweitert worden.[905] Daraus hat sich eine eigenständige Forschungslandschaft ergeben, die mit dem Konzept des „digital divide" auch Einfluss auf die Formulierung von europäischen Politikzielen genommen hat.[906] Normativ wie analytisch ist dabei die Frage des Zugangs zu den Informations- und Kommunikationstechnologien ertragreich methodisch umgesetzt worden.[907] Nur selten haben aber (komparative) Arbeiten die urbane Dimension explizit mit eingeschlossen, implizit scheint es für viele Autoren selbstverständlich zu sein, dass es sich hierbei vor allem um ein städtisches Thema handelt und wird der digitial divide als urbanes Problem gesehen.[908] Im engen Zusammenhang mit der Frage nach den sozialen Folgen ist insbesondere die Veränderung von Arbeitsverhältnissen (telework, telecommuting) aufgegriffen worden.[909]

Obwohl die positiven Effekte dieser Arbeitsformen lange den Diskurs dominierten, gab es bereits Mitte der neunziger Jahre Befunde, die eine differenziertere Betrachtung der neuen Arbeitsverhältnisse vorstellten.[910] Hierbei ist Zugänglichkeit eine Voraussetzung der Teilhabe an der Informationsökonomie, aber die IuK-Branchen haben auch ihre eigenen Hierarchien und Ungleichheitsarchitekturen, zwischen Dateneingebern und -nutzern etwa.[911] Soziale Ungleichheiten, wie sie sich gesellschaftlich entlang Gender-, Einkommens-, Kultur- und Ethnizitätsgrenzen bereits vorfinden lassen, reproduzieren sich auch auf den telework-Arbeitsmärkten.[912] Cybertariat mag eine Beschreibung für die Unterklasse des teleworking sein.[913]

Parallel hat sich ein eigenständiges Forschungsfeld entwickelt, das die virtualisierte Stadt vor allem als eine (neue) Industrialisierung untersucht.[914] Die Frage nach Ansiedlungsmustern von Firmen aus diesen Sektoren hat zu vielfältigen Arbeiten geführt, mit zum Teil sehr unterschiedlichen Ansätzen. Im Besonderen wird der Zusammenhang mit infrastrukturellen Voraussetzungen für diese „New Economy" forschungsrelevant.[915] Diese The-

---

904 Graham, S./Aurigi, A. (1997) Virtual Cities, Social Polarization, and the Crisis of Urban Public Space. In: Journal of Urban Technology, 4, 19-52.

905 Negroponte, N. (1995) Being Digital, New York.

906 Vgl. etwa Stewart, C. M. (2006) Framing the digitial divide: a comparission of US and EU policy approaches. In: New media & society, 8, 731-752.

907 Janelle, D. G./Hodge, D. C. (eds) (2000) Information, Place, and Cyberspace. Issues in Accessibility, Berlin.

908 S. aber Kvasny, L. (2006) The challenges of redressing the digital divide: a tale of two US cities. In: Information systems journal, 16/1, 23-.54.

909 Moss, M./Carey, J. (1995) Information Technologies, Telecommuting, and Cities. In: Brotchie, J. et al. (eds) Cities in Competition: Productive and Sustaibable Cities for the 21st Century, Sydney.

910 Wresch, W. (1996) Disconnected: Haves and Have-Nots in the Information Age, New Brunswick.

911 Vgl. Resnick, M./Rusk, N. (1996) Access is Not Enough: computer Clubhouses in the Inner City. In: The American Prospect, July-August, 60-68.

912 Jones, S. (ed) (1995) CyberSociety. Computer-Mediated Communication and Community, Beverly Hills.

913 Huws, U. (2003) The making of cybertariat. Virtual work in a real world, New York.

914 Markusen, A./Hall, P. G./Glasmeier, A. (1986) High Tech America: The What, How, Where and Why of the Sunrise Industries, Boston.

915 Etwa Hackler, D. (2003) High-Tech Growth and Telecommunications Infrastructure in Cities. In: Urban Affairs Review, 39/1, 59-86.

matik hat immer mehr auch die als „weiche" Standortfaktoren bezeichneten Aspekte urbanen Lebens einbezogen.[916] Geographisch wurde vor allem versucht, Firmen der „New Economy" und ihr Service-Angebot zu verorten und zu kartographisieren.[917] Weitergehende Konzepte haben einen Zusammenhang zwischen ökonomischer Entwicklung und geographischer Organisation urbanen Lebens vermutet (und behauptet).[918] Geographie wird hierbei in erster Linie als Entfernungs- und Distanzperspektive betrachtet, die sich in der Wissensökonomie verringere und dadurch eine bessere Interest rate ermögliche.[919] Spätere Analysen haben die einfache Annahme der Verringerung von Mobilitätskosten dadurch in Frage gestellt, dass die akzelerierte Mobilität nicht unbedingt zu einer höheren Konnektivität führe.[920] Die auf dem Hintergrund der Entwicklung des Internet behauptete höhere und schnellere Distanzüberwindung und der damit einhergehende (automatische) Bedeutungsverlust von Städten lässt sich bis jetzt empirisch nicht anzeigen.[921] Komplexere Mobilitätsdefinitionen haben den Zusammenhang zwischen Kommunikationstechnologien, physischer Mobilität und Raumstrukturen unterstrichen.[922] Transportlogiken als solche werden als entscheidende Faktoren für die Stadtentwicklung angeführt.[923] Ausgehend von der Analyse ökonomischer Restrukturierungen durch die Telekommunikationsinnovationen haben viele Studien auf urbane Transformationen im Zusammenhang mit infrastrukturellen Innovationen hingewiesen, wobei etwa die Verlagerung der Arbeit in die Privatsphäre erklärbar wird.[924] In gleicher Weise werden Innovationen in der urbanen Morphologie für maßgebliche Entwicklungsfaktoren gehalten.[925]

Größere Aufmerksamkeit hat das Internet hinsichtlich seiner sozialpsychologischen Einbettung erhalten.[926] Hierzu gibt es weitläufige Hypothesen zur Vergrößerung von Einsamkeit und Abhängigkeit, die durch empirische Forschung nicht eindeutig belegt werden konnten.[927] Vielmehr ergibt sich eine komplexe Sozialpsychologie mit Bezug auf die Integration der virtuellen Internetwelt und der biographischen Kontinuität persönlicher Entwicklung, in der negative und positive Persönlichkeitsentwicklungen angelegt aber nicht zwangsläufig sind. In sozialpsychologischer Sicht besteht die Besonderheit der internetgestützten

916 Einflussreich hierbei vor allem Florida, R. (2005) Cities and the creative class, New York, s. aber auch Musterd, S. (2006) Amsterdam and the preconditions for a creative knowledge city. In. Tijdschrift voor Economische en Sociale Geografie, 97/1, 80-94; Scott, A. J. (2006) Creative cities: Conceptual isssues and policy questions. In: Journal of urban affairs, 28/1, 1-18; Hospers, G.-J. (2003) Creative Cities: Breeding Places in the Knowledge Economy. In: Knowledge, technology and policy, 16/3, 143-162.
917 Zook, M. (2005) The geography of the Internet industry: venture capital, dot-coms, and local knowledge, Malden; Dodge, M./Kitchen, R. (2001) Mapping cyberspace, London.
918 Graham, S. (2001) Information Technologies and Reonfigurations of Urban Space. In: International Journal of Urban and Regional Research, 25/2, 406-410.
919 Krugman, P. (1992) Geography and Trade, Leuven.
920 Aadey, P./Bevan, P. (2006) Between the Physical and the Virtual: Connected Mobilities? In: Sheller, M./Urry, J. (eds) Mobile technologies of the City, New York.
921 Pons-Novell, J./Viladencans-Marsal, E. (2006) Cities and the Internet: The end of distance? In: Journal of Urban Technology, 13/1, 109-132.
922 Mackenzie, A. (2006) From Café to Park Bench: Wi-Fi and Technological Overflows in the City. In: Sheller, M./Urry, J. (eds) Mobile technologies of the City, New York.
923 Shen, Q. (2000) Transportation, Telecommunication, and the Changing Geography of Opportunity. In: Janelle, D. G./Hodge, D. C. (eds) Information, Place, and Cyberspace, Berlin.
924 Moss, M. L./Townsend, A. M. (2000) How Telecommunications Systems are transforming Urban Space. In: Wheeler, J. O./Aoyama, Y./Warf, B. (eds) Cities in the Telecommunications Age. The Fracturing of Geographies, New York und interessante case studies a.a.O.
925 Crang, M. (2000) Urban Morphology and the Shaping of the Transmissible City. In: City, 4/3, 303-314.
926 Döring, N. (2003) Sozialpsychologie des Internet, Göttingen.
927 Amichai-Hamburger, Y. (2005) Personality and the Internet. In: Ders. (ed) The Social Net. Understanding human behaviour in cyberspace, Oxford.

Kommunikation darin, dass sich die Anonymität und Integration in die Nähe der virtuellen Präsenz-Kommunikation gegenüber den Interaktionslogiken der Face-to-Face-Kommunikation vollzieht.[928] Der Charakter von Online-Kommunikation ist widersprüchlich: „Our emotional system is not yet structured to deal with opposing features: The contradictions and uncertainty associated with online relationships make them less stable and more intense. Emotions play a much greater role in these relationships."[929] Die angenommene höhere Emotionalität von online-Kommunikation wird auf die größere Notwendigkeit einer Integrationsleistung zurückgeführt, die die Widersprüchlichkeit von Nähe und Abwesenheit zur gleichen Zeit erfordert. Interpersonelle Online-Kommunikation unterscheidet sich allerdings nicht von der Offline-Kommunikation in ihrer sozialen Einbettung in Gruppenprozesse und Situationen, so dass diesen Rahmungen eine erhebliche Einflussnahme zugesprochen werden muss, die wiederum die Eigenheit der interpersonellen Kommunikation im Web abschwächen oder aufheben kann.[930] Zu Online-Freundschaften lautet der Befund: „First of all, the friendships formed in Cybertown are informal, personal, and private. Secondly, they are chosen rather than enforced. Third, they are also produced and maintained in similiar ways to those in offline life."[931] Die online-Freundschaften sind zwar anfänglich „freefloating", aber sie generieren dann Mechanismen, um Vertrauen aufzubauen: „As a result, it is no longer distinct and seperate from the real world. Cyberspace has become part of everyday life."[932] Die vorliegenden Forschungsergebnisse suggerieren die Annahme, dass Online-Soziabilität als eine zusätzliche, ergänzende Schicht bereits bestehender Intragruppen-Kommunikation zu betrachten ist.[933] Dies unterstützen auch die ersten kommunikationssoziologischen Studien zu Weblogs: „Der lange Arm des real life bewirkt, das keine revolutionären Veränderungen stattfinden."[934]

Zweifelhaft wird durch diese Befunde, ob es sich nach wie vor rechtfertigen lässt, dem Cyberspace/Cyborg eine eigenständige Qualität zuzusprechen. Die Vermutung liegt nahe, dass viele Ansätze technikdominiert bleiben und die gesellschaftliche Kommunikationskonfiguration nicht als Ausgangspunkt der Betrachtung setzen.[935] Von einem soziologischen Standpunkt aus erscheint die Frage nach der Logik und Ordnung von Virtualität wesentlich erkenntnisreicher erforschbar zu sein, als dies mit Cyber-Ansätzen möglich ist, die den „Raum" (wie immer definiert) im Namen führen, ihn selten konzeptionell reflektieren und in der Regel nur als (ahistorischen, dreidimensionalen, asoziologischen und subkomplexen) „Ort" vorsehen. Virtualität eröffnet eine Forschungsperspektive auf die Stadt, in der es in

---

928 Hulme, M./Truch, A. (2006) Die Rolle des Zwischen-Raums bei der Bewahrung der persönlichen und sozialen Identität. In: Glotz, P./Bertschi, S./Locke, C. (Hg.) Daumenkultur. Das Mobiltelefon in der Gesellschaft, Bielefeld.
929 Ben-Ze'ev, A. (2005) "Detattchment": the unique nature of online romantic relationships. In: Amichai-Hamburger, Y. (ed) The Social Net. Understanding human behaviour in cyberspace, Oxford, 134.
930 McKenna, K./Seidman, G. (2005) You, me, and we: interpersonal processes in electronic groups. Amichai-Hamburger, Y. (ed) a.a.O.
931 Carter, D. M. (2004) Living in Virtual Communities: making Friends Online. In: Journal of Urban Technology, 11/3, 123.
932 A.a.O.
933 Vgl. Matei, S. /Ball-Rokeach, S. J. (2002) Belonging in Geographic, Ethnic and Internet Spaces. In: Wellman, B./Haythornthwaite, R. (eds) The Internet in Everyday Life, Malden; Hampton, K./Wellman, B. (2001) Long distance community in the network society beyond Netville. In: American Behavioral Scientist, 45/3, 476-495; Wellman, B. (2001) Physical place and cyber place: the rise of personalized networks. In: International Journal of Urban and Regional Research, 25/2, 227-252; Thiedecke, U. (Hg.) (2000) Virtuelle Gruppen, Wiesbaden.
934 Schmidt, J. (2006) Weblogs. Eine kommunikationssoziologische Studie, Konstanz, 171.
935 Jackson, M. H./Poole, M. S./Kuhn, T. (2002) The social construction of technology. In: Lievrouw, L. A./Livingstone, S. (eds) The Handbook of New Media, London.

erster Linie um die Strukturen von Erwartungen, Emotionen und Erinnerungen geht.[936] Inwieweit, so stellt sich dann die Frage hinsichtlich der Online-Technologien, erweitern, verengen oder transformieren sich Handlungs- und Empfindungsräume für den Einzelnen, inwiefern stehen diese mit den „realiter" vorhandenen Räumen in Einklang oder Konflikt?[937]

Urbane Virtualität ließe sich komplexitätsbezogen als deren Verdichtung und Verräumlichung verstehen, die nach bestimmten Attraktoren funktioniert und die sich anhand von Konfliktlinien strukturiert. Virtuelle Räume spalten sich nicht durch ihre technologische Medialität auf, sondern suchen nach adäquaten Konfigurationen, in denen die Hybridisierung von on- und offline möglich wird. Das Fehlen solcher Übergangsräume führt dazu, dass konfliktierende Virtualisierungen nicht organisiert werden, sondern urbane Anomie hervorbringen, die den Einzelnen in seine virtuellen Räume verbannt. Augenscheinlich werden diese Zusammenhänge, mehr als in Hinblick auf das Internet, mit Bezug auf das wesentlich weiter verbreitetere Mobiltelefon. Dessen Omnipräsenz und Ubiquität, durch allzeitliche Erreichbarkeit und Deprivatisierung im öffentlichen Gebrauch, weist daraufhin, dass Kommunikation in ihrer exklusiven interpersonellen Form nur noch als eine erweiterte Kommunikationssituation, in der Anwesenheit eines realen oder potentiellen Dritten, vorhanden sein wird.[938] Ubiquitäre Kommunikation, wie sie das Handy nun eventuell bereits bietet, baut ein permanentes Spannungsfeld von privat-öffentlich, zugänglich-ausschließlich und gemeinschaftlich-interpersonell auf.[939] Dessen Grenzen fallen zusammen mit übergeordneten, komplexen Strukturierungen, die schlechthin bisher als „kulturabhängig" bezeichnet wurden.[940] In den westlichen Gesellschaften reproduziert das Handy in seiner sozialen Nutzungsweise bereits bestehende Distinktionsbemühungen im sozialen Feld und schafft keine autonome soziale Dynamik, die diese Ungleichheitsarchitektur in Frage stellt.[941] Studien über den sozialen Raum des Internet-Cafés unterstützen die gemachten Aussagen über das Mobiltelefon.[942]

Offensichtlich ist es schwierig, mit den bestehenden Forschungsstrategien die Empirie der neuen Kommunikationswelten angemessen zu berücksichtigen. Letztlich kreisen die meisten konzeptionellen und methodologischen Herangehensweisen um drei Kernthemen, aus denen sie allerdings mangels einer Berücksichtigung urbaner Komplexität keinen Ausweg finden: Substitution, Technologie und Medialität des Urbanen. Das Thema der Substitution erstreckt sich über weite Teile der Debatte, die an sich ein weites, theoretisches Feld

936 Vgl. auch Thiedecke, U. (2004) Einleitung. In: Ders. (Hg.) Cyberspace: Die Matrix der Erwartungen. Soziologie des Cyberspace. Medien, Strukturen und Semantiken, Wiesbaden.

937 Becker, B. (2004) Zwischen Allmacht und Ohnmacht. Spielräume des „Ich" im Cyberspace. In: Thiedecke, U. (Hg.) Cyberspace: Die Matrix der Erwartungen. Soziologie des Cyberspace. Medien, Strukturen und Semantiken, Wiesbaden; Paetau, M. (Hg.) (1997) Virtualisierung des Sozialen. Die Informationsgesellschaft zwischen Fragementierung und Globalisierung, Frankfurt.

938 Vgl. Döring, N. (2004) Kommunikation in Cyberspace und der Wandel von Vermittlungskulturen: Zur Veränderung sozialer Arrangements mediatisierter Alltagskommunikation. In: Thiedecke, U. (Hg.) Cyberspace: Die Matrix der Erwartungen. Soziologie des Cyberspace. Medien, Strukturen und Semantiken, Wiesbaden; Gergen, K. J. (2002) The Challenge of Absent Presence. In: Katz, J. /Aakhus, M. (eds) Perpetual Contact. Mobile Communication, Private Talk, Public Performance, Cambridge.

939 Höflich, J. R. (2006) Das Mobiltelefon im Spannungsfeld zwischen privater und öffentlicher Kommunikation: Ergebnisse einer internationalen explorativen Studie. In: Glotz, P./Bertschi, S./Locke, C. (Hg.) a.a.O.

940 Vincent, J. (2006) Emotionale Bindungen im Zeichen des Mobiltelefons. In: Glotz, P./Bertschi, S./Locke, C. (Hg.) a.a.O.

941 Geser, H. (2006) Untergräbt das Handy die soziale Ordnung? Die Mobiltelefone aus soziologischer Sicht. In: Glotz, P./Bertschi, S./Locke, C. (Hg.) a.a.O.

942 Lee, S. (1999) Private Uses in Public Space. A Study on the Internet Café. In: New Media & Society, 1/3, 331-350.

abstecken, ohne aber inkonsistente und widersprüchliche Ansichten aufzuarbeiten. Stattdessen herrscht eine subkomplexe Bearbeitung vor, bei der die Narration als wichtigste Form der Theoretisierung erscheint. Narration bedeutet zumeist Romantisierung, positive wie negative (etwa in den Arbeiten Virilios[943]), die mit einem Spannungsbogen von „vorher" und „nachher" arbeitet. [944]

Mit diesem zeitlichen Dualismus geht eine weitere narrative Struktur der Forschungslogik einher, von „außen" und „innen": Städte werden beeinflusst, geformt, geprägt, transformiert, gestaltet, verändert etc., d.h. sie unterliegen einer Macht von außen, die wie ein Asteriod aus dem Weltall auf sie zukommt, chancenlos gegen den wuchtigen Aufprall der Technologien. Die Untersuchungen zur virtuellen Stadt schließen sich daher nahtlos an eine Diskursform über Stadtentwicklung an, die die Stadt als Zielobjekt von technologischer Planung beschreibt.[945] Diese Art der Stadtbetrachtung sieht technologisch-planerische Entwicklungen als weitgehend deterministisch an und entkoppelt sie aus ihrem lokalen Entstehungszusammenhang: „The pervasive reliance on technological determinsm and cartoonish end of city visions has actually worked to obscure the complex relationships between new communication and infomation technologies and cities and urban life that have emerged as ICTs have diffused to be embedded in real everyday lives and practices."[946] Die technologistische Auffassung von der virtuellen Stadt verhindert einen Zugang zur empirischen Erforschung der Korrelationen zwischen technologischer und urbaner Entwicklung, weil sie eine Kausalität eindirektional behauptet, die wissenschaftstheoretisch nicht haltbar ist und die die Komplexität der Stadt und der Kommunikation aufhebt, um in Allmachtsphantasien technologischer Potenz vor den berühmten Mühen der Ebene empirischer Hypothesenprüfung zu flüchten. Technodeterminsmus ist ein wissenschaftlicher Eskapismus vor der Herausforderung, sich analytisch mit der Komplexität von multikorrelaten Zusammenhängen auseinanderzusetzen. Die Substitutions-Denkfalle, demnach Räumlich- und Körperlichkeit virtuell ersetzt werden können, die IuK-Technologien sozusagen einen Dematerialisierungseffekt besitzen, ist das Extrem dieser Technologie-Debatte, die Robins wie folgt zusammenfasst: „Through the development of new technologies, we are, indeed, more and more open to experiences of de-realization and de-localization. But we continue to have physical and localized existinces."[947]

Von diesem Statement der banalen Wirklichkeit über die virtuellen Realitäten bis zur Entwicklung einer angemessenen Theorie komplexer Urbanität ist es allerdings noch ein weiter Weg, der sich mit der zweiten Axiomatik technologischen Determinismus' auseinanderzusetzen hätte, der Begrifflichkeit der Medialität. Auch hierzu sei zusammenfassend formuliert: „Sucht man in den neueren Positionen der Medientheorie nach einem gemeinsamen Horizont, so muss man in den Medien nicht bloß Verfahren zur Speicherung und Verarbeitung von Informationen, zur räumlichen und zeitlichen Übertragung von Daten erkennen, sie gewinnen ihren Status als wissenschaftliches, d.h. systematisierbares Objekt gerade dadurch, dass sie das, was sie speichern, verarbeiten und vermitteln, jeweils unter

---

943 Vgl. Morisch, C. (2002) Technikphilosophie bei Paul Virilio, Dromologie, Würzburg; Redhead, S. (2004) Paul Virilio: theorist of an accelerated culture, New York.

944 Vgl. Coyne, R. (1999) Technoromanticicism: Digital Narrative, Holism, and the Romance of the Real, Cambridge.

945 Aibar, E./Bijker, W. (1997) Constructing a city: the Cerdà plan for the extension of Barcelona. In: Science, Technology and Human Values, 22/1, 3-30.

946 Graham, S. (2004) Introduction: From dreams of transcendence to the remediation of urban life. In: Ders. (Hg.) The Cybercities reader, London, 11.

947 Robins, K. (1995) Cyberspace and the world we live in. In: Featherstone, M./Burrows, R. (eds) Cyberspace/Cyberbodies/Cyberpunk, London, 153.

Bedingungen stellen, die sie selbst schaffen und sind."[948] In dieser zurückgenommenen Weise sind Medien zwar nicht mehr die McLuhansche „Message" und Technikgeschichte schreibt sich nicht mehr (nur) aus der technischen Weiterentwicklung (als Pendant eines geistesgeschichtlichen Projekts der Ideengeschichte), dennoch beharren die Medientheorien auf eine Eigendynamik und eine Eigensphäre, die (subtilere?) Auswirkungen, Effekte etc. haben soll. Kann die Theoretisierung der urbanen Komplexität von dem Projekt einer Mediologie in dieser Form profitieren oder bleibt dies ob der vielfältigen Kreuzung theoretischen Verständnisses von Medien ein Sprengsatz, den die Stadtforschung mit der Konzeptualisierung entlang der komplexitätssensiblen Verständigung über Größe, Dichte, Mobilität, Strukturierungen, Hybridisierung, Konfliktlinien, Anomie, Steuerung, Synchronisierung und Metabolismus bereits entschärft hat? Es stellt sich die Frage, welcher Erkenntnisgewinn angestrebt werden könnte, wenn „Medialität" als eine besondere Forschungsperspektive in die Stadtforschung eingeführt werden soll. Die Besonderheit einer wie auch immer zu den beschreibene Autodynamik von Medien erschließt sich nicht zwangsläufig, denn in den vorangegangenen Kapiteln sind verschiedene urbane Prozesse in ihrer Selbständigkeit thematisiert worden. An die Medienwissenschaften wäre deshalb die Definitionsfrage ihres Gegenstandes umso vehementer heranzutragen. Es erscheint zunächst nicht erhellend, alles als Medien zu titulieren, was diesem allumfassenden Kriterium einer Eigenständigkeit (plus Vermittlung) entsprechen würde. Der wichtigste Einwand gegen eine Berücksichtigung der Medien als eine Kategorie für die komplexe Stadtforschung ist allerdings, dass es keine komplexitätssensible Theoretisierung der Medien dergestalt gibt, die sich an die Erforschung urbanen Lebens bisher anschließen ließe. So ist die „mediale Stadt" zum einem als eine geisteswissenschaftliche Konzeption zu verstehen, in der ein Bemühen um eine Neufundierung der Geisteswissenschaften insgesamt ablesbar wird. Zum anderen sind empirische Arbeiten entweder mit einem gesetzten Medienbegriff, etwa Fernsehen, operationalisiert worden, der von der unhinterfragten Relevanz und Kausalitätsbeziehung (mit dem „Nutzer") ausgeht. Es verbleiben Ansätze, die sich an konstruktivistischen Theorien, die zwar in vieler Hinsicht wichtige Ergebnisse ihrer Forschung jenseits kausaler Beziehungsgeflechte komplex zu erklären versuchen, die aber in den Medienwissenschaften („Siegener Konstruktivismus"[949]) nicht in der Weise weiter konzeptionalisiert wurden, dass sie einen Anschluss an dieser Stelle ermöglichen. Grundsätzliche Schwierigkeit ist hier, dass konstruktivistische Bearbeitungen der Komplexität „wörtlich" genommen werden und nicht in der Weise als analytische Anleitung für eine eigene Theoriebildung jenseits einer Übertragung biologischer Konzepte, die nicht eins zu eins zu übersetzen, sondern deren Logik zu erlernen, zu hinterfragen und für die mediale Stadt wie die Medienwissenschaft insgesamt zu reformulieren wären. Ob dies möglich und wünschenswert ist, wird eine der Forschungsfragen sein, die sich an die komplexe Stadtforschung anschließen lässt und die insbesondere für die Theoretisierung des Virtuellen neue Forschungsperspektiven eröffnen sollte.[950]

---

948 Engell, L./Vogl, J. (1999) Vorwort. In: Pias, C. et al. (Hg.) Kursbuch Medienkultur, Stuttgart, 10.
949 Vgl. etwa Kramaschki, L. (1994) Intersubjektivität, Empirie, Theorie: Problemaufriß zur Methodologie einer konstruktivistischen empirischen Literaturwissenschaft, Siegen; Schmidt, S. J. (1986) Selbstorganisation - Wirklichkeit - Verantwortung: der wissenschaftliche Konstruktivismus als Erkenntnistheorie u. Lebensentwurf, Siegen.
950 Vgl. Eckardt, F. /Zschocke, M. (Hg.) (2006) Mediacity, Weimar.

17. Das Geschlecht der Stadt

Die Bedeutung der Stadt scheint für Männer und Frauen nicht gleich zu sein. Die Stadt selbst ist der Ort unterschiedlicher Wünsche und Sehnsüchte. Für Männer wie Frauen ist sie ein Raum der Sexualität und der Erfahrung der geschlechtlichen Identität. Während Männer als Flaneure auf der Suche nach möglichen Erlebnissen und Kontakten durch die Stadt streifen, so „tritt (die Frau) in die Großstadt als Versucherin, Prostituierte, als gefallene Frau, als Lesbierin. Andererseits aber auch als gefährdete Unschuld, als weibliche Heroine, die über Versuchung und Belästigung triumphiert", schreibt Elizabeth Wilson.[951] Für sie stellt die Stadt eine emanzipatorische Möglichkeit für Frauen dar: „Doch könnte die Großstadt, für die Männer ein Ort wachsender Bedrohung und Paranoia, ein Platz für die Emanzipation der Frau sein. Sie bietet den Frauen Freiheit."[952] Diese Gegenüberstellung zwischen der paranoiden Urbanisierung des Mannes und der emanzipatorischen Stadtfrau wird mit einem besseren Vermögen der Frauen, mit dem städtischen Chaos umzugehen, begründet. Frauen, so heißt es weiter, werden mit der Unordnung der Großstadt besser fertig, weil sie „weniger stark als Männer die Zwänge überrationalistischer Kontrolle und autoritärer Ordnung verinnerlicht haben. Ihre Sozialisation macht Frauen weniger abhängig von den Prinzipien von Dualität und Opposition. Sie setzen nicht Natur gegen Stadt, sondern finden die Natur in der Stadt."[953] Wilson beschreibt die Stadt als kontrastiv und behauptet, hinter allen Gegensätzen verberge sich der fundamentale Gegensatz der Geschlechter. In ihrer Sichtweise greifen die Stereotypen von männlich und weiblich, nicht die Natur tatsächlicher individueller Männer und Frauen. Die Analyse folgt dieser Dualität nur, weil diese durch die Entwicklungen des Industriezeitalters auf diese duale Weise in die Stadtentwicklung eingeschrieben worden sei. In der Konsequenz ist mit dieser Dualität eine moralische und machtbezogene Ordnung installiert worden, in der die Frauen als Eindringlinge gelten. Maskulin und feminin werden zu allesumfassenden Prinzipen der Stadtentwicklung: „Die Stadt ist maskulin in ihrem triumphierenden Maßstab, ihren Türmen und Fluchtlinien, ihren freudlosen Industriegebieten; sie ist feminin in ihrer bergenden Umarmung, ihrer Unbestimmtheit und ihrer labyrinthischen Mittelpunktlosigkeit. Es ließe sich sogar behaupten, dass das städtische Leben tatsächlich auf dem ständigen Kampf zwischen rigider, normierter Orientierung und lustvoller Anarchie beruht, der Dichotomie von männlich und weiblich."[954]

In dieser vor allem literaturwissenschaftlich inspirierten Sichtweise ergeben sich einige Stichworte für eine weitere Diskussion der Komplexitätsforschung, die sich aufgrund einer genderorientierten Debatte von Stadtentwicklung führen lässt. Ohne jedoch zu viele Worte verlieren zu wollen, können die Auffassungen von Wilson als Teil einer Gender-Stadtforschung bezeichnet werden, in der wenig Platz ist für „Komplexität" überhaupt. Stattdessen wird eine fundamentale Dichotomie zwischen Mann und Frau vorausgesetzt, die nicht einer vorab bestehenden Perspektive des Beobachters verschuldet sei, sondern der realen Prädominanz männlicher Stadtplanung und -gestaltung, die nur dual funktioniere, entlockt sei. Damit ergibt sich ein geschlossenes Weltbild, in dem neue Erkenntnisse nicht zu erwarten sind. Widersprüche stellen sich zwangsläufig ein, wenn etwa um städtische Dynamik (Emanzipation der Frauen) zu erklären, wenn die Stadt tatsächlich dual aufgeteilt ist und im ewigen Widerspruch zwischen Männlichem und Weiblichen verkehrt. Trotz der

---

951 Wilson, E. (1993) Begegnung mit der Sphinx, Stadtleben, Chaos und Frauen, Basel, 14.
952 Ebenda, 16.
953 Ebenda.
954 A.a.O.

offensichtlichen Schwierigkeiten, in die sich eine solche schablonenhafte Bearbeitung des Themas begibt, lassen sich wichtige Fragstellungen aus der Arbeit Wilsons destillieren: Es wird zu klären sein, welche Bedeutung dem hier als fundamental bezeichneten Unterschied zwischen „Mann" und „Frau" (auch in seiner Symbolik) in der Stadtforschung zuerkannt werden muss. Hierzu ist eine weitergehende Diskussion um das Verständnis von „Geschlecht" notwendig. Dabei ist die Gender-Theoretisierung eng mit Analysen von „Macht" verknüpft. Inwieweit die Gender-Perspektive konstitutiv in die komplexe Stadtforschung integriert werden muss und kann, soll schließlich von der Erklärungsweite dieses Ansatzes ausgehen, womit die Umsetzbarkeit in empirische Forschung als Meßlatte zu gelten hätte.

Die Gender-Perspektive verortet sich theoriegeschichtlich in der Regel als Anschluss- und weiterentwickelte Konzeption feministischer Ansätze. Wilsons Arbeit ist in diesem Sinne sicherlich eine geradezu klassische Position des Feminismus, der von der prinzipiellen männlichen Vorherrschaft und Zentralität ausgeht.[955] Die feministische Theorie sieht dabei die sozialwissenschaftliche Forschung als einäugig an, da sie hauptsächlich von, über und für Männer geschrieben sei. Die Fokussierung auf Frauen in der feministischen Forschung und die Ausschließlichkeit einer von Frauen betriebenen Frauenforschung wird aus diesem Grunde als Kernstück feministischer Kritik betrachtet. Dieser Entwicklung feministischer Theorie ging eine erste „humanistische" Ausrichtung voraus, in der Frauen lediglich in die bestehenden, als generalistisch-human betrachteten Sozialwissenschaften integriert werden sollten.[956] Die Radikalisierung der feministischen Theorien ab den sechziger Jahren des 20. Jahrhunderts ist schwierig auf einen Nenner zu bringen, da sich viele Theorieansätze mit anderen sozialwissenschaftlichen Konzepten auseinandersetzten oder zum Teil mit ihnen amalgierten.[957] Im Allgemeinen lässt sich feststellen, dass die feministischen Ansätze nach wie vor keine Abkehr von einer universalistischen Weltsicht einfordern, obwohl sie zunehmend die Differenz zur männlichen Bias in den Sozialwissenschaften herausstreichen. Wesentlicher Analyseansatz bleibt die Machtperspektive, die auch auf die Wissensproduktion bezogen wird. Feministische Kritik zielt auf die Aufdeckung von männlich dominierter Beeinflussung von Wahrheitsaussagen. Kritisiert wurde an dieser Ausgangslage, dass sich aus diesen Vorannahmen keine langfristige Forschungsperspektiven ergeben, da sie das Thema auf die Differenz zwischen Männern und Frauen verenge und diese Unterschiede auch mit unhinterfragbaren Aussagen belege. Aus der Fokussierung auf „Frauenstudien", die ein Nachholbedürfnis hinsichtlich der Erforschung von Lebenswirklichkeiten von Frauen und geschlechtsbezogenen Machtverhältnissen einklagte, wurden die theoretische Gruppenkonstitution „Frauen" und „Männer", die ob ihrer jeweiligen Relevanz für eine Forschungsfrage nicht variierbar war, abgeleitet. Diese Richtung des Feminismus betrieb als eine Art „Gyno-Zentrismus" eine für die Komplexitätsforschung nicht anschlussfähige Komplexitätsreduktion.[958]

Aus der Kritik am Feminismus entwickelte sich die Gender-Forschung, die als konzeptionelles Erbe von diesem übernommen hat, dass die (Geschlechter-) Differenz Ausgangspunkt einer neuen Fundierung aller wissenschaftlichen Theoretisierungen über die

955 Vgl. Beasley, C. (1999) What is Feminism? An Introduction to Feminist Theory, London.
956 Vgl. Tapper, M. (1986) Can a feminist be a liberal? In: Australian Journal of Philosophy, 64/10, (Supplement); Corrin, C. (1999) Feminist Perspectives on Politics, London; Tong, R. (1998) Feminist Thought: A More Comprehensive Introduction, Sydney.
957 Donovan, J. (2000) Feminist Theory: The Intellectual Traditions, New York; Bryson, V. (2003) Feminist Political Thought: An Introduction, Basingstoke.
958 Showalter, E. (1985) Feminist criticism in the wilderness. In: Dies. (ed) The New Feminist Criticism, New York.

Welt zu sein habe.[959] Damit wird zwar nicht mehr von einer Hierarchie ausgegangen, die per se als Zentrum-Peripherie festgelegt wird, vielmehr geht es um die Anerkennung von Differenz und strategisch um die Aussage, dass Frauen keine periphere Erscheinung sind. Zwar wird die Aufgabe, wissenschaftlich weiterhin Frauen zentral in der Betrachtung und Forschung zu behandeln, mit der gegebenen gesellschaftlichen Überaufmerksamkeit für Männer begründet, aber die Gender-Perspektive erklärt sich nicht wie der Feminismus für allzuständig und führt alle gesellschaftlichen Prozesse auf die Gender-Differenz zurück. Gender bleibt eine grundsätzlich immer und überall vorfindbare Bifurkation der Gesellschaft, jedoch gelten in dieser auch noch anderen Regeln.[960] Wichtiger als diese Relativierung der Reichweite des angenommenen Fundamentalunterschiedes zwischen Maskulinität und Feminität ist eine andere theoretische Weiterentwicklung: Mit den Gender Studies etabliert sich die Sichtweise auf Differenz in der Weise, dass der hermeneutische Zirkel essentialistischer Zuschreibung und gesellschaftlicher Prozessierung von Geschlechtsmerkmalen aufgebrochen wird. Wenn Wilson noch zwischen „wirklichen" Männern und Frauen und der sie repräsentierenden/produzierenden Dualität und Zuschreibung gefangen ist, eröffnet sich mit den Gender Studies eine Tür für eine konstruktive Fragestellung. Angenommen wird, dass es sich nicht um „natürliche", quasi primordiale Zuschreibungscharakteristiken von „realen" Männer und Frauen handelt, sondern um die symbolische Ordnung von Differenz und die damit verbundene Machtstruktur und deren Hierarchisierungen.[961] Mit der Entwicklung der Gender Studies wird somit eine Pluralisierung von Geschlechterverhältnissen erforschbar, die sich nicht auf die Differenz Frau/Mann reduziert. Differenz als Ausgangspunkt einer Theoretisierung des Geschlechterverhältnisses ermöglicht die Wahrnehmung anderer sozialer Ungleichheiten, insbesondere mit Bezug auf Ethnizität und Klasse. In dieser Weise ist die Gender-Debatte ebenfalls stärker anschlussfähig an jene Diskurse, die bereits rezipiert wurden, und für die Stadtforschung ergeben sich vor allem segregations- und distinktionstheoretische Forschungsstrategien. Allerdings verschwindet ein bisschen das Sujet des Feminismus, wenn alle Differenzen in Stellung gebracht werden sollen.

Auch in der Diskursivität über Klasse und Ethnizität war der Unterschied zwischen Männern und Frauen aufgefallen und theoretisch eingebettet worden. Feministische Debatten in diesem Zusammenhang drohen sich in Selbstbehauptungsargumentationen zu verlieren, in denen Mann-Frau-Differenzen als relevanter als andere Differenzen betrachtet wurden. In den Gender Studies hingegen schloss man sich den in den achtziger Jahren des 20. Jahrhunderts rezipierten Theorien des Konstruktivismus an und vollzog eine Analyse von Differenz auf der Grundlage der Annahme, dass die Geschlechterdifferenz in erster Linie gesellschaftlich konstruiert und nicht dem Selbst inhärent sei.[962] Damit verkehrt sich die Perspektive: Menschen werden nicht wegen ihrer Differenz marginalisiert, sondern durch Marginalisierungsprozesse werden sie distinguiert. Mit dieser Sichtweise werden die im

---

959 Von verschiedenen disziplinären Hintergründen wurde ungefähr zeitgleich und mit ähnlicher Argumentation diese Weiterentwicklung des Feminismus zu Gender Studies betrieben. Zu nennen wäre u.a. Daly, M. (1978) Gyn/Ecology: The Metaethics of Radical Feminism, Boston; Chodorow, N. (1978) The Reproduction of Mothering: Psychoanalysis and the Sociology of Gender, London; Gilligan, C. (1982) In A Different Voice, Cambridge; Irigaray, L. (1985) Spectulum of the Other Woman, Ithaca.

960 Phoca, S. (2000) Feminism and gender. In: Gamble, S. (ed) The Routledge Critical Dictonary of Feminism and Postfeminism, London.

961 Vgl. Gross, E. (1986) Conclusion: what is Feminist Theory? In: Pateman, C./Gross, E. (eds) Feminist Challenges: Social and Political Theory, Sydney.

962 Jackson, S./Scott, S. (1996) Sexual skirmiches and feminist factions: twenty-five years of debate on women and sexuality. In: Dies. (eds) Feminism and Sexuality: A Reader, Edinburgh.

traditionellen Feminismus als gegeben betrachteten Identitäten „flüssig". Damit werden Forschungen ermöglicht, in denen die Identitätsproduktion historisch und gesellschaftlich nachvollzogen und kontextualisiert werden kann. Wie stabil solche Identitätskonstruktionen sich über Zeit und Kultur hin etablieren und ob sie eher breiig oder wasserdünn fließen, ist Kern der Debatten seit den neunziger Jahren. Weitergehende Positionierungen verweisen auf die multiplen Differenzen in jeder Person und bezweifeln die Gültigkeit von Gruppenidentitäten (Männer, Frauen etc.).[963] Radikale Positionen dekonstruieren im nächsten Schritt dieser Analyse die Dimension der „Person", die nicht der Träger von Identität(en) sein könne. Gender sei wie alle Rollen im Alltag lediglich eine Maske, hinter der sich allerdings nichts mehr verberge. Gender ist nur noch ein Produkt gesellschaftlicher Interaktion und geprägt von den jeweiligen, auch intersubjektiven Machtverhältnissen.[964]

Mit dieser Verschmelzung mit oder Öffnung zu differenzbetonenden Meta-Theorien, zumeist als postmodern deklariert, ergeben sich allerdings Schwierigkeiten bezüglich der Besonderheit der Gender Studies in ihrer Forschungsfrage und in der Umschreibung des Forschungsgegenstandes. Zwei wesentliche Entwicklungen im Diskurs versuchen aus dieser konzeptionellen Sackgasse einen Ausweg zu finden: Sexuality Studies und Masculinity Studies. Hierbei ist zu bemerken, dass mit den Gender Studies eine Verschiebung der Forschungsaufmerksamkeit auf den „Körper" einher geht, der im klassischen Feminismus noch weitgehend außer Frage stand und als eine gegebene Individualität betrachtet wurde. Insbesondere in den Arbeiten von Butler wird von dieser Annahme abgewichen und argumentiert, dass der Körper ein kulturelles Produkt sei und dass Körper und Anatomie als kulturelle Interpretationen der Gender-Differenzen zu sehen sind. Der Körper ist demnach ein Produkt, das die eigentliche Essenz der sozial konstruierten Differenz in Gender darstellt. Gender ist nicht das automatische Ergebnis einer vorgegebenen Dualität der Anatomie, sondern stellt sich als eine Dimension dar, die nicht zwangsläufig mit der Axiomatik „Mann/Frau" verknüpft ist.[965] Es geht perspektivisch wiederum nicht um die Frage der anatomischen Geschlechtsdifferenz als solcher, sondern um deren Bedeutung für die Konstruktion des sozialen Geschlechts. In der Vorwegannahme von „Identitäten" wie Frau(en) sieht Butler eine Einschränkung der politischen Analyse und bezweifelt deren theoretischen Erkenntniswert.[966]

Mit dieser Rekonzeptualisierung von Körperlichkeit stellen sich weitgehende theoretische Fragestellungen ein. War bisher der Körper an sich eine Basis von Einheit, die auch für die Identifikation von Handlungen und Rollenzuschreibungen einerseits, für die Annahme und Erforschung von Individualität und Selbstorganisation andererseits grundlegend war, so stellt sich komplexitätsorientiert die Frage, in welcher menschlichen Entität, jenseits von Körperlichkeit, die Prozesse der Selbstregulation und Intermediation zwischen äußeren und inneren Faktoren anzusiedeln wären. In der Lesart der postmodernen/poststrukturalistischen Gender Studies ergibt sich, so Butler, die Schwierigkeit, dass Körper weder als Identitäten noch als Zufluchtsorte zu denken sind.[967] In dieser Theoretisierung wird Körperlichkeit nicht mehr als kleinste Einheit vorstellbar, die eine Identität

---

963 Siehe vor allem die Arbeiten von J. Butler, etwa (1990) Gender Trouble: Feminism and the Subversion of Identity, New York, und Sedgwick, E. (1993) Tendencies, Durham.

964 S. u.a. Ahmed, S. (1996) Beyond humanism and postmodernism: theorizing a feminist practice. In: Hypatia, 11/2.

965 Vgl. Jackson, S. (1998) Theoresing gender and sexuality. In: Jackson, S./Jones, J. (eds) Contemporary Feminist Theories, New York.

966 Butler, J. (1995) Contingent foundations: feminism and the question of „postmodernism". In: Benhabib, S. et al. (eds) Feminist Contentions: A Philosophical Exchange, New York.

967 Dies. (1997) Gender Trouble. In: Meyers, D. (ed) Feminist Social Thought, New York.

(als Differenz zu Männern oder Frauen) oder mehrere (in multipler Differenz auch zu anderen Frauen/Männern aufgrund von sexueller Orientierung, Ethnizität, Klasse) beinhaltet, auch nicht psychoanalytisch verstanden durch eine Mehrschichtigkeit (bewusst-unbewusst) strukturiert ist und damit soziale Strukturen lediglich (internalisiert) repräsentiert, denn Körperlichkeit und Identität stehen nicht in einem kausalen, linearen Verhältnis. Forschungsinteresse ist es, die nicht-natürlichen Inkohärenzen aufzuzeigen, die die Beziehung zwischen Körperlichkeit und Identität obskur erscheinen und nicht mehr geradlinig miteinander in Verbindung setzen lassen. Identitäten werden gezielt politisch und gesellschaftlich einsetzbar, in dem sie als offene Symbolik der Beziehung zu ihrem Körper reproduzierbar werden und somit ein „Spiel" mit der Gender-Zeichenwelt eintritt, das es erlaubt, unterschiedliche Interpretationen zu ermöglichen.[968] Die Wahl der jeweiligen Konnotation der Gender-Differenz und Symbolisierung in der Körperlichkeit ist allerdings weder eine individualistische Freiheit noch purer Zwang der jeweiligen gesellschaftlichen Situation. Butler verweist hierbei auf die Lacansche Psychoanalytik und verteidigt sie gegen Foucault, wobei jedoch keine explizite Theoretisierung erfolgt, in der das grundsätzliche Problem der Selbstorganisation und der Anschluss an die Außenwelt des Körpers explizit weiter behandelt werden. Es ist auch schwer vorstellbar, dass die De-Essentialisierung des Körpers, in dieser Weise betrieben, noch einen Ausweg offen lässt für die Frage, wie denn noch mit der materiellen und empirischen Realität von „Anatomie" umzugehen ist.[969] In dieser Subjektivitätskonstruktion meldet sich eine Form von Existenzialismus, der bewusst radikalpolitische Programmatik darzustellen versucht, hinsichtlich seiner Forschungsperspektive aber eine deutlich erkennbare Umsetzungsschwierigkeiten hat.[970] Eröffnet hat die Anerkennung einer post-dualen Konzeption von Gender vor allem die Entwicklung der Gay and Queer Studies. Diese lassen sich konzeptionell zunächst als eine lediglich Weiterentwicklung des Mann-Frau-Schemas um die Dimension gleichgeschlechtlicher Beziehungen verstehen.[971] Bestätigt werden ehemalige Zentrum-Marginalität-Konzepte des Feminismus, wie gleichsam Queer Studies zentrale Konzeptionen von Geschlechtlichkeit nicht anerkennen. Im Sinne der beschriebenen Gender Differenz-Theoretisierung wird dabei vor allem eine Verschiebung/Fokussierung auf Sexualität betrieben.[972] Inwieweit somit noch der weitergefasste Theorie-Anspruch, nämlich Differenz in jeder Hinsicht zu thematisieren, realisiert werden kann, wenn Gender als gesellschaftlich konstruiertes Geschlecht („doing gender") verstanden werden soll, aber die Queer Studies den Geltungsbereich dieses Ansatzes auf Sexualität begrenzen wollen, ist wiederum eine grundsätzliche Debatte.[973] Butler greift dabei auf eine Konzeptionalisierung zurück, die sie komplexitätstheoretisch im Sinne der hier vertretenen Betrachtung anschlussfähig macht, indem sie eine prinzipielle Organi-

968 Dies. (1993) Imitation and gender is subordination. In: Abelove, H. (eds) The Lesbian and Gay Studies Reader, New York.

969 Zur Subjektivitätsdebatte siehe u. a.: Webster, F. (2000) The Politics of Sex and Gender: Benhabib and Butler Debate Subjectivity. In: Hypatia, 15/1, 1-22.

970 Boucher, G. (2004) Judith Butler's Postmodern Existentialism: A Critical Analysis. In: Philosophy today, 48/4, 355-369.

971 Epstein, J. (1990) Either/or – neither both: Sexual Ambiguity and the Ideology of Gender. In: Genders, 7; Seidman, S. (1993) Identity and politics in a "postmodern" gay culture: some historical and conceptual notes. In: Warner, M. (ed) Fear of a Queer Planet: Quer Politics and Social Theory, Minneapolis; Probyn, E. (1995) Queer belongings: the politics of departure. In: Grosz, E./Probyn, E. (eds) Sexy Bodies: The Strange Carnevalities of Feminism, New York.

972 Whittle, S. (1996) Gender fucking or fucking gender? In: Evans, R./King, D. (eds) Blending Genders: Social Aspects of Cross-Dressing and Sex Changing, London.

973 Vgl. Hekman, S. (2000) Beyond identity: feminism, identity and identity politics. In: Feminsit Theory, 1/3.

sationslogik von Identität in Form von Hybridisierungen für adäquat hält.[974] Forschungs-strategisch haben die Gender Studies die Herausforderung der Queer Studies aufgenommen und sich ebenfalls der „Gender Outlaws" angenommen. Im Prinzip verbleibt eine Notwendigkeit der Grenzziehung von Außen und Innen, um Handlungen und Vorgänge noch nachvollziehbar zu halten. Wenn allerdings Körperlichkeit als solche nicht mehr hinreichend ist, um eine identifizierbare Person oder Entität für Erkenntnisinteressen abzugeben, dann stellen sich nicht nur offenkundige methodische Umsetzungsschwierigkeiten ein, sondern vielmehr werden Reflexionen über die Möglichkeit alternativer „Forschungsgegenstände" notwendig. Nachdem die Dekonstruktion von Gruppenidentitäten („die Frauen" etc.) zunächst neue Perspektiven der Theoretisierung und der Entwicklung von Forschungsfragen ermöglichte, stellen sich bei der Dekonstruktion der individuellen Person/Körperlichkeit/Identität nicht gleichsam neue Forschungshorizonte ein. Gesellschaftliche Mobilität durchkreuzt Konzeptionen, die bisher Vorstellungen in der Terminologie von Körper und Identität fixiert haben. Stattdessen reißt der Fluss von verschiedenen Identity Politics das „Selbst" in einen Strudel von unterschiedlichen Identitäten, gegensätzlichen wie komplementären. Die Frage, ob es stabilisierende Mitten der Persönlichkeit gibt, die die Instabilität ausgleichen können, oder ob davon ausgegangen werden muss, dass individuelle Identität nach verschiedenen Polen (Attraktoren?) ausgerichtet ist und die Effekte von Identitätsereignissen nicht als eine (lineare) Phasensozialisation betrachtet werden können und in einer komplexen, vielschichtigen und eigendynamischen Selbstorganisation und Umweltbeziehung von vielen Ereignissen in non-linearer Weise verlaufen werden, wäre an dieser Stelle für den Anschluss an die komplexe Stadtforschung relevant.[975]

Während die Entwicklung von einem dualistisch konstruierten Feminismus zu einem komplexitätssensiblen Verständnis von Identität als eine Form der Hybridisierung eine Nähe zur Komplexitätsforschung im Allgemeinen erkennen lässt, so verbleibt für die besondere Erforschung der komplexen Stadt die Aufgabe nach der weiteren Einordnung dieser Theorieentwicklung in die beschriebenen Dimensionen urbaner Komplexität. Zu fragen verbleibt, ob es eine Gender Differenz-beschriebene Auseinandersetzung mit „Raum" überhaupt gibt. Hierzu ist eine nähere Lektüre mit den bis heute vorgelegten Arbeiten notwendig. Soziologisch argumentiert Ruhne etwa mit der Darstellung der Situation von Unsicherheitserfahrungen von „Frauen" und konstatiert hierzu eine Forschungslücke. Anschließend folgt die Reflektion darüber, in welcher Weise „Geschlecht" eigentlich zu sei, wobei der Macht-Aspekt in den Vordergrund rückt und gleichzeitig die Analysenotwendigkeit der sozialen Konstruktion von Geschlecht Nachdruck verleiht. Der Anspruch wird aber nicht eingelöst und zugunsten einer Pauschalaussage über diesen Konstruktionsprozess ersetzt: „Gleichzeitig wirkt „Geschlecht" in der in unserem Kulturkreis dominanten Ausprägung der Zweigeschlechtlichkeit auch als ein objektiviertes, idealtypisches Ordnungsmuster, welches dazu beiträgt, dass „Weiblichkeit" und „Männlichkeit" immer wieder (re-)produziert werden."[976] Insgesamt befriedigt dieser Ansatz nicht, weil er die Theorieentwicklung des Feminismus nicht mit aufgenommen hat und im Grunde bei der Zentrum-Peripherie-Dualität, die „immer" reproduziert werde, stehen geblieben ist. An anderen Stellen ist von „Objektivierung" und „Materialisierung" dieser Gender-Prozesse die Rede, womit sich eine abbildtheoretische Beziehung zwischen Raum und Gesellschaft ein-

---

974 Butler, J. (1993) Bodies That Matter, New York, 106-113, 116f.
975 Glass, J. (1993) Shattered Selves: Multiple Personalities in a Postmodern World, Ithaca; Layton, L. (1998) Who's That Boy? Who's That Girl? Clinical Practice Meets Postmodern Gender Theory, Northvale.
976 Ruhne, R. (2003) Raum Macht Geschlecht. Zur Soziologie eines Wirkungsgefüges am Beispiel von (Un-)Sicherheiten im öffentlichen Raum, Opladen, 128.

schleicht. Obwohl anschaulich dekonstruiert wird, dass mit der feministischen Politik der „Angsträume" Fehlwahrnehmungen über Räume noch verstärkt werden, kann dies als eine Diskurs- und Politikkritik betrachtet werden, die aber auch ohne die Kategorie „Raum" auskommt. Während man Ruhne eine zumindest konzeptionell anspruchsvollere Raumtheorie nicht absprechen kann, so bemühen sich die meisten Arbeiten zu diesem Thema nicht weiter um die Frage, ob der Raum lediglich ein „Ausdruck von Machtstrukturen" sei. „In diesem Zusammenhang ist zu beobachten, dass im Gegensatz zu diesem neuen (raumtheoretischen, d. A.) Zugang in den letzten Jahren mit Ausdrücken wie „Gewalträume", „Angsträume" usw. mit einer beachtlichen Selbstverständlichkeit umgegangen wird. Nicht selten sind dort die Argumentationszusammenhänge so konstruiert, dass sie „Räume" mit absoluten Eigenschaften implizieren. Es dürfte leicht ersichtlich sein, dass diese Argumentationsstränge strukturell ähnlich konzipiert sind wie das traditionelle geographische Weltbild, in dem „Räume" ebenfalls den Status einer objekthafen Wirklichkeit mit einer Wirkkraft erlangen."[977] In der feministischen Geographie, der man vielleicht am ehesten einen Raumbezug gehobener Art zutrauen würde, wurden in der Phase der Frauenforschung viele Studien zum „anderen" Raumverhalten von Frauen vorgelegt. In den neunziger Jahren kritisierte Gilbert den Stand der feministischen Geographie als reine Deskription, mit der letztlich die bestehende Raum-Macht-Struktur festgeschrieben werde, die doch eigentlich hinterfragt werden sollte.[978]

In der Folge entstanden Arbeiten, die erste Konzeptionalisierungen in poststrukturalistischer Weise für Gender-Raum-Beziehungen ausarbeiteten: „Insbesondere von feministisch-poststrukturalistisch arbeitenden GeographInnen wird dargelegt, dass sich Identitätskategorien wie Geschlecht sowie Räume und ihre jeweiligen Bedeutungen „cokonstituieren", dass Räumen durch die Nutzung bestimmter Personengruppen Bedeutungen zugeschrieben werden – aber auch umgekehrt, dass die Bedeutungen von Räumen wichtiger Bestandteil im Prozess von Identitätskonstruktionen sind."[979] Die Betrachtung von Räumen und Gender als multiple Identitäten, gesellschaftlich produziert, ist ein notwendiger Theorie-Anschluss, dennoch verbleibt es unklar, was eigentlich mit „co-konstituiert" gemeint sein könnte und in welcher Weise sich das Verhältnis zwischen Raum und Gender analysieren ließe. Man hat den Eindruck, dass hier die Anerkennung eines komplexen Beziehungszusammenhangs implizit erfolgt, dass aber die Theoretisierung mit der Suche nach neuen Begriffen, die zu einer Analyse getestet werden könnten, (noch) ausbleibt. Bis dato erstreckt sich die Konzeptionalisierung von Gender-Raum-Beziehungen auf eine gleichzeitige Fokussierung, sie werden „thematisiert".[980] Die von der Gender-Forschung inspirierte Diskussion um die Bedeutung von „Differenz" wird im Zusammenhang mit der Kategorie „Raum" in der Geographie hingegen eher verkürzt geführt, in dem etwa „Differenzräume" als Begrifflichkeit eingeführt werden, womit Fragen nach deren Konzeptualisierung auftreten.[981] In der feministischen Geographie haben sich in den letzten dreißig Jahren Arbeiten zur Stadtforschung als ein zentrales Thema herausgestellt. Allerdings kann die komplexe

---

977 Werlen, B. (1997) Vorwort. In: Scheller, A. (Hg.) Frau Macht Raum. Geschlechtsspezifische Regionalisierungen der Alltagswelt als Ausdruck von Machtstrukturen, Zürich.

978 Gilbert, A.-F. (1993) Feministische Geographie – Ein Streifzug in die Zukunft. In: Bühler, E. et al. (Hg.) Ortssuche – Zur Geographie der Geschlechterdifferenz, Zürich.

979 Strüver, A. (2003) „Das duale System": Wer bin ich – und wenn ja, wie viele? Identitätskonstruktionen aus feministisch-poststrukturalistischer Perspektive. In: Gebhardt, H./Reuber, P./Wolkersdorfer, G. (Hg.) Kulturgeographie. Aktuelle Ansätze und Entwicklungen, Heidelberg.

980 Hasse, J./Malecek, S. (2000) Postmodernismus und Poststrukturalismus in der Geographie. In: Geographica Hevetica, 55/2, 104.

981 Bühler, E./Meier Kruker, V. (Hg.) Geschlechterforschung – Neue Impulse für die Geographie, Zürich.

Urbanitätsforschung nur sehr wenig Nutzen aus diesen Forschungen ziehen: „Ein sehr bekanntes Thema im „Dunstkreis" Stadt und Frauen sind Angsträume. Frauen wird in der Behandlung dieses Themas häufig die Rolle des schwachen Opfers zugewiesen, das mehr oder weniger ständig männlicher Gewalt ausgesetzt ist."[982]

Ähnlich ernüchternd sind Arbeiten aus der Gender-Forschung, die sich um einen Raumbezug bemühen. So erschöpft sich dieser, wie Green in ihrer Literaturrecherche zur Stadtforschung der Lesbian Studies aufzeigt, in der Regel darauf, dass Prozesse der Verräumlichung von Gender-Praktiken „in" einer gewissen Stadt stattfinden und arbeitet die Autorin selbst ein kartographisch ausgerichtetes Projekt aus, bei dem die Aktionsräume von Lesben nachgezeichnet und dann mit Beobachtungsmethodiken charakterisiert wird. Die Raumreflexion beschränkt sich auf eine Legitimierung des Community-Ansatzes mit simplifizierter Rezeption der Arbeiten Castells.[983]

Als ebenso wenig ertragreich im Sinne eines Anschlusses an die komplexe Urbanitätsforschung müssen auch die im Rahmen von feministischer Planungstheorie erstellten Arbeiten gelten. „Frauengerechtes Bauen und Planen" ist ein hartnäckiger politischer Slogan der letzten Jahrzehnte gewesen, mit denen sich viele Interventionen, Politiken und Argumentationen in den Planungswissenschaften zur Frage von Raum und Gender positionierten. Untersucht wird hierbei eine Nutzungsperspektive von Räumen, wobei Verteilungsgerechtigkeit und Bedürfnisorientierung als (normative) Maßstäbe anerkannt werden: „Frauengerechtes Bauen und Wohnen ist eine ganzheitliche Wohnbauplanung, die stärker auf Lebenszusammenhänge eingeht."[984] Mit ähnlich konzeptioneller Grundlage widmen sich zum Teil sehr ausgefeilte Projekte anderen urbanen Problemlagen, etwa der Verkehrspolitik.[985] In gleicher Weise hat das Sujet die Raumplanung erreicht und beschäftigt. Aufgrund mangelnder Etablierung einer Frauenperspektive in der Raumplanung fordert Becker einerseits, Frauenforschung als Querschnittsaufgabe zu betrachten, weigert sich aber andererseits, den Begriff „Geschlechterforschung" zu verwenden, mithin also den Erkenntnisfortschritt, wie er sich im Übergang vom Feminismus zu den Gender Studies (und darüber hinaus) ergeben hat, anzuerkennen, da unsere Welt zweigeschlechtlich sei und Frauen benachteiligt seien.[986] Low hingegen scheint die Körperdebatte in den Gender Studies nachzuvollziehen, betrachtet aber Körper und Identität als sich biologisch entwickelnde Selbstläufer und feste Instanzen, womit an den Kategorisierungen von „Frau" und „Mann" festgehalten wird. Raum wird bei ihr als „körperlich erfahrbar" beschrieben, womit zwar eine wichtige Raumdimension angesprochen, die Raumkomplexität aber nur teilweise erfasst wird. In altfeministischer Weise wird dann an der Machtdissymmetrie der nicht hinterfragten Dualität festgehalten und kategorisch behauptet: „Die Inbesitznahme des Raumes ist für Frauen ungleich schwerer."[987] Ingesamt lässt sich wohl feststellen, dass die Gender-Differenz-Theoretisierung an der deutschen Planungswissenschaft relativ spurlos vorbeige-

982 Fleischmann, K./Meyer-Hanschen, U. (2005) Stadt Land Gender. Einführung in Feministische Geographien, Königstein, 79.

983 Green, S. F. (1997) Urban Amazons. Lesbian Feminism and Beyond in the Gender Sexuality and Identity Battles of London, Manchester.

984 Hornung, K. (1996) Frauengerechtes Bauen und Wohnen. In: Städtebauliches Kolloquium der Stadt Heidelberg (Hg.) Planung aus Frauensicht, Heidelberg.

985 Bauhardt, C. (1995) Stadtentwicklung und Verkehrspolitik. Eine Analyse aus feministischer Sicht, Basel.

986 Becker, R. (1997) Frauenforschung in der Raumplanung – Versuch einer Standortbestimmung. In: Bauhardt, C./Becker, R. (Hg.) Durch die Wand! Feministische Konzepte zur Raumentwicklung, Pfaffenweiler.

987 Löw, M. (1997) Der einverleibte Raum. Das Alleinleben als Lebensform. In: Bauhardt, C./Becker, R. (Hg.) Durch die Wand! Feministische Konzepte zur Raumentwicklung, Pfaffenweiler, 80.

gangen ist.[988] Während also, wie dargestellt, sich die allgemeine Debatte über Gender von einer subkomplexen Konstruktion des Geschlechterverhältnisses (in seiner dualen, selbstreferentiellen Macht-Peripherie-Perspektive) verabschiedet hat und sich zu einer komplexeren Sichtweise hat weiterentwickeln können, kann für die Planungswissenschaften eher das Gegenteil gesagt werden. Die Etablierung einer feministischen Organisation von Planerinnen und Architektinnen (FOPA e.V.) und ihre Fachzeitschrift „Frei-Räume" hat nicht nur zu einer Abkoppelung von den sich weiterentwickelnden Planungsdiskursen, in denen auch Theorie-Innovationen und -Importe hätten aufgegriffen werden können, geführt, sondern auch verhindert, einen Anschluß an die allgemeine Gender-Theoretisierungen zu finden. Die Spezialisierung feministischer Planungsdebatten hat auf diese Weise zwar zu einer Professionalisierung des Diskurses und zu diskursiven Strategien der Einflussnahme auf die Planungspraxis geführt, sie hat sich aber, in der theoretischen Debatte dieses Buches gesehen, Komplexitätsreduktion betrieben. Nach 25 Jahren feministischer Studien im Planungsbereich beschreiben Dörhöfer und Terlinden die Situation wie folgt: „Widmeten sie (die feministischen Planungswissenschaften, d. A.) sich anfänglich – ausgehend von einem allgemein gültigen „weiblichen Lebenszusammenhang" – vorwiegend dem Reproduktions – und Wohnbereich, so diversifizierten sich die Themen zunehmend. (…) Die Sektoralisierung hat einerseits eine Vertiefung der Themen, andererseits den Verlust der Komplexität mit sich gebracht."[989]

Der Begriff „Gender" wird für die komplexe Stadtforschung hingegen nur verwendbar, wenn die unterschiedlichen Raumwahrnehmungen nicht als essentialistisch verstanden werden. Vielmehr stellen sie in erster Linie gesellschaftlich und räumlich konstruierte Unterschiede dar, die sich auch verändern lassen. Beobachtbare Gender-Ungleichheiten bestätigen die Annahme, dass diese nicht als statische, sondern reziproke Beziehungen zwischen Männer/Frauen und der Stadt zu untersuchen sind und nicht als bereits gedachte Beziehungen aus einer allgemeinen Philosophie der Differenz postuliert werden können. Männer und Frauen erzeugen, reproduzieren und verändern Gender-Beziehungen in ihrer räumlichen Umwelt.[990] Die Raum-Gender-Beziehungen unterliegen der Grammatik der sozialen Ungleichheiten und der Macht. Durch die Verbundenheit mit räumlichen Einheiten ergeben sich von daher für Männer und Frauen „bounded places", die ihrerseits besondere Identitätskonzepte hervorrufen. Ein Großteil der Gender Studies der Stadtforschung bezieht sich auf die Frage, in welcher Weise und mit welcher Begründung Frauen ihre Identität in bestimmten Räumen zum Ausdruck bringen. Dabei richtet sich die Aufmerksamkeit auf die strukturelle Verknüpfung zwischen der physischen Stadt und sozio-ökonomischen Praktiken. Stadtplanung wird als eine der Institutionen zu analysieren sein, die Gender-Asymmetrien widerspiegeln und die Erwartungen an das Gender-bezogene Raumverhalten vorweg nehmen. In dieser Weise formulieren städtische Institutionen eine Beurteilung über das „normale" Verhalten von Männern und Frauen.[991]

---

988 Wenn die Publikation Terlinden, U. (2003) City and Gender. International Discourse on Gender, urbanism and Architecture, Opladen als Ausweis für die internationale Theorieentwicklung im Planungsdiskurs gelten darf, so betrifft dies nicht nur die deutsche Debatte. Leseprobe: „A feminist perspective can (…) bring us closer to solutions in planning urban envirnoments in which safety, tolerance, and equality are featured prominently." (78) „Conclusion: (…) Women should not hesitate to apply their own architectural and symbolic vocabulary" (103).

989 Dörhöfer, K./Terlinden, U. (1998) Ein Fauxpas mit Folgen. Rückschau auf feministische Positionen in Stadtforschung und Planung. In: Frei-Räume, 10, 32f.

990 Little, J./Peake, L./Richardson, P. (eds) (1988) Women in Cities: Gender and the Built Environment, New York.

991 Garber, J./Turner, R. (eds) (1995) Gender in Urban Research, Thousand Oaks.

Das Konzept der „bounded places" wurde über den politisch-institutionellen Bezug hinaus entwickelt. Dabei hat es einen Paradigmenwechsel gegeben. Raumgebundenheit wird nicht mehr nur negativ eingeschätzt. Frauen nutzen ihren Aktionsraum auch, um Enklaven der Unterstützung und der Anerkennung zu konstituieren. Sie können eine psychologische Reserve darstellen, mit der eine Grenze gegenüber Nicht-Vertrautem gezogen und somit Sicherheit hergestellt wird. Frauen überschreiten aber auch die engen Grenzen der sicheren Räume und begleiten Männer in deren Räume, betreten auch die für sie nicht gedachte Orte und kreieren neue und alternative Plätze. Dabei erfahren sie sich als mobile und veränderliche Personen, die widersprüchliche Raumstrukturen in ihrer Identität verbinden. Nicht-institutionelle Gebundenheit lässt sich durch eine gewisse Unsichtbarkeit erreichen, mit der der Einzelne nicht als Mitglied einer bestimmten Gruppe bestehen muss. Die Stadt scheint dazu aufgrund ihrer Diversität für das Crossover in andere Identitätsräume besondere Gelegenheiten zu bieten. Die Unsichtbarkeit des Einzelnen ermöglicht aber nicht unbedingt die Konstruktion einer vielseitigen persönlichen Identität, weil in der städtischen Anonymität die Unterschiede zwischen den verschieden sozialen, politischen, kulturellen und sexuellen Gruppen nicht wahrgenommen werden. In der aktuellen Stadtentwicklung entstehen Räume, in denen diese Unterschiede sichtbar werden. Hinter der Konzeption der Stadt als Ort der universalistischen Toleranz, in denen alle Unterschiede negiert werden, steht eher ein normatives als ein empirisches Konzept. Die Innenperspektive der einzelnen Orte der Identitätsdifferenz (Frauen, ethnische Minoritäten, Homosexuelle, etc.) zeigt vielmehr, dass diese viel stärker integrativ wirken als die Orte der Mainstream-Identität.[992] Damit rücken auch andere Differenzen in der Stadt in die Forschungsperspektive und wird die Beziehung zwischen Raum und Gender komplexer analysierbar. Gender-Differenzen stellen nicht ein hierarchisches System der Ursachen dar, mit der die unterschiedlichen Klassifikationen (Race, Klasse, Gender) miteinander in Beziehung stehen und sich nur „verräumlichen".[993] Collins unterscheidet drei Felder, in denen Frauen durch einen dominanten Identitätsraum in ihren Erfahrungen geprägt werden: die persönliche Biografie; die Gruppenebene und ihr kultureller Kontext, der durch Rasse, Klasse, Gender, Ethnizität und Sexualität gekennzeichnet wird; und die Systemebene der sozialen Institutionen. Damit weicht Collins von der bis dahin weitverbreiteten Form der Analyse ab, eine primäre Repressionsform zu identifizieren, die andere Ebenen der Unterdrückung unterordnet.[994] Zugleich erschwert die Einbeziehung so vieler verschiedener Ebenen der multiplen Identitäten die Erforschung bestimmter Othering-Strategien sowie den alltagspraktischen Umgang damit. Aus diesem Grunde haben viele Arbeiten der letzten Jahre die Frage nach den Bedeutungen verschiedener Identitätskonstrukte für das Individuum gestellt. Die Erforschung der Alltagspraxis, der Relationsgeflechte und Narrative einzelner Frauen birgt allerdings einen erheblichen Nachteil, da zwischen dem Wissen der Frauen und der Vielzahl der tatsächlich gelebten Räume ein wichtiger Unterschied besteht. In kritischer Weise wird diese Differenz von jenen Frauen reflektiert, die dazu das kulturelle Vermögen besitzen. Dies geschieht allerdings nicht ohne Bezug zu Referenzquellen, weswegen kritische Raumreflexion mit der Frage nach der Einbettung in jeweilige Diskurse einhergeht.[995]

992 Vgl. Di Stefano, C. (1990) Dilemmas of Difference: Feminism, Modernity, and Postmodernism. In: Nicholson, L. (ed) Feminism/Postmodernism, New York.

993 Vgl. auch Saad, T./Carter, P. (2005) The Entwinded Space of "Race", Sex and Gender. In: Gender, Place and Culture, 12/1, 49-51.

994 Vgl. Collins, P. H. (2000) Black feminist thought: knowledge, consciousness, and the politics of empowerment, New York.

995 Vgl. Subban, J./Young, A. (2000) Boundaries Cracked: Gendering Literacy, Empowering Women, Building Community. In: Miranne, K./Young, A. (eds) Gendering the City, Lanham.

In den Sexuality Studies, oftmals als Weiterentwicklung der Differenztheorie gesehen, lassen sich insgesamt auch nur wenig elaborierte Theoretisierungen von Gender und Raum finden. Während die Weiterentwicklung des Feminismus nachvollzogen wird, scheint eine solche bezüglich von Raumkonzeptualisierungen eher als Lippenbekenntnis zu geschehen. Räume werden dann wieder nur als Abbildungen von Machtverhältnissen oder als räumlich-geschlechtliche Bindestrich-Konstrukte mit Gender in Verbindung gebracht.[996] Elaborierter ist dagegen eine Chicagoer Studie über Sexmarkets in vier unterschiedlichen Nachbarschaften, womit zumindest eine Anerkennung unterschiedlicher gesellschaftlicher Raumproduktionen stattfindet und zu einer vergleichenden Perspektive genutzt wird.[997]

Ähnlich „neu" ist die Entwicklung der Masculinity Studies, die nicht unbedingt als eine Weiterentwicklung der Gender/Gay Studies zu sehen sind und zu den dort geführten Debatten ein vielschichtiges Verhältnis haben, das von gewolltem Anschluss, betonter Differenz und offenem Widerspruch gekennzeichnet ist.[998] Teilweise sind diese Studies ein Korrektiv für die dualistischen Annahmen der ersten feministischen Theoriewelle.[999] Andererseits verbleibt die Frage, ob mit der Thematisierung von Maskulinität als eine besondere gesellschaftliche Identitätskonstruktion nicht nur eine methodologische, sondern auch konzeptionelle Weiterentwicklung betrieben werden kann. Hier soll dies anhand der wenigen explizit raumbezogenen Masculinity Studies diskutiert werden. Empirische Arbeiten zu Jungen verweisen auf eine differenzierte Sichtweise maskuliner Raumwahrnehmung, als diese aus der dualen Feminismus-Debatte zu erwarten war.[1000] Hierbei wird vor allem wiederum die symbolische Ordnung und Raumdefinition wichtig, die sich analog wie in den Gender Studies forschungsstrategisch und methodologisch analysieren lassen.[1001] Seine disziplinäre Anbindung hat dieser Diskurs bislang vornehmlich in der Geographie gefunden.[1002] Vor allem im anglosächsischem Raum folgten daraufhin einige substantielle Arbeiten, die sich direkt um die Geographien der Männer auf der Grundlage eines vielschichtigen Verständnisses der sozialen Gruppe „Mann" bemühte.[1003] In den neunziger Jahren wurde die Fragestellung nicht mehr von einer Handvoll an Masculinity Studies interessierten Spezialisten bearbeitet, sondern fand ihre weitere Verbreitung in verschiedenen Subdisziplinen

---

996 So in Löw, M.(2006) Blickfänge: räumlich-geschlechtliche Inszenierungen am Beispiel der Prostitution. In: Berking, H. (Hg.). Die Macht des Lokalen in einer Welt ohne Grenzen, Frankfurt und Löw, M. (2006). Prostitution: power relations between space and gender. In: Berking, H. et al. (eds) Negotiating urban conflicts, Bielefeld.

997 Laumann, E. O. et al. (eds) (2004) The Sexual Organization of the City, Chicago.

998 S. vor allem Connell, R. (1995) Masculinities, Cambridge und (2000) The Men and the Boys, Cambridge; Brittan, A. (1989) Masculinity and Power, Oxford; Brod, H. (ed) (1987) The Making of Masculinity: the new men's studies, Boston; Chapman, R./Rutherford, J. (ed) (1988) Male Order, London.

999 Donaldson, M. (1993) What is hegemonic masulinity? In: Theory and Society, 22, 643-657.

1000 Curtie, A./Lenham, D. (2002) Where the boys are – teenagers, masculinity and a sense of place. In: Irish Geography, 35, 63-74.

1001 Aitken, S. C. (2006) Leading Men to Violence and Creating Spaces for their Emotions. In: Gender, Place and Culture, 13/5, 491-507.

1002 Mit den Arbeiten von Rose wurde eingefordert, Männer nicht mehr nur indirekt über den Feminismus zu erforschen, sondern ihre Geographien direkt zum Gegenstand der Forschung zu machen: Rose, G. (1993) Feminism and Geography: the limits of geographical knowledge, Minneapolis.

1003 S. vor allem Berg, L. D. (1994) Masculinity, place, and a binary discourse of theory and empirical investigation in the human geography of Aotearoa/New Zealand. In: Gender, Place and Culture, 1, 245-260; Pile, S. (1994) Masculinism, the use of dualistic epistemologies and third spaces. In: Antipode, 26, 255-277; Longhurst, R. (2000) Geography and gender: masculinities, male identity and men. In: Progress in Human Geograph, 24, 439-444; Sparke, M. (1996) Displacing the field in fieldwork: masculinity, metaphor and space. In: Duncan, N. (ed) Body-Space: destablizing geographies of gender and sexuality, New York.

in der Geographie.[1004] Wenige Arbeiten haben sich um eine nähere Betrachtung von Räumen bemüht oder deren Besonderheit mit Männlichkeitskonstruktionen in einen Zusammenhang versucht zu stellen. Oftmals handelt es sich um eine nicht reflektierte Raum-als-Container-Perspektive, womit die Komplexität nur auf Seiten der männlichen Identitätsbeschreibung auffindbar wird.[1005]

Das Geschlecht der Stadt, so lässt sich vielleicht festhalten, ist nur mit einem Verständnis von „Geschlecht" und „Stadt" zu thematisieren, das deren komplexe Konstitution und Beziehungen zu „Gesellschaft", „Raum" und zueinander zum Ausgang von theoretischen Ansätzen macht. Mit der Fortsetzung des Feminismus hin zur Anerkennung der Gender-Differenz und der Frage nach der Individualisierung dieser Komplexitäten ist ein wichtiger Schritt vollzogen worden. Zurückgegriffen wurde auf Komplexitätslogiken, die aus der urbanen Komplexitätsforschung bekannt waren und vergleichbare Frage- und Problemstellen generieren können. „Gender" und „Stadt" passen heute aber noch nicht zusammen, weil die Reflexion über die Komplexitätsanalyse von Stadt nicht in den Gender Studies, insofern sie überhaupt Notiz von Räumen nehmen, eingesetzt hat. Angedeutet werden kann ein Forschungsprogramm, das um Identitätskonstruktionen anhand von Komplexitätsfeldern der Mobilität/Verdichtung, Hybridisierung/Strukturierung, Kollision/Intermediation, Anomie/Governance als ein urbanes zu verstehen wäre.

1004 Berg, L. d./Longhurst, R. (2003) Placing Masculinities and Geography. In: Gender, Place and Culture, 10/4, 351-360, so in die Stadtgeographie: Sommers, J. (1998) Men at the margin: masculinity and space in Downtown Vancouver, 1950-1986. In: Urban Geography, 19, 287-310.
1005 Ein Beginn: Elder, G. (2003) Hotels, Sex, and the Apartheid Legacy: malevolent geographies, Ohio.

Dritter Teil: Konturen einer komplexen Stadtforschung

„A critical postmodern research requires researchers to construct their perception of the world in a new, not just in random ways but in a manner that undermines what appears natural, that opens to question what appears obvious (...) Rejecting the arrogant reading of metropolitan critics and their imperial mandates governing research, insurgent researchers ask questions about how what is has come to be, whose interests are served by particular institutional arrangements, and where our own frames of reference come from. Facts are no longer simply "what is"; the truth of beliefs is not simply testable by their correspondence to these facts. To engage in critical postmodern research is to take part in a process of critical world making, guided by the shadowed outline of a dream of a world less conditioned by misery, suffering, and the politics of deceit. "

J. L. Kincheloe/P. L. McLaren[1006]

Wenn im Folgenden die komplexe Stadt als ein Forschungsprogramm angedeutet werden soll, dann stellt sich die Frage, in welcher Weise der Begriff „Programmatik" angemessen ist und an welchen Ansprüchen er gemessen werden kann. Ganz allgemein kann ein Forschungsprogramm als Rahmen für einen oder mehrere Forschungsprozesse beschrieben werden.[1007] Damit einher geht die Erwartung, dass es sich um ein in sich geschlossenes Forschungsfeld handelt, das sich von der alltäglichen Erkenntnisgewinnung und von biographischen Lernprozessen durch eine vorweggenommene Regelsetzung unterscheidet, die durch gezielte Forschungsaktivität einen allgemeinen Erkenntnisfortschritt ermöglicht. Die Konstituierung von Forschungsprogrammen ist als eine Weiterschreibung von theoretischem Wissen beschrieben worden, das nicht das Ergebnis eines einzelnen Forschungsvorhabens abbildet, sondern es handelt sich um eine Forschungstradition, die die Programmatik von Forschung zu Wissenschaft werden lässt. In diesem Sinne ist es nicht bereits die Summe der Forschungsprojekte in einem (institutionellen) Forschungsrahmen, die eine Forschungsprogrammatik hervorbringt, sondern sie ergibt sich durch die Rationalität einer sich fortsetzenden Theoretisierung. Lakatos definiert ein Forschungsprogramm wie folgt: „Es ist eine Aufeinanderfolge von Theorien und nicht eine gegebene Theorie, die als wissenschaftlich oder scheinwissenschaftlich bewertet wird. Aber die Glieder solcher Theorie-Reihen sind gewöhnlich durch eine bemerkenswerte Kontinuität verbunden, die sie zu einem Forschungsprogramm verschmilzt."[1008] Forschungsprogramme dieser Art stehen in Konkurrenz zu anderen und gehen darüber hinaus, einzelne Theorien abzugleichen. Die Position einzelner Theorien in Theorie-Ketten steht zur Debatte und die Kontinuität mit Forschungsprojekten im Rahmen dieser Programme insgesamt jeweils in Frage. Aus diesem Grunde wird im Folgenden keine „Theorie der komplexen Stadt" ausgearbeitet; stattdessen stellt der Komplexitätsansatz den Forschungsrahmen für eine noch zu entwickelnde

---

1006 Kincheloe, J. L./McLaren, P. L. (1998) Rethinking Critical Theory and Qualitative Research. In: Denzin, N. K./Lincoln, Y. S. (eds) The Landscape of Qualitative Research, 293.

1007 Vgl. Kötter, R./Thiel, C. (1988) Wissenschaft als Forschungsprozess, Erlangen.

1008 Lakatos, I. (1974) Falsifikation und die Methodologie wissenschaftlicher Forschungsprogramme. In: Ders./Musgrave, A. (Hg.) Kritik und Erkenntnissfortschritt, Braunschweig, 128.

Forschungsprogrammatik dar, innerhalb dessen sich die Kontinuität vieler Theorien sich zu ergeben hätte. Mit einem Buch kann ein solches Programm nur „angeregt" werden.[1009]

Das zu skizzierende Forschungsprogramm beruht auf einigen grundsätzlichen Entscheidungen, die sich entlang wichtiger programmatischer Fragen ergeben. In einem ersten Schritt soll erörtert werden, welche Konsequenzen sich aus der gesuchten Anbindung an die allgemeine Komplexitätsforschung ergeben (Kap. 18). Hierzu ist es notwendig, eine eigene Lesart der vorhandenen Diskurse aus dieser Wissenschaftsentwicklung zu vollziehen, die Übernahme, Analogie oder Metaphorisierung als Beziehungsdefinition zwischen allgemeiner Komplexitätstheorie und besonderer komplexer Stadtforschung überwindet und dabei nach Brücken zwischen dem Komplexen des Sozialen und des Natürlichen sucht, ohne jeweils auf der einen oder anderen Seite eine subkomplexe Rezeption zu befördern. Zwangsläufig führt dies zu erkenntnistheoretischen Fragestellungen (Kap. 19), in denen es vordergründig um einen Methodenstreit geht. Aufgegriffen wird hierbei vielmehr die sich mit den Präferenz für Hermeneutik oder Empiristik verbindende Weltsicht, die heute zu allererst eine Stadtsicht ist. Zu diskutieren wird sein, in welcher Form sich eine Forschungsprogrammatik der komplexen Urbanität vielleicht eher mit konstruktivistischen Perspektiven verbinden kann, bzw. welches Erbe aus der Debatte um die gesellschaftliche Konstruktion von Wirklichkeit übernommen werden kann. Hierbei ist die Weiterführung der Debatte, von der postmodernen Kritik hin zum Kritischen Realismus, intendiert. Komplexitätsorientierung stellt allerdings nicht nur eine konzeptionelle Schwierigkeit und Herausforderung dar, sondern sie ist als nicht mehr reduktioniertes und diszipliniertes Forschen auf eine neue Organisationsform angewiesen. Diese Problematik wird in Kapitel 20 ausgeführt, wobei die Frage nach der Möglichkeit einer disziplinenübergreifenden Weise des wissenschaftlichen Arbeitens im Vordergrund steht. Zwangsläufig sind die Theorie und die Praxis einer komplexitätsorientierten Urbanitätsforschung von der Realisation durch Individuen abhängig. Die Subjektivität des Forschens ist allerdings durch subjektkritische, vor allem post-strukturalistische Ansätze keine leicht einzufordernde und insbesondere die Frage nach der urbanen Subjektivität ruft Fragen und Zweifel hervor (Kap. 21). Nicht zuletzt aus diesem Grund wird es abschließend wichtig sein, über die Grenzen des hier angedeuteten Forschungsprogramms nachzudenken (Kap. 22). Die nicht weiter diskutierte Problematik der ethischen Ausrichtung der „komplexen Stadt" durchstreift alle folgenden Kapitel, sie sind als Antwort auf die Frage gedacht, wie das im Eingangsstatement von Kincheloe und McLaren eingeforderte „critical world making" zu gestalten wäre, ohne dass eine diskutable Agenda vorgelegt werden muss.[1010]

18. Anschluss an die Komplexitätsforschung

„The basic point of the complex system approach is that (...) the development of political, social, or cultural order is not only the sum of single intentions, but the collective result of non-linear interactions."

K. Mainzer[1011]

1009 Vgl. López, J. (2001) Metaphors of Social Complexity. In: Ders./Potter, G. (eds) After Postmodernism. An Introduction to Critical Realism, New York; Bloor, D. (1991) Knowledge and Social Imagery, Chicago.

1010 Vgl. auch Nowotny, H./Scott, P./Gibbons, M. (2001) Re-Thinking Science: Knowledge and the Public in an Age of Uncertainty, London.

1011 Mainzer, K. (1996) Thinking in Complexity. The Computational Dynamics of Matter, Mind, and Mankind, Berlin, 313.

Wenn man die Innovation der Theoretisierung durch die Erkenntnisse der Naturwissenschaften als auch für unser Denken über Städte akzeptiert, dann wäre die Stadtforschung im Verständnis der Naturwissenschaften und ihrer Erforschung des Komplexen weiter zu entwickeln.[1012] Die Erkenntnis der Reflexivität von Wissenserkundung in der neueren Wissenssoziologie hat zudem die Linearität von Erkenntnisfortschritt verkompliziert, d.h. durch die Erkenntnis selbstreflexiver Prozesse in der Forschung deren Erkenntnisgrenzen sichtbar gemacht.[1013] Anwendungen der Komplexitätstheorie auf der Grundlage von chaostheoretischen Erkenntnissen wurden bereits zu verschiedenen gesellschaftswissenschaftlichen Fragestellungen wie den Dynamiken von öffentlicher Meinung und sozialem Wandel, von Korrelationen und Clustering sozialer Interaktionen, zu Fragen der Solidarität unter Ungleichen, mit Bezug auf das Konzept von „Sozialkapital", in der Forschung über die Transformation von totalitären zu liberalen politischen Systemen und chaotischem Verhalten in sozialen Systemen angewandt.[1014]

Grundlegende Fragestellung einer Anschlussdebatte der Urbanitätsforschung an die allgemeine Komplexitätsforschung ist diejenige nach ihrer Haltung zur Eigengesetzlichkeit ihres Wissenschaftsgebietes. Für eine Aufhebung der Dichotomie zwischen „sozialen Systemen" – in Beharrung auf die Eigenständigkeit des Sozialen und seiner eben nicht mit naturwissenschaftlicher Logik vergleichbaren sozialwissenschaftlichen Betonung eigener Gesetzmäßigkeiten für die „Gesellschaft" – und der davon abgekoppelten „Natur" lässt sich aufgrund der geschichtlichen Dimension argumentieren, in der sich das Entstehen, die Konsistenz und Transformation, aber auch der Tod von Städten wie aller gelebter, gesellschaftlicher Physis als einen hochgradig interaktiven Prozess darstellt. Weitergehend anknüpfen kann die „komplexe Stadt" an Diskurse, die sich grundlegend mit der Frage der Dinglichkeit in einer vergesellschafteten Stadt beschäftigen. Hierbei ist hervorzuheben, dass es bis dato keine explizite Anwendung von post-dichotomen Konzepten über das Verhältnis „Dinglichkeit" und Personalität hinaus auf die Frage des urbanen Kontexts gibt. Diese Schwierigkeit lässt sich, ähnlich wie bei der bereits dargestellten Transfernotwendigkeit der Komplexitäts- und Chaostheorien auf die Stadt, auch hinsichtlich der grundsätzlichen Frage nach der Übertragbarkeit eines solchen naturwissenschaftlichen Erklärungslogos auf die im Allgemeinen dual gedachte physische und soziale Stadt zunächst nur anführen.

Die Arbeiten Bruno Latours zur Aktor-Netzwerk-Theorie sollen hierbei diskutiert werden, um den Ansatz der komplexen Stadt als wissenschaftstheoretisch legitimierte Aneignung einer aus anderen Kontexten gewonnenen Erkenntnis- und Forschungsstrategie aufzuzeigen.[1015] Latours Analyse der Hybridisierungen lässt sich als ein dem Zusammenhang der hier verfolgten Fragestellung angemessener Raum sozialkonstruktivistischer Konzeptionalisierung von Forschungsstrategien anerkennen, die im Gegensatz zum radikalen Konstruktivismus nicht alles als „sozial" konstruiert betrachtet, sondern lediglich Bereiche der nicht-menschlichen Wesen und Dinge in die Theoretisierung einbezieht.[1016] In der

1012 Nicolis, G./Prigogine, I. (1987) Die Erforschung des Komplexen. Auf dem Weg zu einem neuen Verständnis der Naturwissenschaften, München.

1013 Vgl. Woolgar, S. (Hg.) (1998) Knowledge and Reflexivity. New Frontiers in the Sociology of Knowledge, London.

1014 Vgl. die Einzelbeiträge in Hegselmann, R./Peitgen, H.-O. (Hg.) (2001) Modelle sozialer Dynamiken. Ordnung, Chaos und Komplexität, Wien.

1015 S. vor allem Latour, B. (1987) Sciene in Action. How to Follow Scientists and Engineers through Science, Milton Keynes; (1996) On actor Network Thoery. A Few Clarifications. In: Soziale Welt, 47, 369-381; (1999) On Recalling ANT. In: Law, J. (ed) Actor Network Theory and After, Oxford.

1016 Zum Werk Latours s. u.a. Simms, T. (2004) Soziologie der Hybridisierung. In: Moebius, S./Peter, L (Hg.) Französische Soziologie der Gegenwart. Konstanz, 379-393.

Perspektive Latours verflüchtigt sich vor allem die Trennlinie zwischen beiden Welten durch eine Neudefinition von Handlung und Akteur. In jenem berühmten Beispiel vom Revolverheld ist für Latour die Pistole handelnd, da ihr ein gewisses Handlungspotential übertragen wurde. Damit ist nicht deterministisch festgelegt, dass es tatsächlich zum Schuss kommen wird, die Pistole erzeugt nicht das Verbrechen. Vielmehr sind die „Aktanten", wie Latour Träger von Handlungspotentialen nennt, erst in einem Netzwerk in der Lage, möglicherweise bestimmte Handlungen zu generieren. Dementsprechend entfällt für Latour auch die gängige Unterscheidung zwischen menschlicher und nicht-menschlicher Dimension, stattdessen ergeben sich aus einer Vielzahl von Elementen komplizierte Gefüge, die sich als Krisen, Dispute, Assemblagen etc. konfigurieren. Diese Gefüge stellen keine Netzwerke im Sinne einer Strukturlosigkeit dar, sondern sind in ihrer Eigenartigkeit eine Verfestigung zwischen Struktur und Handlung, weshalb Latour in seinen späteren Schriften[1017] auch den Bezug zu Guattari/Deleuze und ihrer Begrifflichkeit des Rhizoms herstellt.[1018] Erkenntnis- bzw. wissenschaftstheoretisch betrachtet Latour diese Hybridisierungskonzeption als eine Möglichkeit, um in der Forschung nicht nur Strategien der Erkundungen sozialer Ursachen für „falsche Theorien" herauszustellen, sondern ihm geht es vielmehr darum, „richtige Theorien" ebenfalls aus ihrer gesellschaftlichen Kontextualisierung heraus verständlich zu machen. In diesem Sinne bezweifelt er, dass es einen Modernisierungsprozess gegeben hat, der sich klassischerweise im Zuge einer Rationalisierung unter Herausbildung der differenzierenden Wissenschaften entwickelt hat.[1019] Mit der Aktor-Netzwerk-Theorie will Latour die Asymmetrie zwischen Falsifizierung und Verifizierung in der (positivistischen) Forschungstradition beenden, indem er einwendet, dass die Objektivierung der Wissenschaft nicht durch diese selbst vollzogen werden kann, sondern man auch diese in eine gesellschaftliche Beziehung setzen müsse. Mit dem von ihm vorgelegten Theorieansatz soll die Kluft zwischen makrosoziologischen Struktur- und mikrosoziologischen Handlungstheorien überwunden werden, indem so genannte „Handlungsprogramme" eingeführt werden, die sich nur durch Übersetzungsprozesse in bestimmten Aktantenkonstellationen realisieren lassen oder andernfalls verhindert werden. Werden Aktanten stärker eingebunden, entwickelt sich auch eine gewisse Vorhersehbarkeit, wenn sie sich zu einem instrumentellen oder technischen Zusammenhang oder als Normen und Institutionen entwickeln. Für den Forschungsprozess heißt dies, dass die Forschungsgegenstände zum Teil sich selbst erforschen, weil sie als geronnene Technologien Handlungspotentiale verstetigen und somit die Richtung des Forschungsprogramms, seine Semantiken etc., mittransportieren.

Die Trennung zwischen (Stadt-)Forschung und Stadt ist somit aufgehoben. Jede Stadt gibt für sich eine programmatische Linie ihrer Erkundung vor, sie nimmt an ihrer Explanatation selbst teil. Man kann sich demnach Städte als Handlungsprogramme vorstellen, in denen die gebaute Umwelt nicht nur lediglich die Bühne von Handlungen abgibt, sondern zugleich auch ein Handlungspotential als solches beinhaltet und sozusagen die Handlungen der städtischen Akteure in ihren Gelegenheitspotentialen vorstrukturiert. Obwohl mit Latours Aktor-Netzwerk-Theorie in bestimmter Weise das Eis zwischen den „reinen" Natur- und den „reinen" Sozialwissenschaften vielleicht nicht gebrochen ist, weil immer noch nicht einsichtig ist, ob es nicht doch etwas Besonderes für die menschlichen Akteuren zu reklamieren gilt, das durchaus einen qualitativen Unterschied ausmacht, so dürfte es doch ein gewisses Tauwetter geben. Denn es lässt sich nun im Gegenzug argumentieren, dass „naturwissenschaftliche" Komplexitäts- und Chaostheorie nur als eine gesellschaftliche

---

1017 Latour, B. (1999) a.a.O.
1018 Guattari, F./Deleuze, G. (1997) Tausend Plateaus: Kapitalismus und Schizophrenie, Berlin.
1019 Latour, B. (1998) Wir sind nie modern gewesen. Versuch einer symmetrischen Anthropologie, Frankfurt.

Konstruktion von Realität zu betrachten ist. Wie Latour am Beispiel Pasteurs verdeutlicht, wird nicht nur naturwissenschaftliche Forschung durch Aktantennetzwerke gesellschaftlich ermöglicht, sie ko-produziert zugleich auch die Gesellschaft.[1020] Wenn man also den Ansatz der „komplexen Stadt" auf sich selbst bezieht, so handelt es sich um einen Theorieansatz, der zugleich seine gesellschaftlichen Vorbedingungen deutlich macht, d.h. die Rezeption der allgemeinen Komplexitätstheorie, und somit eine Leistung einer modernen Wissenschaft, die sich laut Latour immerzu bemüht, die gesellschaftliche Bedingtheit ihrer Forschung verschwinden und den Forscher als handelnden Akteur erscheinen zu lassen, vollbringen will. Komplexe Stadtforschung weist auf die Einbettung in die wissenschaftliche Diskursivität hin und stellt die Frage nach den Aktantennetzwerken, die eine komplexe Stadt-Forschung ermöglicht. Hypothetisch gefüttert kann diese Regressionsnotwendigkeit mit dem Verweis auf die Nähe städtischen Forschens zu anderen Disziplinen und insbesondere jenen, die sich konstruktiv um eine Nutzung nicht-linearer Prozesse bemühen, begründet werden. Hierzu wären in erster Linie mediale, informationelle und kommunikativ ausgerichtete Wissenschaften zu nennen, die sich vorzugsweise an den globalen Knotenpunkten in den Städten ansiedeln. Innovationen in Städten ist Innovation der Stadt; innovative Stadtforschung erkundet urbane Innovationsnetzwerke. Die Verfestigung von Handlungsprogrammen in diesen Aktor-Netzwerken ist ein genuin urbaner Prozess, wodurch sich die Komplexität ihre urbane Form sucht und, wie im ersten Teil der Arbeit ansatzweise dargestellt, eine Lokalisierung der „globalen Komplexität" stattfindet.

Wenn sich mit Latour bereits eine Annäherung an Logiken der Forschung für die komplexe Stadt jenseits der durch die Ausdifferenzierung der modernen Wissenschaften in „Sozial" und „Natur" vollziehen lässt, so verbleibt die noch engere Anschlussfähigkeit an eine allgemeine Komplexitätsforschung zu disktuieren und somit die Frage, ob mit dem Begriff des „Komplexen" in nicht gleicher, aber forschungslogisch ähnlicher Weise verkehrt werden kann, wie dies bereits mit Bezug auf mathematische oder biologische Forschungen der Fall ist. Hierzu ist eine intensivere Rekapitulation der Komplexitätsforschung notwendig, als dies bisher geleistet worden ist, indem zu Beginn von Teil 1 dieser Arbeit analytische Begrifflichkeiten abgesteckt wurden. Ergebnis der induktiven Recherche waren Befunde, die sich um Aussagen zu den Themen der Selbstorganisation, Hybridität, Mobilität, Quantität, Anomie und Personalität, Kollision/Konflikt/Anomie und urbane Metabolik gruppieren.

Komplexitätsforschung ist komplex. Sie beginnt wissenschaftshistorisch mit der Konstruktion der so genannten Turingmaschine im Jahr 1936, die sich auf die Erforschung von flexiblen Algorithmenmodelle bezog.[1021] In den sechziger Jahren wurden mit raum- und zeitbeschränkten Problemklassen in der Mathematik weitere wichtige Schritte zur Etablierung der Komplexitätsforschung unternommen, doch erst mit der von Hartmains und Stearns verfassten Arbeit „On the computational complexity" erschien der Begriff des Komplexen in einer weitergehenden Theoretisierung.[1022] Danach wurden in der Mathematik viele Theoreme (Speedup, Union, Gap) entwickelt, die auf die Computerisierung von Algorithmen aufbauten. Es folgte eine Ausdifferenzierung der mathematischen Komplexitätsforschung, die sich vielen unterschiedlichen Spezialproblemen widmete und deren Zusammenhang unter dem Dach des Komplexen theoretisiert wurde. Komplexität ist von Beginn an als ein Forschungsfeld, das an sich mit offenem Ende, hoher Unsicherheit, in

1020 Ders. (1988) The Pasteurization of France, Cambridge.
1021 Wegener, I. (2003) Komplexitätstheorie. Grenzen der Effizienz von Algorithmen, Berlin.
1022 Scheibe, E. (1988) Gibt es eine Annäherung der Naturwissenschaften an die Geisteswissenschaften? In: Assmann, J./Hölscher, T. (Hg.) Kultur und Gedächtnis, Frankfurt.

dynamischer Evolution und auto-organisiert konzipiert ist, zu betrachten. Es ist deshalb nicht mehr in die Schubladen einer oder mehrerer Disziplinen zu pressen, die sich durch die Reduktion mittels definierter Forschungsobjekte, -methodologien und -diskurse weiterentwickeln.[1023] Die Logik der Komplexitätsforschung ist eine Ordnung, die sich eher nach allgemeinen Prinzipien ausrichtet, für die bestimmte Termini gegeben sind, deren etymologisch-epistemologische Korrektheit aber nicht interessiert. Komplexitätsforschung lässt sich daher nicht als eine Naturalisierung sozialer Sachverhalte verstehen, in der es um die bloße Übertragung mathematischer Denkfiguren oder die Identifikation allgemeiner Gesetzmäßigkeiten in Natur und Gesellschaft geht. Komplexitätsforschung hat sich zwar aus dieser algorithmenbasierten Computerisierung der Mathematik entwickelt, sie wirft aber Fragen auf, die wissenschaftsuniversell als zentral gelten dürfen, wenn man Abschied von linearen, kausalen, dualen, generativen und puristischen Forschungsansätzen nimmt, mit anderen Worten, wenn die Komplexität der Welt in ihrer multiplen Interferenz zugelassen wird.[1024] Die Konstruktion der Sozialwissenschaft beruht hingegen bis heute zumeist auf eine Verneinung der komplexen Beziehungen mit dem Nicht-Sozialen. Das Aussparen der Analyse eben dieser Beziehungen macht Arbeiten zur Verkehrssoziologie, Gesundheitspolitik, Internetpsychologie und vielen anderen so genannten Teilgebieten der „humanities" zu, in ihrer potentiellen Analysefähigkeit reduzierten Vorhaben, denen nur durch eine Anerkennung der Dynamiken zwischen „physischer" und „menschlicher" Welt beizukommen wäre.[1025]

Komplexitätsforschung, an die eine allgemeine Theorie der komplexen Stadt anzuschließen hätte, ist allerdings nicht zu verwechseln mit einer Kapitulation vor dem Komplizierten. Die Deklaration einer Thematik als komplex im Sinne von „kompliziert", als sprichwörtlich mit Theodor Fontane, einem weiten Feld, stellt im Grunde das andere Extrem dar, mit der Komplexität begegnet werden kann. Während eine herkömmliche wissenschaftliche Forschungslogik Forschung durch Reduktion von Komplexität, etwa durch die Verallgemeinerung von Kontextvariablen und die Entkontextualisierung von Zeit und Raum betreibt, ist das Pendant der lyrischen Annäherung an die komplexe Welt in gleicher Weise unbefriedigend. Komplexitätsforschung bedeutet eine Anerkennung von Kontextabhängigkeit und damit ein verändertes Zeitbewusstsein. In diesem Sinne kann man auch sagen, dass sich die Naturwissenschaften historisiert haben.[1026] Die Natur ist sozusagen dem Menschen in der Weise ähnlicher geworden, als dass sie sich nun als unvorhersehbar, sensibel für ihre Umwelt, beeinflussbar bei kleinsten Fluktuationen und eingebettet in ein Meer von Interferenzen, Parallelen, Konvergenzen und Überschneidungen weiter entwickelt.[1027] Mit Einstein war für die Naturwissenschaften das Ende der Newtonschen absoluten Zeit eingeläutet worden, womit die wissenschaftstheoretische Zweiteilung in natürliche und soziale Zeit fragil und fraglich wurde. Zeit ist im Einsteinschen Universum abhängig vom Standort der Beobachtung, obgleich die weitere Debatte in der modernen Physik nicht auf eine vollständig ins Subjektive hineinverlagerte Konstitution von Zeit hin fortschritt, sondern Diskontinuität und Kontinuität, Chronizität und Ungleichzeitigkeit in einem vielschichtigen, d.h. komplexen Verhältnis zu einander konzipierte.[1028] Zeit ist lokal und Räu-

1023 Thrift, N. (1999) The Place of Complexity. In: Theory, Culture and Society, 16, 31-70.
1024 Prigogine, I. (1997) The End of Certainty, New York, 5-35.
1025 Knorr-Cetina, K. (1997) Sociality with objects: Social relations in postsocial knowledge societies. In: Theory, Culture and Society, 14, 1-30; Macnaghten, P./Urry, J. (1998) Contested Natures, London.
1026 Adam, B. (1990) Time and Social Theory, Cambridge.
1027 Rasch, W./Wolfe, C. (2000) Observing Complexity, Minneapolis.
1028 Coveney, P./Highfiedl, R. (1990) The Arrow of Time, London.

me sind temporär, Zeiträume und Raumzeiten sind intrinsische Dimensionen von Objekten, die Uhr tickt in der Stadt. Wenn man die Ansichten der Quantentheorie auf die Gesellschaft überträgt, wie es Zohar und Marshall wortwörtlich tun,[1029] dann beobachten wir, wie Kräfte und Bewegungen Zeiträume schaffen und diese wiederum die Mobilität in ihrem Entwicklungspfeil beeinflussen. [1030] Tanz ohne Tanzende, lautet das Zitat, mit dem die Autoren diese Perspektive metaphorisieren: Urbanisierung ohne Stadt, ließe sich dies zugespitzt für die Stadtforschung formulieren. Gesagt werden soll damit, dass die Axomie kausaler Analyse durch die Annahme relationeller Effektbeziehungen ersetzt wird. Im Gegensatz allerdings zu Theorien, in denen Zeit als ein Konzept der irreversiblen Vergrößerung betrachtet wird, ist ein komplexes Verständnis von diesen Zeiteffektrelationen nur denkbar, wenn diese als lokalisierende und organisierende Zeitmuster verstanden werden. Auffassungen über die unendliche Dispersion von Zeit beruhen auf den Interpretationen des Zweiten Thermodynamischen Gesetzes und der darin fundierten Entropie-Vorstellung von der permanenten, unwiderruflichen Zunahme von Unordnung. Diese Auffassung obliegt auch dem Komplexitätsverständnis derjenigen, die von Komplexität im Sinne von „Reduktion" und „Zunahme" in Gleichgewichtsverhältnissen sprechen, so wie oben etwa bei Luhmann dargestellt. Neuere Komplexitätsforschung hingegen fokussiert auf den Prozess der neuen Inseln von Zeitmustern. Irreversibilität lässt neue Ordnungsprinzipien sichtbar werden und ist mitnichten das letzte Wort mit Bezug auf die Logik der Ordnungsentwicklung, dass diese zu immer größer werdender Unordnung/Chaos tendiere.[1031] Vornehmste Aufgabe der Komplexitätsforschung ist die Frage nach der Gleichzeitigkeit von Ordnung und Unordnung, wie diese miteinander verbunden sind und in welcher Weise die Übergänge zwischen beiden stattfinden.[1032] Urbanes Chaos ist als eine Art von geordneter Unordnung zu betrachten und Stadtforschung wäre nicht länger im klassischen stadtsoziologischen Duktus gefangen, lediglich eine unsichtbare Ordnung zu behaupten, die mittels kausaler Beziehungsanalyse (Stichwort: Durkheims unsichtbare Fäden) sichtbar gemacht werden kann, vielmehr akzeptiert die komplexe Urbanitätsforschung die Stadt als Ort der Unordnungen, deren Logiken nachzuspüren ist, wann immer sie Ordnungen schaffen.[1033] Mit dieser Grundhaltung wird es leichter, die Unvorhersehbarkeit urbaner Entwicklungen zu akzeptieren und anzuerkennen, dass in dem vielfältigen Beziehungsgeflecht der Stadt minimale Effekte, Handlungen einzelner Akteure, geringfügige Temperaturschwankungen oder technische Disfunktionalitäten in der Mikromechanik urbaner Infrastruktur katastrophal sein können.[1034] Der berühmte Schmetterlingseffekt ist in erster Linie als ein urbanes Phänomen vorstellbar. Non-Linearität ist von daher ein Schlüsselbegriff der Komplexitätsforschung, der in der modernen Wissenschaftskultur allerdings schwierig zu vermitteln ist, in der eine Vorherrschaft von Fragestellungen und thematischen Herangehensweisen besteht, die darauf ausgerichtet sind, den Fahrer hinter dem Steuer zu identifizieren.[1035] Stattdessen hat sich teilweise mit dem Begriff des „Systems" eine Denkalternative ergeben, die wiederum Vorstellungen der Biologie nahe steht und die für sich genommen einen konzeptionellen Fortschritt darstellt, da sie die Pilotage durch eine relationale Steuerungslogik ablöst. Sys-

1029 Zohar, D./Marshall, I. (1994) The Quantum Society, New York.
1030 Urry, J. (2003) Global Complexities, Cambridge und Byrne, D. (2001) Understanding the Urban, Houndsmille.
1031 Prigogine, I. (1997) The End of Certainty, New York, 164-173.
1032 Kaufmann, S. (1993) The Origins of Order, New York.
1033 Vgl. auch Hayles, N. K. (ed) (1991) Chaos and Order: complex dynamic in Literature and Science, Chicago.
1034 Casti, J. (1994) Complexification, London.
1035 Vgl. auch Fox Keller, E. (1985) Reflections on Gender and Science, New Haven, 155-157.

teme sind dabei nicht als Ersatz oder Kontrapunkt zur Akteursperspektive zu sehen, wenngleich das Verhältnis zwischen System und Akteur die Lackmusprobe für eine komplexe Stadtforschung sein dürfte, die die Dichotomie zwischen gelebter und bebauter Urbanität überwinden will, ohne zugleich die Qualitäten der Nomination beider Bereiche aufzugeben. Wie in diesem Buch vorgeschlagen, ergibt sich eine solche Perspektive nur, wenn nach Komplexitätslogiken geforscht wird. Ob dabei der Begriff und die Konzeption des „Systems" hilfreich sein können, ist eher zweifelhaft. Dies vor allem aus dem Grund, dass mit diesem Denkmodell zwei nicht adäquate Vorstellungen über die komplexe Stadt zu integrieren wären. Zunächst benötigt das System ein Gegenüber, wofür eine Umwelt angedacht ist. Mit Bezug auf die Stadt gebe es nun zwei Anwendungsmöglichkeiten, die beide nicht überzeugen. Man könnte sich sehr wohl die Stadt als System denken, dann allerdings wäre die Frage, wie denn die Umwelt der Stadt zu definieren sei. Weder der Staat, die Region oder das Umland (im geographisch-morphologischen Sinne) taugen offensichtlich als solche Umweltvorstellungen. Es verbliebe die Welt als solche, womit wiederum die Frage relevant wird, wie dann das Verhältnis eben zu Staat und Region etc. zu konzeptualisieren wäre. Des Weiteren könnte man die Stadt als Umfeld für viele Systeme innerhalb des Städtischen verstehen. Auch diese Metaphorik ist wenig aufschlussreich, weil wiederum die Frage entsteht, wie die Umwelt-Stadt in Bezug stehen sollte mit anderen „Umwelten". Es ist schwer erkennbar, in welcher Weise mit einer solchen dualistischen Konzeption von Stadt-Umwelt-System Erkenntnisfortschritte hinsichtlich etwa der non-linearen Effektrelationen gewonnen werden können. Schließlich befriedigt die System-Metaphorik mit Bezug auf die komplexe Urbanitätsforschung nicht, weil urbane Interaktionen auf die Anschlüsse zwischen Systemen oder zwischen System und Umwelt als notwendige Komplexitätssteigerung reduziert werden. Damit wird ein Bild von Komplexität entworfen, das wiederum die Komplexitätslogiken auf ein entropisch-quantitatives Bild reduziert. Wenn man den Systembegriff verwenden will, so ist dies wahrscheinlich am ertragreichsten zu tun, indem man Systeme als Mobilisierung von Ordnung betrachtet, welche nach verschiedensten Logiken etabliert werden kann und in ihrer Erscheinungsform so bunt und vielfältig ist, dass diese nicht als Zelle im Zellverbund schwimmen muss, sondern in buntester Weise verknüpft, angekoppelt, vernetzt oder eingebettet sein kann. [1036]

Obwohl die Verwendung der System-Metaphorik Vorteile in der Forschungskonzeption hervorbringen kann, wird aus den genannten Gründen auf die Übertragung der Systemtheorie auf die Stadtforschung verzichtet. Stattdessen wird im Sinne der Systemtheorie deren grundsätzliche Anerkennung einzelner Aspekte der komplexen Stadtforschung aufgegriffen und dadurch weitergeführt, dass diese in ein nicht-duales Konzept von Komplexität eingebettet werden soll. Mit der Systemtheorie ist die Aufhebung von Denkblockaden anstrebenswert, die sich aus hierarchischen Konzeptionen von Weltauffassung ergeben. Hierzu ist in erster Linie die Hierarchisierung von „oben" und „unten", aber auch die Fetischisierung der großen Masse und die an konditorische Leistungen erinnernde Einteilung in Makro-, Meso- und Mikro-Schichten zu denken. Wie die Diskurse im ersten Teil der Arbeit verdeutlicht haben, ist weder die Stadt unten, die Welt oben, die Einwohner unten und die Stadt oben. Auch die theoretische Reflektion der Vermittlung konnte nicht auf eine solche Struktur verweisen, in der Intermediarität als eine Zwischenschicht („Meso") zwangsläufig erscheint. Hybridisierungen wurden im Gegenteil als Organisationslogiken sichtbar, die in einer vielschichtigen Weise mit Strukturierungen zusammenhängen, sich mit ihnen amalgieren, von ihnen teilweise dominiert werden, Widerstände hervorrufen, deren Absenz aber

---

1036 Jervis, R. (1997) System Effects, Princeton.

zu urbaner Anomie führt.[1037] Ebendiese Übergänge zwischen Strukturierungen und Hybridisierungen machen die komplexe Stadt aus, in der Komplexitätslogiken erstarren können und für einen historischen Moment eine besondere Form der Urbanisierungslogik hervorrufen; durch nur geringfügige Änderungen stellen sich Umwälzungen in der Stadt ein; diese produzieren – zugleich pfadabhängig und non-linear – eine neue zeiträumliche Gesellschaft, die nicht länger mit der Analyse des Urbanen zu erreichen ist.[1038] An dieser Stelle wird die Systemtheorie verlassen: Komplexität besteht darin, dass nicht nur neue Systeme und Ereignisse angeschlossen werden können, sondern es können auf, zum Teil dramatische Weise, neue Strukturen entstehen, die sich aus der veränderten Relationalität des Gesamten ergeben. Die duale Trennung von System und Umwelt, Stadt und Region, Stadt und Nation, Individuum und Nachbarschaft etc. ist davon eine, aber nicht unbedingt die wahrscheinlichste Form der Komplexitätslogik. Eine systemische Organisationsform von Komplexität beruht auf Stabilität über Zeit und Raum hinweg, genauer: über die Zeit und Raum des Totalen hinaus, und funktioniert nur in einem Kontext linearer, enger Verkoppelung und deutlicher Grenzen und Ausschlüsse. Mit dem Konzept der urbanen Komplexität wird davon ausgegangen, dass diese Komplexitätslogik auf die Materialisierung (und dadurch Beherrschung) von Komplexität angewiesen ist, dass aber Städte sich durch eine „Raison d'Etre" kennzeichnen, die aus der kontradiktionalen Konstitution von Mobilität und Fixierung besteht und diese unterschiedliche Komplexitätslogiken ermöglicht, wovon grundlegend die Verdichtung, die Anti-Entropie, die menschliche Energie gegen den Verfall, als das Spezifikum des Städtischen zu sehen ist. Die Generation von Verdichtung bedroht das Städtische zugleich, indem sie die Mobilität nicht mehr in fixe Räume übertragen kann, wie umgekehrt, die Dominanz des Gebauten die Verdichtung stoppt, die Urbanisierung ins Leere laufen lässt.

Obwohl schon ein oberflächlicher Blick auf die wichtigsten Geschehnisse der letzten Jahrzehnte und die Vorausschau auf Klimaveränderungen eigentlich als empirischer Nachweis für die Relevanz der Debatte um non-lineare Entwicklungslogiken ausreichen müsste, ist die Beobachtung für die allgemeinen Wissenschaft, aber insbesondere für die Sozialwissenschaften und die Stadtforschung, nach wie vor richtig, dass es ein Bedürfnis nach der Erkundung des Statischen und des „Wahrscheinlichen" gibt, statt vermehrt non-lineare, katastrophale Entwicklungen zu erforschen.[1039] Die Katastrophenforschung stellt aber in diesem Sinne kein Paradigma für die komplexe Urbanitätsforschung dar, in der Weise, dass Schwarzmalerei betrieben werden soll. Hiervon herrscht, man besuche nur die Schule des Schwarzen bei Mike Davis, in der Stadtforschung genug Potential vor. Wenn man diese einmal nicht wegen ihrer normativen Forschungsphilosophie, rettet die Stadt, kritisieren mag, dann stellt sich die Frage, mit welchen logischen Operationen hier städtische Entwicklungen thematisiert, analysiert und schließlich projiziert werden. Dabei sind so genannte Umkehrwerte (Tipping point) noch als elegante Gedankenkonstrukte zu bezeichnen, während in „urban studies" oftmals nur mit Wenn-dann-Konstruktionen gehandelt wird.[1040] Mit der Tipping point-Theorie kommt man non-linearen Verhaltensmustern städtischer Entwicklungen nahe, da sie auf die großen Effekte kleiner Veränderungen verweisen.[1041] Ab welchem Grad der Zuwanderung, ließe sich fragen, „kippt" zum Beispiel die Toleranz der

1037 Vgl. Cohen, J./Stewart, I. (1994) The Collapse of Chaos, Harmondsworth.
1038 Vgl. Nicolis, G. (1995) Introduction to Non-Linear Science, Cambridge.
1039 Albeverio, S. et al. (eds) (2006) Extreme events in nature and society, Berlin.
1040 Judd, D. R. (2005) Everything is Always Going to Hell, Urban Scholars as End-Times Prophets. In: Urban Affairs Review, 41/2, 119-131.
1041 Gladwell, M. (2001) The tipping point: how little things can make a big difference, London.

Nachbarschaft in Rassismus um. Wie das Beispiel verdeutlicht, geht eine solche Fragestellung mit einem Ausschluss sämtlicher Kontextvariablen einher. Ein Tipping Point wäre nur dann zu beschreiben, wenn mindestens in zwei Fällen diese Kontexte im Grunde gleich wären. Die non-lineare Forschungshypothese würde dagegen behaupten, dass es gerade die kleineren, nicht-direkt bezogenen, an sich unwichtigen Ereignisse sein können (die dumme Rede eines Innenministers über verzweifelte Vorstadtjugendliche, eine Islam-Karikatur aus einem dänischen Käseblatt), die den Schwellenwert für das Umkippen herabsetzen können.

Von der Systemtheorie kann hingegen gelernt werden, dass die Stadt nicht als ein endloses Ping-Pong-Spiel zwischen den (wie auch immer zu definierenden) Einzelteilen funktioniert, sondern diese ob ihrer Energie, die sich aus der Verdichtungslogik ergibt und durch diese abgebildet wird, eine Kraft darstellt, die sich einerseits in den vorgefundenen Strukturierungen bewegt und andererseits durch die Kollision mit anderen Kräften/Elementen auf Vermittlung angewiesen ist. Zu diskutieren ist die Selbstorganisation der Stadt. Urbanität ist weder die Simmelsche Überflutung mit dem Bruchstückhaften, noch die totale Organisation der New Urban Sociology. Die urbane Komplexität besteht aus der Analyse des Übergangs zwischen postmoderner Bricolage und autogenerierter Struktur.[1042] Die Stadt besitzt eine „self-organized criticality" und ist in diesem Sinne auch als eigene Forschungsdisziplin innerhalb der Komplexitätsforschung gut aufgehoben.[1043]

Komplexitätslogiken des Urbanen lassen sich nur beschreiben, indem eine bestimmte Vorherrschaft einer Organisationsform des Komplexen evident wird. Dies ist vor allem dann möglich, wenn sich unterschiedliche Entwicklungslinien scheinbar nach einer gleichen Mechanik bewegen. Dabei ist wiederum nicht die buchstäbliche Übertragung oder Übersetzung eines Entwicklungsmusters, sondern vielmehr deren innere Ausrichtung auf eine Annäherung an ein dominantes Muster entscheidend. Für die Sozialwissenschaften hat Byrne hiefür die Ausrichtung auf den Fordismus thematisiert.[1044] Die Geschichte des Automobil-Konzern Ford steht als Metapher, um gesellschaftliche Prozesse mit anderen Logiken der ökonomischen Verwertungsprozesse in einen Zusammenhang zu stellen. Gemäß den „fordistischen" Produktionsprinzipien hat die Fließband-Produktion die Autoherstellung effizienter gemacht, indem auch die sozialen Vorbedingungen dieser Produktionsweise angepasst wurden. Hierbei hat sich ein Akkumulationsregime entwickelt, das eine gesellschaftliche Einbettung der fordistischen Produktion erlaubte. Dies geschah durch die Annahme eines Gesamtkonzepts von allgemeinen wie speziellen Regulationen, welche die Arbeiterschaft und die hochgradige Arbeitsteilung gesellschaftlich verankerten. Anders als in der neo-marxistischen Dichotomie von Ökonomie und Gesellschaft wird durch den Postfordismus die wechselseitige Evokation der Produktionssphäre, der gesellschaftlichen Regulatorien und der institutionellen Umwelt betont. Dabei lassen sich verschiedene Akkumulationsregimes mit unterschiedlichen „modes de régulation" unterscheiden. Die grundsätzliche Bedeutung der postfordistischen Gesellschaftstheorie (école de la régulation) beruht in der Analyse des Übergangs vom Regime der Massenproduktion (Fordismus) zu einem anderen (Post-Fordismus). Die moderne Gesellschaft und mit ihr die moderne Stadt haben kein uniformiertes Aussehen erhalten, sondern sie werden in geschichtliche und räumliche Formengeflechte verwurzelt. In dieser Weise wird die Stabilität des Akkumulationsregimes gewährleistet und reproduziert. Der diagnostizierte Regime-Wechsel beschränkt sich nicht auf eine Funktionsänderung der Orte in der Gesellschaft. Mit der postfordistischen Akkumulation vollzieht sich der Übergang von der „Regulation des Raumes" hin zu den „Räu-

---

1042 Vgl. Cilliers, P. (1998) Complexity and Post-Modernism, London.
1043 Waldrop, M. (1994) Complexity, London.
1044 Bynre, D. (1998) Complexity Theory and the Social Science, London, 28.

men der Regulation".[1045] Mit einer fordistischen Phase der Stadtentwicklung wird dementsprechend eine Periode bezeichnet, in der ein oder wenige auf Massenproduktion gerichtete Unternehmen die Stadtentwicklung dominierten. Insbesondere Formen der Stadtentwicklung, die sich in heute als problematisch erfahrenen Wohngegenden mit Hochhaus-Bau (Banlieu, Bijlmer, „Platte", Ballymun etc.) darstellen, werden als Produkt einer Übertragung der fordistischen Produktionslogik auf die Privatsphäre des Einzelnen betrachtet.

Obwohl sich mit dem Beispiel des Fordismus und der Post-Fordismus-Debatte andeuten lässt, was ein Attraktor in der Stadtforschung sein kann, sind wichtige Unterschiede zum „Akkumulationsregime" zu betonen. Zunächst handelt es sich um eine theoretisch-antagonistische Ausgangsbasis, bei der Ökonomie und Raum, Raum und Gesellschaft, Ökonomie und Gesellschaft sich relativ unverbunden gegenüberstehen. Diese Verknüpfung wird dann zwar konzipiert und der Übergang zwischen diesen wird als Diagnose präsentiert. Dem ist entgegenzuhalten, dass es komplexitätstheoretisch nicht nur einen Attraktor (fordistisches Akkumulationsregime) gegeben haben kann. Wenn dies der Fall gewesen wäre, wird Transformation unerklärlich oder nur in der Weise, in der eine Stringenz von Chaos/Unübersichtlichkeit/Post-Fordismus behauptet wird. In der Komplexitätsforschung ist vielmehr das Chargieren zwischen verschiedenen, zum Teil „fremden Attraktoren" der Grund für Entwicklung und Non-Linearität. Die permanenten Ausdehnungen und Faltungen des Attraktors ergeben die Bäcker-Transformationen, die computergestützt seit 1970 untersucht werden können. Wichtig ist dabei, dass es sich um Prozesse der Rückkoppelung und nicht um „Regime", in denen einseitig und mono-direktional Herrschaft über andere Prozesse ausgerichtet wird, handelt. Mit Bezug auf die Fordismus-Metapher fällt auf, dass die Theoretisierung des Konsums, der eine wichtige Rückkoppelung des Marktes an die Produzenten darstellt, im Grunde nicht auftaucht. Feedback kann Bestätigung des Attraktors bedeuten und Herrschaftsverhältnisse beruhen auf einer Selektivität von Rückkoppelungsmöglichkeiten, weshalb in diesem Fall die Transformation als eine externe erscheint. In Wirklichkeit ist die permanente Wiederholung der Rückkoppelung notwendig, um zu zeitlicher und räumlicher Synchronisation zu gelangen. Dies erfordert aber wiederum die Energie, die sich durch Überlappung und Faltung, urban: Mobilität und Fixierung, erreichen lässt. Herrschaft in diesem Sinne bemüht sich um Zentralität, in Stein gemetzelt als Rathaus am Marktplatz gegenüber der Kirche. Pilotage will intentional den urbanen Entwicklungsprozess beeinflussen und Urban Governance stellt den Versuch dar, die Hybridisierungen zu generieren, die angesichts der bestehenden Strukturierungen und der lokalen Flüsse notwendig sind. Ihr Scheitern schafft Attraktoren, die nicht mehr intermediär eingefangen sind und anomisch wirken.

Die Stadt divergiert zwischen diesen verschiedenen Entwicklungsformen, die vielleicht als urbane Attraktoren zu bezeichnen sind; urbane Komplexitätsforschung geht von einer offenen Landschaft aus, in der es zu permanenten Kollisionen zwischen verschiedenen Akteuren, Bildern, Meinungen, Gütern, Institutionen, Körpern, Gebäuden, Waren, Organismen, Handlungen, Ritualen, Medien etc. kommt.[1046] Zahlreiche literarische Dokumente geben einen Einblick in die Wahrnehmung des offensichtlichen Chaos der Stadt und der urbanen Turbulenzen. Die Kollisionen im urbanen Raum lassen sich nicht in die Raster „geordnet/ungeordnet" oder „anfällig/chaotisch" einordnen, vielmehr gibt es einen Grad an Anfälligkeit für plötzliche Veränderungen und Anbindungen an „fremde Attraktoren". Die Stärke der einzelnen Attraktoren ist hierbei wichtiger als der Grad der Ordnung. Inwieweit

1045   Benko, G./Lipietz, A. (1995) Form the régulation of space to the space of régulation. In: Boyer, R./Saillard, Y (eds) Régulation Theory. The state of the art, London/Nex York.
1046   Vgl. Rycroft, R./Kash, D. (1999) The Complexity Challenge, London.

es den Attraktoren gelingt, Strukturierungen mit eigenen Hybridisierungslogiken mithilfe von selektiven Rückkoppelungsbahnen zu installieren und aufrecht zu erhalten, scheint entscheidend zu sein. Die Stadt, um nicht in die düsteren Apokalypsen der Großstadtfeindlichkeit zu verfallen, ist nicht als Ort der Katastrophen zu titulieren und ist de facto nicht mehr „katastrophal" als das schmelzende Grönlandeis für die Eisbären. Es geht der urbanen Komplexitätsforschung um die alltäglichen Unfälle und Zusammenstöße, die nicht als „Fehler" oder „Unordnung" betrachtet werden, auch nicht als Becksche Nebeneffekte, sondern sie sind, in die Komplexitätsforschung eingebettet, als Analyseebene für die Attraktionskonflikte zu sehen. Die „normalen Unfälle" gelten als Kollisionen, in denen die Strukturierungen nicht greifen und Anomiepotentiale sichtbar werden.[1047] Aus Strukturierungen werden aber nicht lose gekoppelte Systeme, sondern es entsteht eine Sogwirkung anderer Attraktoren, die unvermittelt die Strukturierungslogiken auf die Individuen, Organisationen etc. oktroyieren können. Die Drogenökonomie entfaltet sich, die ununterbrochenen Rückkoppelungsschleifen von Gewalt und Rache, die Selbstorganisation von Korruption und Willkür der Herrschaft installieren sich als Attraktoren im städtischen Geflecht, indem sie sich dort niederlassen, territorialisieren. Diese Attraktoren desynchronisieren die Stadt und führen eigene Zeiten und Räume ein, verknüpfen sie und fragmentieren die Chronizität des Urbanen. Non-lineare Entwicklungen ergeben sich von daher in erster Linie aus der Fraktionalisierung von Zeiträumen.[1048] Städte sind deshalb für das Spiel der Attraktoren besonders anfällig, weil sie hochgradig energetisch sind und von der Bewegung getragen werden. Schon Braudel hatte diesen Aspekt als für die Entwicklung der Städte ausschlaggebend gehalten.[1049]

Wenn die komplexe Stadt als ein Phänomen der Selbstorganisation verstanden wird, dann ist zu unterstreichen, dass es sich hierbei eben nicht um die Identifikation von Stadt = System oder Stadt = Umwelt handelt. Mit dem Fokus auf Selbstorganisation in der Stadtforschung sollte vielmehr ein Erkenntnisinteresse einhergehen, dass die Problematisierung von Autodynamik im vernetzten Entwicklungsprozess aufgreift, ohne zugleich die Theoriesuggestionen aus Physik/Systemtheorie etc. unreflektiert als für die Stadt gültig zu erklären und auch ohne eine Paralleltheorie aufzubauen, die sich nicht um die Tragweite von analytisch zu nutzende Begriffe wie Attraktion, Non-Linearität oder Chaos kümmert. Mit der Selbstorganisation ist theoretische Offenheit als Ziel anvisiert, die zu einer komplexitätssteigernden Analyse genutzt werden soll; Selbstorganisation als hervorstechendes Merkmal der komplexen Stadtforschung kann daher per definitionem nicht mit einer Definition der Beziehung von Selbstorganisation, Komplexität und Stadt beginnen.[1050] Vielmehr ist mit Selbstorganisation die Wissenschaftsintention verbunden, ein Relationsverständnis jenseits von Substanzontologie anzustreben.[1051] Bis heute kann man sagen, dass der Versuch, diesen Brückenschlag mittels der „naturalistischen Anthropologie ohne physikalischen Reduktionismus"[1052] zwischen allgemeiner Komplexitätsforschung und insbesondere den Gesellschaftswissenschaften bislang nicht in der Weise stattgefunden hat, dass ein Theorie-

---

1047 Perrow, C. (1999) Normal Accidents, Princeton.
1048 De Landa, M. (1997) A Thousand Years of Nonlinear History, New York.
1049 Braudel, F. (1973) Capitalism and material life: 1400 - 1800, New York.
1050 Zur einschlägigen Definition in der allgemeinen Komplexitätsforschung s. Freund, A.M./Hütt, M.-T./ Vec, M. (2006) Selbstorganisation: Aspekte eines Begriffs- und Methodentransfers. In: Dies. (Hg.) Selbstorganisation. Ein Denksystem für Natur und Gesellschaft. Köln.
1051 Vgl. Götsche, J. (2006) Selbstorganisation: Neue Grundlagen zu einem einheitlichen Realitätsverständnis. In: Freund, A.M./Hütt, M.-T./ Vec, M. (Hg.) a.a.O., Köln.
1052 Kanitscheider, B, (2006) Chaos und Selbstorganisation in Natur- und Geisteswissenschaften. In: Freund, A.M./Hütt, M.-T./ Vec, M. (Hg.) a.a.O., 88.

Feedback aufgrund der hier verfolgten Forschungsstrategien ermöglicht wurde. Zumeist verharrt die Diskussion bei der Frage, ob die Theoreme, Begriffe, Logiken „übertragbar" seien, ohne stattdessen Komplexität als solche ernst zu nehmen und in ihrer Forschungsproblematik (nicht-linear, chaotisch-deterministisch, etc.) aufzugreifen.[1053] Wie für die Ethnologie kann für die gesamten Gesellschaftswissenschaften behauptet werden, dass wir erst am Anfang stehen, um die Selbstorganisation als Ausgangspunkt für eine spezielle Komplexitätsforschung zu akzeptieren und Impulse aus der nunmehr über hundert Jahre dauernden, methodischen Erforschung des Sozialen einzubringen: „Meistens ist die Ethnologie von einem zu starren Struktur- und Kulturbegriff ausgegangen, und hat es nicht vermocht, den Strukturwandel und die Prozesse der Strukturierung und Strukturbildung adäquat zu fassen. Der Begriff der Selbstorganisation könnte hier neue Perspektiven eröffnen."[1054]

Mit der induktiven Diskussion der Komplexitätslogik des Urbanen sollte der Herausforderung durch die zumeist natur- oder geisteswissenschaftlich inspirierten Diskussion um Selbstorganisation und Komplexität begegnet werden und anhand der vorliegenden Empirie des Städtischen im ersten Teil der Arbeit ansatzweise begrifflich herauskristallisiert werden. Dabei ist bewusst auf die „Übertragung" der vorformulierten Komplexitätsterminologie verzichtet worden und ein offenes Vorgehen gewählt worden, in dem die Stadtforschung ihre eigenen Worte wählen kann. Im zweiten Teil wurde nachgewiesen, dass metatheoretische Herangehensweisen an das Städtische (über die Theorieattraktionen Geschichte, Gesellschaft, Geschlecht etc.) durchaus Erkenntnisse bestätigen, die zwar zumeist anders deklariert, dennoch als geistesverwandt mit den Ergebnissen der ersten Kapiteln dieser Arbeit erscheinen. Das Programm der komplexen Stadt wird als eine permanente Manövrierübung zu gestalten sein, bei der im Meer der non-linearen Beziehungen das Auge zwischen den eigenen Echoloten der empirischen Stadtforschung und den allgemeinen Erkenntnissen über die Komplexität hin und her schweifen müsste. Aus diesem Grunde greifen auch sozialwissenschaftliche Abwehrreflexe zu kurz, die – verhaftet in der realitätsfernen Reduktion auf Diskursanalyse – die komplexitätsorientierte Neuorientierung der Wissenschaft als eine weitere Heuristik betrachten.[1055] Stattdessen sollte die Stadtforschung offensiv den Weg beschreiten, die zu Anfang dieses Vorhabens aufgestellten Fragen weiter zu behandeln. Die herausgearbeiteten Begriffe (Hybridisierung, Kollision, Verdichtung, Mobilität, Mikro-Masse, Synchronizität, Metabolismus, Strukturierung, Körperlichkeit, Anomie, Governance/Pilotage) stehen zur Disposition, sie sind als Thematisierungen und analytische Dimensionen der komplexen Stadt gedacht.

1053 Z.B. Landfried, C. 1996) Politikorientierte Folgenforschung. Zur Übertragung der Chaostheorie auf die Sozialwissenschaften, Speyer.

1054 Eckert, J. (2006) Kultur im Wandel – Wandel des Kulturbegriffs. Ein Versuch über die Abwesenheit des Selbstorganisationsbegriffs in der Ethnologie. In: Freund, A.M./Hütt, M.-T./ Vec, M. (Hg.) a.a.O., Köln, 143.

1055 Etwa Müller, K. (1992) „Katastrophen", „Chaos" und „Selbstorganisation". Methodologie und sozialwissenschaftliche Heuristik. In: Prokla, 22/3, S. 340-373.

19. Wissen in der komplexen Stadt

„Man kann zwischen zwei Arten von Stadtbildern unterscheiden: den einen, die bewusst geformt sind, und den anderen, die sich absichtslos ergeben. Jene entspringen dem künstlerischen Willen, der sich in Plätzen, Durchblicken, Gebäudegruppen und perspektivischen Effekten verwirklicht, die der Baedeker gemeinhin mit einem Sternchen beleuchtet. Diese dagegen entstehen, ohne vorher geplant worden zu sein. Sie sind (...) Geschöpfe des Zufalls, die sich nicht zur Rechenschaft ziehen lassen. Wo immer sich Steinmassen und Straßenzüge zusammenfinden, deren Elemente aus ganz verschieden gerichteten Interessen hervorgehen, kommt ein solches Stadtbild zustande, das selber niemals der Gegenstand irgendeines Interesses gewesen ist. Es ist so wenig gestaltet wie die Natur und gleich einer Landschaft darin, dass es sich bewußtlos behauptet. Unbekümmert um sein Gesicht dämmert es durch die Zeit (...) Die Erkenntnis der Städte ist an die Entzifferung ihrer traumhaft hingesäten Bilder geknüpft."

S. Kracauer [1056]

Kracauer beschreibt, wahrscheinlich stellvertretend für viele, das urbane Leben als durch Bilder geprägt, die er in diesem Zitat als Geschöpfe des Zufalls beschreibt. Die Stadt sei wie die Natur nicht gestaltet und behaupte sich ohne Intention.[1057] Kracauer bringt ein naturalistisches Urbanitätsverständnis zum Ausdruck, das für das Programm der komplexen Stadt in dem Sinne interessant ist, als es die Intentionalität der Stadtentwicklung relativiert und sozusagen die „Selbstorganisation" des Urbanen betont. Zugleich erkennt er an, dass die Stadt aus verschiedenen „Interessen" geformt wird, die komplexitätsorientiert vielleicht (weitergehend) als Attraktoren zu bezeichnen wären. Der letzte Satz des Zitats ist aber vielleicht der wichtigste: Stadtforschung ist mit dem Auftrag des Verstehens, der Entzifferung, zu versehen. In Kracauers Worten handelt es sich um „Bilder" und um „traumhafte" Prozesse. Es wäre näher zu diskutieren, welche Bedeutung diesen Worten vom Autor zugewiesen wird. Kracauer als Analyst der Moderne würde sicherlich missverstanden werden, wenn man das Traumhafte hier als das vollkommen Surreale, als Schäume, abqualifizieren würde.[1058] Alternativ ist nur denkbar, dass man mit dem Entziffern von Traumbildern der Stadt einen anderen, vermeintlich besseren Realitätszugang erhält.[1059] Die Forschungsperspektive auf das „Komplexe" begründet sich im Grunde wie bei Kracauer und seinem Plädoyer für das Traumhafte damit, dass Möglichkeiten einer verbesserten Realitätswahrnehmung erleichtert werden sollen.

Es stellt sich die Frage, in welcher Weise „verbindliches, allgemeingültiges, intersubjektiv-wahres Wissen" unter den Bedingungen einer Wissenschaft, der es zunehmend schwer fällt, ihre Selbstbegründung zu definieren, gewonnen werden kann.[1060] Mit der kartesianischen Wende und dem Siegeszug der induktiv-empirischen Methodik der modernen Wissenschaften hat sich ein Gleichgewicht zwischen Argumentation und Experiment, zwischen Rationalismus und Empirismus, etabliert, das nun in vielerlei Hinsicht wiederum in Zweifel gezogen wird und die Notwendigkeit einer Reflexion der Grundlage des Wis-

---

1056 Kracauer, S. (1987) Straßen in Berlin und anderswo, Berlin, 50.

1057 Vgl. Reeh, H. (2004) Ornaments of the metropolis: Siegfried Kracauer and modern urban culture, Cambridge.

1058 Vgl. Frisby, D. (1989) Fragmente der Moderne. Georg Simmel, Siegfried Kracauer, Walter Benjamin, Rheda-Wiedenbrück.

1059 Vgl. auch Frisby, D. (2001) Cityscapes of modernity: critical explorations, Cambridge.

1060 Ruhlau, E. (2002) Syntopie I – Ort und Wissen. In; Rippl, D./Dies. (Hg.) Wissen im 21. Jahrhundert. Komplexität und Reduktion, München, 12.

sensprozesses in den Vordergrund stellt. Ergebnis des Aushandelungsprozesses zwischen reduktionsgerichteter empirischer Forschung und komplexitätserhöhender deduktiver Verallgemeinerung sind die so genannten „semantischen Konsistenzen", die gedanklich zwischen der Partikularität des Forschungsergebnisses und der Generalisierung des Kontextes Brücken schlagen.[1061] Die Destabilisierung dieser Einheitssemantiken durch einerseits neue Partikularbefunde und andererseits logische Zweifel an der Übertragbarkeit hat in der Entwicklung der modernen Wissenschaften an bestimmten Punkten zum Paradigmenwechsel geführt, mit dem neue Semantiken generiert wurden. Die Analyse der modernen Wissenschaftsentwicklung hat sicherlich auch für die Einführung der Komplexitätsforschung im Allgemeinen wie für das Forschungsprogramm der komplexen Stadt im Besonderen zu gelten. Man könnte den ersten Teil der Arbeit als Artikulation von empirischen Befunden betrachten, die die etablierten Stadtdiskurse („Megacity", „Global City", „Dual City" etc.) in Frage stellen und somit die weitergehende Semantik über die Stadt im Allgemeinen und die darin enthaltenen Denkfiguren über die urbane Dynamik produzieren. Zugleich kann der zweite Teil der Arbeit als ein Bezweifeln der allgemeinen Narrationen betrachtet werden, mit denen zumeist die sperrige Komplexität des Urbanen aufgehoben werden soll.[1062] In Anbetracht dieser Analyse kann man davon ausgehen, dass die Einführung von „Komplexität" als Schlüsselbegriff in der Stadtforschung sich nur aus einem Surplus an theoretischer Semantik rechtfertigen lässt, die die aufgetretenen Hiate der alternativen Metatheorien und die Diversität der empirischen Problematiken „mehr" aufzuheben vermag und dadurch eine wesentliche Steigerung der Erklärungspotentiale zu bieten hat. Einem solchen Wettstreit der Erklärungsansätze wird in der Regel mit dem Einwand begegnet, dass man sich, zumindest in den Sozialwissenschaften, nur mit den so genannten „Theorien der mittleren Reichweite" begnügen müsse, weil es eine prinzipielle Unvorhersehbarkeit angesichts umfassender sozialer und historischer Transformationen gebe, und man wiederum mit diesen Theorien durchaus erhebliche Erkenntnisgewinn erzielt habe.[1063]

Dieser virulente Einwand gegen eine grundsätzlichere Debatte über Theorien der Stadt(entwicklung) kann mit der Fragilität eben jener „bescheideneren" Theorieansätze erklärt werden, die sich immer wieder dann beobachten lässt, wenn tatsächlich große Umwälzungen in der Welt und in den Städten (oftmals zunächst in den Städten: Berliner Mauer, WTC New York etc.) auftreten. Jedoch bedarf es nicht dieser spektakulären Beispiele, um die Insuffizienz der soziologischen Bescheidenheit zu demonstrieren. Die Absage an die Meta-Theorien, wie sie insbesondere die Meta-Theorie der Postmoderne begründet, trägt dazu bei, dass die Stadtforschung sich in ein den Sozial- und Geisteswissenschaften vertrautes Dilemma hinein bewegt, in der ihr Fragestellungen aufgebürdet werden, die sie angesichts eines deontologischen Programms nicht (mehr) leisten will und kann. Wissenschaft, nach der Ernüchterung über die Reichweite von Theorien insgesamt, wird sich mit Fragen konfrontiert sehen, die als eine permanente Abwehrhaltung gegen den gesellschaftlichen Bedarf an Sinnressourcen zu interpretieren ist. Die Flucht in die Theorie der mittleren Reichweite hat im Grunde mit der überfrachteten Erwartung an Wissenschaft noch nicht gebrochen, sie besagt vielmehr nur, dass die Sinngebung nicht über den Tag hinaus reicht.

Die Grundlegung einer komplexen Urbanitätsforschung darf als ein theoretisches Abenteuer verstanden und als ein solches ausprobiert werden, wenn es als ein Unternehmen gestartet wird, bei dem es in erster Linie um die Konsistenz einer Semantik geht, die ver-

1061   Von Weizsäcker, C. F. (1985) Aufbau der Physik, München.
1062   Vgl. Kuhn, T. S. (1967) Die Struktur wissenschaftlicher Revolutionen, Frankfurt.
1063   Merton, R. K. (1967) On Theoretical Sociology, New York/London.

schiedene Modelle der Stadterklärung widerspruchsfrei miteinander verbinden kann.[1064] Eine Theorie erhält ihre Identität durch eine formale Gleichheit der verwendeten oder vorgeschlagenen Modelle, auf die sie sich maßgeblich bezieht, ohne dass dabei eine notwendige strukturelle Homogenisierung einzelner Modelle vorliegt.[1065] Die Kennzeichnung von Modellen, insbesondere in der empirischen Wissenschaft, geht immer mit einer Reduktion von Wissensbeständen einher.[1066] Hierbei ist als ein grundsätzliches Manko festzustellen, dass auch bei gründlichster Zuordnung von Erklärungsbeständen zu einem dafür eingerichtetem Modell eine resistente Schwierigkeit mit Klassifikationen anzuerkennen ist. Aus diesem Grunde erscheint es unannehmbar zu sein, Wissenschaft als Suche nach der „grand unified theory" zu konzipieren. Dieser grundsätzliche Vorbehalt muss auch gegenüber der Modellierung von empirischer Erkenntnis in der komplexen Urbanitätsforschung geltend gemacht werden, ungeachtet der intendierten Erklärungsreichweite der Theorie. Er gilt auch für die Überprüfung und Kritik an dem Theorievorschlag der Komplexität für die Stadtforschung, die nicht nach dem Kriterium der lupenreinen Exaktheit der angedeuteten Modelle zu gestalten ist. Zweifelsohne kann vortrefflich darüber gestritten werden, ob die im ersten Teil der Arbeit herausgeschälten Begriffe bereits einen Modellcharakter haben, indem sie gleiche empirische Befunde klassifizieren. Gleichheit des Befundes ergibt sich zwangsläufig aus einer Isomorphie auf der Grundlage einer bestimmten Charakteristik, die sich bei erweiterter Vergleichslage wiederum nicht mehr einstellen kann. Ob zum Beispiel, wie hier geschehen, der Islam, der Nationalstaat und der Neo-Liberalismus als Strukturierungen einzuordnen sind, hängt nicht nur von der Definition der Schnittmenge, sondern auch von alternativen Einordnungsmodellen ab (wodurch sich wiederum Schnittmengenmuster erweitern oder vergrößern). Reduktionistisch wäre es, wenn es nur die Wahl zwischen den Modellen A und Nicht-A gebe, womit eine aristotelische Einheitsaxiomatik propagiert würde, die angesichts der komplexen Vielschichtigkeit aller Empirie unangemessen erscheint.

Der Einwand gegen eine komplette Modellierung der Welt in der Theorie wird nicht als Begründung für eine saloppe Begriffsbestimmung und -benutzung benutzt, im Gegenteil. Die verwendete Begrifflichkeit hat sich in der Weise entwickelt, dass einerseits die Semantik der allgemeinen Komplexitätstheorie als Diskursangebot aufgegriffen und andererseits durch die mit der herkömmlichen empirischen Stadtforschung ermittelten Befunde (und Begriffsdiskussionen) ausbalanciert wird. Ein erheblicher Einwand gegen dieses Vorhaben ist die Charakteristik der hier zu modellierenden „Daten". Sowohl von der etablierten Sozialwissenschaft als auch von den naturwissenschaftlich inspirierten Komplexitätsforschern lässt sich einwenden, dass „Prozesse" wie Globalisierung, soziale Integration, Hybridisierung, Anomie etc. keine eigentlichen „Daten" sind. Vielmehr stellen diese bereits eine Ordnung an sich dar oder sind Ausdruck einer Ordnungsanalytik, die als solche bereits als ein Erklärungsversuch zu lesen ist. Dem gegenüber ist einzuwenden, dass dies ein folgenreiches Missverständnis wäre, demzufolge nur quantifizierbare Daten modellierbar wären und qualitative Prozesse („soziale Tatsachen" im Sinne Durkheims) damit außen vor blieben.

Die Entwicklung der Sozialwissenschaften in den letzten zwanzig Jahren kann als eine Emanzipation vom Determinismus und der Prädominanz der bezifferbaren Welt des Sozialen angesehen werden. Die „stille Revolution der qualitativen Sozialforschung" gilt es auch

1064 Vgl. Balzer, W./Moulines, C. U./Sneed, J. D. (1987) An Architectonic for Science, Dordrecht.
1065 Vgl. Moulines, C. U. (2002) Einheit des Seins – Einheit der Wissenschaft. In: Rippl, D./ Ruhlau, E. (Hg.) Wissen im 21. Jahrhundert. Komplexität und Reduktion, München.
1066 Nagel, E. (1961) The Structure of Science, New York, Kap. 11.

in Anbetracht ihrer offenkundigen Mängel nicht zu hintergehen und für die komplexe Stadtforschung fruchtbar zu machen.[1067] Die Anerkennung des Qualitativen hat sich über verschiedene Stationen im allgemeinen Wissenschaftsdiskurs, aber vornehmlich in den Sozialwissenschaften, Bahn gebrochen. Zunächst wurde die Aufnahme von qualitativen Daten damit begründet, dass dadurch weitere Einsichten möglich seien, die eine Art der Vertiefung der vorerst als quantitative Sachbestände ermittelten (Verhaltens-)Muster erlaube. Hierbei hat man die Anwendung qualitativer Forschungsmethoden als eine Annäherung an die Empathie und die Emanzipation des Forschungsobjekts betrachtet.[1068] Zugleich ging mit der Wahrnehmung dieser Aspekte sozialer Wirklichkeit eine Erkenntnis einher, die sich wiederum auf den Wissenschaftsbetrieb (und damit die Vorherrschaft des dominanten Quantitätsansatzes) bezog und diesen delegitimierte, indem die Inkorporation der Perspektiven der befragten Personen die versteckten Forschungsnarrationen der Sozialwissenschaften aufdeckte.[1069] Weitergehende Kritik an dem etablierten Dualismus der quantitativen und qualitativen Forschung entwickelte sich in der Weise, dass diese Spaltung mit der Trennung zwischen Forscher und Forschungsobjekt identifiziert wurde.[1070]

Seitdem ist die normative Basis des Erkenntnisinteresses eine grundlegende Fragestellung, die mit der relativierten, wenn nicht gar aufgehobenen Identität des Forschers einhergeht. Forschung kann in diesem Sinne nur mit der Explifizierung der Forschungsinteressen, politischen und moralischen Vorstellungen beginnen, um die Interaktion der Forschung in der Stadt, an der sie teilhat und der sie nicht „gegenüber" steht, offenkundig werden zu lassen. Diese Wendung der qualitativen Forschung hat der Entwicklung eines neuen Forschungsverständnisses in der Sozialwissenschaft insgesamt erhebliche Impulse gegeben, wenn auch nicht zu leugnen ist, dass bei Weitem das Diktat der großen Zahl nicht aufgegeben worden ist und nach wie vor ein Rechtfertigungszwang für jene Forschung, die von der hohen Warte der Statistik als „qualitativ" einzustufen wäre, besteht. Sicherlich sind die heute verfügbaren gesellschaftlichen Ressourcen für die Stadtforschung (und Sozialwissenschaften insgesamt) nach wie vor dem Fetisch der Masse zugeordnet, der aber, wie in Kapitel 1. demonstriert, nur noch wenig zu einem Verständnis der Komplexitätslogik städtischer Entwicklungen beiträgt und kaum mehr zur Definition des Urbanen taugt. Eine komplexitätsorientierte Forschungsprogrammatik hätte diesen Konflikt erneut aufzugreifen und müsste sich, weil erkenntnisversprechend, der Position anschließen, die sich aufgrund der Forschungsinnovationen in der „qualitativen" Forschung ergibt. Einer der wichtigsten Gründe hierfür ist, dass in diesem Feld Forschung als Handlung gelten sollte.[1071] Dies würde zu einer wahren Explosion von neuen Forschungsmethodiken führen, deren Ausarbeitung und Reflexion sich in vielfältiger Weise verselbständigt und institutionalisiert.[1072]

Seine vorläufige Heimat hat das sich aus der qualitativen Sozialforschung entwickelnde Forschungsprogramm in der übergeordneten Theorie des Konstruktivismus.[1073] Doch ist der Konstruktivismus ein schwieriges Zuhause und ist nicht in der Weise „theoretisch", wie

1067 Denzin, N. K./Lincoln, Y. S. (1994) Handbook of Qualitative Research, Thousand Oaks.
1068 Vgl. Gergen, K. J. (1993) Toward Transformation in Social Knowledge, London.
1069 Slife, B. D./Williams, R. N. (1995) What's Behind the Research? Discovering Hidden Assumptions in the Behavioral Science, Thousand Oaks.
1070 Vor allem auch in der feministischen Kritik: Gergen, M. (1999) Impious Improvisations: Feminist Reconstructions in Psychology, Thousand Oaks.
1071 Vgl. Fals-Borda, O./Rahman, M. A. (eds) (1991) Action and Knowledge, New York.
1072 Vgl. Gergen, M./Chrisler, J. C./LoCicero, A. (1999) Innovative methods: resources for research, teaching and publishing. In: Psychology of Women Quarterly, 23, 431-456.
1073 Grundlegend Glasersfeld, E. v. (2002) Radikaler Konstruktivismus: Ideen, Ergebnisse, Probleme. Frankfurt.

dies für bis dahin gehandelten Theoriedefinitionen, wie oben anhand der Modellierungsmöglichkeit von Erkenntnis/Daten diskutiert, gegolten hat.[1074] „Der Konstruktivismus lädt zu ständiger Selbstreflexion ein – auch gegenüber dem Konstruktivismus selbst. Alle Wörter, Behauptungen und Vorschläge müssen als vorläufig angesehen werden und einer Dekonstruktion und einer moralischen und politischen Bewertung offen stehen. Durch jeden Schritt in einem Diskurs geben wir unzählige Möglichkeiten auf und unterdrücken andere Meinungen und Lebensformen," so lautet eine Beschreibung des Konstruktivismus, mehr Programmatik also als Theorie.[1075] Wenn man fehllaufende Kritik am Konstruktivismus beiseite lässt und ihn nicht mit der Lesart einzelner, dem konstruktivistischen Diskurs zuzurechnender Autoren identifiziert, dann lässt sich diese Programmatik nicht auf einen „antihumanen" oder „anti-wissenschaftlichen" Kern reduzieren.[1076] Anschlussfähig ist der Konstruktivismus an eine komplexitätssensible Stadtforschung nur in der Hinsicht, in der grundlegende Probleme der empirischen und theoretischen Forschung damit auch reflektierbar werden.[1077] Die angeführte Intentionalität des Konstruktivismus stellt im Grunde nichts anderes als eine zeitgemäße Neuformulierung der Urhaltung von Wissenschaft, de omnibus est dubitandum, dar, die insbesondere den Fokus auf die unausgesprochenen Entscheidungen in der Wahrnehmung und Diskursivität der reduktionistischen Forschung betont.[1078] Einen Einwand gegen diesen Impetus kann man sich vernünftigerweise nicht vorstellen; dies reicht aber nicht als programmatische Innovation aus. Die Selbstreflexion des Konstruktivismus liefert wahrscheinlich insbesondere hier eine Verdeutlichung, wenn einzelne Aspekte des konstruktivistischen Diskurses diskutiert werden:[1079] Kernthese des Konstruktivismus ist die Auffassung, dass Erkenntnisse sozial/kommunikativ erzeugt werden.[1080] Dieser Ausgangspunkt steht, in seiner radikalsten Form, im Gegensatz zum hier vertretenen Programm, dass wichtige Logiken der Stadtentwicklung nicht aufgrund von intentionaler Individualentscheidung nachvollziehbar sind, sondern dass sich städtische Realitäten aufgrund ihrer komplexen Dynamik als solche entwickeln. Es mag an dieser Stelle eine normative Entscheidung sein, dass die Stadtforschung sich nicht auf eine radikal-konstruktivistische Position zurückzieht, die die Realitätserkenntnis auf die Diskursanalyse reduziert. Nicht normativ ist allerdings die Argumentation, die mit dem Konstruktivismus geteilt wird, dass es ein Mehr oder Weniger an Wirklichkeitserkenntnis gibt und die Frage nach der Bedeutung von Wirklichkeiten wiederum eine subjektiv-normative ist. Wenn man, im konstruktivistischen Sinne, das Wahre durch das Gültige ersetzt, verbleibt nach wie vor die realitätsnahe Frage nach den Konsequenzen der einen oder anderen Lesart der Welt. In diesem Sinne ist der Konstruktivismus als eine Art Folgenanalyse aufzufassen, in der die wissenschaftliche Diskursproduktion ob ihrer gesellschaftlichen Folgeerscheinungen ins Blickfeld gerät.[1081]

Der Konstruktivismus stellt vielleicht weniger eine grundsätzliche Theorie für die Erkenntnisgewinnung in der komplexen Stadt dar, sondern ist eher als eine Art Sensibilisie-

1074 Schmidt, S. J. (2003) Der Diskurs des radikalen Konstruktivismus Frankfurt.
1075 Gergen, K. J. (2002) Konstruierte Wirklichkeiten. Eine Hinführung zum sozialen Konstruktivismus, Stuttgart, 274.
1076 S. auch Schmidt, S. J. (2003) Geschichten & Diskurse: Abschied vom Konstruktivismus, Reinbek.
1077 Bardmann, T. M. (1997) Zirkuläre Positionen: Konstruktivismus als praktische Theorie, Opladen.
1078 Vgl. Prondczynsky, A. v. (2003) Konstruktivismus in den Wissenschaften: neues Paradigma oder alter Wein in neuen Schläuchen? Flensburg.
1079 Vgl. auch Unger, F. (2003) Kritik des Konstruktivismus, Heidelberg.
1080 Rusch, G. (1994) Konstruktivismus und Sozialtheorie. Frankfurt.
1081 Jensen, S. (1999) Erkenntnis – Konstruktivismus – Systemtheorie: Einführung in die Philosophie der konstruktivistischen Wissenschaft, Opladen.

rungskonzept zu verstehen, bei dem es mehr um die Selektivität der Perspektiven als um die Programmierung von Beobachtung geht.[1082] Der Konstruktivismus gründet sich deshalb auf eine Tradition der Sozialwissenschaften, in der es mehr um die Introspektion der sozialen Akteure geht, die das soziale Leben wahrnehmen und zugleich darstellen, als um eine auf das beobachtbare Verhalten reduzierte Wissenschaft, die relevante Zusammenhänge versucht zu erklären. In der Entwicklung der Gesellschaftswissenschaften handelt es sich um zwei Forschungstraditionen, die sich als Widerspruch zwischen verstehender und erklärender Ausrichtung etabliert haben.[1083] Zugespitzt lässt sich daher fragen: Sollen wir die Städte verstehen oder erklären?

Der Konstruktivismus vollzieht, indem er sich weitgehend auf eine Tradition der verstehenden Wissenschaften bezieht, von daher die gleiche Zweiteilung des Erkennens.[1084] In dieser Weise stellt sich tatsächlich eine kritische Nachfrage nach dem universalistischen und holistischen Gehalt konstruktivistischer Forschung.[1085] Gleichermaßen ist allerdings festzustellen, dass der Konstruktivismus erheblich von der interpretativen Sozialforschung zu unterscheiden ist. Dabei geht es nur vordergründig um eine Debatte über Methoden; eigentlich handelt es sich um Divergenzen über Welterkenntnis und Weltsicht im Allgemeinen.[1086] Hermeneutik ist dabei als eine grundlegende Theoretisierung des „Verstehens" zu begreifen, die sich in der empirischen Logik von Sozialforschung fortgesetzt hat und einflussreich dort auch konzeptionalisiert wurde.[1087] In der heutigen Rezeption erscheinen viele im Laufe der Entwicklung der Hermeneutik beobachtbaren Distinktionsbemühungen als nicht haltbar und lassen sich als gegenseitige Missverständnisse zwischen Natur- (szientistisch) und Gesellschaftswissenschaften (subjektivistisch) verstehen.[1088] Auf Seiten der Sozialwissenschaften hat ein emanzipatorisches Bestreben aufgrund einer gemischten geisteswissenschaftlichen Tradition zur Überbetonung der Differenz gegenüber den Naturwissenschaften und zu einer ambivalenten Beziehung zur Rationalisierung der eigenen Methoden und Theorien geführt. Einerseits hat man sich durch die naturwissenschaftliche Rationalität inspirieren lassen und ihr nachgeeifert, andererseits verblieb, durch die Hermeneutik vermittelt, auch ein Rest von Romantik, ein Weltzugang über Einfühlungsvermögen und Identifikation.[1089]

Die Frage nach der Grenze zwischen phänomenologischer Welterkenntnis und Objektivität hat sich als grundlegende Problematik durch gesellschaftswissenschaftliche Diskurse, eingeleitet von Wilhelm Dilthey und Max Weber, gezogen.[1090] In der philosophischen Auseinandersetzung über Hermeneutik bei Gadamer und Taylor wird das Verstehen losgelöst aus dem Methodenstreit innerhalb der Gesellschaftswissenschaften und wird die Inter-

1082 Vgl. schon Blumer, H. (1954) What is wrong with social theory? In: American Sociological Review, 19, 3-10.
1083 S. z.B. Helle, H. J. (1991) Verstehen and pragmatism: Essays in interpretative sociology, Frankfurt oder Esser, H. (1991) Alltagshandeln und Verstehen: zum Verhältnis von erklärender und verstehender Soziologie am Beispiel von Alfred Schütz und "rational choice", Tübingen.
1084 Weber, S. (1996) Die Dualisierung des Erkennens: zu Konstruktivismus, Neurophilosophie und Medientheorie, Wien.
1085 Vgl. Hejl, P. M. (2001) Universalien und Konstruktivismus, Frankfurt.
1086 Schwandt, T. A. (1998) Constructivist, Interpretivist Approaches to Human Inquiry. In: Denzin, N. (ed) The landscape of qualitative research: theories and issues, Thousand Oaks.
1087 Bleicher, J. (1980) Contemporary hermeneutics: Hermeneutics as method, philosophy and critique, London.
1088 Vgl. Wachterhauser, B. R. (ed) (1986) Hermeneutics and modern philosophy, Albany.
1089 Hammersby, M. (1989) The dilemma of qualitative method: Herbert Blumer and the Chicago tradition, London.
1090 Wanstrat, R. (1950) Das sozialwissenschaftliche Verstehen bei Dilthey und Max Weber, Berlin.

pretation als erste allgemeine Erkenntnisweise des Menschen betrachtet.[1091] Verstehen ist somit keine zur Auswahl stehende Erkenntnisstrategie, sie ist als allumfassende und grundlegende Haltung zu sehen, mit der der Mensch aus der Welt einen Sinn herausinterpretieren will.[1092] Der „Interpretative Turn" konzipiert Hermeneutik als eine ontologische Seinsweise, in der Sprachlichkeit und Historizität konstitutiv für das Menschsein sind.[1093] Die Brücke zum Konstruktivismus deutet sich an dieser Stelle schon an, da die Betonung von Bedeutungsproduktion als wichtiger Unterschied zur empirischen Forschung, basierend auf einer überschau- und erforschbaren Landschaft sozialen Verhaltens, verschoben wird, weil die soziale Welt als ein interaktives Verfahren mittels Sprache betrachtet wird.[1094] Statt eines methodologisch ausgerichteten hermeneutischen Zirkels, ergibt sich der interpretative Zirkel als eine conditio sine qua non menschlichen Lebens und eine Notwendigkeit, die sich aus der Tatsache herleitet, dass dem Menschen außer Interpretationen keine Möglichkeiten zur Verfügung stehen, um sich aus der Welt einen Reim zu machen, d.h. gewonnene Einsichten zu verifizieren.[1095] Von dieser Position aus hat sich die Hermeneutik in zwei geradezu konträre Perspektiven weiterentwickelt: Einerseits wurde die ontologische Fundierung des Interpretierens in der Weise verstanden, dass hermeneutische Forschung als ein zu objektivierendes und zu verwissenschaftlichtes Vorhaben zu dimensionieren ist.[1096] Die Restbestände romantisierter Textauffassung wurden zugunsten eines Anschlusses an rationalistische Auffassungen aufgegeben. [1097] Andererseits scheint sich der „Interpretative Turn" auf die Hermeneutik in der Weise ausgewirkt zu haben, dass Positionen, die sich vehement von einer Verwissenschaftlichung absetzen und eine normative Ausrichtung einfordern, gestärkt wurden.[1098] Als Kompromiss hat sich mit Madison eingebürgert, dass der ontologische Interpretatismus für die Sozialwissenschaften so gedeutet werden kann, dass Forschungsobjekte nur im Netz der Symbole, Institutionen und Sprachen verstanden werden können, während gleichzeitig die Forschungsmethoden nur als kontextuelle Erkenntnismöglichkeiten konzipierbar sind, wobei der Kontext im Größeren das menschliche Leben an sich ist.[1099] Diese Entwicklung lässt sich anhand des Übergangs vom Symbolischen zum Interpretativen Aktionismus nachvollziehen, bei dem sich eine Sensibilisierung von Konzepten wie Sprache, Selbst, soziale Objekte und Handlungen als symbolische Bedeutungskonstruktionen hin zu einer interpretativen Interaktionsanalyse, die einen direkten Bezug zur sozialen Welt herstellt, nachvollziehen läßt.[1100] Der normative Impetus wird in eine kritische Attitüde übersetzt, in der die Produktion von Sinn in den weltweiten Bedeutungsindustrien aufgezeigt und hinterfragt wird. Dargestellt werden soll, in welcher Weise

1091 Vgl. u.a.Figal, G. (2006) Hans Georg Gadamer, Wahrheit und Methode, Berlin; Davey, N. (2006) Unquiet understanding: Gadamer's philosophical hermeneutics, Albany, Smith, N. H. (2002) Charles Taylor: meaning, morals, and modernity, Cambridge.

1092 Rabinow, R./Sullivan, W. M. (1987) The interpretative turn: A second look. In: Dies. (eds) The interpretative turn: A second look, Berkeley.

1093 Hiley, D. R.. (1994) The Interpretive turn: philosophy, science, culture, Ithaca und Yanow, D. (2006) Interpretation and method: empirical research methods and the interpretive turn, Armonk.

1094 Bruner, J. (1990) Acts of meaning, Cambridge.

1095 Taylor, C. (1987) Interpretation and the science of man. In: Rabinow, P./Sullivan, W. M. (eds) Interpretive social science. A second look, Berkeley.

1096 Schneider, W. L. (1991) Objektives Verstehen: Rekonstruktion eines Paradigmas: Gadamer, Popper, Toulmin, Luhmann, Opladen.

1097 Scholz, O. R. (1999) Verstehen und Rationalität: Untersuchungen zu den Grundlagen von Hermeneutik und Sprachphilosophie, Frankfurt.

1098 Vgl. Jonsen, A. R. /Toulmin, S. (1988) The abuse of casuistry: A history of moral reasoning, Berkeley.

1099 Madison, G. B. (1988) The hermeneutics of postmodernity, Bloomington.

1100 Denzin, N. K. (1989) Interpretative interactionism, Newbury Park.

Texte subversiert werden können und hinsichtlich ihrer dominanten Festschreibungen vor allem von Gender-, Klassen- und ethnischen Vorstellungen zu kritisieren sind.[1101]

Diese Sichtweise führt nahezu nahtlos über in das Hauptanliegen des Konstruktivismus, das in radikaler Ablehnung von Essentialismus in der Erforschung sozial konstruierter Produktion von Differenz begründet liegt.[1102] Die Frage aber stellt sich, ob hiermit nur ein Akzent im andauernden erkenntnistheoretischen Diskurs gesetzt werden soll oder ob es sich bei der Behauptung, die Wahrnehmung der sozialen Welt beruhe auf „Konstruktionen", nicht um eine Ansicht handelt, die im Prinzip auch von „schlimmsten" Positivisten und Behavioristen geteilt werden könnte.[1103] Konsequenterweise hat sich für einige Konstruktivisten ihr Anliegen eher in ein methodologisches Unterfangen verwandelt, das nur noch für die partikulare Perspektive auf die sozialen Bedeutungsproduktionen angewandt werden soll. Spätestens mit der Reduktion auf nur eine Forschungsmethodik werden Begriffe wie Konstruktion, Interpretation und Hermeneutik (wenn diese ebenfalls nur noch als methodologisch benutzt werden) zu Synonymen.[1104] Wie dem auch sei – angesichts verbleibender epistemologischer und diskurshistorischer Unterschiede zwischen Hermeneutik, Interpretatismus und (sozialem) Konstruktivismus – die Kritik des konstruktivistischen Diskurses zielt auf die Frage, wie sich bei der (inter-)subjektiven Sinnkonstruktion ein wie auch immer zu messender oder zu ermittelnder Realitätsgehalt behaupten lassen könnte. Nur die wenigsten (radikal-) konstruktivistischen Ansätze würden einen irrationalen, d.h. ausschließlich subjektiven Weltbezug behaupten und wären von daher gezwungen zu erklären, in welcher Weise „Realität" dann in der hermeneutisch-interpretativ-konstruktivistischen Erkenntnistheorie integriert ist.[1105] Eine nähere Betrachtung konstruktivistisch-interpretativer Forschung zeigt, dass diese durchaus mit einem Realitätsbild operiert bzw. dass ihrem Operieren ein besonderes Realitätsverständnis zugrunde liegt und in dieser Frage nicht aussageneutral ist. Kritisch betrachtet muss diesem Weltzugang attestiert werden, dass er durch seine auf den Akteur/Interpreten fokussierte Analyse in erster Linie Prozessen nachspüren kann, die Perspektiven der Regulation, Konstruktion, Negotiation und der Aneignung und Anpassung an die bestehende Ordnung der Welt vollziehen.[1106] Da die in der empirischen Forschung gängige Trennung zwischen Tatsachen und Bewertungen aufgehoben wird und zugunsten einer Perspektivanalyse, in der es tendenziell nur um Bewertungen geht, ersetzt wird, wird die spannungsreiche Beziehung zwischen Wahrnehmung und Ereignis dergestalt aufgelöst, dass Realitätserkenntnis weitgehend als eine stringente und kausale Beziehung zwischen mentaler, diskursiver Konstruktion und Wirklichkeit konzipiert wird. Mit anderen Worten, interpretative Erkenntnisstrategien sind auf eine eindeutige Beziehung zwischen Wahrnehmung und Wirklichkeit angewiesen und haben keinen theoretischen Platz für non-lineare Ereignisse und komplexe Interferenzen zwischen geistiger Verarbeitung, Diskursivität und Wahrnehmung von jenen Ereignissen, die nicht in den Status quo bereits bestehender Denk-, Diskurs- und Wahrnehmungsstrukturen passen. Schon Schütz hatte darauf hingewiesen, dass es zwar mehrere Wirklichkeiten gibt, aber diese sich als Meinungen über die eine Wirklichkeit konfigurieren und ein Eigenleben führen.[1107] Dies ist also nicht im Sinne des radikalen Konstruktivismus zu sehen, in dem die

1101 Ders. (1992) Symbolic Interactionism and cultural studies, Oxford.
1102 Fuss, D. (1989) Essentially speaking: Feminism, nature, and difference, London.
1103 So etwa Strike, K. A. (1987) Toward a coherent constructivism. In: Novak, J. D. (ed) Misconceptions and educational strategies in science and mathematics, Ithaka.
1104 Vgl. Guba, E. G./Lincoln, Y. S. (1989) Fourth generation evaluation, Newbury Park.
1105 S. auch Bauman, Z. (1978) Hermeneutics and social science, London.
1106 Vgl. Burrell, G./Morgan, G. (1979) Sociological paradigms and organizational analysis, London.
1107 Schutz, A. (2003) Strukturen der Lebenswelt, Stuttgart.

psychologische Wirklichkeitskonstruktion des Einzelnen als eine ontologische Vervielfältigung der Wirklichkeit aller bedeutet.[1108] Obwohl damit das hermeneutisch-konstruktivistische Erbe der Erkenntnistheorie für die komplexe Stadt eine offensichtliche Schwierigkeit darstellt, da sie sich in einem nur schwierig zu entknäulenden argumentativen Geflecht hinsichtlich ihrer Möglichkeit der Wirklichkeitswahrnehmung und Erkenntnisstrategie befindet, wird dennoch die Lehre aus dieser epistemologischen Tradition der Wissenschaft nicht aufzugeben sein, so dass es einerseits eine Herausforderung bleibt, die Dichotomien von Subjekt-Objekt, Wissen-Erkennen, Erkenntnis-Erkennender, Tatsache-Bewertung zu überwinden, und es andererseits eine spezifische Sensibilität für die Autodynamik von Sprache, Diskurs, Bildern, Vorstellungen und Ideen gibt, die sich in gesellschaftlichen Rahmen durch die Städte und ihre Bewohner ziehen und dort zu „residents in minds of individuals"[1109] werden. Wie schon aus dem amerikanischen Pragmatismus des 19. Jahrhunderts, so lässt sich mit Rotry schlussfolgern, dass Konstruktivismus, Hermeneutik und Interpretativismus als eine soziale Forschungsstrategie zu konzipieren sind, die einen moralischen Respekt vor den Untersuchten und Befragten aufrecht erhält, indem die subjektive Interpretation in die Weltsicht des Forschenden eingebracht und maßgeblich wird, wenngleich sie auch nicht mit der analytischen Erkenntnisstrategie der Wissenschaften zusammenfällt.[1110] In der Praxis bedeutet dies einen Autoritätsverlust des Forschenden gegenüber dem Erforschten und eine andere Zugangsweise zu Erkenntnissen, Wissen und Informationen.[1111] Im Gegensatz zur (vermeintlich) passiven Teilnehmenden Beobachtung, in der Tradition der Chicago School und dann in der weiteren urbanen Ethnographie, bedeutet dies für die komplexe Stadt, dass Erkenntnisse nur in der aktiven Teilnahme an öffentlichen Debatten und Austausch mit den städtischen Bewohnern und Akteuren zu erhalten sind und dort auch der Platz ist, an dem die eigenen Annahmen und Hypothesen zu überprüfen wären.

Außer dem sozialen Konstruktivismus, der in Fortsetzung der hermeneutisch-interpretativen Tradition der Geistes- und Sozialwissenschaften gesehen werden kann, hat sich die komplexe Urbanitätsforschung mit der empirischen Sozialforschung auseinanderzusetzen, die ob ihrer Beharrung auf die Ermittlung von (quantifizierbaren) Tatsachen augenscheinlich an die allgemeine Komplexitätsforschung leichter anschlussfähig zu sein scheint. Obwohl nach wie vor eine Prädominanz der empirischen Forschung in den Sozialwissenschaften beobachtbar zu sein scheint, die sich vom Konstruktivismus und der Postmoderne unbeeindruckt zeigt, sind doch auch hier Tendenzen aufweisbar, die den Fehdehandschuh der qualitativen Wissenschaften aufgegriffen haben und sich argumentativ dagegen positioniert haben. Dies ist vor allem in dem Diskurs über den Kritischen Realismus zu beobachten, der hinsichtlich seiner Perspektiven für die urbane Komplexitätsforschung zu befragen ist.

Ausgangspunkt für den sich konstituierenden Wissenschaftsansatz des Kritischen Realismus, der aber mitnichten als einheitlich zu betrachten ist, ist, dass es nach wie vor um verallgemeinerbare Aussagen in der wissenschaftlichen Auseinandersetzung und um Möglichkeiten der Erklärung von Entwicklungen und Zusammenhängen gehen muss.[1112] Ohne

1108 Steier, F. (1991) Introduction: Research as self-reflexivity, self-reflexivity as social process. In: Ders. (ed) Research and reflexitvity, Newbury Park.
1109 Guba, E. G./Lincoln, Y. S., a.a.O., 143.
1110 Vgl. Rotry, R. (1982) Consequences of pragmatism, Minneapolis.
1111 Jackson, M. (1989) Paths toward a clearing: Radical empiricism and ethnographic inquiry, Bloomington.
1112 Siehe vor allem die Arbeiten von Bhaksar, R. (1978) A Realist Theory of Science, Hassocks; ders. (1986) Scientific Realism and Human Emancipation, London; Archer, M. A. (1995) Realist Social Theory: The Morphogenetic Approach, Cambridge; Collier, A. (1988), Theoretical Sociology, Orlando; Lawson, T.

dass die Komplexität der Gesellschaft verneint werden soll, womit eine Anerkennung der Schwierigkeiten von wissenschaftlichen Vorhersagen erfolgt, wird das Ziel wissenschaftlichen Forschens nach Erkenntnisgewinn in den Vordergrund gestellt. Hierbei ist das Ziel bescheidener als in der bisherigen, etwa positivistischen, auf Falsifizierung ausgerichteten Wissenschaftsentwicklung ausgerichtet, die gut informierte Debatte wird angestrebt.[1113]

Der Charme des Kritischen Realismus ergibt sich aus der Absage an naive Wissenschafts- und Erkenntnistheorien, die oftmals auf dualistischen (und daher reduktionistischen) Vorstellungen über die Wirklichkeit und deren Erkundung beruhen, wobei zugleich nach wie vor an einer prinzipiellen Erkenntnisfähigkeit festgehalten wird. Im Kontrast zu den interpretativ-hermeneutischen Ansätzen wird davon ausgegangen, dass die subjektive Wertung und Sichtweise des Forschungsobjekts nur eine Ordnung darstellt, die in ihrer Verhandlung mit anderen Ordnungen, etwa der Dingwelt, zu untersuchen ist.[1114] Ausgangen wird dabei von der Annahme, dass es durchaus eine ontologische Unabhängigkeit einer Realität jenseits der subjetvermittelten und durch Sprache und (sozialisierten und individuellen) Wahrnehmungsmuster gibt. Das Forschungsinteresse ergibt sich insbesondere aus dem Umstand, dass es zwischen Wahrnehmung und Wissen immer eine Erkenntnisdifferenz gibt. Aus diesem Grunde ist Erkenntnissuche eine genuin soziale Tätigkeit, mit der diese Differenzen zunächst intrasubjektiv ausgeglichen werden müssen, damit sie dann im Allgemeinem (state of the art) vorangetrieben werden können.

Des Weiteren stellt die Debatte um den Kritischen Realismus auch für eine komplexitätsorientierte Stadtforschung eine Fundgrube dar, auch wenn deren explanatorische Intentionalität auf Kausalitätsbeziehungen aus ist. Jedoch wird in diesem Diskurs anerkannt, dass der Reduktionismus die falsche Antwort auf die zu problematisierende Linearität von Ursache und Folge darstellt. Vielmehr wird davon ausgegangen, dass es „Stratifikationen" gibt, die Verlaufsmöglichkeiten und Zusammenhänge nach bestimmten Mechanismen zuordnen lassen.[1115] Dies wäre mit Bezug auf die hier verwendete Terminologie der komplexen Stadt als Suche nach den Komplexitätslogiken des Urbanen zu übersetzen.[1116] Damit wird der Versuch unternommen, zwischen reduktionistischem Empirizismus und holistischem Ganzheitsanspruch eine vermittelnde Position einzunehmen, mit der Generalisierungen nicht mehr als kontextfrei und kleine Anzahlen, qualitative Einsichten und hermeneutische Vertiefungen in das Subjekt als nicht-verallgemeinerbar (und somit oppositionell) zu gelten haben. Die Stratifikationen des Kritischen Realismus entsprechen den Strukturierungen in der komplexen Urbanitätsforschung. Aus diesem Grunde kann es auch keine allgemeinen, objektunabhängigen Forschungsmethoden geben, wie es vice versa nicht zulässig ist, Hermeneutik als ein assoziatives Studium zu betreiben, das lediglich vom Kenntnishorizont des Lesenden abhängig ist. Damit wird auch der Kern eines neuen Theorieverständnisses getroffen, das nicht mehr eine Objektivierung der subjektiven Wahrnehmung oder der Verallgemeinerung von empirisch ermittelten Tatbeständen anstrebt. Vielmehr ist die Theoretisierung ein Akt des Beschreibens, der zur Erklärung genutzt werden soll: „For the realist, a scientific theory is a description of structures and mechanisms which causally generate the observable phenomena, a description which enables us to explain them."[1117]

(1997) Economics and Reality, London; Manicas, P. T. (1987) A History and Philosophy of the Social Science, Oxford; Outhwaite, W. (1987) New Philosophies of the Social Sciences: Realism, Hermeneutics and Critical Theory, London und Sayer, A. (2000) Realism and Social Science, London.

1113 Vgl. Danermark, B. (1997) Explaining Society. Critical realism in the social sciences, London.
1114 Sayer, A. (1992) Method in Social Science: A Realist Approach, London, 30ff.
1115 Collier, A. (1994) Critical Realism: An Introduction to Roy Bhaskar's Philosophy, London, 40ff.
1116 Vgl. Morris, D.(1994) The Naked Ape: A Zoologist's Study of the Human Animal, London, 74.
1117 Keat, R./Urry, J. (1978) Social Theory as Science, London, 5.

Für die komplexe Stadt lässt sich aus dem Kritischen Realismus schlussfolgern, dass die theoretischen Annäherungen an die Stadt mit dem Ziel zu erfolgen haben, die Logiken ihres Funktionierens und ihrer Dynamik zu erklären, wobei diese auf die Beschreibungen von Städten in dieser theoriegeleiteten Weise angewiesen sind, um in eine erklärende Perspektive münden zu können. Die Theorie der komplexen Stadt ist realisierbar in der theoretischen Deskription des Urbanen, indem analytische Begriffe zu verwenden sind, die die verschiedenen Urbanitätslogiken aufdecken und als Erklärungsangebote überprüfbar machen. In dieser Weise bedeutet die Theorie urbaner Komplexität nicht eine Metatheorie, die sich aus der Summe oder Quintessenz bisheriger Stadtforschung ergibt, sondern sie ist eine permanente Beschreibung der Stadt und der Städte, die auf der Suche nach der Theoretisierbarkeit ob ihrer allgemeinen Konstruktion zu erfolgen hätte.

Die Übereinkunft mit dem Kritischen Realismus lässt sich auch für die Methodologie einer komplexen Stadtforschung fortsetzen, da beide von vornherein einen Pluralismus ermöglichen, den als solchen weder qualitative/interpretative noch quantitative/empirische Standpunkte in der Methodendebatte vorsehen. Prinzipiell ist davon auszugehen, dass keine Methode, die eine systematische und kohärente Überprüfung/Diskussion von Hypothesen verspricht, vorab schon durch theoretische Bedenken allgemeiner Art ausgeschlossen werden kann.[1118] Der Diskussionsstand in den Sozialwissenschaften hierzu kann durchaus so zusammengefasst werden, dass die Akzeptanz unterschiedlicher Methoden bei der Bearbeitung eines Problems nicht nur diskussionswürdig sondern geradezu zwingend ist.[1119] Thematisiert wird vielmehr die zeitliche, konzeptionelle und erkenntnistheoretische Abstimmung von Methoden im Forschungsfeld und in der Umsetzung einzelner Forschungsprojekte.[1120] Das Spezifische des Kritischen Realismus mag in der Zwitterstellung zwischen empirischer Forschung, oftmals auf das Beobachtbare reduziert, und hermeneutisch-interpretativer Herangehensweise gesehen werden, mit der nicht eine Methode als die geeignete vorab festgelegt wird, sondern die Methodenauswahl nach der jeweiligen Stärke hinsichtlich ihres Vermögens der Hypothesenüberprüfung erfolgt. Der Forschungsprozess wird dementsprechend nicht als die Realisierung einer bereits methodologisch definierten Forschungslogik betrieben, sondern generiert sich aus dem Forschungsprozess als solchem, in dem auch, wie bei der Grounded Theory, die weitere Hypothesenentwicklung denkbar ist. Methodenmix als solcher ist kein anstrebenswertes Vorhaben, jedoch kann eine plurale oder singuläre Methodenwahl nur immer in der Einordnung in eine kritische Debatte des ontologischen und erkenntnistheoretischen Selbstverständnisses stattfinden.

1118 Vgl. Meter, K. M. v. (1994) Sociological methodology. In: International Social Science Journal, 139, 15-25.
1119 Für viele Layder, D. (1993) New Strategies in Social Research: An Introduction and Guide, Cambridge.
1120 Vgl. Cresswell, L. W. (1995) Research Design: Qualitative and Quantitative Approaches, Thousand Oaks und Flick, U. (2004) Triangulation: eine Einführung, Wiesbaden.

20. Urbane Komplexität als Forschungsprogrammatik

„Zu betonen bleibt aber, dass (...) Transdisziplinarität eine kreative und wünschenswerte wissenschaftliche Leistung darstellt. Auch ein Nachweis unterschiedlicher Begriffsver-wendungen in verschiedenen Disziplinen schmälert nicht den Erfolg und den Nutzen solcher Transferleistungen. Wenn eine Disziplin durch den semantischen Gehalt eines Begriffs stärker inspiriert wird als durch seinen (in Naturwissenschaften oft explizit ausformulierten) theoretischen Hintergrund, so erscheint dies als eine legitime Variante transdisziplinärer Arbeit. "

A. M. Freund/M.-T. Hütt/ M. Vec[1121]

Das Angebot der komplexen Urbanitätsforschung ist sowohl für gesellschaftswissenschaftlich orientierte und disziplinierte Forscher interessant, weil mit dem Vorschlag des Anschlusses an die Komplexitätsforschung Begriffe, Konzepte, Analysen und Herangehensweisen eröffnet werden, die nicht nur potentiell mehr soziale Erscheinungen einfangen können, sondern weil sie zugleich die Materialität der physischen, „natürlichen" Welt in einen historischen, mit einem spezifischen Set an Zeiträumen ausgestatteten Gegenstand humanisiert. Und auch für die mathematisch, biologisch oder allgemein „naturwissenschaftlich" ausgerichteten Komplexitätsforscher wird mit der urbanen Komplexitätsforschung ein Angebot unterbreitet, in dem sich komplexitätssensible Forschung mit dem Fundus der bisherigen Stadtforschung verbinden ließe, womit die oftmals nur angedeuteten Beziehungen zum „Sozialen" und zur „Gesellschaft" ihrerseits nicht (mehr) subkomplex ausfallen. Menschliche Tragödien schließlich haben mehr Todesopfer gefordert als die so genannten Naturkatastrophen und auch diese werden angesichts der massiven Rückkoppelungseffekte immer mehr zu humangenerierten Desastern.[1122] Nirgendwo anders als in der Stadt sind diese komplexen Beziehungen bereits sichtbar und erforschbar,[1123] weswegen eine Stadtforschung nur als transdisziplinären Programm denkbar ist, in der die urbane Komplexitätsforschung mit einer umfangreichen Fragestellung konfrontiert wird. Damit wird bewusst, der Kritik Mittelstraß' entsprechend, ein Forschungsprogramm diskutiert, das anstelle eines interdisziplinäres Sammelsuriums von Kompetenzen, Theorien, Methoden und Forschungsinteressen, die nur zur gegenseitigen Legitimierung und schließlich zur verstärkten Einkapselung in die eigene Disziplin dienen, forschungsorganisatorisch innovativ reagiert.[1124] In zahlreichen Texten hat sich Mittelstraß mit verschiedenen Aspekten wissenschaftlicher Arbeit und ihrer Organisation, ihrem Zusammenhang mit der Wissenschaftsentwicklung und -theorie, auseinandergesetzt. „Trans" versteht sich als ein „Jenseits" gegenüber der versplitterten Wissenschaftslandschaft und als eine Rückgewinnung der Erkenntnisrationalität des wissenschaftlichen Forschens im Allgemeinen: „Sie (die Transdisziplinarität, d. A.) lässt die disziplinären Dinge nicht einfach, wie sie sind, sondern stellt, und sei es auch nur in bestimmten Problemlösungszusammenhängen, die ursprüngliche Einheit der Wissenschaft – hier als Einheit der wissenschaftlichen Rationalität, nicht

1121 Freund, A.M./Hütt, M.-T./ Vec, M. (2006) Selbstorganisation: Aspekte eines Begriffs- und Methodentransfers. In: Dies. (Hg.) Selbstorganisation. Ein Denksystem für Natur und Gesellschaft. Köln, 30.

1122 Budiansky, S. (1995) Nature's Keepers, London.

1123 Clark, N. (2000) Botanizing on the asphalt? The complex life of cosmopolitan bodies. In: Body and Society, 6, 13-34.

1124 Mittelstraß, J. (1982) Wissenschaft als Lebensform: Reden über philosophische Orientierungen in Wissenschaft und Universität, Frankfurt, 180ff.

der wissenschaftlichen Systeme verstanden – wieder her."[1125] Mit dieser Perspektive verbindet sich eine gesellschaftsorientierte Forschungsprogrammatik, die sich durch den Anschluss an die Problemlösungszusammenhänge ergibt, und die des Weiteren eine erneuerte Bestätigung des Wissenschaftlers als Dreh- und Angelpunkt eines transdisziplinären Forschungsprogramms, wenn nicht gar mehr, zu thematisieren hätte. Diese Form der Wiederherstellung einer Einheit der Wissenschaften ist in erster Linie als ein organisatorisches Problem aufgefasst worden.[1126]

Mit dem Vorschlag, die Stadtforschung als ein transdisziplinäres Forschungsprogramm zu entwerfen und dies an die Schlüsselperspektive der Komplexität zu koppeln, ergeben sich vor allem wissenschaftstheoretische Forschungsperspektiven, die auf einen verbesserten Realitätszugang abzielen.[1127] Dergestalt wird die aus der Entwicklung der modernen Wissenschaften entstandene Ausdifferenzierung der disziplinären Zugänge zum Weltverständnis aufgehoben. Dies geschieht zunächst aus der negativen Evaluation der bestehenden Wissenschaftsentwicklung, die sich als für die komplexen Beziehungen zwischen Gesellschaft und Stadt bzw. Mensch und Natur etc. nicht ertragreich darstellt. Erkenntnisgewinne in diesen disziplinären Ausdifferenzierungen sind immer auf Kosten einer Komplexitätsreduktion vorgenommen worden. In dieser Weise sind sie als effizient und in sich selbst anschlussfähig gewesen, sie leiden aber an ihrer Disziplinierung, die hier als selektive Wahrnehmung und Ausschluss von Komplexität beanstandet werden kann: „Die bisherigen Naturwissenschaften sind nicht geeignet, einen adäquaten Zugang zum Menschen bzw. zur Gesellschaft als einem Ganzen zu ermöglichen. Ähnliches, mit viel größeren Problemen verbunden, gilt für die Human- und Sozialwissenschaften, die bisher umgekehrt keinen adäquaten Zugang zur Natur ermöglichen."[1128] Wie Göschl ausführt, ergibt sich aus diesem Manko eine vielfältige Herausforderung, die durch einen neuen Realitätsbegriff in der Wissenschaft, der die Disziplinierung des Erkenntnisinteresses aufzuheben hätte, hervorgerufen wird. Wenn sich die Stadtforschung als Teil einer offenen Gesellschaft versteht, wird sie sich in dem Feld der Weiterentwicklung der Wissenschaften bewegen müssen, in dem neue Attraktoren der Erkenntnissuche wirken, denen sie sich auszusetzen hätte, wenn sie mit der rasanten Produktion von Information und der akzelerierten gesellschaftlichen Kommunikation mithalten will. Das Anliegen der Stadtforschung ist aus diesem Grunde weder inter- noch multidisziplinär. Das bloße Zusammensitzen verschiedener Fachleute erzeugt in der Regel keine Erkenntnisdynamik, die mit der allgemeinen Wissensdynamik der globalisierten Gesellschaft Schritt halten könnte. Die Schwierigkeiten des interdisziplinären Arbeitens, insbesondere mit Bezug zu Stadtfragen, sind hierfür ein deutlicher Nachweis. Transdisziplinarität erscheint dabei auf dem Hintergrund der heutigen Debatte um Interdisziplinarität noch immer als ein Vorhaben von einem anderen Stern. Wer sich die Widerstände gegen interdisziplinäres Arbeiten in weiten Teilen der modernen Wissenschaftslandschaft vergegenwärtigt, die Interdisziplinarität gar als ideologisch abtut, dem wird ein Plädoyer für Transdisziplinarität als versponnen vorkommen.[1129] Der bestehende Wissenschaftsbetrieb ist in der Weise organisiert, dass neue Einsichten als Spezialisierung zu verordnen sind und dementsprechend eher als neue Fächer oder Lehrstühle eingerichtet werden. Dieser Vor-

1125 Ders. (1992) Von der Freiheit der Forschung und der Verantwortung des Wissenschaftlers. In: Ders. (Hg.) Leonardo-Welt. Über Wissenschaft, Forschung und Verantwortung, Frankfurt, 82.
1126 Vgl. ders. (2003) Transdisziplinarität: wissenschaftliche Zukunft und institutionelle Wirklichkeit, Konstanz.
1127 Vgl.Willie, R. (2002) Transdisziplinarität und allgemeine Wissenschaft, Darmstadt.
1128 Götschl, J. (2006) Selbstorganisation: Neue Grundlagen zu einem einheitlicheren Realitätsverständndis. In: Freund, A.M./Hütt, M.-T./ Vec, M. (Hg.) a.a.O., 35.
1129 S. etwa Kocka, J. (1987) Interdisziplinarität. Praxis – Herausforderung – Ideologie, Frankfurt.

gang hat nicht notwendigerweise als Ausweis der zunehmenden Ausdifferenzierung zu gelten, da es sich bei diesen neuen wissenschaftlichen Institutionalisierungen oftmals um Notwendigkeiten handelt, die sich aus Wissenszuwachs ,doch nicht unbedingt aus einer spezialisierten, disziplinarisierten Forschung ergeben; vielmehr können neue Wissensgebiete eben auch durch transdisziplinäre Praktiken erreicht werden.

Dem tradierten Denken und Forschen in den Grenzen der Disziplinen, das spezielles Wissen produziert, steht eine allgemeine Kritik entgegen, ebendiese Disziplingrenzen verengten den Erkenntnishorizont.[1130] Die Frage allerdings, in welcher Weise geforscht werden soll, wenn man die Disziplingrenzen aufhebt, scheint zunächst einmal einer willkürlichen Zu- und Unterordnung Tür und Tor zu öffnen. An dieser Stelle ist deshalb zu beobachten, dass das Festhalten an Disziplingrenzen auch mit Machtstrukturen der Wissenschaftsorganisation zu tun hat, die die Disziplinierung des Forschens auch zur Hierarchisierung von Forschern und Forschungsthemen benötigt. Doch die Logik des Wissens ist in dieser Weise als subversiv zu betrachten und stellt sich einer solchen Disziplinierung quer. Die komplexe Urbanitätsforschung beruht auf der Weltperspektive, dass die meisten Dinge im Leben nicht einfach sind und nicht durch eine klinische Sezession in Teilprobleme und spezialisierte Themengebiete erreicht werden können. Das Aufgabenfeld des Spezialisten (hier: Stadtforschers) hängt von der Perspektivenwahl ab: Ob er mit der wissenschaftstheoretischen Operation des Experten zu Wege gehen will, der ob seiner exklusiven und hochgradig selektiven Kenntnisse eine Intervention in die städtische Gesellschaft intendiert (für die er hochgepriesen wird, die aber für die Mehrzahl der Menschen eher marginal sein wird), oder ob er sich als vernetzter Wissensakteur versteht, der mit einer wissenschaftstheoretischen Operation im Sinne einer Erforschung der Komplexitätslogik des Städtischen aus metropolitanem Allgemeinwissen ein breites Verständnis urbaner Empirie herstellen will. Die Reflektion über die Bedeutung der Komplexitätsperspektive beginnt mit dem Eingeständnis der allgemeinen Wissenschaft, dass alles perspektivisch ist und jedes diszipliniertes Wissen aus sich selbst heraus gegen seine Beschneidung auf Eindeutigkeit revoltiert.[1131]

Das Konzept einer transdisziplinären Forschungsperspektive für die Stadtforschung kann viel von dem gescheiterten Ansatz der Interdisziplinarität, als Disziplinen übergreifendes Vorhaben, lernen.[1132] Dort war ersichtlich geworden, dass der selbstverständlich scheinende Begriff des Interdisziplinären in Wirklichkeit sehr unterschiedlich angewandt wird.[1133] Die Schwierigkeit der Interdisziplinarität und deren Definition haben damit zu tun, dass die Bestimmung der Disziplinen als solche schon schwierig ist, da der augenscheinliche Grund einer Disziplin nicht deren Gegenstand sein kann. So wird auch die Stadtforschung nicht länger begründbar sein, indem sie sich der „Stadt" als ihrem Gegens-

1130 Vgl. etwa Mittelstraß, J. (1989) Der Flug der Eule. Von der Vernunft der Wissenschaft und der Aufgabe der Philosophie, Frankfurt.

1131 Vgl. auch Mainzer, K. (1992) Perspektiven der Natur. Bemerkungen zur Natur- und Wissenschaftsphilosophie. In; Gerhard, V./Herold, N. (Hg.) Perspektiven des Perspektivismus, Mannheim.

1132 Im Übrigen macht es nur einen semantischen Unterschied, ob von co-, multi-, inter-, intra-, con-, infra-, cross- oder pluridisziplinärer Forschung die Rede ist, solange im Wesentlichen die Disziplinarität von Wissenschaft als solche nicht thematisiert wird. „Transdisziplinarität" bedeutet solcherdings, dass es sich um Forschung „jenseits" der Disziplinierung/ Disziplinarität handelt. Vgl. Balsiger, P. W. (2005) Transdisziplinarität, München.

1133 Zur Terminologie des Interdisziplinären siehe die grundlegenden Arbeiten von Thompson Klein, J. (1990) Interdisciplinarity. History, Theory and Practice, Detroit und Resweber, J.-P. (1981) La Méthode interdisciplinaire, Paris. Siehe aber auch Hübenthal, U. (1991) Interdisziplinäres Denken, Versuch einer Bestandsaufnahme und Systematisierung, Stuttgart und Käbisch, M./Maaß, H./Schmidt, S. (2001) Interdisziplinarität: Chancen, Grenzen, Konzepte, Leipzig.

tand der Forschung nähert, – „es geht manchmal um Amsterdam, meistens aber nicht" –, wie es analoge Disziplinen in ihrem Titel suggerieren, etwa die Soziologie als Wissenschaft von der Gesellschaft oder die Literaturwissenschaft als Wissenschaft der Literatur etc.[1134]

Dabei werden diese Einteilungs- und Weiterentwicklungsprozesse der wissenschaftlichen Erkenntnisprozesse problematisch, da die Gegenstände als solche nicht eindeutig zuordbar sind und auch als zu „allgemein" gelten können. Wo hört die Gesellschaft auf, wo fängt sie an, was ist (noch) Narration und was ist schon Lyrik, Gebrauchsanweisung, wissenschaftlicher Text oder Journalistik? Implizit geht mit der gegenstandsbezogenen Organisation von Wissenschaftlichkeit eine Etablierung von autoritären Entscheidungsstrukturen einher, da es der im Augenblick der Operationalisierung nicht-hinterfragbaren Abgrenzungspolitik bedarf, um Wissensfragen methodisch und systematisch zu bearbeiten. Eine komplexitätssensible Stadtforschung kann ein solches Entscheidungsmuster, das schließlich auf individualisierter oder begrenzt kommunizierte/kommunizierbarer Orthodoxie beruht, nicht akzeptieren. Wie für die Stadt als solche gilt, dass zwar eine Pilotage konzeptionell denkbar wäre, ist die Stadt- und Wissensentwicklung aber zunächst und vor allem mit Bezug zur Attraktion nach verschiedenen Komplexitätslogiken in Perspektive (von der die reduzierte, disziplinäre Erforschung nur eine, ob ihrer Angemessenheit aber kritisch zu betrachtende wäre) zu setzen.

Ein anderer Zugang zur Bestimmung einer Disziplin ergibt sich durch die Auswahl der Methode. Hierbei könnte die Naturwissenschaft als durch Deduktion und die Geisteswissenschaft als durch Hermeneutik methodisch geprägt charakterisiert werden. Schon aber die Verständigung auf die Methodik in den Sozial- oder Gesellschaftswissenschaften dürfte nicht mehr so leicht fallen und ist innerhalb dieser Disziplinen Thema immerwährenden Räsonierens, wie zugleich die natur- und geisteswissenschaftlichen Methodikdiskurse die Eindeutigkeit von Deduktion und Hermeneutik kaum behaupten lassen. Schließlich verbleibt die Einteilung der wissenschaftlichen Disziplinen nach Fragestellung und Erkenntnisinteresse. Hierbei wäre wiederum eine steuernde, normative Ausrichtung von Wissenschaftsorganisation notwendig, etwa wenn in der Medizin das Forschungsinteresse sich von der Heilung von Krankheiten hin zu einer Forderung von Gesundheit verschieben soll. Diese Verschiebungen des Forschungsinteresses korrespondieren mit der gesellschaftlichen Einbettung (und sind dort an deren Dynamiken angeschlossen), sie müssen auch im System der Disziplinen nachvollzogen werden. Aus diesem Nachvollziehen ergibt sich eine Zeitdifferenz und das bekannte Gefühl, der Wirklichkeit und den gesellschaftlichen Anforderungen an die Wissenschaft hinterher zu hinken. Das wissenschaftliche Erkenntnissystem wird dadurch in eine Legitimitätskrise katapultiert, der populistische Vorwurf vom Wolkenkuckucksheim und die Zeitdifferenz bedrohen die Eigendynamik des Erkenntnisprozesses. In der Stadtforschung sind sowohl die gegenstandsbezogene wie auch die methodologisch beschriebene Abgrenzung vom allgemeinen Erkenntnisgewinn der Gesellschaft nicht möglich, sie partizipiert und dynamisiert hingegen die urbanen Prozesse. Stadtforschung in einer im Grunde vollständig urbanisierten Welt kann sich nicht vom „Forschungsgegenstand" trennen und sie kann nicht darauf beharren, eine spezielle und exklusive Zugangsweise (Methodik) zur Stadt zu besitzen oder zu entwickeln. Ein oberflächlicher Blick ins urbane Labyrinth der wissensbasierten Stadtentwicklung zeigt schon, dass sich Wissen und Information nach unterschiedlichsten Mustern herausgebildet und weiterentwickelt haben, mit anderen Wissensgeneratoren zusammenstoßen und nach den Regeln der urbanen Struk-

---

1134 Vgl. Käbisch, M. (2001) Sprachlogische Einheitskonzeption der Wissenschaft und Sprachvielfalt der Disziplinen. Überlegungen zu theoretischen und praktischen Ansätzen von Interdisziplinarität. In: Käbisch, M./Maaß, H./Schmidt, S. (Hg.) a.a.O.

turierungen zugänglich oder verschlossen sind. Die Stadtforschung ist deshalb zugleich ein konkurrentielles Vorhaben zu anderen Wissensattraktoren (Politik, Verwaltung, Markt) und eine offene Anschlussstelle für frei flottierende Erkenntnissuche. Komplexe Urbanitätsforschung wird sich entfalten und gleichzeitig falten müssen, sie ist in Bewegung. Auffalten wird sie sich müssen, um die Erkenntnisdynamiken in Wissensfeldern aufzusuchen, die nicht bereits in der klassischen Moderne (Politikwissenschaft, Soziologie, Architektur, Raum- und Städteplanung etc.) mit ihr verlinkt sind. Die virtuelle Stadt und ihre Medialitätsdiskurse und die Gender-Forschung und ihre Hybridisierungsperspektive sind hierbei offenkundige Wissensfelder, in die sich die Stadtforschung einfädeln muss. Zugleich wird sich die komplexe Stadtforschung zusammenfalten müssen, ihre Begrifflichkeiten komplexitätsadäquat schärfen und die Anschlussfähigkeit an die allgemeine Komplexitätsforschung intensivieren müssen. Dies wird zu einem Abstoß von Wissensbeständen und (disziplinären) Diskursen führen, die bislang unhinterfragt als zentral für das Verstehen der Stadt gelten. Es ist nicht abzusehen, ob es sich dabei um Teilaufgaben handelt oder ob die Emergenz der komplexen Stadtforschung das Ende ihrer bisherigen Verwurzelung in bestimmten Forschungstraditionen bedeuten wird. Die kritische Frage an die geistes- und sozialwissenschaftlichen Traditionen ist, wie sehr sie sich der Innovierung der Stadtforschung unter dem Leitstern der Komplexität anschließen oder alternative Theorie-Entwürfe vorlegen können, die prospektivisch mehr Entfaltungen zulassen.

Offenkundig wird die Notwendigkeit einer solchen Rejustierung des wissenschaftlichen Betriebs durch die weitgehende Theoriediffusion, die im Grunde schon heute nicht mehr an Disziplinen halt macht und letztlich die Identifikation einer Theorie als „soziologisch" oder „linguistisch" zum Teil lächerlich erscheinen lässt. De facto lassen sich gerade solche Theorien, wie sie im lingustic turn vertreten sind, nicht ohne ihre philosophischen und allgemeinen Auffassungen von Welt und Gesellschaft aufgreifen. Und so sind theoretische Grundlagen aufgrund ihres Wesens als Verallgemeinerungen von speziellen Tatsachen/Befunden immer als Aufforderungen für die allgemeine Wissensentwicklung aufzufassen, die Reichweite einer Theorie für die Erklärungszusammenhänge „andernorts" zu überprüfen. Spezielle Theorien kann es in diesem Sinne eigentlich nicht geben und die Unterscheidung zwischen allgemeinen und speziellen Theorien ist wiederum nur zum Preis einer Autorisierung der Entscheidung über die Theoriereichweite zu haben.

Mit der modernen Ausdifferenzierung von Wissenschaft geht eine Verselbständigung der Wissensrepräsentationen einher, die in ihrer gestaltungsmächtigsten Form als Diskursivität konstituiert wird. Verständigung in der ausdifferenzierten Wissenschaftslandschaft ist von daher das scheinbar schwierigste Problem für jedes inter- oder transdisziplinäre Wissenschaftsprogramm. In dieser Hinsicht bedarf es zunächst der Anstrengung, eine Grundsprache, die sich über wesentliche Begriffe verständigt, zu generieren. Dies bedeutet insofern eine erhebliche Beweglichkeit der disziplinären Diskurse und ihrer Akteure, da es die Autonomisierung der Diskursivität ausmacht, Bedeutungen mit Begriffen zu belegen.[1135] Die Zuschreibungsprozesse sind zu Recht als Schließungs- und Öffnungsprozesse analysiert worden, die nur unter den jeweiligen kontextuellen Bedingungen zu betrachten sind und deren Erkenntnisvermögen in einen Zusammenhang mit diesen Diskursproduktionen zu verstehen ist.[1136] Diese Prozesse sind deshalb ein Hemmnis für weitere Erkenntnisgewinne, weil sie sich vom Feedback anderer Begriffsdefinitionen, die ihrerseits andere Zugänge zur Realität und dementsprechende Erfahrungen berücksichtigen, abkoppeln. Dies ist

---

1135 Vgl. Lorenzen, P./Inhetveen, R. (1973) Die Einheit der Wissenschaften. In: Kambartel, F./Mittelstraß, J. (Hg.) Zum normativen Fundament der Wisssenschaft, Frankfurt.
1136 Vgl. auch Habermas, J. (1968) Technik und Wissenschaft als Ideologie, Frankfurt.

aus der Logik der Operationalisierung vom Erkenntnisinteresse zum Erkenntnisfortschritt potentiell nicht anders konzipierbar. In diesem Sinne funktioniert empirische Forschung nach einer prinzipiell paradoxalen Verengungs- und Verbreiterungslogik der Perspektive, mit der auch die Forschungsprogrammatik der komplexen Stadt verfolgt werden muss. Problematisch wird dieses Verfahren unter anderem aber an der Stelle, an der die Begrifflichkeit für das Forschungsvorhaben einer externen (etwa alltagsweltlichen, andersdiszipli-nären) Reflexion nicht mehr zur Verfügung steht. Dies kann zwangsweise so sein, weil die Operationalisierung „in vollem Gange" ist oder die externen Begriffswiderspiegelungen ein anderes Forschungsinteresse zum Ausdruck bringen.

Das Forschungsprogramm der komplexen Stadt beginnt sozusagen mit seiner Begriffs-reflexion im Lichte unterschiedlicher, bereits bestehender Termini und ihrer kontextuellen, disziplinären wie auch außerwissenschaftlichen Einbettungen. Deshalb ist die komplexe Stadtforschung in ihrem ersten Entwurfsschritt einer Forschungslogik nicht auf eine Verknappung und Abgrenzung ihres Vokabulariums aus, sondern auch in ihrem Forschungsdesign als ein komplexes Vorhaben angelegt. Die Erforschung der komplexen Urbanität folgt einer Logik komplexer Forschungskonstruktion. Anstelle einer schnellstmöglichen diszipli-nären Anschlussfähigkeit und Ermittelung des dort vorhandenen State of the Art beginnt komplexe Urbanitätsforschung mit dem Nachgehen von wahrscheinlicher Relationalität in anderen Forschungsfeldern. In vielen stadtbezogenen Forschungsprojekten ist dies intrin-sisch bereits realisiert worden und kann man sich im Grunde kaum mehr vorstellen, dass wichtige städtische Fragestellungen nur aus der Sichtweise einzelner Disziplinen betracht werden. Die Schwierigkeit allerdings, Forschungsprojekte aus der Sicht verschiedener Disziplinen zu betreiben, lässt diese avancierten Vorhaben oftmals scheitern und führt dazu, dass die Ergebnisse doch nur für einen disziplinären Diskurs interessant sind, wenn überhaupt.

Die nicht stattfindende Auseinandersetzung über transdisziplinäre Begrifflichkeiten hat zur Folge, dass es eine ausgesprochene oder nicht-thematisierte Konkurrenz von Deu-tungsmustern und Begriffsdefinitionen gibt, die man durchaus als intellektuelles Spiel um Vorherrschaft zu deuten hat. Schon Lefèbvre schilderte in seinen Erfahrungen aus urbanis-tischen Forschungsprojekten, dass es hierbei in erster Linie um eine Dominanz des „Urba-nismus" gehe und dieser die falsche Dichotomie zwischen Sozialwissenschaft und Städte-bau aufbaue.[1137] Stadtforschung als Transdisziplinarität ließe sich, wie dies Gibbons et al. für transdisziplinäre Forschung im Allgemeinen beschrieben haben, als disziplinenübergrei-fende Wissenschaftspraxis beschreiben, die ausgreift über die Wissenschaft und die Nicht-Wissenschaft ausdrücklich einschließt.[1138] Gemeint sind in erster Linie Forschungsprozes-se, weniger Forschungsinstitute, die die Beziehung zwischen Wissenschaftsproduktion und Wissensverwendung verstärkt ins Auge fassen. Transdisziplinäre Forschung nimmt die veränderten Bedingungen der Wissensproduktion in der Wissensgesellschaft wahr und positioniert sich aus einem kritischen Verantwortungsgefühl heraus, in einem an den Be-dürfnissen der Stadt und ihrer wunderbaren, aber nicht unproblematischen Vielfalt an Men-schen und Orten, an der Heterogenität von Wissen und Organisation, orientiertem Wirken.

Ausweg aus der Sackgasse der bloßen Interdisziplinarität und dem Dominanzstreben einzelner Disziplinen in der Stadtforschung bietet einzig eine Öffnung des Forschungspro-zesses durch Anerkennung von Komplexität als Wirklichkeits- und Forschungsgrundlage. In der Forschungspraxis, so wird man dennoch eingestehen müssen, ist ein permanentes

---

1137   Lefèbvre, H. (1976) Die Revolution der Städte, München.
1138   Gibbons, M. et al. (eds) (1994) The new production of knowledge, London.

Beginnen bei Null nicht vorstellbar. Aus diesem Grunde wird eine komplexe Urbanitätsforschung sich auch um ihre Grundlagen bemühen müssen und diese durch eine eigene Sprache zum Ausdruck bringen. Hierbei scheint diese Aufgabe der Quadratur des Kreises zu ähneln, in der sozusagen eine Eigensprache (Schließung) und Allgemeinverständlichkeit (Öffnung) zugleich realisiert werden sollen. Die schiere Unmöglichkeit und Aussichtslosigkeit dieses Anliegens ergibt sich nur dann, wenn man die Forschungskomplexität auf einen solchen Dualismus reduziert. In Wirklichkeit sind Forschungsvorhaben wesentlich vielschichtiger und von permanenten Ungleichzeitigkeiten eingerahmt. Die klischeehafte Idee des Forschens in der Stadt, bei der ein Nullpunkt (zeitlich wie räumlich) auszumachen wäre, als sei man nicht schon vorher in der Stadt anwesend und auch zugleich während des Forschens in der Stadt nicht zumindest partiell/mental teilweise abwesend, als habe man die Stadt vorher nie gesehen, keine eigenen Meinungen zu einzelnen Orte und sei nicht von Bildern motiviert, wie Kracauers Traumbilder, erscheint als eine äußerst naive Vorstellung über Stadtforschung und als die einzige Alternative zur komplexitätssensiblen Forschungsprogrammatik, in der allen diesen Bezügen nachgegangen und somit non-lineare, ungleichzeitige, metabolische, deontologisch-virtualisierte und hybridisiert-strukturierte Urbanität sichtbar gemacht wird.

Urbane Komplexitätsforschung bemüht sich um ihre Orthosprache, die nicht mit der Disziplinierung von Fachsprache zu verwechseln ist, sondern die dem Forscher analytische Reflexionsmittel in seinem permanenten Forschungsfeld „Stadt" an die Hand gibt.[1139] Geisteswissenschaftliche Bezüge sind daher aus ihrem heuristisch-exegetischen Anliegen zu trennen, naturwissenschaftliche Termini ob ihrer logischen Erklärungshorizonte zu transportieren, aber nicht zu übertragen, und sozialwissenschaftliche Konstrukte werden als empirische Rückkoppelungen aus dem semi-diskursiven, semi-faktischen gesellschaftlichen Prozess der Selbstvergewisserung genutzt. Die geistige Tätigkeit, die der komplexen Stadtforschung als ihr Vornehmstes obliegt, ist daher der permanente Versuch der Sprachfindung und Verständigung, insbesondere jenseits der eigenen (ursprünglichen) disziplinären Herkunft und vor allem mit der „Gesellschaft" da draußen. Weder das Labor noch die Bibliothek, weder die Ortsbesichtigung noch das Entwurfsatelier, weder die SPSS-Statistikprogramme noch das diskursanalytische Zeitungslesen sind als solche bestimmend, sind die wahren Orte des Stadtforschers, zumindest nicht auf Dauer. Stadtforschung ist deshalb ubiquitär, oftmals an Orten, die nicht auf der Hand liegen (sich aus chaotischen Relationen ergebend), immer aber in den verschiedensten Erscheinungsformen der Kommunikation auffindbar.

Die Anerkennung des ersten Kommunikationsgesetzes von Watzlawick, man könne nicht nicht-kommunizieren, reicht allerdings nicht aus, um das Wesen der kommunizierenden Stadtforschung zu kennzeichnen. Reale oder imaginierte Reisen werden zu einer der wichtigsten Forschungstätigkeiten des komplexitätssensiblen Stadtforschers werden. Die Forschungslogik wird sich von dem Anspruch, eine einzelne Stadt untersuchen zu wollen, zu dem Anliegen verschieben, verschiedene Städte miteinander zu vergleichen. Erkenntnisstrategien sind translokal zu formulieren, so dass vergleichbare und unterschiedliche Konstruktionen von Netzwerken verdeutlichen können, in welcher Weise lokale Unterschiede sich transformieren.[1140]

Die Konstitution einer Forschungsprogrammatik der komplexen Stadt als transdisziplinäres Vorhaben erfordert eine personelle wie institutionelle Rahmengebung, die eine

1139 Vgl. Lorentzen, P. (1973) Semantisch normierte Orthosprachen. In: Kambartel, F./Mittelstraß, J. (Hg.) a.a.O.
1140 Eckardt, F. (2004) Soziologie der Stadt, Bielefeld.

Kommunikationsanforderung realisiert, die vielschichtig zu beschreiben wäre und sicherlich ein kommunikatives Handlungsverständnis als Kern seiner Programmatik zu definieren hätte. Diese „Interaktivität"[1141] bedarf der eigenen Regeln und Erwartungen, wodurch auch die Frage nach der Steuerung eines solchen Programms evident wird. Hierbei dürfte es, wenn die Komplexitätstheorie rückbezüglich auf ihre eigene Erforschung angewandt wird, Lösungen mit mehr oder weniger ertragreichen Erwartungsrahmen geben. Die Governance komplexitätsorientierter Stadtforschung verbietet die anomische Fragmentierung in Einzelstudien, sie erlaubt aber auch keine autorisierende, abgekoppelte Pilotage.[1142] Damit ist im Grunde auch schon ein Kernthema für die komplexe Stadtforschung formuliert worden, von dem die Verwirklichung des Forschungsprogramms abhängt, nämlich die Frage nach der Rolle des Forschers. Ein transdisziplinäres Forschungsprogramm wird von einem Typus Wissenschaftler abhängen, der die kognitiven Herausforderungen, die sich aus dem formulierten Anspruch des Vergleichs und der Komplexitätssteigerung ergeben, auch bewältigen kann.[1143] Es stellt sich daher die Frage nach der verbleibenden Rolle des Subjekts in der komplexen Stadt, ohne deren Konstitution auch ein Forschungssubjekt dieser Programmatik nicht denkbar sein wird. Komplexe Stadtforschung als Programmatik ist in dieser Hinsicht als ein Sozialisationsprozess angelegt, in dem aktive Aneignungen von Methoden des transdisziplinären Forschens und Lehrens generiert werden müssen, die wiederum in Interaktivität mit der Forschungsumwelt „Stadt" kommunikativ weiterentwickelt werden müssen.[1144] Anzunehmen ist, dass es keine Hoheit der Stadtforscher in der Methodenfrage geben wird, sondern die selektive Aneignung von Erkenntnisproduktionen außerhalb der Seminarräume und Forschungslabors eine der wichtigsten Konstitutionsmomente für die komplexe Urbanitätsforschung sein wird. Hierfür sind neue Formen der Realisierung von Forschungsprozessen zu bedenken, in denen auch andere Rollenverteilungen und Steuerungsformen notwendig werden. Ein derartiges Management-Konzept von Transdisziplinarität stößt bislang an die Grenzen des Vorstellbaren, welche durch die Forschungsrahmen in der disziplinarisierten Wissenschaftswelt vorgegeben sind.[1145]

21. Das Subjekt im „Dickicht der Großstädte"

Kritischer Realismus, der Anschluss an die Komplexitätsforschung und die Gestaltung als transdisziplinäres Forschungsprogramm lassen sich als Ausgangsbasis einer komplexen Urbanitätsforschung nutzen. Wesentlich für die Realisierung eines solchen Programms wird die Einbindung in eine in gleicher Weise ausgestaltete Lehre – kritisch, realistisch, transdisziplinär, komplexitätssensibel – sein. Hierzu ist eine Diskussion über die Bedeutung der Subjektivität in der Stadtforschung notwendig. Jenseits der Rolle des dichterischen Impressionalisten und des szientistischen Labor-Empirikers begibt sich der Stadtforscher der komplexen Urbanitätsforschung wie der Beaudelairsche Flaneur auf seiner Reimsuche durch die Gassen der Städte, ziellos, und sie oder er zieht sich wie der empirische Sozial-

1141 Bieber, C./Leggewie, C. (Hg.) (2004) Interaktivität: ein transdisziplinärer Schlüsselbegriff, Frankfurt.
1142 Vgl. Bechmann, A. (2004) Gestaltendes Wissensmanagement und Transdisziplinäre Wissenschaft: Grundlagen, Konzept, Vorgehensweisen und Leistungspotenziale, Barsinghausen.
1143 Vgl. Bromme, R. (1999) Die eigene und die fremde Perspektive. Zur Psychologie kognitiver Interdisziplinarität. In: Umstätter, W./Wessel, K.-F. (H.) Interdisziplinarität – Herausforderung an die Wissenschaftlerinnen und Wissenschaftler, Bielefeld.
1144 Dubielzig, F. (2004) Methoden transdisziplinärer Forschung und Lehre: ein zusammenfassender Überblick, Lüneburg.
1145 Vgl. Mogalle, M. (2001) Management transdisziplinärer Forschungsprozesse, Basel.

forscher in die Räume der Reflektion zurück, fern vom Brechtschen Dickicht des Urbanen. Seine Bedeutung für die Stadtforschung ist zentral, weil nur sie oder er der Ort der Komplexitätssensibilität sein kann. Weder Methodik noch Programmatik sind als solche kommunikativ, sie können vielmehr nur in der Kommunikation realisiert werden, wozu wiederum entsprechende Kompetenzen vorhanden sein müssen, die durch die universitäre Lehre sozialisiert werden könnten.

Die Thematisierung der Subjektivität des Forschers ist in der Forschung im Allgemeinen und auch in den „Urban Studies" umstritten. In der Stadtforschung werden insbesondere Einwände formuliert, die sich aus der Intention ergeben, die Stadt im Sinne Foucaults als Diskurs zu betrachten. Ausgangspunkt einer solchen Analyse ist die Annahme, dass Diskurse gestaltungsmächtig eingebettet sind. Sie wirken gouvernemental. Im Vordergrund steht keine Analyse einer bestimmten Politik oder Praxis, sondern eine spezifische Rationalität, die es der politischen Praxis ermöglicht, ihre unterschiedlichen Gegenstandsbereiche zu ordnen. Nur ansatzweise kann darauf verwiesen werden, wie einzelne Diskurse die Rationalisierung von Politikpraxen ermöglichen. Die Gourvernementalität will die innerdiskursiven Diskrepanzen und ihre verschiedenen Nominalisierungen ausarbeiten. Aus diesem Grunde versteht sich die Reflexion der Diskurse als eine Analyse des „régime de rationalité".[1146] Die politische Praxis des Regierens (gouverner) geht mit den Diskursen (mentalité) eine semantische Symbiose ein, die es nicht mehr erlaubt, sie lediglich als Diskurse zu bezeichnen. Vielmehr werden sie von den Intentionen des Regierens formatiert und kategorisiert. Diese Macht-Wissen-Komplexe werden als Politik verstanden. Im Sinne Foucaults wird dann eine genealogische Diskursanalyse betrieben, wenn politische Rationalitäten nicht als Diskrepanz zwischen Wirklichkeit und Plan, sondern als bereits in der jeweiligen Diskurspolitik notwendigerweise brüchig und widersprüchlich konzipiert werden.[1147] Die Aufgabe einer gouvernementalistischen Stadtforschung besteht demzufolge in dem Aufzeigen der internen Grenzen, Antagonismen und Friktionen, die ein Scheitern der jeweiligen Politiken zwangsläufig macht.

Foucault sieht die Möglichkeit, in Räumen Differenzen und Utopien aufzufinden. Mit dem Begriff „Heterotopias" hat er zum Ausdruck bringen wollen, dass Räume als offen für Verschiedenartigkeit und für Projektionen zu betrachten sind. Sie stellen den Kontext für individuelle und gesellschaftliche Praktiken, Lebensformen, Kulturmuster, Wissen, Macht und Herrschaftsstrukturen dar.[1148] Diese Orte werden als Außenräume verstanden, die „wirklich" sind und als eine Art realisierte Utopie in die Gesellschaft eingebaut wurden. Sie befinden sich außerhalb aller Orte und dennoch sind sie tatsächlich auffindbar. Foucaults Heterotopias sind in einem Zusammenhang mit seinem (späterem) Ansatz des Gegen-Diskurses zu betrachten. Sie sind Orte des widerständlichen Lebens. Doch Foucault will keine Räume dekonstruieren. Er versucht seine Raum-Analysen integrativ zu betreiben. Den Ort betrachtet Foucault als den Forschungsort, an dem Wissen, Raum und Macht zusammenfließen. Auftrag der Stadtforschung wäre es, eine „Archäologie" des Wissens zu betreiben, um eine Kritik an Institutionen zu formulieren. Ziel ist die Demaskierung der unsichtbaren Mechanismen der Gewalt, die mit solchen Raum-Macht-Wissen-Komplexen

1146 Foucault, M. (1994) Table rond du 20 mai 1978. In: Dits et Écrits 3, 30.
1147 Foucault, M. (2000) Die Ordnung der Diskurse, Frankfurt.
1148 Hamedinger, A. (1998) Raum, Struktur und Handlung als Kategorien der Entwicklungstheorie, Frankfurt, 204f.

etabliert werden.[1149] In der Stadt haben sich, historisch gesehen, bestimmte Territorialisierungen ergeben, die vielfältige Linien politischer Organisation und Intervention als herausragenden Modus vivendi der meisten Staaten seit dem 19. Jahrhundert entwickelten. Wie Nicolas Rose verdeutlicht hat, sind hierfür die Mentalitäten und Strategien des Regierens entscheidend gewesen, die durch den Aufbau von „Gemeinschaften" mit territorialem Bezug realisiert wurden. Nachbarschaften und ihre Institutionen dienen als Technologien der Mikro-Gouvernementalität. Dabei werden tiefgreifende Strukturierungen hervorgebracht, die sich vor allem auch auf eine Wissensproduktion orientieren, bei der das gemeinschaftliche Leben als ein soziales Ideal propagiert wird. Mit Verweis auf die Kommunitarismus-Debatten stellt Rose dar, wie sich durch das „Community"-Konzept der Sozialwissenschaften politische Macht und soziale Potentiale aktivieren lassen.[1150] In diesen Gemeinschaften findet eine Individualisierung der Loyalität statt. Die Partizipation des Einzelnen wird verpflichtend und moralisch eingefordert. Dies funktioniert allerdings nur in der Umgrenzung eines bestimmten Netzwerkes (Familie, lokale Verankerung, thematische Organisationen für Tier- oder Umweltschutz etc.). Diese stellen Projekte der politischen Identifikation dar, mit dem das Individuum sich als Teil einer Community zu definieren hat. Für diese Projektpolitiken ist eine Institutionalisierung von Symbolen, Narrativen und Techniken der Selbstregierung nötig. Die übergeordnete Governance ist der Diskurs der Sicherheit und der Gefahrenabwehr.[1151] Dazu gehört die Konzeption der umzäunten Stadt. Die kommunitaristische Community-Konzeption geht hierbei eine Allianz mit dem neoliberalen Sicherheitsethos ein, der individuelle Wahl, eigenverantwortliches Handeln und Herrschaft zusammenführt. Community bedeutet in diesem Zusammenhang nicht nur das selbst organisierte oder durch Verträge eingerichtete Stadtviertel. Das Territorium ist in eine besondere Form des Regierens eingewoben. In dieser Weise endet das abstrakte, über National- bzw. Wohlfahrtsstaaten organisierte „Soziale"[1152]. Die nationalstaatliche und räumlich-entfremdete Regierungsform des Sozialstaates wird durch eine community-bildende und territorialisierte Identity policy abgelöst. Die Konsequenz des Wechsels der Regierungsformen bedeutet eine Reorganisation des einheitlichen Raums des Sozialen. Außerhalb der Community gibt es keine Hilfe. Notwendig werden neue Herrschaftstechnologien gegenüber all denjenigen, die marginalisiert und ausgeschlossen werden. Neue Räume einer panoptischen Herrschaft entstehen, für die heruntergekommene Sozialwohnungen, überfüllte Gefängnisse, Obdachlosen-Container, Asyl-Schiffe und andere Raumformen eingeführt werden. In den Mikro-Machträumen entstehen zugleich auch wilde Räume, die eine gewisse Eigenständigkeit behaupten können.

Mit Foucault ergibt sich eine Thematisierung der Subjektivität in der Stadtforschung, die sich um die Frage der Rolle der Macht und des Wissens in der Steuerungslogik der Stadt bemüht. Sie formuliert Regime der Technologien, die eine Regierung der Stadt jenseits der formalen Herrschaftsformen durchsetzen. Um die implizite Logik der Regimepraktiken zu erforschen, sollen die charakteristischen Formen der Sichtbarkeit und Wahrnehmungsgeografien untersucht werden, die sich an bestimmten Orten und ihren Milieus manifestieren. Die subjektiven Sichtweisen sollen als intentional und nach der Integration in das

1149   Rabinow, P. (1984) Space, Knowledge, and Power. In: Ders. (ed) The Foucault Reader, New York und vgl. Foucault, M. (1980) Questions on Geography. In: Gordon, C. (ed) Power/Knowledge. Selected Interviews and Other Writings 1972-1977, Brighton.

1150   Vgl. Rose, N. (2000) Tod des Sozialen? Eine Neubestimmung der Grenzen des Regierens. In: Bröckling, U. et al. (Hg.) Gouvernementalität der Gegenwart, Frankfurt.

1151   Vgl. Simon, J. (2000) Miami: Governing the City through Crime. In: Polèse, M./Stren, R. (eds) The Social Sustainability of Cities, Toronto.

1152   Vgl. Donzelot, J. (2003) Faire la société, Paris.

vorhandene Vokabular und den Produktionsweisen von Wissensbeständen analysiert werden. Ziel ist die Identifikation bestimmter Rationalitäten der städtischen Gouvernementalität und ihrer Technologien. Anhand einer Fallstudie über Toronto konnte Isin verdeutlichen, dass es einen strukturellen Wandel der Raum-Macht-Verhältnisse gegeben hat, der durch einen generellen Politikwechsel zu neoliberalen Formen der Herrschaft verursacht wurde.[1153] Die moderne Stadt mit ihrer Integration von städtischer Politik und territorialer Räumlichkeit mutierte zu einer Stadt der fragmentierten Räume, in denen die städtische Politik-Struktur nur noch als ein Akteur unter vielen aufzufinden ist. Obdachlose, Kriminelle, Arme, Jugendliche und andere marginalisierte Gruppen werden in unserer Wahrnehmung und unserem Denken diskursiv als Gefahr beherrschbar. Die neue urbane Grammatik sucht aber noch nach einem Gegen-Diskurs und ihren Heterotopien.[1154]

In dieser Sichtweise wäre eine subjektorientierte Wissenschaftsprogrammatik letztlich nicht mehr denkbar.[1155] Die Herkunft eines Gegendiskurses aus einer mental vollkommen vorstrukturierten, gouvernierten Diskursivität bleibt auch die theoretische Achillesferse des Foucaultschen Ansatzes. Urbanitätstheoretisch hinterfragt wäre eine panoptische Stadt, die zugleich heterotopische Orte zulässt, ein Widerspruch in sich.[1156] Sie dient einer analytischen Fragestellung nach dem Subjekt in der Forschung, weist aber keinen Weg, bei dem das Subjekt als Forscher zugleich eine Selbstreflexion hinsichtlich gouvernementalistischer Prozesse und Erkenntnisstrategien über die Prozesse des Urbanen nachstreben kann. Aus diesem Grunde werden die Foucaultschen Einwände gegen die Subjektivität hier als fundamental verstanden und abgelehnt. Aufrecht zu erhalten sind sie nur in der Form einer kritischen Überprüfung der urbanen Subjektivität (des Forschers und des Beforschten) in der Hinsicht, dass essentialistische, überhöhte Auffassungen über das Subjekt durch eine gouvernamentale Diskursanalyse kontraindiziert werden. Die Kritik an einer Überrationalisierung des Subjekts, die sich in Anlehnung an weitergehende postmoderne Theorieangebote artikuliert hat, ist partiell auch in der Stadtforschung angekommen.[1157] Der Ausgangspunkt alternativer Ansätze in der Stadtforschung lässt sich oftmals auf die Frage der „Repräsentation" zurückführen. Nach der Auffassung des urbanen Rationalismus kann man an der Stadt etwas ablesen, das in sie hineingeschrieben wurde. Neuere Ansätze problematisieren diesen Abbild-Schematismus und verweisen auf die Bedeutung des Imaginären und Nicht-Strukturellen, dem Chaos.

Wie bereits Benjamin sich bemühte, die kulturelle Organisation der Stadt nicht als bloße Willkür der Fiktionen zu betrachten und sich „gelehrt" im urbanen Labyrinth zu verirren, so kann anhand der Analyse von Stadtplänen, Datenmaterial und anderen Repräsentationen der Stadt nachvollzogen werden, dass die paradoxalen Elemente des Urbanen in rationalistischen Stadttheorien ausgeklammert werden und später nur noch als Anomalien auftreten. Die Stadt entlarvt sich somit als eine rationalistische Idee, die entlang dualistischer Denkmuster (Stadt-Land, öffentlich-privat, physisch-sozial etc.) beschrieben wird. Diese symbiotische Beziehung, die Derrida als „différance" bezeichnet hat, schließt ambivalente Orte wie Suburbia, Post-Urbia oder Peripherie aus. Eine dekonstruktivistische

1153 Isin, E. F. (2000) Gouverning cities without government. In: Ders. (ed) Democracy, Citizenship and the Global City, London/New York.

1154 Huxley, M. (2007) Geographies of Governmentality. In: Crampton, J. W./Elden, S. (eds) Space, knowledge, and power: Foucault and geography, Aldershot.

1155 Vgl. Saar, M. (2006) Genealogie als Kritik: Geschichte und Theorie des Subjekts nach Nietzsche und Foucault, Frankfurt.

1156 Vgl. auch Kammler, C. (1986) Michel Foucault: eine kritische Analyse seines Werks, Bonn.

1157 Vgl. Shields, R. (1995) A Guide to Urban Representation and What to Do About It: Alternative Traditions of Urban Theory. In: King, A. D. (ed) Re-Presenting the City, London.

Stadtforschung hätte sich nicht damit zu beschäftigen, wie solche Abweichungen und Unstimmigkeiten in ein kohärentes Muster zu pressen sind, sondern müsste sich auf die Frage nach der Herstellung solcher rationalen Denkschemata, etwa durch die Wissenschaft, ausrichten.[1158]

Die Herkunft des Dekonstruktivismus aus der Literaturwissenschaft hat in erster Linie den Bezug zu den textlichen Repräsentationen der Stadt vorgegeben. Aus diesem Grunde ergab sich eine längere Debatte, ob sich auch der materielle Charakter der Stadt dekonstruieren lasse. Niemand wird umhin kommen, den großen Einfluss sprachlicher Konstruktionen auf die grundlegenden Vorstellungen über den Raum anzuerkennen. Der dekonstruierte Raum hat, so ließe sich ein vorläufiges Fazit formulieren, eine kommunikative Fundierung. Diese lässt sich in historischen Situationen und zeitlichen Kontexten verorten. Es ist deshalb wichtig, sich eine dekonstruktivistische Stadtforschung vorzustellen, die sich gerade nicht in der Dualität von materieller und nicht-materieller Stadt verfängt. Anstelle dessen soll die Analyse von urbanen Repräsentanten erfolgen, die eine Bedeutung in ihrer dualistischen Bedeutungsopposition (urban = nicht-rural) herstellen und in ihrem Bezug zu einer materiellen Dimension (Architekturstil, Bauform, Material, Volumen etc.) stehen. Die Stadt kreuzt die Linien von Diskursen und Aktionen. Das Leben des Stadtbewohners ist in ihnen „eingeschrieben", dort hinterlässt es seine Spuren.[1159]

Die Bedeutung des Dekonstruktivismus hinsichtlich der Frage der Subjektivität in der Stadtforschung beruht in der Thematisierung der unsichtbaren Dimensionen der Stadtgesellschaft: der fehlenden Frauen auf den öffentlichen Plätzen, der ausgeschlossenen Ausländer in städtischen Institutionen, der zugangsverweigerten Rollstuhlfahrer etc. Problematisch sind allerdings weitergehende Ansätze, die grundsätzliche Fragen an die Urbanitätsforschung implizieren. Mit Bezug auf die Frage nach dem „Sozialen" in Räumen lässt sich verdeutlichen, dass die urbane Gesellschaft einen dominanten und vereinheitlichenden Blick auf „ihre" Stadt konstruiert, der eine oder mehrere nicht-harmonisierte Sichtweisen verdrängt. Die Differenzen zwischen den individuellen Perspektiven werden dadurch sichtbar. Gibt es dann aber noch eine Gemeinsamkeit, die sich tiefenhermeneutisch erschließen ließe oder bedeutet die Dekonstruktion die Offenbarung vom „Tod des Sozialen"? Deleuze und Guattari haben mit der Beschreibung der Stadt als Körper einen Gegenentwurf zu einer cartesianischen Rationalität begründet, der die analytische Sichtweise auf die einzelnen Körperteile der Stadt überwinden soll.[1160] Sie behaupten mehr oder weniger, dass gerade die Differenz der verschiedenen Stadtbewohner eine soziale Interaktion des urbanen Lebens erschließe, weil sie von Emotionalität getragen sei. Für sie gibt es nur das Soziale und das Verlangen. Ihre Kritik richtet sich deshalb eher auf eine Redefinition zwischen dem Erscheinungsbild einer Stadt und die sie produzierenden unsichtbaren Kräfte. Hierbei handelt es sich um einen Konflikt zwischen dem Unsichtbaren und dem Artikulierbaren, in den die libidinösen Triebkräfte des Städtischen nur mit großem Aufwand einbezogen werden. Die Beziehung zwischen den visuellen (gebaute Umwelt) und den palpablen (Interaktionen) Aspekten macht den Reiz des städtischen Körpers aus. Wenn Sehnsucht die bestimmende Kraft der urbanen Gesellschaft ist, inwieweit wird sie dann in der subjektiven Wahrnehmung der Stadt berücksichtigt, sublimiert oder unterdrückt? Deleuze und Guattari verdeutlichen den Zusammenhang zwischen dem Verlangen, der sozialen Organisation und der räumlichen Gestaltung am Beispiel des Piratenschiffes, das als männliche Horde über die Weltmeere vagabundiert und auf Eroberung aus ist. Das Schiff ist ein Symbol der Unwil-

---

1158 Wigley, M. (1993) The architecture of deconstruction: Derrida's haunt, Cambridge.
1159 De Certeau, M. (1988) Kunst des Handelns, Berlin.
1160 Vgl. Deleuze, G./Guattari, F. (1997) Tausend Plateaus: Kapitalismus und Schizophrenie, Berlin.

ligkeit, sich in einen urbanen Kontext einzugliedern und sich mit den Chiffren des Ortes auszudrücken. Der Staat kann als eine gegensätzliche Figur verstanden werden, die den Einzelnen auf eine Nummer reduziert und quasi zivilisiert dazu zwingt, die rationalen Planungen der städtischen Verwaltungen zu befolgen. Auf der einen Seite (Schiff) steht die Gefangenheit in der Herkunftsgemeinschaft (Nachbarschaft), auf der anderen Seite (Staat) wird das Zusammenleben gemäß den politischen Vorgaben organisiert. Das Urbane lebt in dem Spannungsverhältnis dieser beiden „Technologien" und generiert paradoxal Hybriditäten. Ob es der Definition eines Stadt-Körpers bedarf und welche Forschungsperspektive sich mit der Betonung der urbanen Libido ergibt, ist sicherlich fraglich. Dennoch wird mit diesen Ansätzen etwas zum Ausdruck gebracht, das dem Städtischen auch eindrucksvoll in der Literatur und der Kunst attestiert wird: eine emotionale Sphäre, welche die Paradoxie des Straßenlebens, die Ironien der städtischen Repräsentationen und die Komplexität des urbanen Alltags beinhaltet. Aus diesem Grund ist die Stadtforschung nachdrücklich auf die Tatsache hinzuweisen, daß die Subjekte der Stadt als emotionale Wesen zu gelten haben. Die Forschungssozialisation bedeutet von daher immer auch Persönlichkeitsentwicklung.

Zweifel an der Rolle der Subjektivität ergeben sich aus verschiedenen Perspektiven und sind als solche von unterschiedlicher Reichweite und Einfluss auf eine an Komplexität orientierte Stadtforschung. Sich postmodern formulierende Analysen betonen die prinzipielle Schwierigkeit, „Subjekte" zu postulieren und zu konstituieren. Aus einer vor allem an Baudrillard thematisierten Kritik an der humanzentrischen Optik auf die Welt ergeben sich Schwierigkeiten, die nicht nur als partielle Problematiken der Wissenschaft verstehbar wären. Vielmehr stellt dieser Ansatz die Erkenntnisfähigkeit im Rahmen eines modernen, d.h. sich um Erkenntniszugewinn bemühenden Wissenschaftsbetriebs insgesamt in Frage. Nach den Debatten über die Nutzbarkeit solcher Ansätze für eine empirische Erkenntnisstrategie, lässt sich erkennen, dass weder ein generelles Ablehnen solcher Positionen in Bausch und Bogen, noch deren direkte Übertragbarkeit in die Forschungspraxis möglich ist. Als vorläufiges Fazit ließe sich die permanente Aufforderung aufstellen, die Perspektiven, Methoden und Konzepte der Analyse zu überprüfen.[1161] Diese auf metatheoretische Revisionen abzielenden Ansätze korrespondieren hierbei nur bedingt mit Fragestellungen, die sich mit dem Ansatz einer komplexitätstheoretischen Stadtforschung in Einklang bringen lassen. Gleichwohl stellen sie eine Provokation dar, da sich in einer Sichtweise von gesellschaftlichen Prozessen, in der der wesentliche Begriff der „Gesellschaft" als solcher in Frage gestellt wird, auch die Thematik urbaner Komplexitätslogiken als ein fragwürdiges – im Grunde bereits verneintes – Anliegen der Forschung darstellen könnte. Im Kern der Diskussion über postmoderne Theorieansätze geht es daher um die Frage einer gesamtgesellschaftlichen Entwicklung und deren wissenschaftlichen Erfassbarkeit als solcher. Die Analyse der urbanen Gesellschaft wäre, wenn man diesem Impetus folgen würde, nicht mehr mit einheitlichen Begrifflichkeiten und Instrumentarien zu erforschen und zu verstehen, weil sich ein grundsätzlicher Wandel vollzöge, zu dessen Erklärung kein geeignetes Vorgehen denkbar ist. Wenn man sich einer solchen, vor allem von Baudrillard[1162] vertretenen Position ob seiner erkenntnistheoretischen Aussichtslosigkeit nicht anschließen will, so verbleibt dennoch die prinzipielle Frage nach der „Gesamtperspektive" und einem archimedischen Punkt für die Begründung einer Subjektivität in der Stadtforschung. Wie Hasse betont, ist die Sensibilität für die Schwierigkeit, ein „Subjekt" in die Stadtforschung zu konstituieren, aufgrund der Schwierigkeit seiner Konstitution im Lichte der „neuen Ubi-

---

1161 Beispielsweise zur Bedeutung Baudrillards für die Soziologie vgl. Junge, M. (2004) Soziologie der Simulation: Jean Baudrillard. In: Moebius, S./Peter, L. (Hg.) Französische Soziologie der Gegenwart, Konstanz.
1162 Vor allem in Baudrillard, J. (1994) Simulacra und Simulation, Ann Arbor.

quität des Scheins" im Grunde nicht vorhanden.[1163] Klassische Kategorien wie Nutzer, Bewohner, Akteur, Fußgänger, Mann, Frau etc, mit denen die Stadtforschung wie selbstverständlich hantiert, werden selten hinsichtlich ihrer Relevanz im Kontext der vielfältigen Bewegungen und Kollisionen hinterfragt. Die Konkurrenz des Stofflichen mit dem Symbolischen, von der Baudrillard ausgeht, wobei er der „Ästhetik des Verschwindens" des Subjekts nachgeht, verbleibt eine Fragestellung, die verstört und die empirische Operationalisierung von Forschung verunmöglicht. Hasse ist zuzustimmen, wenn er behauptet, „es bedarf keiner langen Literaturrecherche, um zu erkennen, dass der Mainstream der sozialwissenschaftlichen Stadtforschung das intelligible Subjekt tendenziell verabsolutiert. Es handelt, kennt und beherrscht sich selbst. Es ist ein rationalistisches Wesen (…) Im methodologischen Absehen vom „ganzen" Menschen artikuliert sich der Reduktionismus eines szientistischen „Als-ob-Spiels", das den modernen Sozialwissenschaften die überschaubare und theoretisch beherrschbare Welt der Introspektion sichert."[1164]

Dem wäre ein Subjektverständnis der Komplexitätsforschung entgegenzustellen, das sich auf Maturanas neurobiologischen Arbeiten zur Subjektivität, in der die Bedeutung des Betrachtens beim Erklären der Welt als grundlegende Fragestellung aller wissenschaftlichen Erkenntnisstrategien vorausgesetzt werden muss, bezieht.[1165] Die damit einhergehende Verunsicherung hinsichtlich des Wahrheitsgehalts der Erklärungen des Beobachters gilt es konzeptionell zu verarbeiten. Dies kann vor allem durch eine Einschränkung des Problems auf die Kommunikation zwischen Beobachter und Beobachtetem geschehen, in der es um die Frage der Informiertheit geht. Hierbei wird die Kritik der Subjektivität durch eine komplexitätsorientierte Nachfrage nach den bestehenden Kommunikationslinien sich nicht auf die offenkundigen Bestände und deren Inhalte beschränken können, stattdessen sind Selbst- und Fremdbezüge als Ausgangspunkt für die Identifikation von Informationsgeneration entscheidend.[1166] Hier unterscheidet sich die komplexe von der diskursiven Stadtforschung dadurch, dass von vornherein die Infiltration von Information (in allen Formen) in die subjektive Wahrnehmungswelt des Forschers nicht als automatisch performativ und Herrschaft ausübend gedacht wird, weil der Sphäre des Subjektiven eine Eigendynamik/Autopoiesis zuerkannt wird. Zugleich unterscheidet beide, dass die Beziehungen zwischen Diskursen und Subjekt nie mit einer kausalen Mechanik ausgestattet sein können. Dies, im Sinne der poststrukturalistischen Perspektive, in der die Stadt von Sehnsüchten durchzogen ist, korrespondiert immer auch mit einem nicht-rationalen Subjektiven, in dem das Argument und die Schrift nicht aufgehen. Wahrscheinlichkeiten werden so durch die Flügelschläge des Schmetterlings, auch im Bauch des Betrachters, konterkariert. Forschungsziele, -orte und -fragen generieren sich auch, wie etwa im berühmten Fall von Friedrich Engels, der durch seine Freundin Einblicke in das Leben der englischen Arbeiterklasse im Manchester des neunzehnten Jahrhunderts erhielt,[1167] durch die Gefühlswelt und unterliegen oftmals minimalen Einflüssen.

1163 Hasse, J. (2002) Subjektivität in der Stadtforschung. In: Ders. (Hg.) Subjektivität in der Stadtforschung, Frankfurt, 13.
1164 Ders., a.a.O., 15.
1165 Maturana, H. R. (2001) Was ist erkennen? Die Welt entsteht im Auge des Betrachters, München.
1166 Krüger, H.-P. (1990) Das mehrdeutige Selbst: H. R. Maturanas Konzept philosophisch betrachtet. In: Krohn, W./Küppers, G. (Hg.) Selbstorganisation: Aspekte einer wissenschaftlichen Revolution, Braunschweig.
1167 Marcus, S. (1975) Engels, Manchester, and the working class, New York.

22. Grenzen des Komplexitätsansatzes

„Doch es ist bezeichnend, daß trotz vielfältiger und intensiver Bemühungen das objektivierende naturwissenschaftliche Erkenntnismodell in den Geistes-, Geschichts- und Sozialwissenschaften versagt; alle Versuche etwa die Soziologie, die Psychologie oder die Geschichtswissenschaften more physico zu betreiben, sind gescheitert (...) Damit erweist sich die versachlichende (...) wissenschaftliche Objektivierung in doppelter Hinsicht als ambivalent: Sie ist erstens Voraussetzung für Erkenntnis, für Aufklärung und Naturbeherrschung und sie führt doch ihrer Natur nach gleichzeitig zur Ernüchterung und bei hypertrophem Gebrauch zur Unbehaustheit des modernen Menschen. Die zweite Ambivalenz besteht darin (...): wissenschaftliche Erkenntnis beruht auf der Einengung der Betrachtungsperspektive (...) Ernüchternde Sachlichkeit und begrenzte Perspektive sind die Kennzeichen wissenschaftlichen Forschens. "

F. Rapp[1168]

Der hier unterbreitete Vorschlag, eine Stadtforschung als ein transdisziplinäres Programm auf der Basis der Forschungsfrage nach der urbanen Komplexität und im Anschluss an eine kritische und konstruktivistische Problematisierung zu initiieren, hat sich der Kritik auf unterschiedlichen Ebenen zu stellen. Das verfolgte Vorhaben hat sich auf zweierlei Argumentationsstränge gestützt. Im ersten Teil der Arbeit wurde anhand von bereits vorhandenen empirischen Forschungen zur Stadt, ausgeführt an wenigen Beispielen und motiviert durch jene Problemlagen, denen eine gesellschaftliche Relevanz in der Regel von vielen Beobachter zugesprochen wird, aufgezeigt, dass es bestimmte Ordnungen des urbanen Chaos gibt, die sich zwar nicht auf einen Nenner bringen lassen, die aber durchaus mit einer bestimmten Logik ausgestattet zu sein scheinen und die zur Konstitution des Städtischen unerlässlich sind. Kritik an diesem Argumentationsschritt kann einerseits intrinsisch erfolgen, im Sinne einer Heuristik des Vorhabens, oder allerdings grundsätzlich, wobei die Bedeutung der Befunde im Vergleich zu anderen übergreifenden Theorieangeboten relativiert wird. Um einer solchen Kritik entgegen zu kommen, wurde im zweiten Schritt der Arbeit der Versuch unternommen aufzuzeigen, dass in den gängigen Großtheorien, an die Stadtforscher oftmals Anschluss suchen, durchaus die Besonderheit des Komplexen aufgegriffen wird. Hierbei allerdings wurde das zweite Argument für das Forschungsprogramm „komplexe Stadt" entfaltet, indem diese Theorieangebote ob ihrer dennoch unzureichenden Berücksichtigung des Komplexen im Allgemeinen und mit Bezug auf die Stadt im Besonderen in Frage gestellt wurden. Die Argumentation für eine komplexe Stadtforschung hat sich aber nicht nur einer Kritik aus dem wissenschaftlichen Diskurs als solchem zu stellen, sondern steht auch im Fadenkreuz der Öffentlichkeit und muss sich durch eine Angabe ihrer Grenzen vor überzogenen Erwartungen schützen wie auch mit einer generellen Wissenschaftsskepsis auseinandersetzen.[1169] Wissenschaftlicher Fortschritt lässt sich als permanenter Schritt über Erkenntnisgrenzen verstehen, insofern kann es auch keine festgeschriebene Grenze geben, die hier zu beschreiben und auch zu behüten wäre. Das Verhältnis zwischen der Entwicklung des Systems der komplexen Urbanitätsforschung und gesellschaftlichen Ansprüchen, partikularen Interessen, institutionellen Effekten und akteursbedingten Einflüssen lässt sich als Attraktor für die Dynamik des Forschungsprogramms ausmachen und werden maßgeblich die inneren wie äußeren Grenzlinien bestimmen.

1168 Rapp, F. (1986) Zur Ambivalenz der Objektivierung. In: Lenk, H. (Hg.) Zur Kritik der wissenschaftlichen Rationalität, Freiburg, 424f.

1169 Vgl. auch Mittelstraß, J. (2001) Wissen und Grenzen: philosophische Studien, Frankfurt.

Was aber kann eine optimale Forschung in der komplexen Welt des Urbanen erreichen? Stößt sie zwangsläufig an die im Zitat von Rapp angedeuteten Grenzen der Rationalität und kann sie sich schließlich nur dort bewegen? Wenn dem so wäre, gäbe es eine deutliche Grenze zur Kunst und allen unsystematisch ermittelten Kenntnissen zu beschreiben. Dies kann nicht als Ziel der Grenzziehung angesehen werden.

Die Ansiedlung der Stadtforschung in den allgemeinen Komplixitätsdiskursen mag dort seine Grenze erreichen, wo diese ihren Quantensprung des Erkennens gefunden hat, in der Computation. Eingebettet in einen soziologischen Turn haben sich die computerorientierten Wissenschaften in der Weise weiterentwickelt, dass komplexe soziale Systeme durch Skalierung modellhaft betrieben werden können.[1170] Dabei schließt diese computerisierte Komplexitätsforschung an eine als „Socionics" bezeichnete Fortsetzung der Distributed Artificial Intelligence (DAI) an, die sich auf künstliche soziale Systeme und hybride Mensch-Maschinen-Gesellschaften kapriziert und sich dabei vor die Herausforderung gestellt sieht, diese Systeme als offen und in mehrschichtigen Korrelationen situiert zu konzipieren. Ziel dieser Forschung ist es, mittels sozionischer Erkenntnisse die Theoriedebatte der Soziologie anzustoßen, d.h. es geht ausdrücklich nicht um die Nachahmung und Reduktion von soziologischen Theorien, bei der nur naive Metaphorik und Theorieübertragungen mathematisiert werden sollen.[1171] In diesem Sinne bemüht sich die Sozionik um eine Theorieinnovation, die dem hier betriebenen Anliegen einer komplexen Urtbanitätsforschung nicht ungewöhnlich erscheint, sie geht dabei aber anders vor und strebt die Innovationsgenerierung in einer anderen Weise an. Dennoch ergibt sich aus diesem Ansatz insbesondere hinsichtlich der empirischen Verwurzelung der sozionischen Forschung ein Widerspruch, der sich durch das gesamte Programm zieht und den betreffenden Forschern scheinbar nicht auffällt. Als grundlegende Fragestellung des sozionischen Programms kann folgendermaßen lauten: „In der Sozionik geht es um die Frage, wie es möglich ist, Vorbilder aus der sozialen Welt aufzugreifen, um daraus intelligente Computertechnologien zu entwickeln. Die Zielsetzung des Schwerpunktprogramms ist, das Innovations- und Anwendungspotential künstlicher Sozialität auszuloten und die Grundlagen für eine sozionische Technikentwicklung zu erarbeiten."[1172] Die schon von Goethe beschriebenen Gefahren des hermeneutischen Zirkels, nämlich nur das zu sehen, was man bereits kennt, ergeben sich zwangsläufig, wenn man „Vorbilder aus der sozialen Welt" meint „aufgreifen" zu können, anstatt es als primäres Anliegen der Forschung zu verstehen, diese aufgrund offener, komplexitätssensibler Erkenntnisstrategien zunächst einmal zu erkunden. Der Anachronismus dieses Wissenschaftsverständnisses setzt sich fort in dem Widerspruch, durch „künstliche" Gesellschaften eine sozionische Technikentwicklung einzuleiten.

Zweifelsohne ist die Sozionik um ein interdisziplinäres Vorgehen in dem Sinne bemüht, dass es keine Imperative aus der Informatik gibt, die auf die Analyse des Sozialen und die soziologische Forschung oktroyiert werden sollen. Im Gegenteil, im Spiegelbild der sozionischen Reflektion des soziologischen State of the Art werden dessen Bruchstellen deutlich. Dies betrifft zunächst die Inkonsistenz soziologischer Begrifflichkeit und dies verursacht für den Außenbetrachter der Sozionik die Schwierigkeit, dass eine Selektivität der verschiedenen Begriffsdefinitionen, die im gesellschaftswissenschaftlichen Diskurs angeboten werden, vorzunehmen wäre, die eine Überforderung für die extradisziplinäre

1170 Fischer, K./Florian, M. (1998) Contribution of Socionics to the Scalability of Complex Social Systems: Introduction. In: Dies./Malsch, T. (Hg.) Socionics. Scalability of Complex Social Systems, Berlin.
1171 Malsch, T. (2001) Naming the unnamble. Socionics or the sociological turn of/to Distributed Artificial Intelligence. In: Autonomous Agents and Multi-Agent Systems, 4, 155-186.
1172 http://www.tu-harburg.de/tbg/Deutsch/SPP/Start_SPP.htm (zuletzt aufgerufen: 2. Januar 2007)

Rezeption darstellt (auch für die intra-disziplinäre, aber das ist ein anderes Thema). So ist es der sozionischen Reflektion gesellschaftlicher Modelle nicht zu verübeln, dass sie die Mikro-Marko-Konstitution bzw. Handlung-Struktur-Konzepte von Gesellschaft vordergründig als wichtigste Problematik der Gesellschaftswissenschaften betrachtet. Dies ist aus dem Impetus der Skalierbarkeit ein verständliches Betreiben, es stellt sich aber die Frage, ob die gesellschaftlichen Probleme, die es zu analysieren gibt, komplexer von Art sind, als dass sie sich in solche bi- oder trinären Abgrenzungsbegrifflichkeiten einfangen lassen. Keine Rede ist davon, was eigentlich das Problem als solches ist, das mithilfe der Sozionik gelöst werden kann oder soll. Grundlegendere Einwände gegen die Weiterentwicklung der Sozionik und auch die Ankoppelung an ein Forschungsprogramm der komplexen Stadt ergeben sich daraus, dass Gesellschaften in erster Linie künstlich kreiert werden, womit sich eine Laborsituation ergibt, die an sich derjenigen nicht unähnlich ist, der eine komplexitätsorientierte Stadtforschung mit ihrer Öffnung für das Unwahrscheinliche, Non-Lineare, Nicht-Berechenbare nachstrebt. Vorschläge zur Vereinheitlichung von Terminologien in der DAI-Forschung und soziologischen Sozionik operieren nicht mit empirisch erarbeiteten Material und ziehen daraus ihre Schlussfolgerungen, sie wenden also kein induktives Vorgehen an, wie es im ersten Teil dieser Arbeit versucht wurde anzudeuten, sondern gehen davon aus, dass Modelle entwickelt werden, die von den Computerwissenschaften unterstützt werden (können). Ungezweifelt werden mit DAI-Forschungen bei gleichzeitig anspruchsvoller Rezeption von soziologischer Theorie Erkenntnisfortschritte erreicht und Modellierungen möglich, die der Eigendynamik von gesellschaftlicher Entwicklung entsprechen. So kann heute festgestellt werden, dass „communication as a subject of communication becomes possible and structural couplings of arbitrary complexitiy is now presentable. Depending upon their interrelations, social entities become effective as social structure, process, or actor."[1173] Damit eröffnet sich auch für die komplexe Urtbanitätsforschung ein Horizont, den es mit Weitblick und Argusaugen zugleich zu erspähen gilt. Die Schwierigkeit, die sich trotz dieser offenkundigen Fortschritte in der Modellierung und Konzeptualisierung ergibt, stellt sich vor allem in der Weise dar, dass es innerhalb der Sozionik keine meta-methodische Reflektionsebene gibt. Letztlich drücken sich sozionische Forschungen um die Frage herum, ob technologische Möglichkeiten oder aber soziologische Theoretisierung das Forschungsdesign bestimmen. Beschrieben werden Win-Win-Situationen, die alternative (insbesondere nicht-sozionische) Forschungsansätze nicht erscheinen lassen, wodurch die Theorie- und Forschungskonkurrenz ausgeschaltet wird. Diese Forschungshaltung wird in Formulierungen wie diese sichtbar, sie ist angesichts der Non-Debatte über die Organisation von interdisziplinärer Forschung allerdings der bisherigen Sozionik insgesamt zu attestieren: „Die moderne Gesellschaft bietet ein reichhaltiges Reservoir an Vorbildern für die Modellierung von Multiagentensystemen. Dabei kann die Informatik von der Adaptivität, Robustheit, Skalierbarkeit und Reflexivität sozialer Systeme lernen und ihre Bauprinzipien in leistungsfähige Technologien umsetzen. Umgekehrt kann die Soziologie von der Informatik profitieren, indem sie die Multiagententechnik als Simulationswerkzeug zur Überprüfung und Ausarbeitung ihrer eigenen Begriffe, Modelle und Theorien nutzt. Hier eröffnen sich neuartige Möglichkeiten, um dynamische Wechselwirkungen zwischen Mikrophänomenen (soziales Handeln) und Makrophänomenen (gesellschaftliche Struktur)

1173 Köhler, M. et al. (1998) Linking Micro and Macro Description of Scalable Social Sysmtes Using Reference Nets. In: Fischer, K./Florian, M./Malsch, T. (Hg.) Socionics. Scalability of Complex Social Systems, Berlin, 65.

nachzubilden und experimentell durchzuspielen."[1174] Es bleibt ein Rätsel, wie man einerseits konstatieren kann, dass es im soziologischen Diskurs keine gesicherte Erkenntnis über den Zusammenhang zwischen Mikro- und Makro-Niveaus von Gesellschaft gibt, andererseits dieses Problem durch eine Computerisierung erzwungenermaßen gelöst werden müsse. Die Frage, ob diese subkomplex duale Denkstruktur, die zwar dem binären Operationalismus von Computern entgegen kommt, inadäquat ist, kann nicht mehr überprüft worden. Die Behauptung, moderne Gesellschaften (was ist an ihnen modern, warum nur moderne Gesellschaften?) seien durch ihre „Adaptivität, Robustheit, Skalierbarkeit und Reflexivität sozialer Systeme" gekennzeichnet, ist wild. Chaostheoretisch lautet die Gegenperspektive, dass stabile Ordnungen durch minimale Änderungen kollabieren und in andere Ordnungszustände umkippen können, kleine Ursachen große Wirkungen. Der Nutzen für die Soziologie, diese Verfahren als Simulationswerkzeuge für die eigene Begriffsbildung zu verwenden, ist einen Versuch wert, weswegen die Sozionik als solche wahrscheinlich durchaus für das Forschungsprogramm der komplexen Urbanitätsforschung ertragreich sein könnte. Dies ist allerdings nur in einer Weise denkbar, in der Computer Science und Soziologie sich in ein transdisziplinäres Vorhaben, wie es oben beschrieben wurde, einbetten lassen. Dies ist mit der bis heute vorliegenden Sozionik nicht vorstellbar, in der Interdisziplinarität als „Tandem"-Konstruktion angelegt ist. Die ausgeführte Kritik an solchen Forschungsprogrammen, Interdisziplinarität fördere in Wirklichkeit die disziplinäre Weiterentwicklung und nicht ein allgemeines Erkenntnisinteresse, bestätigt sich hier. Als Fortschritt für die „komplexe Stadt" lässt sich als eine von drei grundlegenden Forschungsstrategien die Simulation von der Sozionik übernehmen. Neben der Hermeneutik und der empirischen Sozialforschung kann die computergenerierte Simulation Hypothesen ermitteln, die für die Stadtforschung wichtig sein könnten. Die Bedeutung der Sozionik ergibt sich ex negativo aus den Grenzen der beiden anderen Königswege, Hermeneutik und Empirie.[1175] Simulation ist keine unbekannte Größe in der bisherigen Forschung, sie ist mit der Erwartung und Vorwegnahme von Erwartungen bezüglich des Verlaufes von Forschung und den möglichen, hypothetischen Forschungsergebnissen zu vergleichen. Die Bewusstmachung eben dieser Erwartungshaltung des Wissenschafters macht geradezu den Unterschied aus zum Alltagswissen. Die Gefahr der computergenerierten Simulation besteht darin, dass ebendieser Prozess der Perspektivenreflektion verloren geht und dies ist im Falle der bisherigen Sozionik deshalb bereits eine berechtigte Sorge, weil die Simulation nicht als eine intensivierte Hypothesenbildung verstanden wird, die empirisch noch zu testen wäre und die sich wiederum aus dem unendlichen Erkenntnisprozess, der sich in der Rückkoppelung mit dieser entwickeln müsste, ergibt.

Die Schwierigkeit der Computerisierung der Stadtforschung lässt sich anhand der Herangehensweise von Michael Batty erläutern, der mit seinem Buch „Cities and Complexity. Understanding Cities with Cellular Automata, Agent-Based Models and Fractals" den bisher sicherlich elaboriertesten Vorschlag in dieser Richtung vorgelegt hat. Er beschreibt sein Thema in der Einleitung wie folgt: „In essence, the key theme that dominates all subsequent chapters is the notion that cities in particular and urban development in general emerge from the bottom up and that the spatial order we see in patterns at more aggregate scales can be explained only in this way. The way we simulate such distinct but related ways: through cells, which represents the physical and spatial structure of the city, and

---

1174 http://www.tu-harburg.de/tbg/Deutsch/SPP/SPP_Zusammenfassung.htm (zuletzt aufgerufen am 21. Januar 2007).

1175 Vgl. Kreckel, R. (1972) Soziologische Erkenntnis und Geschichte: über Möglichkeit und Grenzen einer empirisch-analytischen Orientierung in den Humanwissenschaften, Opladen.

through agents, which represent the human and social units that make the city work."[1176] Gegen diese Herangehensweise ergeben sich bereits an dieser Stelle prinzipielle Einwände, die die Grenzen des Vorhabens aufzeigen und zugleich die Ausschließlichkeitsbefugnis des Autors ablehnen. Es ist sicherlich wahr, dass sich Städte zu einem großen Teil „bottom up" entwickeln, in dem Sinne, dass die Eigendynamik der Bewohner und Besucher maßgeblich ist für viele Phänomene, die in der Stadt sichtbar sind. Der Einwand gegen diesen Ausgangspunkt computerisierter Stadtforschung begründet sich deshalb nicht zunächst durch den Befund, dass Städte sehr wohl „von oben" gegründet, maßgeblich beeinflusst, geplant, gebaut und wieder zerstört werden, vielmehr ist eine komplexitätssensible Stadtforschung hier auf der Hut, weil sie eben jene dualen Konstruktionen des Denkens und Forschens durch neue Zugänge, Konzepte, analytische Begriffe überwinden will, anstatt mit einer Komplexitätsreduktion zu beginnen (bottom-up, top-down), um dann im Weiteren doch differenziert zu werden. Anstelle einer konzeptoffenen Forschung wird vorgeschlagen, mit Zellen und Agenten zu operieren. Warum? Welche Rechtfertigung gibt es für diese blanke Übertragungslogik auf einen Sachverhalt, genannt Stadt, der vorab als „komplex" beschrieben wurde? Die Fragwürdigkeit des Zellenbegriffs in einer globalisierten Welt wird zwar anerkannt (S. 19), die Herausforderung einer neuen Erklärung, einer neuen Theorie des Städtischen wird aber nicht akzeptiert: „It is a book that introduces some of the tools that might be used to generate new theories and models and empirical explanations."[1177] Scheinbar ahnt der Autor, dass diese naive Auffassung von „tools" problematisch ist, aber er erliegt offenkundig der Eigenlogik des Computerisierens, Tunnelblick, anstatt sich konzeptionelle Freiheit zu verschaffen, werden fünf „drivers" von Stadtentwicklung beschrieben. Wie schon zur „urban pilotage" ausgeführt, stellt die Frage nach der Steuerung und der Governance eine kritische, offen zu haltende und analytisch zu bearbeitende Kernfrage der komplexen Urbanitätsfrage dar. Der Stadtforscher hat keine Autorität, diese im Allgemeinen und mit Bezug auf eine konkrete Stadt vorab zu definieren. Der intrinsische Vergleich Amsterdam-Shanghai in diesem Buch hat dies unterstrichen. Batty agiert hier „top down" und das Konzept „driver" ist als solches bereits „top down". Randomness, historical accident, physical determinsm, natural advantage und comparative advantage werden als solche qualifiziert. Wenn man einmal von der normativen Basis des Begriffs "advantage" absieht, so stellt sich die Frage nach dem selektiven Blick. Begründet werden könnte diese Auswahl mit der sich aus der bestehenden empirischen Forschung up to date ergebenden Relevanz, etwa im Sinne von Attraktoren, doch dies bleibt aus. Alternative Nominationen der „driver", vor allem der Kultur, werden nicht als möglicherweise „driving" diskutiert. Noch grundsätzlichere Einwände sind hinsichtlich des „historical accident" zu machen. Geschichte besteht nicht nur aus Ereignissen und eine besondere Aufmerksamkeit anhand eines drivers für die Dimension Zeit erscheint geradezu grotesk und ruft die Frage auf, mit welchem Zeitverständnis insgesamt operiert wird. Die Ergebnisse dieser computerisierten Stadtforschung ist dementsprechend insgesamt als mager zu bezeichnen und sie könnten mit erheblich geringerem Aufwand, durch Lektüre bereits vorhandener, klassischer empirischer Stadtforschung und hermeneutischer Konzeptionalisierung mindestens gleichsam erzeugt werden. Wenn es das Ziel war, diese tools für die Generierung neuer Theorien zu nutzen, dann ist das Eingeständnis am Ende dieser Übung beschämend: „we need to examine social and economic networks that map onto the spatial structure of cities and represent how these structures change and evolve. We need to develop an equivalent theory of how

---

1176 Batty. M. (2005) Cities and Complexity. Understanding Cities with Cellular Automata, Agent-Based Models and Fractals, Cambridge, 6.
1177 Ebenda, 20.

such network processes are consistent with what we know about fractal structure and scaling in cities."[1178] Da eingestanden wurde, dass Scaling angesichts global-lokaler Dynamiken problematisch ist, kann nicht mehr nachvollzogen werden, an welches „Wissen" über Scaling hier noch angeknüpft wird. Die Erwartung einer neuen Theorie für die Stadtforschung wird insgesamt von dieser computergestützten Simulation enttäuscht und im Gegensatz zu der bestehenden empirischen Stadtforschung, die zwar nicht komplexitätssensibel ist und für aufwendige Computerisierungen kaum fähige Datenbestände besitzt, hat sie den Nachteil, dass sie eben ist, was sie ist: Simulation.

Simulation kann allerdings als ein Schlüsselbegriff für die Inkorporation der Computer Science in die komplexe Urbanitätsforschung in der Weise nutzbar gemacht werden, indem sie wieder als eine wissenschaftliche Fantasie neben anderen verstanden und in ihrer besonderen Qualität, die sich aus den Möglichkeiten der Computerisierung ergibt, genutzt wird. Als Forschungsfantasie hat sie sich gegenüber anderen Wahrnehmungsmöglichkeiten zu behaupten und ist weder vor- noch neben- oder nachgeschaltet im Bezug zu den Hypothesengeneratoren des disziplinären Diskurses und des transdisziplinären Forschungsprogramms. Sie geht vielmehr in einer Problemorientierung auf, die normativ die Selektivität des Erkenntnisinteresses begründet und die die komplexe Urbanitätsforschung als eine kritische Stadtforschung positioniert. Die Computer Science-orientierte Forschung findet ihren Platz hier, insofern sie sich auf eine kritische Methodendiskussion einlässt, die einen naiven, dem Technodeterminismus der virtuellen Stadt nahen Glauben an den Deus ex machina abgeschworen hat. Die Simulation entwickelt sich weiter und entfaltet ihre Qualitäten, indem sie die Vorstellungswelten über die zu erkundende städtische Wirklichkeiten, wie sie sich aus der Neugier der Forschungen andernorts, dem Interview, der Beobachtung, der Fotografie etc., ergeben, einbindet und kritisch betrachtet. Diese Diskussion schließt die Rolle der computergestützten Simulation ein und kann unterschiedliche Ergebnisse haben.

Empirische Sozialforschung und Hermeneutik sind weitgehend auf sprachliche Vermittelung angewiesen, auch wenn sie quantifiziert genutzt werden. Die Chance der Simulation mag vielleicht insbesondere in der Quantifizierbarkeit bislang noch weitgehend sperriger qualitativer Befunde liegen, und hier ist vieles noch vorstellbar, wenn sich die Computertechniken entsprechend weiterentwickeln. Vor einer Quantifizierbarkeitslogik und ihren Bäumen sei allerdings zugleich gewarnt, denn der Himmel, in den sie vorzugeben zu wachsen, kann sich als eine weitere rationale Illusion erweisen, die mit dem Eingeständnis der Erkenntnisgrenzen des Menschen im Allgemeinen und eines mathematischen Weltzugangs im Besonderen zu vermeiden wäre.[1179]

Stattdessen wäre die Computerisierung der Stadtforschung in der Weise vorstellbar, dass die Virtualität des Städtischen durch die Bildbezogenheit der neuen Informations- und Kommunikationsmedien und ihr Stimulationspotential analytisch genutzt werden könnte. Simulation erhält seine innovative Rolle, wenn sie dort Wissen und Erkenntnis ermöglicht, wo die Sprache an ihre Grenzen gelangt.[1180]

Gleiches kann aber auch ein Erkenntniszugang jenseits der Wissenschaft reklamieren, der ebenfalls in erster Linie auf Simulation und Vorstellung beruht. Wie im angeführten Zitat von Friedrich Rapp angedeutet, hat sich die Stadtforschung mit der Frage nach ihrer

---

1178   Ebenda, 520.
1179   Vgl. auch Kinnebrock, W. (2002) Bedeutende Theorien des 20. Jahrhunderts: ein Vorstoß zu den Grenzen von Berechenbarkeit und Erkenntnis; Quantenmechanik, Relativitätstheorie, Gravitation, Kosmologie, Chaostheorie, Prädikatenlogik, Oldenburg.
1180   Vgl. Wallner, F. G. (1983) Die Grenzen der Sprache und der Erkenntnis: Analysen im Anschluß an Wittgensteins Philosophie, Wien.

Reichweite für ein übergeordnetes, menschliches Weltverständnis auseinanderzusetzen. Bescheidenheit in der Einschätzung der Möglichkeit, mittels Wissenschaft die Welt der Städte zu ergründen, gehört zu einer Anerkennung der ontologischen Grenze menschlichen Erkennens, die den Raum für jene Zugangsweisen zum Urbanen öffnen kann. Rapp sieht erkenntnistheoretisch hier den Ort für die Kunst, und die Diskussion der Erkenntnisreichweite architektonischen Projektierens schließt sich an. Die Entwurfspraxis stellt in dieser Hinsicht einen Vorgang dar, der mit der wissenschaftlichen Auseinandersetzung den Impetus des Verstehenwollens gemeinsam hätte: „Architecture design is a fundamental means for inquiry by which man realizes and gives shape to ideas of dwelling and settlement."[1181] Ob es allerdings fruchtbar ist, diesen Prozess des Erkennens in beiden Sphären, Wissenschaft und Kunst bzw. Architektur, als gleichartig (nicht, nota bene: gleichwertig) zu diskutieren, ist zweifelhaft.[1182] Konträr wird hier die Auffassung vertreten, dass die Qualitäten von Wissenschaft und Kunst in Frage gestellt werden, wenn ihre besonderen Zugangsweisen zur Stadt nicht voll entwickelt werden können. Im Rahmen eines transdisziplinären Forschungsprogramms und unter Berücksichtigung der angeführten Reflexionen über die Subjektivierung in der Forschungspraxis gewinnt der entwerferische Akt in seiner Qualität als Suche nach Konzepten eine Dimension, die mit Bezug auf konkrete Forschungsvorhaben als eigenständige Forschungsprojekte konzipierbar sein könnten.[1183]

Das Zusammenspiel mit der bisherigen hermeneutischen und empirischen Stadtforschung in einer konstruktivistischen und kritischen Urbanitätsforschung steht allerdings noch aus. Mit dem Forschungsimpetus, die städtische Welt als eine komplexe zu verstehen und ergründen zu wollen, wird die Simulation des Bildhaften (jenseits der binären Computerisierung) anschlussfähig für eine Forschungsimagination, in der es von verwirrenden Befunden aus der Lebenswelt von Tokio, Shanghai, Bangkok, Dhaka, Istanbul, Berlin, Frankfurt, London, New York, Rio de Janeiro und andernorts nur so wimmelt und in der sich aus unterschiedlichen Konstellationen der urbanen Komplexität, in seiner anomischen, strukturierten, hybriden, metabolisierten, komprimierten, mobilisierten, gesteuerten, narrativen, synchronisierten und vernetzten Phänomenologie verschiedene Probleme, Fragen und Strategien für die Erkenntnisprojekte der Stadtforschung ergeben. Als offenes Forschungsprogramm wird sich die komplexe Urbanitätsforschung Stadtwahrnehmungen und –vorstellungen vieler Stadtbewohner und -beobachter einverleiben und ihre angemessene Ausrichtung und Organisation suchen, um Orientierungen im urbanen Labyrinth zu finden. Das Abenteuer der komplexen Stadt hat schon begonnen.

1181   Rowe, P. (1987) Design thinking, Cambrdige, 34.
1182   Wie dies bei Radu, F. (2006) Inside looking out: a framework for discussing the question of architectural design doctorates. In: The Journal of Architecture, 11/3, 345- 351, geschieht.
1183   Vgl. Younès, C. (2006) Doctorates caught between disciplines and projects. In: The Journal of Architecture, 11/3, 315-321.